Die Aktionärsklage und die Kontrolle von Publikumsgesellschaften im deutsch-amerikanischen Vergleich

Europäische Hochschulschriften

Publications Universitaires Européennes
European University Studies

Reihe II
Rechtswissenschaft

Série II Series II
Droit
Law

Bd./Vol. 4705

PETER LANG
Frankfurt am Main · Berlin · Bern · Bruxelles · New York · Oxford · Wien

Christoph Kämper

Die Aktionärsklage und die Kontrolle von Publikumsgesellschaften im deutsch-amerikanischen Vergleich

PETER LANG
Internationaler Verlag der Wissenschaften

Bibliografische Information der Deutschen Nationalbibliothek
Die Deutsche Nationalbibliothek verzeichnet diese Publikation in der Deutschen Nationalbibliografie; detaillierte bibliografische Daten sind im Internet über <http://www.d-nb.de> abrufbar.

Zugl.: Köln, Univ., Diss., 2007

D 38
ISSN 0531-7312
ISBN 978-3-631-58048-6

www.peterlang.de

Meiner Familie

Vorwort

Die vorliegende Untersuchung über die Aktionärsklage und die Kontrolle von Publikumsgesellschaften im deutsch-amerikanischen Vergleich wurde im Wintersemester 2007/2008 von der Rechtswissenschaftlichen Fakultät der Universität zu Köln als Dissertation angenommen. Die mündliche Prüfung fand am 4. Dezember 2007 statt.

Meinem Doktorvater, Herrn Professor Dr. Norbert Horn, danke ich für die Anregung zur Wahl des Themas und die Betreuung der Arbeit. Ferner danke ich Frau Professor Dr. Barbara Grunewald für die Erstellung des Zweitgutachtens.

Besonderer Dank gilt außerdem Herrn Professor John F. Olson, der während meiner Studienzeit an der Cornell University Law School dort als Distinguished Visiting Practitioner in Residence tätig war; gleichzeitig war er Vorsitzender der Corporate Governance-Kommission der American Bar Association. Aufgrund seiner großen Erfahrung und seiner ständigen Diskussionsbereitschaft war er ein wertvoller Ansprechpartner.

Schließlich danke ich meinen Eltern und meiner Schwester für die während der gesamten Zeit der Promotion gewährte Unterstützung. Ihnen ist die Arbeit gewidmet.

Köln, im Januar 2008 Christoph Kämper

Inhaltsübersicht

Inhaltsverzeichnis

Abkürzungsverzeichnis

AktG	Aktiengesetz
BGB	Bürgerliches Gesetzbuch
CEO	Chief Executive Officer
CFO	Chief Financial Officer
Bilanzrechtsreformgesetz	Gesetz zur Einführung internationaler Rechnungslegungsstandards und zur Sicherung der Qualität der Abschlussprüfung
GmbHG	Gesetz betreffend die Gesellschaften mit beschränkter Haftung
GVG	Gerichtsverfassungsgesetz
GWB	Gesetz gegen Wettbewerbsbeschränkungen
HGB	Handelsgesetzbuch
KonTraG	Gesetz zur Kontrolle und Transparenz im Unternehmensbereich
MBCA	Modell Business Corporation Act
MitbestG	Mitbestimmungsgesetz
Sarbanes-Oxley Act	Public Company Accounting Reform and Investor Protection Act of 2002
Securities Act '33	Securities Act of 1933
Securities Exchange Act '34	Securities Exchange Act of 1934
TransPuG	Transparenz- und Publizitätsgesetz
TUG	Transparenzrichtlinie-Umsetzungsgesetz
UMAG	Gesetz zur Unternehmensintegrität und Modernisierung des Anfechtungsrechts
UmwG	Umwandlungsgesetz
WpHG	Wertpapierhandelsgesetz
WpÜG	Wertpapiererwerbs- und Übernahmegesetz
ZPO	Zivilprozessordnung

Einleitung

In den letzten zehn Jahren hat sich sowohl in Deutschland als auch in den USA die Debatte um die Verbesserung des jeweiligen Corporate Governance Systems neu entfacht. So konstatierte beispielsweise *Martin Lipton*[1], einer der bekanntesten Anwälte auf dem Gebiet des Gesellschaftsrechts in den USA: "Corporate Governance in the United States is not working the way it should"[2]. Eine besondere Dringlichkeit erlangte die Diskussion durch die zahlreichen Unternehmensskandale von Unternehmen wie *Enron*[3], *WorldCom*[4], *Tyco* oder *Global Crossing,* die in den letzten Jahren das Vertrauen in die Integrität der Unternehmensführung und -überwachung nachhaltig beschädigt haben. Auch in Deutschland wird die Corporate Governance Debatte bis heute mit unverminderter Heftigkeit weitergeführt[5]. Im Mittelpunkt stehen dabei auch die Aktionärsklagerechte[6], die aufgrund der Existenz des Aufsichtsrats vom Gesetzgeber deutlich schwächer angelegt wurden, als das in anderen Ländern der Fall ist. Die begrenzten Möglichkeiten der Anspruchsdurchsetzung durch Minderheitsaktionäre wurden teilweise sogar als „Achillesferse der Deutschen Corporate Governance" bezeichnet[7]. Im ersten Kapitel der Arbeit werden deshalb die Klagerechte der Aktionäre untersucht. Insbesondere die Mittel des Missbrauchsschutzes, wie die Quorumsregelungen, das Klagezulassungsverfahren und die Kostenregelung, werden be-

1 *Martin Lipton* ist einer der Gründungspartner der New Yorker Anwaltskanzlei *Wachtell, Lipton, Rosen & Katz*, die als eine der renommiertesten Kanzleien der USA gilt. Persönlich wurde *Martin Lipton* dadurch bekannt, dass er als erster Anwalt in einem Übernahmekampf die Taktik der „poison pill" einsetzte.

2 *Lipton/Lorsch* 48 Bus. Law. S. 59.

3 Der Prozess gegen den ehemaligen CEO von Enron, *Kenneth Lay*, und den ehemaligen CFO, *Jeffrey Skilling* begann am 30. Januar 2006. *Lay* wurde am 25. Mai 2006 des zehnfachen Wertpapierbetruges („securities fraud") schuldig gesprochen. Er verstarb im Juli 2006 bevor das Strafmaß gegen ihn festgesetzt werden konnte. *Skilling* wurde, ebenfalls am 25. Mai 2006, des zwölffachen Wertpapierbetruges („securities fraud") und des Insider Tradings schuldig gesprochen. Das Strafmaß gegen ihn wurde am 23. Oktober 2006 auf 24 Jahren und vier Monate Haft und eine Geldstrafe in Höhe von USD 45 Millionen festgelegt.

4 *Bernie Ebbers*, der ehemalige Vorstandschef des US-Unternehmens *WorldCom*, wurde am 15. März 2005 der Bilanzfälschung, des Betrugs und der Teilnahme an einer Verschwörung schuldig gesprochen. Am 13. Juli 2005 wurde er zu 25 Jahren Haft verurteilt.

5 Siehe den Artikel im Manager-Magazin, 05/2005 S. 140 ff., „Zum Abnicken verurteilt", der sich mit den Reaktionen der Wirtschaft auf die Gesetzentwürfe zum UMAG und dem Gesetz zur Offenlegung von Vorstandsgehältern beschäftigt und das Titelthema des Manager-Magazins, 03/2007: „Aufstand der Aktionäre – Die Aufsichtsräte der deutschen Vorzeigefirmen stehen im Feuer wie nie zuvor".

6 Siehe nur *Ulmer* ZHR 163 S. 290 ff.

7 *Hefermehl/Spindler* in Münch-Komm zum AktG § 93 Rz. 2.

trachtet und mit der tatsächlichen Missbrauchsgefahr in Relation gesetzt. Neben den Rechten der Aktionäre aus den §§ 147 ff. AktG sind aber auch die weiteren Aktionärsklagerechte wie die Konzernklage, die aktienrechtliche Anfechtungsklage und die Abwehrklage zu betrachten. Dabei wird auch die Entwicklung der Aktionärsklagerechte in jüngerer Zeit mit den Reformen durch KonTraG[8], Corporate Governance Kodex, TransPuG[9] und UMAG[10] zu berücksichtigen sein. Im Anschluss an die Betrachtung der Klagerechte im deutschen Recht werden dann die Klagerechte der Aktionäre im US-amerikanischen Recht, unter besonderer Konzentration auf die Derivative Suit und die Class Action Suit, untersucht und mit dem deutschen Recht kontrastiert.

Ein isolierter Vergleich der Aktionärsklagerechte im deutschen und US-amerikanischen Recht würde jedoch insofern ein verfälschtes Bild ergeben, als die Relevanz dieser Rechte im jeweiligen Corporate Governance System sehr unterschiedlich ist. Dies ist in der Existenz des Aufsichtsrats im deutschen Recht begründet. Ein Vergleich der Aktionärsklagerechte kann dementsprechend nur dann ein exaktes Bild ergeben, wenn die Klagerechte im Zusammenhang mit der Funktion des Aufsichtsrats im deutschen Recht bzw. mit der Rolle des Board of Directors im US-amerikanischen Recht in Zusammenhang gesetzt werden. Dies erfordert eine Gegenüberstellung von Aufsichtsrat und Board of Directors, die von der Bewertung der Reformen geprägt sein muss, die in den letzten Jahren im deutschen und US-amerikanischen Recht vorgenommen wurden. Im deutschen Recht ist hier wiederum der Prozess der fortgesetzten Reformen zu nennen, dessen Kernstück die Rechtsdaten des Erlasses von KonTraG, TransPuG und UMAG sowie die Arbeit der Corporate Governance Kommission und der Erlass des Corporate Governance Kodex waren[11]. Noch drastischer fielen die Änderungen aber im US-amerikanischen Recht aus, das durch den Sarbanes-Oxley Act besonders tiefgreifende Veränderungen erfahren hat. Das Gesetz stellt nicht nur die umfassendste Reform in der Geschichte des US-amerikanischen Gesellschaftsrechts dar, sondern war gleichzeitig der erste Versuch des US-amerikanischen Gesetzgebers, das System der Corporate Governance durch Reformen im Gesellschaftsrecht zu verbessern, seitdem man sich mit dem Securities Act '33 und dem Securities Exchange Act '34 nahezu vollständig auf ein kapitalmarktorientiertes System der Kontrolle verlegt hatte. Diese Reformen

---

8 Gesetz zur Kontrolle und Transparenz im Unternehmensbereich BGBl. I 1998 S. 786.

9 Transparenz- und Publizitätsgesetz BGBl. I 2002 S. 2681.

10 Gesetz zur Unternehmensintegrität und Modernisierung des Anfechtungsrechts BGBl. I 2005 S. 2802.

11 Dennoch sind die deutschen Aufsichtsräte in jüngerer Zeit immer stärker unter Druck geraten, siehe z. B. das Titelthema des Manager-Magazins, 03/2007: „Aufstand der Aktionäre – Die Aufsichtsräte der deutschen Vorzeigefirmen stehen im Feuer wie nie zuvor".

brachten Veränderungen, deren Folgen man abschätzen und analysieren muss, wenn man die Notwendigkeit für die Einführung einer Aktionärsklage nach US-amerikanischem Vorbild beurteilen will.

Im Mittelpunkt der Betrachtung des Aufsichtsrats/Board of Directors steht im deutschen Recht die exakte Definition der Überwachungsaufgabe des Aufsichtsrats. Ausgangspunkt ist die Erkenntnis, dass eine gute Überwachung in erster Linie davon abhängt, dass die Kontrolleure des Managements gleichzeitig unabhängig und gut informiert sind. Aufgrund des zweistufigen Modells war die Stärke des deutschen Systems traditionell die Unabhängigkeit der Überwacher. Um auch die Ausstattung mit Informationen zu verbessern, wurde dem Aufsichtsrat vom Bundesgerichtshof aufgegeben, in ein Verhältnis der beratenden Kontrolle per ständiger Diskussion zum Vorstand zu treten, um besser über die wesentlichen Vorgänge in der Geschäftsführung informiert zu sein. Gerade im Bereich der Definition des Verhältnisses von Geschäftsleitung und Überwachern zueinander ist dann auch der Blick auf das US-amerikanische Recht hilfreich. Dort ist der Board of Directors aufgrund seiner Besetzung mit vielen Insidern der Gesellschaft im Normalfall sehr gut über den Gang der Geschäfte informiert; die Unternehmensskandale in den letzten Jahren haben aber eindeutig gezeigt, dass in den USA das Problem in erster Linie darin bestand, dass der Board of Directors oftmals nicht die nötige Unabhängigkeit besaß, um Verfehlungen zu verhindern bzw. aufzudecken. Dieser Gegensatz zeigt dann auch, dass dem Ausgleich zwischen diesen beiden Extremen auf dem Weg zu einer guten Corporate Governance wohl eine besonders wichtige Bedeutung zukommt. Neben der Diskussion über das grundsätzliche Verhältnis von Aufsichtsrat und Vorstand tritt dann auch die Frage, wie die innere Struktur des Aufsichtsrats zur Verbesserung der Überwachung beitragen kann. In diesem Bereich ist eine Entwicklung zu einer verstärkten Professionalisierung des Aufsichtsrats zu erkennen. Auch hier ergeben sich – wiederum bedingt durch den Sarbanes-Oxley Act – Parallelen zum US-amerikanischen Recht.

Im folgenden Kapitel wird die Funktion der Abschlussprüfung im System der Kontrolle untersucht. Diesem Instrument kommt bei der Zusammenstellung und Ordnung von Informationen, die dann Grundlage der Kontrolle der Geschäftsleitung werden, eine besondere Bedeutung zu. Dabei spielen insbesondere die jüngsten Änderungen in diesem Bereich eine Rolle, nach denen eine größere Risikoorientierung der Prüfung vorgegeben wird. Einzugehen ist dann auch auf die Unabhängigkeit der Abschlussprüfer vom Management. Im deutschen Recht sind hier einige Maßnahmen zum Schutz der Unabhängigkeit, wie z. B. die interne Rotation der Prüfer und die Begrenzung der Kombination von Beratung und Prüfung derselben Gesellschaft, getroffen worden. Gerade in diesem Bereich wird allerdings durch einen Vergleich mit dem US-amerikanischen Recht deutlich, dass der deutsche Gesetzgeber zurückhaltender als der

US-amerikanische vorgegangen ist, der die Kombination von Prüfung und Beratung nicht nur beschränkt, sondern für grundsätzlich unzulässig erklärt hat.

Im abschließenden Kapitel werden dann die Erkenntnisse aus der Untersuchung im Hinblick auf mögliche Verbesserungen ausgewertet. Im Zusammenhang mit dem Aufsichtsrat werden dabei insbesondere zwei Bereiche zur möglichen Verbesserung identifiziert. Zunächst ist auf die Struktur des Aufsichtsrats einzugehen. Für eine fortgesetzte Professionalisierung der Aufsichtsratsarbeit wäre insbesondere die Verkleinerung des Aufsichtsrats wünschenswert, da hierdurch die Konzentration der Aufsichtsratsmitglieder auf das einzelne Mandat gefördert werden könnte. Zu diskutieren ist dabei, inwieweit eine Verkleinerung vor dem Hintergrund der besonderen Anforderungen durch das Mitbestimmungsrecht möglich ist. Zum Zweck der Konzentration auf die Stärke des deutschen Systems, nämlich der strukturellen Unabhängigkeit des Überwachungsorgans, wird weiterhin die Versorgung des Aufsichtsrats mit Informationen als besonders wichtiger Bereich betont. Gleichzeitig ist dabei die Erkenntnis aus dem Vergleich mit dem US-amerikanischen Recht zu berücksichtigen, dass die Bemühungen um eine verbesserte Ausstattung des Aufsichtsrats mit Informationen nicht dazu führen dürfen, dass der Aufsichtsrat seine eigentliche Stärke, nämlich seine Unabhängigkeit von der Geschäftsführung, einbüßt. Dies lenkt das Augenmerk automatisch auf die Abschlussprüfung, da sie den Aufsichtsrat von außen mit Informationen versorgt und insofern eine Schlüsselrolle dabei einnehmen kann, den Informationsbedarf des Aufsichtsrats mit zu bedienen, ohne dass die Unabhängigkeit des Überwachungsorgans gefährdet werden muss.

Erst nach dieser abschließenden Standortbestimmung für den Aufsichtsrat kann die Frage beantwortet werden, ob die Ausgestaltung der Aktionärsklagerechte als ausreichend bezeichnet werden kann. Hier ist insbesondere darauf einzugehen, dass sich der Gesetzgeber im UMAG gegen die Einführung einer Einzelklagebefugnis zur Durchsetzung von Schadensersatzansprüchen der Gesellschaft durch den einzelnen Aktionär entschieden hat. Dabei ist dann auch die Gefahr der Interessenvermischung zwischen Aufsichtsrat und Vorstand mit einzubeziehen, die als Resultat des Eintritts des Aufsichtsrats in ein Verhältnis der laufenden Diskussion mit dem Vorstand herausgearbeitet wurde und eine potentielle Schwächung der ex-post Kontrolle darstellt.

Vor diesem Hintergrund ist dann zu prüfen, ob der Ausbau der Aktionärsklagerechte durch das UMAG ausreichend ist, um eine ausgleichende Stärkung der ex-post Kontrolle zu gewährleisten. Neben der Definition der Funktion der Aktionärsklage im System der Kontrolle ist auch zu untersuchen, ob die Reform den Interessen der Gesellschaft, sich – auch frühzeitig – gegen eventuell missbräuchliche Klagen zur Wehr zu setzen, hinreichend Rechnung trägt. Zu diskutieren ist hier primär die Einführung des Klagezulassungsverfahrens mit allen

Schutzvorkehrungen, die darin enthalten sind. Schließlich wird noch auf die Notwendigkeit einer stimmigen Kostenregelung im Rahmen der Aktionärsklagerechte eingegangen. Die von der Kostenregelung ausgehenden Anreize haben eine große Bedeutung für die Attraktivität und damit auch für die Funktionsfähigkeit der Klagerechte, so dass dieser Aspekt Teil jeder Reformüberlegung sein muss.

Erstes Kapitel: Aktionärsklagerechte im deutschen und im US-amerikanischen Recht

§ 1 Klagezulassungsverfahren nach § 148 AktG und Konzernklage

I. Frühere Regelungen und Reformschritte

Die aktuellen Regelungen zu den Aktionärsklagerechten sind das Ergebnis einer langen Folge von Reformen, an deren Schluss das UMAG steht. Aus diesem Grund ist zunächst kurz die Genese der Regelungen zu den Aktionärsklagrechten bis November 2005 darzustellen.

1. Das Minderheitenrecht des § 147 AktG a. F.

Das frühere Minderheitenrecht des § 147 AktG a. F. stellte eine Form der Haftungsklage dar. Anders als in vielen Ländern, beispielsweise den USA und etwa auch der Schweiz, hatten Aktionäre nach deutschem Recht bis zur Reform des Aktienrechts durch das UMAG grundsätzlich nicht die Möglichkeit, Klagen zur Kontrolle der Geschäftsleitung und deren einzelner Mitglieder anzustrengen. Dieser Aspekt der Kontrolle von Vorstand und Aufsichtsrat kam nach deutschen Recht exklusiv dem jeweils anderen Organ zu, §§ 78, 112 AktG. Die alte Regelung des § 147 AktG a. F. war für die Fallkonstellationen geschaffen worden, in denen die Geltendmachung eines Ersatzanspruches durch das eigentlich zuständige Organ unterblieb.

Ein solches Unterlassen der Geltendmachung von Ersatzansprüchen kann neben legitimen Gründen, wie der Rücksichtnahme auf den Ruf des Unternehmens in der öffentlichen Wahrnehmung, auch auf eine Schonung der Betroffenen aus Kollegialitätsgründen zurückzuführen sein[12]. Werden Ersatzansprüche gegen Vorstandsmitglieder nicht geltend gemacht, besteht aber auch die Gefahr, dass dies nur deshalb unterbleibt, weil die Mitglieder des Aufsichtsrats fürchten müssen, dass ein Vorgehen gegen den Vorstand Fragen nach eventuellen eigenen Versäumnissen bei der Überwachung der Geschäftsführung aufwerfen könnte[13]. Aus diesen Gründen gewährte bereits der alte § 147 AktG den Aktionären die Möglichkeit, selbst auf die Geltendmachung von Ersatzansprüchen Einfluss zu nehmen, und stellte insofern einen Eingriff in die grundsätzliche Kompetenzverteilung der Aktiengesellschaft dar.

---

12 *Hüffer* AktG § 147 Rz. 1; *Bezzenberger* in Großkommentar zum AktG § 147 Rz. 3; zuletzt auch die Begründung des Gesetzentwurfs zum UMAG S. 32.

13 *K. Schmidt* NZG 2005 S. 796 (798); *Bezzenberger* in Großkommentar zum AktG § 147 Rz. 3.

Neben der Verfolgung von Schadensersatzansprüchen konnte mittels des § 147 AktG a. F. auch die Geltendmachung von anderen Ausgleichsansprüchen erzwungen werden[14]. Die Vorschrift war 1965 in das neue Aktiengesetz eingeführt worden und ging auf Regelungen von Minderheitsrechten im HGB 1900 bzw. im AktG 1937 zurück[15].

Eine klageweise Geltendmachung von Ersatzansprüchen konnte bis zur Novellierung des § 147 AktG im Rahmen des KonTraG[16] nur im Rahmen der Hauptversammlung erfolgen. Dies war entweder durch einen Beschluss der Hauptversammlung oder durch ein Minderheitsverlangen von mindestens 10 % des Grundkapitals möglich. 1998 wurde dann im Rahmen der Neuregelung des § 147 Abs. 3 AktG a. F. auch ein Minderheitsverlangen außerhalb der Hauptversammlung möglich. Die Neuregelung war deshalb erfolgt, weil die Regelung des § 147 AktG bis 1998 keine nennenswerte praktische Bedeutung erlangt hatte, da die Erfüllung des Quorums von 10 % des Grundkapitals nur selten erreicht werden konnte[17]. Dementsprechend reagierte der Gesetzgeber, so dass für das Minderheitsbegehren nach § 147 Abs. 3 AktG a. F. ein geringeres Quorum zu erfüllen war. Um der – vom Gesetzgeber stets als Begründung für die Notwendigkeit der Zustimmung eines bestimmten Teils des Aktienbesitzes angeführten – Missbrauchsgefahr zu begegnen, konnte ein Minderheitsverlangen nach § 147 Abs. 3 AktG a. F. jedoch nicht direkt die Geltendmachung von Ansprüchen erzwingen, sondern lediglich erreichen, dass unter bestimmten Voraussetzungen ein besonderer Vertreter ernannt wurde, der die in Rede stehenden Ansprüche dann nach seinem eigenen Ermessen geltend machte. Von dem Modell der Minderheitenrechte hat sich der Gesetzgeber mit der Neugestaltung der §§ 147 ff. AktG nunmehr verabschiedet und stattdessen in § 148 AktG eine echte Aktionärsklage eingeführt, durch die die Rechte der Gesellschaft von Aktionären im eigenen Namen geltend gemacht werden können.

a. Geltendmachung von Ersatzansprüchen gemäß § 147 Abs. 1 AktG a. F.

Bevor die Regelung des § 147 AktG durch das KonTraG 1998 umgestaltet wurde, beschränkten sich die Möglichkeiten der Minderheit, in den Prozess der Geltendmachung von Ersatzansprüchen gegen Organmitglieder einzugreifen, auf die Hauptversammlung. Diese Möglichkeiten, die in § 147 Abs. 1 AktG enthalten sind, waren von der Reform durch das KonTraG nicht betroffen. Die erste Möglichkeit der Einflussnahme durch die Aktionäre – die auch die Reform des Aktienrechts durch das UMAG unverändert überstanden hat – ist die Fassung

---

14 So die h. M., vgl. Nachweise bei *Hüffer* AktG § 147 Rz. 2. In Betracht kommen Ansprüche aus §§ 667, 681, 687 Abs. 2, 812 Abs. 1 Satz 1 2. Alt. 2 BGB.

15 *Schröer* in Münch-Komm zum AktG § 147 Rz. 2.

16 Gesetz zur Kontrolle und Transparenz im Unternehmensbereich BGBl. I 1998 S. 786.

17 *Götz* AG 1995 S. 337 (351); *Bezzenberger* in Großkommentar zum AktG § 147 Rz. 3.

eines Beschlusses im Rahmen der Hauptversammlung, der die Verfolgung eines bestimmten Anspruches vorschreibt. Der Beschluss muss die Personen, gegen die die Ansprüche gerichtet sind, bestimmbar machen und die Tatsachen enthalten, die Grundlage für die Ansprüche sein sollen[18]. Einer sachlichen Rechtfertigung bedarf der Beschluss nicht[19]. Bei der Abstimmung über den Beschluss zur Anspruchsverfolgung unterliegen diejenigen Aktionäre, die Anspruchsgegner der in Frage kommenden Ansprüche sind, dem Stimmverbot des § 136 Abs. 1 Satz 1 3. Fall AktG. Für die Kontrolle von Publikumsgesellschaften spielt diese Möglichkeit der Erzwingung der Geltendmachung von Ersatzansprüchen aber naturgemäß nur eine eingeschränkte Rolle: Wenn die Mehrheit der Hauptversammlung für die Geltendmachung eines Ersatzanspruches ist, so besteht ohnehin keine Gefahr, dass dieser Wille unberücksichtigt bleiben könnte. Einer Minderheit kann die Anspruchsverfolgung durch Beschluss der Hauptversammlung dagegen eigentlich nur dann dienen, wenn ein Großaktionär selbst Anspruchsgegner eines Ersatzanspruches ist, so dass er aufgrund des Stimmverbotes bei der Abstimmung über die Geltendmachung des Anspruchs nicht mitstimmen kann.

Von größerer Wichtigkeit war daher die zweite Alternative der Erzwingung der Geltendmachung von Ersatzansprüchen, die in § 147 Abs. 1 AktG a. F. vorgesehen war. Anstelle eines Beschlusses der Hauptversammlung war es ebenso möglich, die Verfolgung von Ersatzansprüchen der Gesellschaft im Wege eines Minderheitsverlangens zu erreichen. Um ein solches Minderheitsverlangen durchzusetzen, war die Zustimmung von 10 % des Grundkapitals der Gesellschaft erforderlich[20]. Zusätzliche Voraussetzung war, dass die Antragssteller glaubhaft machten, zum Zeitpunkt des Antrags bereits seit drei Monaten Inhaber der Aktien gewesen zu sein, bzw. berechtigt waren, die in Rede stehenden Rechte aus diesen Aktien auszuüben, § 147 Abs. 1 Satz 2 AktG a. F. Das Minderheitsverlangen im Rahmen der Hauptversammlung war zwar kein Hauptversammlungsbeschluss, stand diesem aber gleich und konnte deshalb auch nur im Rahmen der Hauptversammlung eingebracht werden. Außerhalb der Hauptversammlung konnte eine Minderheit ihr Verlangen nur über die Regelung des § 147 Abs. 3 AktG einbringen.

Das Minderheitsverlangen gemäß § 147 Abs. 1 AktG war bis zur Neufassung des § 147 AktG durch das KonTraG das Kernstück des Minderheitenschutzes. Kritisiert wurde an der Regelung stets, dass das Quorum für das Minderheitsverlangen zu hoch sei. Es bestanden Zweifel an den tatsächlichen Möglichkeiten

---

18 *Hüffer* AktG § 147 Rz. 3.

19 *Bezzenberger* in Großkommentar zum AktG § 147 Rz. 20.

20 Bei der Berechnung der 10 % Quote waren auch Vorzugsaktien ohne Stimmrecht mitzuzählen *Hölters* in FS Wiedemann S. 975 (978).

von Einzelaktionären, die notwendige Anzahl der Stimmen von 10 % zu erreichen. Diese Bedenken rührten einerseits aus der oftmals immensen Höhe des Börsenwertes des zur Erfüllung des Quorums notwendigen Aktienpakets[21] und andererseits aus der Tatsache, dass aufgrund des Depotstimmrechts der Banken eine Erfüllung der erforderlichen 10 % praktisch noch deutlich schwieriger sein dürfte, als dies schon theoretisch der Fall ist[22]. Seitdem das Klageerzwingungsverfahren gemäß § 147 Abs. 3 AktG mit dem niedriger bemessenen Quorum von 5 % des Grundkapitals oder dem anteiligen Betrag von 500.000 Euro durch das KonTraG neu eingeführt worden war, verschob sich die Diskussion um die Festlegung eines geeigneten Quorums primär in den Bereich dieser Regelung[23].

Rechtsfolge eines Hauptversammlungsbeschlusses oder eines Minderheitsverlangens zur Geltendmachung von Ersatzansprüchen war eine Pflicht zur Durchsetzung desjenigen Organs, das für die Geltendmachung dieses Anspruchs gemäß der Organisationsverfassung der Aktiengesellschaft zuständig ist. Die Aktionäre, die die Geltendmachung der Ansprüche beschlossen hatten, waren damit vom Prozess der Durchsetzung der in Rede stehenden Ansprüche ausgeschlossen. Diese Konstruktion, die zweifellos eine Einschränkung der Rechte der Aktionäre bedeutete, war aus zwei Gründen erfolgt: Zweck der Regelung war es erstens, die Zuständigkeitsordnung der Aktiengesellschaft so wenig wie möglich anzutasten. Dies war ein legitimes Interesse, dem auch problemlos Rechnung getragen werden konnte, weil die zuständigen Organe der Gesellschaft verpflichtet waren, die Ansprüche entsprechend dem Hauptversammlungsbeschluss bzw. dem Minderheitsverlangen durchzusetzen. Ein eigener Beurteilungsspielraum, der es erlauben würde, von der Geltendmachung der Ansprüche doch noch aus eigenen Opportunitätsüberlegungen abzusehen, blieb dem zur Durchsetzung des jeweiligen Anspruchs zuständigen Organ nicht mehr[24].

Der zweite Grund dafür, dass es vertretbar war, die Anspruchsverfolgung auch im Falle eines Minderheitsverlangens bei dem ursprünglich für die Verfolgung des Anspruchs zuständigen Organ zu belassen, war die Ausnahmemög-

---

21 Dies gilt insbesondere bei denjenigen deutschen Unternehmen, welche die höchsten Marktkapitalisierungen erreichen. Die deutschen Unternehmen mit den höchsten Börsenkapitalisierungen sind (Stand: 30. Juni 2006) *Siemens* mit 59,9 Mrd. Euro Kapitalisierung, *EON* mit 59,1 Mrd. Euro Kapitalisierung, die *Deutsche Telekom* mit 52,4 Mrd. Euro Kapitalisierung, *SAP* mit 51,7 Mrd. Euro Kapitalisierung, *Allianz* mit 48,8 Mrd. Euro Kapitalisierung, *Deutsche Bank* mit einer Börsenkapitalisierung von 43,9 Mrd. Euro und *Daimler-Chrysler* mit 38,6 Mrd.

22 *Becker* Verwaltungskontrolle S. 603; *Wellkamp* DZWir 1994 S. 221 (224); *Wiedemann* Organverantwortung und Gesellschafterklagen in der AG S. 49.

23 Vgl. dazu die ausführliche Darstellung inkl. Rechenbeispiel unter § 1 I. 3.

24 *Schröer* in Münch-Komm zum AktG § 147 Rz. 45; *Bezzenberger* in Großkommentar zum AktG § 147 Rz. 38.

lichkeit, die für den Fall vorgesehen war, dass das Vertrauensverhältnis zwischen eben jenem Organ und den Aktionären gestört war, weil die Aktionäre aufgrund des bisherigen Verhaltens des zuständigen Organs Zweifel an einer ordnungsgemäßen Durchsetzung der Ansprüche haben mussten. Dies war z. B. typischerweise dann der Fall, wenn Grund für die Nichtdurchsetzung der Ansprüche durch das zuständige Organ nicht Opportunitätsüberlegungen waren, sondern die Tatsache, dass der Aufsichtsrat eine andere Rechtsauffassung als die Beschlussmehrheit der Hauptversammlung bzw. als die Minderheit vertrat oder Ersatzansprüche deshalb nicht geltend gemacht wurden, weil der Aufsichtsrat befürchten musste, dass eine Verfolgung der Ansprüche gleichzeitig eigene Versäumnisse des Aufsichtsrats erkennbar machen würde. Ein solcher Vertrauensverlust der Aktionäre wurde aber nicht automatisch vermutet, sondern musste seinen Ausdruck in einem gesonderten Beschluss finden, mit dem dann in einem weiteren Schritt die Ernennung eines besonderen Vertreters gemäß § 147 Abs. 2 AktG beschlossen werden musste.

b. Die Bestellung besonderer Vertreter gemäß § 147 Abs. 2 AktG

Ist das Vertrauen der Aktionäre in die konsequente Vertretung der Interessen in einem konkreten Fall irreparabel erschüttert, so gewährt das Aktiengesetz den Aktionären in § 147 Abs. 2 nach wie vor die Möglichkeit, zur Durchsetzung eines Anspruchs einen besonderen Vertreter zu berufen, der dann anstelle des an sich zuständigen Organs einen bestimmten Anspruch geltend zu machen hat. Zu diesem Zweck werden die besonderen Vertreter Organ der Gesellschaft[25]. Trotz ihrer Unabhängigkeit haben die besonderen Vertreter die Pflicht, die Ansprüche, zu deren Geltendmachung sie berufen wurden, in jedem Fall durchzusetzen. Eine eigenständige Prüfung der Erfolgschancen des fraglichen Anspruchs oder die Einstellung anderer Überlegungen in die Entscheidung über die Geltendmachung einer Anspruchs ist nach § 147 Abs. 2 AktG – im Gegensatz zum alten Minderheitenrecht des § 147 Abs. 3 AktG a. F. – nicht vorgesehen[26]. Wenn ein besonderer Vertreter nach der Prüfung der fraglichen Ansprüche zu dem Ergebnis kommt, dass eine Geltendmachung der Ansprüche nicht ratsam ist, kann er dies lediglich feststellen und probieren, auf eine Rücknahme der Entscheidung über die Geltendmachung der Ansprüche hinzuwirken. Gelingt ihm dies aber nicht, muss er die Geltendmachung des Anspruches versuchen oder sein Amt niederlegen[27].

Obwohl die Minderheit also auch bei der Bestellung eines besonderen Vertreters ein gewisses Maß an Schutz erfährt, ist ihre Position in diesem Verfahren im

---

25 *Schröer* in Münch-Komm zum AktG § 147 Rz. 43.

26 *Bezzenberger* in Großkommentar zum AktG § 147 Rz. 38; *Schröer* in Münch-Komm zum AktG § 147 Rz. 45.

27 *Bezzenberger* in Großkommentar zum AktG § 147 Rz. 56.

Vergleich zur grundsätzlichen Entscheidung über die Geltendmachung eines Ersatzanspruchs gemäß § 147 Abs. 1 AktG schwächer. Während die Hauptversammlung die Bestellung eines besonderen Vertreters gemäß § 147 Abs. 2 Satz 1 AktG mit einfacher Mehrheit beschließen kann, also dieselben Anforderungen wie in § 147 Abs. 1 AktG zu erfüllen hat, muss ein Minderheitsverlangen für die Bestellung eines besonderen Vertreters nach § 147 Abs. 2 Satz 2 AktG eine weitere Voraussetzung erfüllen. Zusätzlich zur Zustimmung von 10 % des Grundkapitals oder alternativ dem anteiligen Betrag von einer Million Euro, ist die Bestellung des besonderen Vertreters gemäß § 147 Abs. 2 Satz 2 AktG von einer gerichtlichen Zustimmung abhängig. Die Entscheidung macht das Gericht in einem solchen Fall von der *Zweckmäßigkeit* der Bestellung abhängig. Dabei bezieht sich die Zweckmäßigkeitsprüfung nach der Rechtsprechung nur auf die Bestellung des besonderen Vertreters und nicht auf die Erfolgswahrscheinlichkeit des dem Klageerzwingungsverfahren zugrunde liegenden Rechtsstreits[28].

Trotz dieses begrenzten Prüfungsumfangs stellt die Zwischenschaltung des Gerichts eine nicht zu unterschätzende Begrenzung der Möglichkeiten der Minderheit im Rahmen des § 147 AktG dar. Schließlich kann eine Minderheit damit auch im Fall der Erfüllung des ohnehin hohen Quorums nicht selbständig über die Bestellung eines besonderen Vertreters entscheiden. Dies ist umso bemerkenswerter, als mit der Minderheit hier diejenige Gruppe benachteiligt wird, die am meisten auf die Möglichkeit der Klageerzwingung angewiesen ist. Aktionäre, die einen besonderen Vertreter direkt gemäß § 147 Abs. 2 Satz 1 AktG ernennen können, die also die Möglichkeit haben, Beschlüsse in der Hauptversammlung mit Mehrheit zu treffen, sind schließlich ohnehin nicht schutzlos und deswegen im Zweifelsfall auch nicht so sehr auf die besonderen Handlungsmöglichkeiten des § 147 Abs. 2 Satz 2 AktG angewiesen. Anders ist dies für einzelne Aktionäre oder eine Minderheit von Aktionären zu beurteilen, denen die Möglichkeit genommen wird, selbständig die Umsetzung dieser Entscheidung bewirken zu können. Als Reaktion auf diese problematische Konstellation hat der Gesetzgeber im UMAG nunmehr eine eigenständige Geltendmachung der Ansprüche durch die Aktionäre vorgesehen, wodurch die Regelung des § 147 Abs. 2 AktG noch weiter an Bedeutung verloren haben dürfte. Kürzlich würde bekannt, dass bei der *Hypovereinsbank (HVB)* ein besonderer Vertreter nach § 147 Abs. 2 Satz 2 AktG bestellt wurde[29]. Es handelt sich wohl um den ersten Fall dieser Art überhaupt. Zustande kam die Bestellung deshalb, weil sich der Großaktionär *Unicredit* bei der betreffenden Abstimmung enthielt.

---

28 KG DB 2005 S. 439; dies entspricht auch der in der Literatur vertretenen Ansicht *Bezzenberger* in Großkommentar zum AktG § 147 Rz. 46.

29 Siehe Frankfurter Allgemeine Zeitung S. 15 vom 29. Juni 2007: „HVB steckt im Gestrüpp von Prozessen und Anzeigen".

c. Der besondere Vertreter nach § 147 Abs. 3 AktG a. F.

Eine wirkliche Neuerung hatte die Vorschrift des § 147 AktG a. F. durch die Einführung eines Minderheitenrechts außerhalb der Hauptversammlung im Rahmen des KonTraG erfahren. Diese neue Möglichkeit der Klageerzwingung wurde in § 147 Abs. 3 AktG a. F. geregelt. Der Gesetzgeber wollte mit der Novellierung ein neues, von der Hauptversammlung unabhängiges Recht der Klageerzwingung schaffen[30]. Trotz dieser Unabhängigkeit des Verfahrens nach § 147 Abs. 3 AktG a. F. vom Klageerzwingungsverfahren des § 147 Abs. 1 AktG war die damals neu geschaffene Möglichkeit des Minderheitenrechts nur subsidiär, wie sich aus § 147 Abs. 3 AktG a. F. selbst ergab. Die Regelung wurde als unklar kritisiert, weil aus ihr zwar das Verhältnis des § 147 Abs. 3 AktG a. F. zu § 147 Abs. 1 AktG, nicht aber gegenüber den weiteren Verfolgungsorganen hervorging[31]. Es war aber dennoch anerkannt, dass ein Verfahren gemäß § 147 Abs. 3 AktG a. F. nur dann möglich sein konnte, wenn alle primär zur Verfolgung von Ersatzansprüchen vorgesehenen Organe untätig geblieben waren. Insbesondere für den Fall, dass der Aufsichtsrat Ersatzansprüche gegen ein Mitglied des Vorstands von sich aus geltend gemacht hat, war die Bestellung eines besonderen Vertreters über das Verfahren des § 147 Abs. 3 AktG a. F. nicht möglich[32].

aa. Das Quorum des § 147 Abs. 3 AktG a. F.

Ein Kernstück der neuen Regelung war die Absenkung des Quorums. Bereits 5 % des Grundkapitals oder der anteilige Betrag von 500.000 Euro reichten aus, um die Bestellung eines besonderen Vertreters zu beantragen. Die Berechnung der Anteile erfolgte bei § 147 Abs. 3 AktG a. F. ebenso wie bei § 147 Abs. 1 AktG. Die Frage der Höhe des Quorums war im Gesetzgebungsverfahren des KonTraG sehr umstritten. Ursprünglich sah der Gesetzentwurf als Schwelle einen anteiligen Betrag von zwei Millionen DM vor[33], der erst auf Empfehlung des Rechtsausschusses halbiert wurde[34]. Einige sahen die Absenkung des Quorums in der vom KonTraG vorgesehen Art und Weise als bedenklich an und hielten sie nur vor dem Hintergrund der weiteren Verfahrenshürden des § 147 Abs. 3 AktG a. F. für vertretbar[35]. Andere dagegen hielten die vom

---

30 Begründung zum KonTraG BT Drucksache 13/9712 S. 21.

31 Vgl. hierzu *Baums* Gutachten F für den DJT 2000 S. 244.

32 *Bezzenberger* in Großkommentar zum AktG § 147 Rz. 4; *Baums* Gutachten F für den DJT 2000 S. 244.

33 Begründung zum KonTraG BT Drucksache 13/9712 S. 21.

34 *Hüffer* AktG § 147 Rz. 9.

35 Siehe *Sünner*, ZHR 163 S. 364 (370), der darauf hinwies, dass das nunmehr zu erfüllende Quorum teilweise bereits von einzelnen Aktionären erfüllt werden konnte, und der sich aus diesem Grund gegen eine weitere Absenkung des Quorums unter die Werte des KonTraG aussprach.

KonTraG gewählten Werte – besonders angesichts der entsprechenden EG-Strukturrichtlinie, in der ein Quorum von lediglich 100.000 Euro vorgesehen war – für zu hoch[36]. Schließlich gab es noch einige unentschiedene Stimmen, die zur Zeit der Einführung des neuen § 147 Abs. 3 AktG a. F. eine eventuelle weitere Herabsetzung des Quorums von der praktischen Relevanz abhängig machen wollten, die die neue Regelung erlangen würde[37]. Auch bei der Reform des Gesetzes durch das UMAG war die Höhe der Schwellenwerte höchst strittig. Auf diesen Punkt ist deswegen noch ausführlich einzugehen[38].

bb. Der „dringende Verdacht" und die Informationsbeschaffung

Neben der Erleichterung, die § 147 Abs. 3 AktG a. F. gegenüber § 147 Abs. 1 AktG aufgrund des niedrigeren Quorums brachte, enthielt das Verfahren nach § 147 Abs. 3 AktG a. F. weitere wichtige Abweichungen von der Regelung des § 147 Abs. 1 AktG. Zunächst konnten nur solche Ersatzansprüche geltend gemacht werden, die aus der Gründung der Gesellschaft oder aus der Geschäftsführung resultierten. Zu dieser Einschränkung bei den Ansprüchen, die geltend gemacht werden konnten, kam aber auch noch ein qualitativer Unterschied hinzu, was die Anforderungen an das Minderheitsverlangen gemäß § 147 Abs. 3 AktG a. F. betraf. Die Hauptversammlung konnte und kann gemäß § 147 Abs. 2 Satz 1 AktG selbständig einen besonderen Vertreter bestellen, und eine Minderheit von mindestens 10 % des Grundkapitals bzw. des anteiligen Betrags von einer Million Euro kann gemäß § 147 Abs. 2 Satz 2-4 AktG einen Antrag zur Berufung eines besonderen Vertreters bei Gericht stellen, dem zu entsprechen ist, wenn eine solche Bestellung *zweckmäßig* ist.

Die noch kleinere Minderheit von 5 % des Grundkapitals oder dem anteiligen Betrag von 500.000 Euro hatte dagegen erheblich höhere Anforderungen zu erfüllen. Erforderlich war nämlich hier ebenfalls ein Antrag bei Gericht, der allerdings nicht nur auf seine Zweckmäßigkeit überprüft wurde, sondern nur dann Erfolg hatte, wenn Tatsachen vorlagen, die den *dringenden Verdacht* rechtfertigten, dass Unredlichkeiten oder grobe Gesetzesverletzungen vorgefallen waren[39].

Die Schwelle, die die kleinere Minderheit vor Gericht zu bewältigen hatte, war damit erheblich höher, als dies bei der Bestellung eines besonderen Vertreters nach § 147 Abs. 2 AktG der Fall war und ist. Problematisch erschien in diesem Zusammenhang vor allem, wie eine Aktionärsminderheit die notwendigen

36 *Ulmer* ZHR 163 S. 290 (294); *Baums* Gutachten F für den DJT 2000 S. 249, der sogar die Schwelle von 100.000 Euro immer noch als „vergleichsweise hoch" einstuft.

37 *Krieger* ZHR 1999 S. 343 (352).

38 Siehe unten § 1 II. 1.

39 Unredlichkeiten können insbesondere Verstöße gegen Treuepflichten gegenüber der Gesellschaft umfassen *Hölters* in FS Wiedemann S. 975 (993).

Kenntnisse über Tatsachen erlangen sollte, die einem derartig hohen Anspruch gerecht werden[40]. Dies galt, obwohl die Antragssteller lediglich Indiztatsachen vortragen mussten, aus denen sich dann konkrete Verdachtsmomente ergeben mussten und die Gesellschaft zusätzlich verpflichtet war, zur Aufklärung der genauen Umstände beizutragen[41]. Es fällt auf, dass damit ausgerechnet dort die höchste Präzision des Vortrags von verdachtsbegründenden Tatsachen erwartet wurde, wo mit Einzel- bzw. Minderheitsaktionären die Kontrollinstitution handelte, die den schlechtesten Zugang zu detaillierten Informationen hat.

Der hohe Anspruch an die von den Aktionären beizubringenden Informationen war umso bemerkenswerter, wenn man eine hiermit untrennbar verknüpfte Parallelproblematik mit in die Überlegungen einbezieht. Hatten die Aktionäre nämlich den Verdacht, dass es zu Unregelmäßigkeiten bei der Geschäftsführung gekommen sein könnte, so war ihre einzige Möglichkeit, nähere Informationen zu erlangen, von ihrem Enquete-Recht Gebrauch zu machen und gemäß § 142 Abs. 2 AktG a. F. eine Sonderprüfung einzuleiten. Mit dem Instrument der Sonderprüfung war und ist es möglich, sämtliche Gründungs- und Nachgründungsvorgänge sowie den gesamten Verantwortungsbereich der Geschäftsführung überprüfen zu lassen. Einzige Voraussetzung ist, dass der Prüfungsauftrag selbst auf einen bestimmten Gegenstand beschränkt ist[42]. Problematisch war jedoch, dass das für eine Sonderprüfung zu erfüllende Quorum nach § 142 AktG a. F. höher war, als das Quorum des § 147 Abs. 3 AktG a. F.

Praktisch bedeutete dies, dass das höhere Quorum von 10 %, das § 142 Abs. 2 AktG a. F. verlangte, „durch die Hintertür" auch für § 147 Abs. 3 AktG a. F. galt. Zusätzlich mussten die Aktionäre aber auch noch die weiteren Hürden der neueren Regelung überwinden, die eingeführt wurden, um eine Absenkung des Quorums zu ermöglichen. Das Resultat war dann, dass Aktionäre, die gemäß § 147 Abs. 3 AktG a. F. eine Klage erzwingen wollten, in der Praxis das alte Quorum von 10 % erfüllen mussten, um an die nötigen Informationen zu gelangen, die sie dann brauchten, um die neuen Hürden des § 147 Abs. 3 AktG a. F. zu nehmen. Im Ergebnis führte dies praktisch zu einer Erschwerung der Situation der Aktionäre, was natürlich der grundsätzlichen Idee des KonTraG zuwiderlief. Die Aktionäre, die eben nicht zufällig in der Situation waren, dass sie ausreichende Informationen hatten, um die Voraussetzungen des § 147 Abs. 3 AktG a. F. zu erfüllen, waren unter Umständen sogar besser beraten, das alte Verfahren des § 147 Abs. 1 AktG anzuwenden.

---

40 *Brandner* in FS Lutter S. 317 (321); *Schröer* in Münch-Komm zum AktG § 147 Rz. 9.
41 *Bezzenberger* in Großkommentar zum AktG § 147 Rz. 75.
42 *Habersack* in FS Wiedemann S. 889 (898 ff.); *Hüffer* AktG § 142 Rz. 2.

Diese Überlegungen zeigen, dass die Anpassung des Quorums für die Sonderprüfung gemäß § 142 Abs. 2 AktG dringend geboten war[43]. Es wäre außerdem sinnvoll gewesen, die Möglichkeit der Aktionäre, eine Sonderprüfung herbeizuführen, von der Hauptversammlung loszulösen. Nach geltendem Recht ist die Minderheit gezwungen, in der Hauptversammlung einen Antrag auf Durchführung einer Sonderprüfung einzubringen, der dann erst von der Mehrheit abgelehnt werden muss, bevor die Minderheit von nunmehr 1 % oder der anteilige Betrag von € 100.000 die Sonderprüfung per Minderheitsbeschluss herbeiführen kann. Das UMAG hat nur in Bezug auf die Schwelle zur Sonderprüfung eine Erleichterung gebracht[44]. Diese wurde an die Erfüllung desjenigen (niedrigeren) Quorums angeglichen, das auch für das neu eingeführte Klagezulassungsverfahren gemäß § 148 AktG gilt. Die Voraussetzung des ablehnenden Hauptversammlungsbeschlusses blieb dagegen nach wie vor erhalten.

Das strukturelle Informationsdefizit, das der einzelne Aktionär hat, erschwerte damit seine Einflussmöglichkeiten erheblich. Eine Rücksichtnahme auf diese Schwierigkeiten der Aktionäre fand dennoch nicht statt, weil andernfalls ein Missbrauch des Kontrollmittels befürchtet wurde[45].

---

43 Ebenfalls für eine Anpassung des Quorums in § 142 Abs. 2 AktG waren *Habersack* in FS Wiedemann S. 889 (891); *Krieger* ZHR 1999 S. 343 (353); *Baums*, Gutachten F für den DJT 2000 S. 248.

44 Zu den reformierten Regelungen der Sonderprüfung siehe insbesondere die Beiträge von *Wilsing/Neumann* DB 2006 S. 31 ff. und von *Fleischer* NJW 2005 S. 3525 (3527).

45 An dieser Stelle ergeben sich Parallelen zwischen dem deutschen Recht und dem US-amerikanischen Recht, da dort bei den Class Action Suits ein ähnliches Problem auftritt. 1995 verabschiedete der Kongress den sog. “Private Securities Litigation Reform Act”, der unter anderem das Ziel hatte, den Schutz vor missbräuchlichen Class Action Suits zu verbessern. Für einen Überblick über die Veränderungen, die die Reform brachte, siehe Soderquist, Gabaldon Securities Regulation S. 602. Eine Regelung des Gesetzes sah zu diesem Zweck vor, dass den klagenden Aktionären keine sog. “discovery” gestattet werden sollte. Die „discovery“ ist die Phase vor dem Beginn der mündlichen Verhandlung, in der beide Seiten sich in bestimmtem Umfang Zugang zu Dokumenten oder Personen gewähren müssen, die im Prozess als Zeugen oder Urkunden verwendet werden sollen. Hintergrund dieser Regelung war, dass es vorgekommen war, dass Aktionäre eine Class Action Suit einleiteten und dann einen umfangreichen “discovery” Prozess beantragten. Dies ist für die Gesellschaft oftmals sehr aufwendig, da neben der Bereitstellung umfangreicher Dokumente auch Mitglieder des Board of Directors bereitstehen müssen, um Angaben zu den fraglichen Vorwürfen zu machen. Die Konsequenz war, dass es für die Gesellschaften häufig einfacher war, sich mit den Klägern außergerichtlich zu einigen, was in der Praxis die Zahlung einer Geldsumme bedeutete. Nachdem nun aber das Recht der Aktionäre auf die “discovery” eingeschränkt wurde, haben die Aktionäre oftmals beträchtliche Schwierigkeiten, bei berechtigten Verdachtsmomenten gegen Mitglieder des Board of Directors Kenntnis von den Tatsachen zu erlangen, die zu einer erfolgsversprechenden Prozessführung nötig wären. Festzuhalten ist auch, dass

d. Die Rolle des besonderen Vertreters bei der Klageerzwingung

Zu den Bedenken, dass die Anforderungen an die von der Minderheit vorzubringenden Tatsachen zu hoch gewählt sein könnte und dass den Aktionären kein adäquater Zugang zu den relevanten Informationen zur Verfügung stand, kam noch ein weiteres Problem hinzu. Die Bestellung eines besonderen Vertreters bedeutete nämlich noch nicht, dass die Minderheit ihr Ziel der Durchsetzung eines bestimmten Ersatzanspruches mit Sicherheit erreicht hatte. Nach der Konstruktion des § 147 Abs. 3 Satz 3 AktG a. F. war der besondere Vertreter nicht unbedingt verpflichtet, die von der Minderheit vorgetragenen Ansprüche geltend zu machen. Die Durchsetzung des Ersatzanspruches musste der besondere Vertreter von einer eigenen, pflichtgemäßen Beurteilung der Erfolgschancen abhängig machen. Bei der Prüfung der Ansprüche musste er dabei die Maßstäbe zugrunde legen, die auch das Gericht bei einem eventuellen Verfahren bei der Prüfung der Ansprüche anwenden würde[46]. Hier war insbesondere die Formel des Bundesgerichtshofs aus dem *ARAG/Garmenbeck*-Urteil[47] relevant. Danach hat das mit der Durchsetzung des Anspruchs betraute Organ den besonderen Spielraum der Geschäftsleitung zu beachten, der für ein unternehmerisches Tätigwerden unabdingbar ist[48].

Im Kontext der Beurteilung der Chancen eines Verfahrens durch einen besonderen Vertreter spielte die Problematik des Ermessensspielraums jedoch nur eine untergeordnete Rolle, da wohl weder Unredlichkeiten noch grobe Gesetzesverletzungen vom unternehmerischen Ermessensspielraum des Vorstands gedeckt sind. Es erscheint somit schwer vorstellbar, dass eine Situation hätte eintreten können, in der es den Aktionären gelungen wäre, dem Gericht Tatsachen vorzutragen, die den dringenden Verdacht gerechtfertigt hätten, dass Unredlich-

---

dies nicht der einzige Fall ist, in dem auch im amerikanischen Recht der Versuch, die Belastung von Corporations durch rechtsmissbräuchliche Klagen zu verhindern, die Kontrollmöglichkeiten der Aktionäre in erheblichem Maße einschränkt: Zum Problem des "demand requirement" und der Problematik der "independent committees" im Zusammenhang mit der Derivative Suit, siehe unten § 3 I. Allgemein ist festzuhalten, dass sich das Problem des Zugangs von Minderheiten zu den relevanten Informationen wie ein roter Faden durch die Corporate Governance Diskussion zieht. Während aber z. B. bei der Problematik der Informationsversorgung des Aufsichtsrats in Deutschland bzw. der unabhängigen Directors in den USA die Schwierigkeit besteht, einen Ausgleich zwischen dem Zugang zu Informationen einerseits und der Bewahrung der Unabhängigkeit der Kontrolleure andererseits zu finden, gab es keine überzeugenden Gründe dafür, die Schwellen für das Einleiten einer Sonderprüfung höher als das Quorum für die Klageerzwingung nach § 147 Abs. 3 AktG a. F. oder andere Klagrechte anzusetzen, so dass die nunmehr vorgenommene Herabsetzung des Quorums als sehr positiv zu bewerten ist.

46 *Bezzenberger* in Großkommentar zum AktG § 147 Rz. 81.

47 BGHZ 135 S. 244 ff.

48 BGHZ 135 S. 244 (253 f.).

keiten oder grobe Gesetzesverletzungen vorgefallen sind und der besondere Vertreter dann trotzdem zu dem Ergebnis gekommen wäre, dass die Geschäftsleitung im Rahmen ihres unternehmerischen Ermessens gehandelt habe. Kam der besondere Vertreter nach einer rechtlichen Prüfung zu dem Ergebnis, dass die Anspruchsverfolgung in der Tat erfolgversprechend sei, so war er grundsätzlich verpflichtet, eine Durchsetzung der Ansprüche zu verfolgen[49]. Von einem Tätigwerden abzusehen wäre unter diesen Umständen wohl allenfalls dann denkbar gewesen, wenn die Verfolgung der Ansprüche aufgrund von äußeren Umständen, die jenseits der Frage der rechtlichen Beurteilung des Sachverhalts liegen, nicht ratsam gewesen wäre.

Dies konnte nach der Aussage des Bundesgerichtshofs etwa der Fall sein, wenn sich herausstellte, dass die Forderung aus tatsächlichen Gründen nicht beizutreiben war, die Beitreibung eines unverhältnismäßig hohen Aufwands bedurft hätte oder „negative Auswirkungen auf Geschäftstätigkeit und Ansehen der Gesellschaft in der Öffentlichkeit, Behinderung der Vorstandsarbeit und Beeinträchtigung des Betriebsklimas“[50] eine Durchsetzung der Ansprüche als nicht ratsam erscheinen ließen. Dass diese Konstruktion aus der Sicht der Aktionäre erhebliche Risiken mit sich brachte, liegt auf der Hand. Sie waren nicht nur den Unwägbarkeiten der rechtlichen Beurteilung des Sachverhaltes durch den besonderen Vertreter ausgesetzt, sondern hatten zusätzlich noch zu befürchten, dass eine Durchsetzung der Ansprüche trotz einer Bestätigung ihrer Rechtsauffassung letztlich aufgrund von äußeren Umständen unterblieb. Nimmt man nur einmal einen Ersatzanspruch gegen ein Vorstandsmitglied als Beispiel, so ist schwer vorstellbar, dass die Durchsetzung eines solchen Anspruchs jemals möglich sein könnte, ohne dass das Ansehen des Unternehmens in der Öffentlichkeit, die Vorstandsarbeit oder das Betriebsklima beeinträchtigt würde. Ein solcher Anspruch steht damit immer in Gefahr, letztlich nicht durchgesetzt zu werden, was in der Konsequenz zu einem negativen Anreiz für die Aktionäre führte, Ansprüche geltend zu machen.

Zusätzlich bestanden noch grundsätzliche Zweifel an der Figur des besonderen Vertreters. In der Konstellation des § 147 AktG geht es nicht um ein Kollektivhandlungsproblem[51]. Der Einsatz eines Vertreters zur Zusammenfassung mehrerer Klagen findet normalerweise dann statt, wenn viele einzelne Ansprüche durchgesetzt werden sollen, deren Verfolgung für jeden einzelnen Anspruchsinhaber nicht lohnenswert ist. Das klassische Beispiel für eine solche Konstellation sind die aus dem US-amerikanischen Recht bekannten Sammelklagen oder Class Action Suits. Hier hat jeder Aktionär einer Gesellschaft oder

---

49 *Bezzenberger* in Großkommentar zum AktG § 147 Rz. 82.
50 BGHZ 135 S. 244 (255).
51 So auch *Baums* Gutachten F für den DJT 2000 S. 254.

der Käufer eines Produkts eventuell nur einen Schadensersatzanspruch von wenigen Dollar, so dass es sich ökonomisch gesehen nicht lohnen würde, die Ansprüche zu verfolgen. Erst wenn alle Ansprüche gebündelt werden, lohnt sich die Durchsetzung. In diesem Fall ist die Berufung eines Vertreters für die ganze Gruppe von Klägern sinnvoll. Anders lag der Fall beim Verfahren nach § 147 Abs. 3 AktG a. F. Hier ging es nur um einen einzigen Anspruch, da ja ein Ersatzanspruch der Gesellschaft durchgesetzt werden soll.

Es ist damit zu konstatieren, dass die Einschaltung eines besonderen Vertreters das Verfahren gemäß § 147 Abs. 3 AktG a. F. für die Aktionäre unwägbarer und damit zugleich auch unattraktiver machte. Gleichzeitig ergaben sich aufgrund der gerichtlichen Prüfung, die ja vor der Bestellung des besonderen Vertreters erfolgte, Zweifel an dem Nutzen, die die Einbeziehung dieser Figur in das Verfahren hatte. Diese Erkenntnis wurde bei der Bewertung der Notwendigkeit für eine Neuregelung und in der Diskussion über Reformen mitberücksichtigt, da die Figur des besonderen Vertreters in dem durch das UMAG neu eingeführten Klagezulassungsverfahren nicht mehr verwendet wird, obwohl der verstärkte Einsatz dieser Figur eines der Kernstücke des erst 1998 beschlossenen KonTraG und insbesondere des Verfahrens nach § 147 Abs. 3 AktG a. F. war.

e. Analyse der Auswirkungen des KonTraG

Festzuhalten ist damit, dass die Absenkung des Quorums, die § 147 Abs. 3 AktG a. F. den Minderheitsaktionären bot, teuer erkauft wurde. Neben der formellen Einschränkung, die in der Begrenzung der durchsetzbaren Ansprüche lag, erschwerte auch die materiellrechtliche Doppelsicherung, die gegen das oft beschworene Missbrauchsrisiko in § 147 Abs. 3 AktG a. F. eingebaut wurde, die Rechtsausübung der Aktionäre erheblich. Neben die erhöhten Anforderungen des § 147 Abs. 3 Satz 1 AktG a. F., der, anders als bei der Bestellung eines besonderen Vertreters gemäß § 147 Abs. 2 AktG, über das Erfordernis einer bloßen Zweckmäßigkeit hinaus voraussetzte, dass die vor Gericht darzulegenden Tatsachen den dringenden Verdacht einer Unregelmäßigkeit begründeten, trat das Erfordernis, die Durchsetzung der fraglichen Ersatzansprüche einem besonderen Vertreter zu überlassen, dem darüber hinaus ein eigenes rechtliches Prüfungsrecht eingeräumt wurde. Besonders vor dem Hintergrund der Zweifel am Effekt der Absenkung des Quorums bei § 147 Abs. 3 AktG a. F. stellte die Zwischenschaltung des besonderen Vertreters mit eigener Einschätzungsprärogative eine zusätzliche Erschwernis für die Aktionäre dar, da sie, auch wenn sie das Gericht überzeugen konnten, die Durchsetzung der Ansprüche immer noch nicht selbst in der Hand hatten. Als Fazit ist zu ziehen, dass die Erleichterung durch die Absenkung des Quorums gegenüber der Regelung des § 147 Abs. 1 AktG keine wesentliche Verbesserung für die Klageerzwingung durch die Minderheit brachten, während aber die zusätzlichen Hürden, die als Ausgleich für eben diese Herabsetzung des Quorums dienen sollten, die Rechtsausübung der Aktionäre erheblich erschwerten. Diese Beurteilung wurde durch die praktische Erfahrung mit der reformierten Regelung bestätigt, die zeigte, dass auch von dieser kaum Gebrauch gemacht wurde.

Dass sich die vorsichtigen Stimmen im Gesetzgebungsverfahren zum KonTraG durchsetzen konnten, die gegen weitergehende Reformen des Klageerzwingungsverfahrens waren, hatte vor allem zwei Gründe. Einerseits gab es Stimmen, die die gesamtgesellschaftliche Legitimität einer Einzelklage in Frage stellten, da diese Rechte die Tatsache übergehen, dass möglicherweise eine überwältigende Mehrheit der Aktionäre gegen eine Klage ist[52]. Der zweite und letztlich wohl vor allem für den Gesetzgeber wichtigere Grund, die dargestellten Sicherungen in § 147 Abs. 3 AktG a. F. einzubauen, war die Angst vor einem möglichen Missbrauch der Regelung, die bei einer zu leichten Zulassung der Klageerzwingung befürchtet wurden. Bezeichnend ist insoweit eine Stimme aus dem BMJ, die festhielt: „Nach den räuberischen Anfechtungsklagen brauchen wir jetzt nicht noch räuberische Schadensersatzklagen.“[53].

2. Die Kostenregelung des § 147 Abs. 4 AktG a. F

Die Kostentragungsregelung des § 147 Abs. 4 AktG a. F. war die zweite wesentliche Neuerung, die das KonTraG für § 147 AktG gebracht hatte. Auch hier war es das Ziel des Gesetzgebers, die Aktionäre zu ermutigen, mehr Verfahren gemäß § 147 AktG anzustrengen[54]. Die große Bedeutung, die der Kostenregelung bei der Verwirklichung dieses Ziels zukommt, war und ist unbestritten[55]. Vor der Novellierung durch das KonTraG sah die Kostentragungsregel noch vor, dass auch im Falle nur teilweisen Unterliegens die Kosten des Verfahrens in voller Höhe und ohne Anrechnung eventuell erlangter Vorteile von der Aktionärsgruppe zu tragen waren, die die Klage initiiert hatte.

Die Neufassung brachte aus Aktionärssicht im Wesentlichen die Erleichterung, dass diejenigen Vorteile, die der Gesellschaft durch die Klage zugeflossen waren, nunmehr auf die Verpflichtung, im Falle eines vollständigen oder teilweisen Unterliegens die Kosten des Verfahrens zu tragen, angerechnet wurden. Umgekehrt betrachtet blieb es damit aber auch dabei, dass die Aktionäre bei teilweisem oder vollständigem Unterliegen vor Gericht verschuldensunabhängig

52 Begründung zum KonTraG BT Drucksache 13/9712 S. 22; dem zustimmend *Sünner* ZHR 163 S. 364 (371).

53 *Seibert* WM 1997 S. 1 (5).

54 Begründung zum KonTraG BT Drucksache 13/9712 S. 22.

55 *Baums* stellte in seiner Untersuchung der Aktionärsklagerechte zum DJT 2000 fest: „Die Kostenregelung ist der maßgebliche Schlüssel für den angemessenen Einsatz dieses unverzichtbaren Managementkontrollinstruments.“, Gutachten F für den DJT 2000 S. 255.

für die bei der Gesellschaft angefallenen Kosten des Verfahrens insoweit aufkommen mussten, als sie das durch den Prozess Erlangte überstiegen. Die ratio dieser Regelung, die ebenfalls als Schutz vor dem Missbrauch der in § 147 AktG a. F. zur Verfügung gestellten Instrumente gedacht war[56], war einfach: Wenn die Kosten der Gesellschaft das Erlangte übersteigen, handelt das eigentlich für die Durchsetzung des Anspruchs zuständige Organ rechtmäßig, wenn es die Verfolgung des Anspruchs unterlässt. Im Gegenschluss scheint der Gesetzgeber davon auszugehen, dass damit auch jeder Versuch der Geltendmachung des Anspruchs ein Missbrauch der Rechte gewesen sein muss, die den Aktionären in § 147 AktG a. F. eingeräumt wurden. Inwieweit diese Einschätzung – besonders in dieser generellen Form – zutreffend ist, bleibt zu prüfen[57].

Die Kostenregelung, wie sie sich seit der Novellierung im Rahmen des KonTraG in § 147 Abs. 4 AktG a. F. darstellte, galt sowohl für die Klageerzwingung einer Minderheit im Rahmen der Hauptversammlung als auch für das neugeschaffene, von der Hauptversammlung unabhängige Minderheitsverlangen gemäß § 147 Abs. 3 AktG a. F. Das war insofern bemerkenswert, als die beiden Verfahrenswege, zwischen denen die Minderheit wählen konnte, erhebliche Unterschiede in ihren sonstigen Voraussetzungen aufwiesen. Die schwere Hürde für eine Klageerzwingung gemäß § 147 Abs. 1 AktG a. F. war das Problem der Erfüllung des Quorums, während eine Minderheit, die sich entschied, den Weg des § 147 Abs. 3 AktG a. F. zu beschreiten, vor allem vor dem Problem stand, das Gericht vom Vorliegen eines dringenden Verdachts überzeugen zu müssen, nur um dann von der Einschätzung des besonderen Vertreters abhängig zu sein. Das Gericht musste die Minderheit, die im Rahmen der Hauptversammlung tätig wurde, nur dann überzeugen, wenn sie ihrerseits die Bestellung eines besonderen Vertreters anstrebte.

Der Schutz vor Missbrauch setzte also beim Verfahren gemäß § 147 Abs. 1 AktG a. F. vor allem beim zu erbringenden Quorum an, während bei der Klageerzwingung gemäß § 147 Abs. 3 AktG a. F. ein größeres Gewicht auf der Prüfung der Stichhaltigkeit der Vorwürfe durch ein Gericht und durch den besonderen Vertreter einen Missbrauch der Regelungen verhindern sollte. Die Kostenregelung schien dabei mehr auf die Klageerzwingung gemäß § 147 Abs. 1 AktG a. F. zugeschnitten zu sein und wurde ja auch, zumindest was die Systematik betrifft, gleichzeitig mit der ursprünglichen Version der Klageerzwingung geschaffen. Hier wurde die Notwendigkeit, im Bereich der Kostentragung einen weiteren Schutz vor Missbrauch einzubauen, wohl vor allem deswegen bejaht, weil eine Klage gemäß § 147 Abs. 1 AktG a. F. – falls es gelang das Quorum zu erfüllen – unter Umständen keiner Inhaltskontrolle unter-

---

56 *Schröer* in Münch-Komm zum AktG § 147 Rz. 70.

57 Siehe unten § 1 I. 2.

lag. Das war immer dann der Fall, wenn die Stellung eines Antrags auf Ernennung eines besonderen Vertreters gemäß § 147 Abs. 2 AktG durch die Minderheit unterblieb.

Die praktische Relevanz der Klageerzwingung gemäß § 147 Abs. 1 AktG a. F. war jedoch bereits vor dem KonTraG gering, und diese Erkenntnis war für sich genommen bereits einer der Hauptgründe für die Novellierung von § 147 AktG. Dennoch wurde für die neu geschaffene Möglichkeit der Klageerzwingung außerhalb der Hauptversammlung, die Kostenregelung, abgesehen von den bereits erwähnten kleineren Änderungen bei der Anrechnung dessen, was die Gesellschaft im Zuge des Verfahrens erlangt hat, einfach übernommen[58]. Somit wurden auch diese Verfahren von der zusätzlichen Missbrauchssicherung der Kostenregelung des § 147 Abs. 4 AktG a. F. erfasst. Angesichts der weiteren Schutzregelungen, die in § 147 Abs. 3 AktG a. F. selbst enthalten waren, bestanden jedoch Zweifel an der Notwendigkeit einer solchen weiteren Missbrauchsabsicherung[59]. Diese Zweifel wogen besonders schwer, weil sich darüber hinaus außerdem Zweifel an der grundsätzlichen Tauglichkeit der Kostenregelung als Schutzinstrument vor missbräuchlichen Klagen ergaben und immer noch ergeben[60].

a. Die Verknüpfung von finanziellem Erfolg und Kostentragungspflicht

Die Verknüpfung des finanziellen Misserfolgs einer Klage mit der Pflicht, die Kosten des Verfahrens zu tragen, setzt zweifelsohne einen negativen Anreiz für alle Klagen, die missbräuchlich sind und gleichzeitig nur geringe Aussicht auf einen finanziellen Erfolg bieten. Damit wird die Missbrauchsgefahr in diesen Fallkonstellationen nahezu ausgeschlossen. Dennoch muss man die Kostenregelung gerade aufgrund ihres verhaltenssteuernden Aspekts als misslungen bezeichnen.

Die klassischen Missbrauchsfälle, die aus dem US-amerikanischen Gesellschaftsrecht bekannt sind, zeichnen sich nicht in erster Linie durch ihre Aussichtslosigkeit aus, sondern dadurch, dass dem betroffenen Unternehmen außerordentliche Aufwendungen in finanzieller und organisatorischer Hinsicht zur Verteidigung gegen die Klage abverlangt werden[61]. Das Unternehmen soll so

---

58 Auf diese Auffälligkeit weist auch *Baums,* Gutachten F für den DJT 2000 S. 252, hin.

59 Vgl. hierzu im Folgenden § 1 I. 3.

60 Siehe hierzu sogleich unten § 1 I. 3.

61 Teilweise ist erforderlich, dass nahezu die gesamte Geschäftsführung einschließlich des Vorstandsvorsitzenden tagelang im „discovery“ Prozess Aussagen macht. Dieser Verfahrensteil soll dem Kläger die Möglichkeit gewähren, die notwendigen Fakten für seine Klage zu sammeln. Bei missbräuchlichen Klagen geht es dann darum, die wichtigen Mitglieder der Geschäftsleitung möglichst lange aus dem Tagesgeschäft fern zu halten.

veranlasst werden, sich außergerichtlich mit dem Kläger zu einigen. Zu berücksichtigen ist dabei, dass die Frage der Kostenregelung viel prekärer ist, weil die grundsätzliche Kostenregel im US-amerikanischen Recht nicht nur keine negativen Anreize für missbräuchliche Klagen setzt, sondern dem räuberischen Aktionär bzw. seinen Anwälten sogar eine entscheidende Hilfestellung bei der Durchführung ihrer missbräuchlichen Klagen leistet. Dies geschieht dadurch, dass im US-amerikanischen Recht der Grundsatz gilt, dass die Beteiligten eines Verfahrens, unabhängig von dessen Ausgang, ihre Kosten selbst tragen müssen. So ist der Anreiz für die Beklagten groß, sich bei komplizierten Verfahren hohe Anwaltskosten und die sonstigen Kosten eines Verfahrens durch einen Vergleich zu ersparen.

Die Tatsache, dass die Kostenverteilung in diesem Fall den missbräuchlichen Klagen Vorschub leistet, hat dazu geführt, dass inzwischen sowohl die Principles of Corporate Governance des American Law Institute[62], als auch der Model Business Corporation Act (MBCA)[63] das sog. „fee shifting" anerkennen, also den Gerichten die Möglichkeit einräumen, die Kosten des Verfahrens den klagenden Aktionären aufzubürden, wenn die Betreibung des Verfahrens als missbräuchlich eingeschätzt wird. Im Vergleich zu der US-amerikanischen Kostenregelung bietet das System der Kostenverteilung im deutschen Zivilprozessrecht, so wie sie in den §§ 91 ff. ZPO geregelt ist, schon dem Grundsatz nach besseren Schutz. Hier lohnt es sich für die Beteiligten in der vorliegenden Konstellation, besonders für den Beklagten, das Verfahren bis zum Ende durchzuführen, da im Falle des Obsiegens der unterlegene Kläger die Kosten des Verfahrens tragen muss. Somit hat der Beklagte in einem missbräuchlichen Verfahren niemals den Anreiz, einen Vergleich zu schließen.

Wenn man zusätzlich zu den unterschiedlichen Anreizen der Kostenregelung berücksichtigt, dass die Aktionäre im Verfahren nach § 147 Abs. 3 AktG a. F. bereits nach der Entscheidung des Gerichts über die Bestellung eines besonderen Vertreters und damit vor dessen Prüfung, ob es überhaupt zur Klage kommen soll, jeglichen Einfluss auf das Verfahren verloren, wird deutlich, dass die klassische Art des Missbrauchs im Rahmen des § 147 Abs. 3 AktG keine große Rol-

Dies erzeugt dann einen enormen Druck auf das Unternehmen, das Verfahren vorzeitig durch einen Vergleich zu beenden.

62 American Law Institute, Principles of Corporate Governance – Analysis and Recommendation § 7.04 (d).

63 § 7.46 (2) MBCA. Der MBCA entfaltet keine direkte Außenwirkung. Es handelt sich um ein Modellgesetzbuch, dass den Einzelstaaten Anregungen bzw. Vorlagen für ihre Gesetze geben soll. In manchen Fragen sind die Regelungen des MBCA zum Standard geworden, während sie in anderen Bereichen kaum genutzt werden. Auf diese Besonderheiten wird jeweils im Zusammenhang mit den einzelnen Regelungskomplexen eingegangen werden.

le spielen konnte. Nimmt man den finanziellen Erfolg dennoch als Parameter für die Einordnung einer Klage als missbräuchlich oder als wünschenswert, so ist diese Methode nicht nur untauglich, sondern es ergeben sich aus dieser Fehleinschätzung noch zusätzliche negative Konsequenzen.

Zu berücksichtigen ist nämlich, dass die Kostenregel nicht nur missbräuchliche Klagen verhindert, sondern ebenso einen Teil der nicht missbräuchlichen Klagen abschreckt. Bei den so verhinderten Klagen kann es sich aber durchaus auch um legitime Verfahren handeln, deren Durchführung aus kontrollrechtlicher Sicht wünschenswert wäre. Somit wird die (nur bedingt taugliche) Verminderung des Risikos von missbräuchlichen Klagen durch den Verzicht auf rechtspolitisch unter Umständen ebenfalls wünschenswerte Verfahren erkauft. Der Grund dafür, dass auch die letztgenannten Verfahren verhindert werden, liegt darin, dass die Regelung, ebenso wie die Regelungen der Schwellenwerte und anders als der besondere Vertreter und das Gericht, „blind“ gegenüber dem Gegenstand des Verfahrens ist.

Aus dieser gewonnenen Erkenntnis ergeben sich damit bereits Zweifel an der grundsätzlichen Eignung der Kostenregelung als Instrument zur Verhinderung von missbräuchlichen Klagen. Jedenfalls ist zu konstatieren, dass die durch die Kostenregelung verursachte Einschränkung des § 147 AktG a. F. dessen Relevanz im System der Kontrolle von vornherein erheblich verringerte. Diese Situation steht in direktem Widerspruch zu der ursprünglichen Zielsetzung des KonTraG, die ja auf die Schaffung eines Systems gerichtet war, das zu deutlich mehr Klageerzwingungsverfahren führen sollte. Im Rahmen der Kostenregelung ist auch die größte Diskrepanz zwischen dem früher geltenden Recht einerseits und den nunmehr durch das UMAG eingeführten Regelungen zu konstatieren. Die neu vorgeschlagene Regelung entlastet die klagenden Aktionäre deutlich vom Kostenrisiko und ist insofern zu begrüßen[64].

b. Kostenregelung und weitere Missbrauchssicherungen

Es gab noch einen weiteren Grund, der gegen den prohibitiven Charakter der Kostenregelung des § 147 Abs. 4 AktG a. F. sprach. Dieser lag in den anderen Sicherungen, die in § 147 AktG a. F. gegen den Missbrauch der dort eingeräumten Rechte eingebaut waren. Zumindest im Verfahren nach § 147 Abs. 3 AktG a. F. konnte der besondere Vertreter oder das Gericht eine Durchsetzung des Anspruchs verhindern, wenn dies als missbräuchlich einzustufen war. Lag der Klage ein völlig unfundierter Vorwurf zugrunde, so lehnte bereits das Gericht den Antrag der Aktionäre auf die Bestellung eines besonderen Vertreters mangels eines dringenden Verdachts von Unredlichkeiten oder gro-

64 Zur der neuen Kostenregelung siehe die Diskussion unter § 1 II 2.

ben Gesetzesverstößen ab. Ging es um einen Anspruch, der nicht völlig aussichtslos war, dessen Verfolgung aber aus anderen Gründen für das Unternehmen schädlich gewesen wäre – und dies sind ja gerade die klassischen Missbrauchsfälle – so konnte der besondere Vertreter von der Durchsetzung mit der Begründung absehen, eine Durchsetzung des Anspruchs störe die Funktionsfähigkeit der Geschäftsführung. Wie bereits erwähnt, hat der Bundesgerichtshof dies ausdrücklich als Grund für eine Nichtverfolgung eines ansonsten rechtlich durchsetzbaren Anspruchs genannt[65].

Es stellte sich dann aber die Frage, warum Aktionäre, die im Fall des § 147 Abs. 3 AktG a. F. ein Gericht davon überzeugt hatten, dass ein dringender Verdacht einer Unredlichkeit oder einer groben Gesetzesverletzung vorlag, diese Einschätzung dann von einem besonderen Vertreter bestätigt bekommen hatten, der nicht nur die rechtliche Stichhaltigkeit des Vorwurfs überprüft hatte, sondern zusätzlich noch die weiteren Auswirkungen der Geltendmachung des Ersatzanspruchs auf das Gesellschaftsinteresse abzuwägen hatte, im Falle einer Niederlage vor Gericht letztlich allein die Kosten des Verfahrens tragen sollten. Wenn die Aktionäre all die zahlreichen und hohen Hürden überwunden hatten, die § 147 AktG a. F. ihnen zur Geltendmachung von Ersatzansprüchen in den Weg stellte, erschien es wenig sinnvoll, sie im Falle eines Unterliegens auf den Kosten sitzen zu lassen[66]. Es dürfte schließlich nahezu ausgeschlossen gewesen sein, dass eine Klage in einem solchen Fall noch als missbräuchlich einzustufen war. Jedenfalls erschien es angesichts der negativen Anreize, die die Kostenregelung auch für legitime Klagen setzte, völlig unverhältnismäßig, den anderen Sicherungen eine weitere, derart restriktive Regelung nachzuschalten.

3. Rechtspolitische Einordnung der Neuregelung durch das KonTraG

Bis zum Erlass des KonTraG wurde allgemein bemängelt, dass die Möglichkeit der Aktionäre, eine Durchsetzung von Ersatzansprüchen herbeizuführen, nur auf dem Papier bestand. Nach einer Betrachtung der geänderten, bzw. neu eingeführten Klagemöglichkeiten unter Berücksichtigung der praktischen Bedeutung der Regelungen bleibt festzuhalten, dass auch durch die Neuerungen im Rahmen des § 147 AktG a. F. keine entscheidende Wende herbeigeführt wurde. Bereits die Absenkung des Quorums erfolgte nicht mit der Konsequenz, die nötig gewesen wäre, um einen wirklichen Anreiz für mehr Klagen zu setzen. Dies gilt insbesondere deswegen, weil die Absenkung im Vergleich zur alten Regelung des § 147 Abs. 1 AktG a. F. in vielen Fällen wohl nur theoretische Vorteile bot, da

---

65 Siehe oben § 1 I. 3., mit dem Verweis auf die Argumentation des Bundesgerichtshofs im *ARAG/Garmenbeck*-Urteil, BGHZ 135 S. 244; siehe dazu auch ausführlich *Horn* ZIP 1997 S. 1129 ff.

66 *Ulmer* ZHR 163 S. 290 (293).

die Informationsbeschaffung der Aktionäre per Sonderprüfung gemäß § 142 Abs. 2 AktG a. F. nach wie vor nur nach Erreichung der alten Schwellenwerte möglich war. Auf genaue Informationen waren die Aktionäre aber bei der neuen Regelung noch dringender angewiesen, als das vor der Reform der Vorschrift durch das KonTraG 1998 der Fall war, da die Absenkung des Quorums durch die Einführung zusätzlicher Hürden in der neuen Regelung ausgeglichen wurde.

Eine dieser Hürden war die Pflicht, Tatsachen darzulegen, die den dringenden Verdacht rechtfertigten, dass Unredlichkeiten oder grobe Gesetzesverletzungen vorgefallen waren, und gerade dieses Erfordernis war ohne die Ausübung des Enquete-Rechts oftmals nicht zu erfüllen. Weitere Bedenken an der neuen Regelung ergaben sich auch aus den weiteren neu eingeführten Schutzmaßnahmen. So konnte die Konstruktion, nach der den Aktionären trotz des Bestehens im gerichtlichen Vorprüfverfahren die Führung des eigentlichen Verfahrens zugunsten eines zwangsweise zu bestellenden besonderen Vertreters aus der Hand genommen wurde, nicht überzeugen. Angesichts der weitreichenden anderen Schutzvorkehrungen gegen einen Missbrauch der Regelung ließ sich die zwangsweise Überwachung und Kontrolle des Verfahrens durch einen Außenstehenden nicht rechtfertigen.

Schließlich führte auch die Kostenregelung, die bei der Entscheidung darüber, ob ein Verfahren durchführenswert ist, eine extrem wichtige Rolle spielte und spielt, dazu, dass potentielle Kläger eher abgeschreckt, als zu einer Klage ermutigt wurden. In der Summe stellte sich damit eine Situation dar, die dem Anspruch, durch ein einfacheres Ermöglichen von Klageerzwingungsverfahren die Rolle der Aktionäre bei der Kontrolle von Publikumsgesellschaften zu verbessern, nicht gerecht wurde.

Diese Feststellung ist vor dem Hintergrund zu sehen, dass sich an der rechtspolitischen Einschätzung, dass eine verstärkte Kontrolle der Geschäftsführung notwendig ist, nichts geändert hatte. Dies war zum Zeitpunkt der Verabschiedung des KonTraG noch unklar, weil der Bundesgerichtshof kurz zuvor das bereits erwähnte Urteil im *ARAG/Garmenbeck* Verfahren gesprochen hatte[67]. Es ging dabei vor allem um die Frage, ob der Aufsichtsrat im Falle eines haftungsrelevanten Verhaltens eines Vorstandsmitgliedes einen Ermessenspielraum bei der Entscheidung über die Verfolgung des Anspruchs hat oder, ob eine Pflicht zur Verfolgung des Anspruchs besteht[68]. Diese Frage spielt besonders bei der Diskussion der Vorstandshaftung gemäß § 93 Abs. 2 AktG eine Rolle; unabhängig davon, wie diese Frage zu beantworten ist, bleibt jedoch festzuhalten, dass

---

67 BGHZ 135 S. 244 ff.

68 Siehe dazu *Horn* ZIP 1997 S. 1129 ff., sowie die ausführliche Diskussion unter § 1 III 4.

auch nach dem *ARAG/Garmenbeck*-Urteil des Bundesgerichtshofs eine Verbesserung der Klagemöglichkeiten der Aktionäre keinesfalls überflüssig geworden war[69]. Wenn *Ulmer*[70] sich im Jahre 1999 aufgrund der Kürze der seit dem KonTraG verstrichenen Zeit in einem besonderen Rechtfertigungszwang sah, als er eine erneute Reform des § 147 AktG a. F. forderte, so ist nunmehr zu konstatieren, dass diese Pflicht zum Zeitpunkt des Erlasses des UMAG nicht mehr bestand, da die überwiegende Meinung in der Literatur mit dem durch die Reformen Erreichten nicht zufrieden war[71]. Hinzu kommt, dass § 147 AktG a. F. spätestens seit dem KonTraG als „effektiver Täterschutz" einzuordnen war, da sich ohne diese Vorschrift vielleicht eine actio pro socio hätte entwickeln können[72].

II. Die Neuregelung in § 148 AktG und das Klagezulassungsverfahren

Das Instrument, das von der Mehrzahl der Reformvorschläge in den Mittelpunkt der Diskussion um den Schutz vor einem Missbrauch der Klagerechte gestellt wurde, war das Klagezulassungsverfahren vor dem Prozessgericht[73]. Diese Methode der Absicherung gegen missbräuchliche Klagen hat der Gesetzgeber nun auch im UMAG gewählt. Der größte Vorteil, den ein gerichtliches Zulassungsverfahren gegenüber dem Quorum bietet, ist, dass es sich bei dieser Missbrauchssicherung um ein inhaltsbezogenes Kriterium handelt. Diese Sicherung ist nicht „blind" gegenüber den Umständen der Klage und der Legitimität des Ersatzanspruches, den der Kläger geltend machen will. Aus diesem Grund werden durch diese Missbrauchssicherung gerechtfertigte und missbräuchliche Klagen nicht gleichermaßen betroffen. Diesen Vorteil hat neben der gerichtlichen Vorprüfung nur die Übertragung der Durchführung des Verfahrens auf den besonderen Vertreter, die dafür aber andere schwerwiegende Nachteile hat[74]. Aufgrund dieser Überlegungen war die Einführung eines Klagezulassungsverfahrens ein Schwerpunkt der Reform der Klagerechte der Aktionäre. Den Aktionären soll ermöglicht werden, sich die Legitimität der Klage im Hinblick auf die spätere Verteilung der Prozesskosten bestätigen zu lassen, während andererseits

69 *Schröer* in Münch-Komm zum AktG § 147 Rz. 7; *Baums* Gutachten F für den DJT 2000 S. 241 ff.

70 *Ulmer* ZHR 163 S. 290 (291).

71 Siehe nur *Brandner* in FS Lutter S. 317 (321); *Schröer* in Münch-Komm zum AktG § 147 Rz. 9; *Bezzenberger* in Großkommentar zum AktG § 147 Rz. 11.

72 *K. Schmidt* NZG 2005 S. 796 (798).

73 Für die Einführung eines solchen Klagezulassungsverfahrens hatten sich insbesondere *Ulmer*, ZHR 163 S. 290 (329) und *Baums*, Gutachten F für den DJT 2000 S. 259, ausgesprochen.

74 Siehe die Darstellung oben unter § 1 I. 1.

der Gesellschaft Schutz vor aussichtslosen oder missbräuchlichen Klagen geboten werden soll[75].

1. Die Voraussetzungen des Klagezulassungsverfahrens nach § 148 AktG

a. Die Ausgestaltung als Minderheiten- oder Einzelklagerecht

Die einfachste Möglichkeit, den Aktionären leichter die Möglichkeit zur Klage zu eröffnen, wäre die Senkung bzw. die Abschaffung der Quorumsregelungen des § 147 AktG a. F. gewesen. Zunächst ist festzuhalten, dass die Schwellenwerte, wie sie in § 147 Abs. 1 AktG a. F. und § 147 Abs. 3 AktG a. F. vorgesehen waren, deutlich zu hoch angesetzt waren. Einfache Rechenbeispiele machen deutlich, dass die Regelung des § 147 AktG a. F. einen effektiven Minderheitenschutz bei Publikumsgesellschaften nicht zuließ.

aa. Rechenbeispiel

Was Schwellenwerte in der praktischen Anwendung bedeuten, lässt sich an einem einfachen Rechenbeispiel darstellen. *Siemens*, als der DAX-Wert mit der zum damaligen Zeitpunkt größten Börsenkapitalisierung[76], hatte zum Abschluss des Geschäftsjahres, das am 30. September 2006 endete, ein Grundkapital von ca. € 2,7 Milliarden, das sich auf ca. 890 Millionen Stückaktien ohne Nennbetrag verteilte[77]. Der zwanzigste Teil des Grundkapitals betrug somit zu diesem Zeitpunkt € 133.550.000. Die 44.518.701 Aktien, die nötig gewesen wären, um dieses Quorum zu erfüllen, hatten einen Börsenwert von € 3.053.982.889, wenn man den Börsenkurs zum Ablauf des Geschäftsjahres, also am 30. September 2006 zugrunde legt[78].

Nimmt man nicht den Kurs zum Abschluss des Geschäftsjahres, sondern das Jahreshoch[79], dann läge der eben errechnete Wert sogar bei € 3.495.113.754. Nimmt man anstelle des 5%-Quorums die zweite Alternative des § 147 Abs. 3 AktG und errechnet die Werte bei der Anwendung des anteiligen Betrags von € 500.000, so ergibt sich folgendes Bild. Da es sich bei *Siemens*-Aktien um Stückaktien handelt, ergibt sich der anteilige Betrag von € 500.000, wenn man die Zahl der Aktien durch den Betrag des Grundkapitals dividiert, um

---

75 Vgl. auch bereits die ausführlichen Vorschläge bei *Ulmer* ZHR 163 S. 290 (329 ff.) und *Baums* Gutachten F für den DJT 2000 S. 259 ff.

76 Eine Auflistung der DAX-Werte mit der höchsten Marktkapitalisierung findet sich oben in Fn. 21; zum hier gewählten Stichtag am 30. September 2006 hatte *Siemens* eine Marktkapitalisierung von € 61.079.656.469.

77 Das Grundkapital betrug exakt € 2.671.000.000, verteilt auf 890.374.001 Stückaktien ohne Nennbetrag.

78 Der Aktienkurs am 30. September 2006 betrug € 68,60.

79 Das Jahreshoch der *Siemens* Aktie im Geschäftsjahr 2005/2006 lag bei € 78,51.

so das Grundkapital pro Aktie zu ermitteln[80]. Das Ergebnis dieser Rechnung ist ein Wert von ca. € 3 Grundkapital pro Aktie. Wenn man dann errechnet, wie viele Aktien notwendig sind, um den Betrag von € 500.000 zu erreichen, kommt man auf das Ergebnis von 166.675 Aktien. Dieses Paket hätte am Tag des Geschäftsjahresendes einen Börsenwert von € 11.433.905 und bei Zugrundelegen des Jahreshochs einen Börsenwert von € 13.085.654 gehabt.

Die beiden letztgenannten Werte mögen angesichts der Größe eines Unternehmens wie *Siemens* nicht so hoch erscheinen; sie sind aber dennoch eindeutig weit jenseits aller Werte, die ein durchschnittlicher Privatanleger erreichen kann. Geht man von Aktienpaketen im Wert von ca. € 10.000 aus, was, bezogen auf einen einzelnen Titel, sicher nicht typisch für Kleinanleger ist, so müsste sich dennoch eine Gruppe von mehr als 1000 Anlegern finden[81], um das Quorum des § 147 Abs. 3 AktG a. F. zu erfüllen. Angesichts dieser Überlegungen überrascht es nur wenig, dass auch nach dem Erlass des KonTraG kein Anstieg bei den Verfahren nach § 147 Abs. 3 AktG a. F. zu verzeichnen war.

Im Fall eines Unternehmens der Größe von *Siemens* wäre das Quorum von echten Kleinanlegern und Einzelaktionären wohl nur zu erreichen gewesen, wenn es um einen Fall gegangen wäre, der sehr stark in der Öffentlichkeit wahrgenommen worden wäre, so dass genügend Kleinanleger über die Berichterstattung in den Medien aufmerksam geworden wären. In einer solchen Konstellation stünde allerdings zu vermuten, dass dann das eigentlich für die Verfolgung des Ersatzanspruches zuständige Organ so unter Druck geraten wäre, dass es an einer eigenständigen Verfolgung der Ansprüche nicht mehr vorbeigekommen wäre. Dies wäre dann aber eine Situation, für die die Möglichkeit der Klageerzwingung gemäß § 147 Abs. 3 AktG ohnehin nicht geschaffen wurde.

bb. Gründe des Gesetzgebers für das hohe Quorum

Hauptsächlich zwei Überlegungen waren der Grund für die Festlegung des Quorums in der Höhe, wie es letztlich im Gesetz vorgesehen wurde. Da die Überlegungen grundsätzlicher Natur sind, ist davon auszugehen, dass sich der Gesetzgeber auch bei der Festsetzung des nunmehr nach dem UMAG geltenden Quorums von ihnen hat leiten lassen. Zunächst wollte der Gesetzgeber vermeiden, dass sich Geschäftsleitungen in Deutschland aus einer Furcht vor einem zu hohen Haftungsrisiko nicht mehr in der Lage sehen, die für eine erfolgreiche Geschäftsführung notwendige Risikobereitschaft aufzubringen[82]. Insoweit wurde der Argumentationsansatz des Bundesgerichtshofs aus dem *ARAG/Garmenbeck-*

80 *Baums* Gutachten F für den DJT 2000 S. 251 Fn. 42.
81 Erforderlich wären 1144 Aktionäre.
82 Begründung zum KonTraG BT Drucksache 13/9712 S. 21.

Urteil aufgenommen[83]. In diesem Urteil hält das Gericht fest, dass eine erfolgreiche Geschäftsführung ohne das Eingehen bestimmter Risiken „schlechterdings undenkbar" sei[84], so dass der geschäftliche Misserfolg allein kein Indikator für haftungsrelevantes Fehlverhalten sein kann. Dies ist ein wichtiger Aspekt, da es tatsächlich kontraproduktiv wäre, eine Regelung zu treffen, die zu einer Lähmung der Geschäftsführung aus Angst vor Haftungsrisiken führen würde. Nach richtiger Auffassung hat die Einräumung eines angemessenen Handlungsspielraums jedoch im Rahmen des Haftungsmaßstabs zu erfolgen. Bereits das verhaltenssteuernde Element der Haftungsregeln sollte die Notwendigkeit, einer sorgfältig handelnden Geschäftsleitung einen Spielraum für geschäftliches Risiko einzuräumen, berücksichtigen[85]. In diesem Zusammenhang wird dieses Problem auch vom Bundesgerichtshof behandelt, der hierzu auf die aus dem US-amerikanischen Recht stammende Business Judgement Rule verweist, die – ebenfalls im Rahmen des Haftungstatbestands und nicht als Klagevoraussetzung – sicherstellen soll, dass den Directors & Officers der Gesellschaft der notwendige Spielraum bleibt, solange sie bestimmte Anforderungen an die bei der Geschäftsführung einzuhaltende Sorgfalt erfüllen[86].

Eine entsprechende Rezeption der Grundsätze der Business Judgement Rule ist ebenso wie die Reform der Klagerechte der Aktionäre im UMAG erfolgt. Ist der Haftungsmaßstab der Ersatzansprüche richtig gewählt, so reicht dies aus, um eine übermäßige Risikoaversion der Geschäftsleiter zu verhindern. Neben dem hohen Quorum ist noch zu berücksichtigen, dass auch bei der Ausgestaltung des Rechts nach § 147 Abs. 3 AktG a. F. mit der Prüfung des Ersatzanspruchs durch das Gericht und dem eventuell berufenen besonderen Vertreter weitere Sicherungen eingebaut wurden, die den verantwortlich Handelnden weitere Sicherheit gaben, vor ungerechtfertigten Klagen geschützt zu werden[87].

Eben dieser Schutz vor ungerechtfertigten Klagen räuberischer Aktionäre war auch der zweite Grund für die relativ hohe Festsetzung des Quorums in § 147 Abs. 3 AktG a. F. Die Furcht des Gesetzgebers vor dem Missbrauch der Regelung durch räuberische Aktionäre[88] ist bei Betrachtung der Regelung des § 147 Abs. 3 AktG a. F. an mehreren Stellen deutlich sichtbar. Während der Schutz der Unternehmen vor ungerechtfertigten Klagen ein legitimes Ziel ist, gilt hier ebenfalls, dass dieser Schutz durch die anderen Sicherungen des § 147 Abs. 3 AktG a. F. besser verwirklicht werden kann, als durch ein zu hohes

83 BGHZ 135 S. 244 ff; siehe dazu *Horn* ZIP 1997 S. 1129 ff.
84 BGHZ 135 S. 244 (253).
85 *Baums* Gutachten F für den DJT 2000 S. 249.
86 Zur Business Judgement Rule siehe unten § 1 III. 4.
87 So auch *Baums* Gutachten F für den DJT 2000 S. 249 f.
88 *Seibert* WM 1997 S. 1 (5).

Quorum[89]. Mit der Prüfung des Anspruchs durch das Gericht, ohne die eine Berufung des besonderen Vertreters nicht möglich war, und der anschließenden eigenverantwortlichen Durchsetzung der Ansprüche durch diesen besonderen Vertreter waren Schutzmechanismen in § 147 Abs. 3 AktG a. F. eingebaut, die ein Verfahren dem Inhalt nach auf seine Legitimität überprüfen konnten. Dies war ein präziserer Missbrauchsschutz, da die Quorums-Regelung des § 147 Abs. 3 AktG a. F. neben den missbräuchlichen Klagen auch die legitimen Klagen verhinderte, die die Quorumsanforderungen nicht erfüllen. Im jetzigen System des § 148 AktG übernimmt diese Rolle das Prozessgericht im Rahmen des Klagezulassungsverfahrens.

Hinzu kam, dass sich in diesem Zusammenhang auch die Frage stellte, wie groß die Missbrauchsgefahr tatsächlich ist und ob es tatsächlich einer solchen Vielzahl von Schutzmassnahmen bedarf. Diese Überlegungen, vor allem aber die nicht existente praktische Relevanz der Verfahren nach § 147 Abs. 3 AktG a. F., sprachen gegen die Quorums-Regelung, so wie sie das Gesetz nach dem KonTraG vorsah. Da sie grundsätzlicher Natur sind, sind sie auch bei der Diskussion hinsichtlich der Neuregelung des Klagezulassungsverfahrens nach § 148 AktG zu berücksichtigen.

cc. Gründe für eine Absenkung oder eine Abschaffung des Quorums

Da die Schwellen des § 147 AktG a. F. auch nach der Reform durch das KonTraG als zu hoch angesehen wurden, schlugen verschiedene Reformvorschläge eine drastische Absenkung der Schranken für die Klageerzwingung vor. Genannt wurde hier vor allem ein Quorum von 1 % des Grundkapitals oder € 100.000 bezogen auf den Börsen- oder Marktwert[90]; diesen Vorschlag hatte der Regierungsentwurf zum UMAG für die neu einzuführende Regelung des § 147 a AktG aufgenommen. Die größere Rolle unter den beiden genannten Schwellen hätte wohl der Wert von € 100.000 gespielt, da – wie *Ulmer* selbst anmerkt – die 1 % Grenze bei Publikumsgesellschaften immer noch kaum zu erreichen ist[91]. Im letzten Moment ist der Gesetzgeber dann vor diesem mutigen Schritt zurückgeschreckt und hat sich dazu entschieden, auf einen anteiligen Betrag von € 100.000 am Grundkapital umzuschwenken.

Einige Stimmen sehen die gefundene Lösung als gelungenen Kompromiss an und vertreten, dass die Abschwächung der erforderlichen Anteilsgrößen in letzter Minute nicht erheblich sei. Eine Minderheit, die nicht einmal unter Zuhilfe-

---

89 So auch *Baums* Gutachten F für den DJT 2000 S. 250.

90 *Ulmer* ZHR 163 S. 290 (331); *Baums* Gutachten F für den DJT 2000 S. 258; *K. Schmidt* Referat für den DJT 2000 S. O 11 (O 30); Bericht der Regierungskommission Corporate Governance Rz. 72 f.

91 *Ulmer* ZHR 163 S. 290 (331).

nahme des neu geschaffenen Aktionärsforums gemäß § 127 a AktG das erforderliche Quorum erreiche, verdiene auch die Privilegierung des Verfolgungsrechts der Minderheit nicht[92]. Man darf jedoch nicht übersehen, dass die Absenkung des Quorums in der letzten Phase des Gesetzgebungsverfahrens ein massives Ausmaß hatte, da die nunmehr gewählte untere Schwelle ca. 15-fach über derjenigen des Entwurfs liegt[93]. Begründet wurde die weniger drastische Absenkung des Quorums wiederum mit der Missbrauchsgefahr[94]. In der Tat stellt sich die Frage, ob die Grenze von € 100.000 bezogen auf den Börsen- oder Marktwert noch einen wirksamen Missbrauchsschutz bieten würde. Dies erscheint zweifelhaft, da sich räuberische Aktionäre ebenso zusammenfinden können wie Einzelanleger; um aber auch bei kleineren Unternehmen einen wirksamen Missbrauchsschutz zu bieten, müsste das Quorum eine gewisse Höhe haben, die wohl über den vorgeschlagenen € 100.000 liegen würde.

Diese Überlegung ist aber aus meiner Sicht nicht etwa ein Argument gegen die Absenkung des Quorums, sondern vielmehr ein Argument für die generelle Untauglichkeit der Quorumsregelungen als Instrument des Missbrauchsschutzes und damit für eine Aufgabe dieses Instruments. Das Quorum ist entweder zu hoch, um einen effektiven Missbrauchsschutz zuzulassen oder zu niedrig, um gleichzeitig einen adäquaten Missbrauchsschutz zu gewährleisten.

Der Kern dieses Problems liegt darin, dass professionelle Aktionäre in der Regel über eine größere Finanzkraft verfügen, als der einzelne Streubesitz-Aktionär[95]. Da somit aber jedes Quorum die Einzelaktionäre härter trifft, als die professionellen Kläger, ist es unmöglich, ein Quorum zu finden, das für jede Konstellation passt. Dementsprechend wurde die Suche nach einer passenden Quorumsregelung auch als „Quadratur des Kreises" bezeichnet[96]. Aufgrund dieser Überlegung wäre es meiner Meinung nach empfehlenswert gewesen, auf die Beibehaltung eines Quorums zugunsten einer Einzelklagebefugnis zu verzichten[97].

Vor dem Hintergrund der durchaus vorhandenen Möglichkeiten, die Unternehmen durch andere Sicherungen in ausreichendem Maße und in einer effekti-

---

92 *K. Schmidt* NZG 2005 S. 796 (799).

93 *Paschos/Neumann* DB 2005 S. 1779 (1780).

94 Siehe die Nachweise bei *Paschos/Neumann* DB 2005 S. 1779.

95 *Lutter* JZ 2000 S. 837 (838).

96 *Lutter* JZ 2000 S. 837 (838).

97 So auch *Lutter* JZ 2000 S. 837 (841); *Becker* Verwaltungskontrolle S. 605 ff.; *Wellkamp* DZWir 1994 S. 221 (224); *Wiedemann* Organverantwortung und Gesellschafterklagen in der AG S. 49, wobei die beiden letztgenannten Autoren allerdings die Möglichkeit einer Einzelklage von Aktionären auch neben der Vorschrift des § 147 AktG a. F. für möglich hielten.

veren Art und Weise vor dem Missbrauch eines solchen Klagerechts zu schützen, besteht kein Grund dafür, die einschränkende Wirkung in Kauf zu nehmen, die ein Quorum auch auf alle legitimen Klagen hat. Dies gilt, obwohl durch das UMAG weitere Erleichterungen für die Kläger bei den anderen Missbrauchsvorkehrungen im Verfahren der §§ 147 ff. AktG vorgenommen wurden, weil das UMAG mit dem Klagezulassungsverfahren als Ausgleich einen Schutzmechanismus gegen missbräuchliche Klagen vorsieht. Damit bleibt der fehlende Verzicht auf das Quorum bei gleichzeitiger Einführung eines Einzelklagerechts aus meiner Sicht als wesentlicher Kritikpunkt an der Reform des UMAG festzuhalten.

b. Beschränkung der Klagemöglichkeit auf gravierende Pflichtverstöße

Bei der Ausgestaltung des Klagerechts bzw. des Klagezulassungsverfahrens ist zunächst fraglich, gegen welche Art der Pflichtverstöße der Kläger vorgehen können soll. Während § 147 Abs. 1 AktG ein Vorgehen bei allen Ersatzansprüchen aus Gründung oder Geschäftsführung erlaubt, konnte die Minderheit in einem Verfahren gemäß § 147 Abs. 3 AktG a. F. nur in Fällen von besonders groben Verstößen, also gegen Unredlichkeiten oder grobe Gesetzesverletzungen, tätig werden. Durch das UMAG ist die Regelung des alten § 147 Abs. 3 AktG in § 148 Abs. 1 Satz 2 Nr. 3 AktG übernommen worden. Die Beibehaltung dieser Einschränkung ist sinnvoll. Dies würde nach meiner Ansicht auch im Falle der Einführung einer Einzelklage gelten[98]. Die Beschränkung leistet einen Beitrag dazu, die Bereitschaft der verantwortlich Handelnden zu erhöhen, die für eine erfolgreiche Geschäftsführung notwendigen Risiken einzugehen.

Grundsätzlich sollte der Schutz des unternehmerischen Ermessenspielraums durch die entsprechende Festlegung des Haftungsmaßstabs einheitlich im Rahmen der Haftungsregeln erfolgen[99]. Wenn dies konsequent geschieht, besteht auch aus Sicht der verantwortlich Handelnden kein Bedürfnis, durch weitere Maßnahmen im Rahmen der Klagemöglichkeiten geschützt zu werden. Die Entschärfung des § 93 Abs. 2 AktG durch die Aufnahme der Grundsätze der Business Judgement Rule hätte die Aufhebung der Beschränkung auf bestimmte Arten von Pflichtverstößen erleichtern können. So bleibt es nun bei dem Umstand, dass nicht jeder Fall, der eine Haftung aus § 93 AktG begründet, auch die Einleitung eines Klagezulassungsverfahrens rechtfertigen kann[100].

---

98 Eine Beschränkung auf schwerwiegende Pflichtverstöße war auch im Regelungsvorschlag von *Ulmer,* ZHR 163 S. 290 (331 f.), enthalten; zustimmend *Baums* Gutachten F für den DJT 2000 S. 260.

99 Anders wohl *Ulmer* ZHR 163 S. 290 (331 f.).

100 Hierauf verweisen auch *Paschos/Neumann* DB 2005 S. 1779 (1780) und *Spindler* NZG 2005 S. 865 (872).

c. Das Erfordernis der Mindestbesitzzeit

Ein weiteres Instrument des Missbrauchsschutzes ist die Regelung zur Mindestbesitzzeit, also des Zeitraums, in dem ein klagewilliger Aktionär Inhaber der Aktien gewesen sein muss, um klagen zu können. Die alte Regelung, die in § 147 Abs. 1 AktG a. F. enthalten war und auch für das Verfahren nach § 147 Abs. 3 AktG a. F. galt, verlangte eine Mindestbesitzzeit von drei Monaten. Diese Regelung ist eher geeignet, professionelle Kläger von der Möglichkeit der Klage auszuschließen, als es eine Quorumsregelung ist, die ja auch an den Aktienbesitz anknüpft.

In der Literatur wurde schon früher die wohl noch effektivere Variante vorgeschlagen, wonach an die Kenntnis des Aktionärs von derjenigen Pflichtverletzung angeknüpft werden soll, die Grundlage des Klagevorwurfs ist[101]. Diese Regelung ist der "contemporaneous ownership rule" aus dem US-amerikanischen Recht nachempfunden, die sicherstellen soll, dass nur solche Aktionäre klagebefugt sind, die zufällig von der Pflichtverletzung betroffen sind, während es nicht möglich ist, sich durch den Erwerb einer Aktie nachträglich die Klagebefugnis zu kaufen[102]. Außerdem hat diese Regelung den Vorteil, dass sie auch solche Aktionäre schützt, die innerhalb der drei Monate Inhaber der Aktien geworden sind oder die Aktien erworben haben, ohne von dem Ereignis Kenntnis erlangt zu haben, das den Ersatzanspruch begründet. Aus diesen Gründen ist die Aufnahme einer entsprechenden Regelung in § 148 Abs. 1 Satz 2 Nr. 1 AktG vorbehaltlos zu begrüßen.

d. Der Schutz der Gesellschaft vor missbräuchlichen Klagen

Ebenso wie bei der Schlüssigkeitsprüfung des Gerichts die besonderen Schwierigkeiten der Aktionäre bei der Informationsbeschaffung zu berücksichtigen sind, muss das Interesse der Gesellschaft berücksichtigt werden, sich frühzeitig gegen missbräuchliche Klagen wehren zu können. Auch diesem Interesse kann in einem Klagezulassungsverfahren Rechnung getragen werden. Die Gesellschaft kann hier in einem frühen Stadium des Verfahrens die Gelegenheit bekommen, Stellung zu beziehen. Von dieser Möglichkeit kann sie Gebrauch machen, um darzulegen, warum auf die Durchsetzung des fraglichen Anspruchs verzichtet wurde und aus welchen Gründen eine klageweise Durchsetzung der Ansprüche den Interessen der Gesellschaft zuwiderlaufen würde. Hier könnten unter anderem diejenigen Überlegungen vorgetragen werden, die der Bundesgerichtshof im *ARAG/Garmenbeck*-Urteil für die Nichtverfolgung von Ansprüchen

---

101 *Ulmer* ZHR 163 S. 290 (331); *Baums* Gutachten F für den DJT 2000 S. 260.

102 Anders als noch im Regierungsentwurf zum UMAG muss der rechtzeitige Anteilserwerb nunmehr nicht nur glaubhaft gemacht werden, sondern er muss nachgewiesen werden.

anerkannt hat[103]. Die frühe Einbeziehung der Gesellschaft schon im Klagezulassungsverfahren trägt also dazu bei, missbräuchliche Klagen bereits frühzeitig zu erkennen und abzuwenden[104].

Dieser Gedanke ist auch im US-amerikanischen Recht bekannt. Dort erfolgt die frühe Beteiligung der Gesellschaft am Verfahren durch das "demand requirement" und die "independent committees"[105]. Der Blick auf die genannten Instrumente zeigt einerseits, dass die frühe Beteiligung am Verfahren grundsätzlich positiv zu bewerten ist, untermauert aber andererseits auch die Erkenntnis, dass es sinnvoll ist, diese Beteiligung im Rahmen einer Vorprüfung vor Gericht stattfinden zu lassen. Der Kläger ist im US-amerikanischen Recht gezwungen, sich vor der Erhebung einer Derivative Suit mit seinem Anliegen an die Gesellschaft selbst zu wenden, was aber gleichzeitig zur Folge hat, dass der Aktionär die Kontrolle über das Verfahren verliert. Die Gesellschaft kann nämlich dann die Vorwürfe prüfen und eine Empfehlung hinsichtlich der Weiterverfolgung des Anspruchs aussprechen. Da diese Entscheidung, die routinemäßig negativ ausfällt, durch die Business Judgement Rule geschützt wird, erhält die Gesellschaft praktisch die Möglichkeit, jede eigentlich fehlerhafte Entscheidung durch eine zweite Entscheidung der Haftung zu entziehen. Diese Gefahr wird durch die Einbeziehung der Gesellschaft im Rahmen einer Klagezulassung vermieden.

Diesen Überlegungen folgt auch der Gesetzgeber des UMAG. So muss die klagende Aktionärsminderheit gemäß § 148 Abs. 1 Satz 2 Nr. 2 AktG nachweisen[106], dass sie sich zunächst an die Gesellschaft selbst gewandt hat und dieser die Gelegenheit gegeben hat, die Ansprüche selbst geltend zu machen[107]. Ergänzend zu dieser Regelung, die der Subsidiarität des Verfolgungsrechts Rechnung tragen soll, nimmt das Gesetz auch die Argumentation des Gerichts im *ARAG/Garmenbeck*-Urteil auf und stellt in § 148 Abs. 1 Satz 2 Nr. 4 AktG klar, dass das Begehren der klagewilligen Aktionäre im Klagezulassungsverfahren abzulehnen ist, wenn der Geltendmachung des Ersatzanspruchs überwiegende Gründe des Gesellschaftswohls entgegenstehen. Damit ist der Gesetzgeber an dieser Stelle klägerfreundlicher gewesen, als dies der BGH gewesen ist, da dieser zur Abwehr der Klage bereits gewichtige Gründe ausreichen lassen wollte[108].

---

103 Vgl. hierzu die ausführliche Darstellung oben unter § 1 I. 3.

104 *Ulmer* ZHR 163 S. 290 (330); *Baums* Gutachten F für den DJT 2000 S. 259.

105 Vgl. zu diesen beiden Mechanismen die Ausführungen unter § 3 I. 3.

106 Im Entwurf zum UMAG war noch die bloße Glaubhaftmachung des „demand" ausreichend. Hierauf weisen auch *Paschos/Neumann*, DB 2005 S. 1779 (1780), hin.

107 Ausreichend soll hier eine Frist von zwei Monaten sein, *Duve/Basak* BB 2006 S. 1345 (1348).

108 So auch *K. Schmidt* NZG 2005 S. 796 (800).

Der vorgeschlagenen Regelung ist meiner Ansicht nach in vollem Umfang zuzustimmen, da einerseits die Gesellschaft die Gelegenheit hat, Versäumnisse bei der Anspruchsverfolgung nachzuholen oder die gegen eine Geltendmachung sprechenden Gründe vorzutragen, ohne dass andererseits den Aktionären die Kontrolle über das Verfahren entzogen wird. Weiterhin entscheidet hier mit dem Gericht eine wirklich unabhängige Institution. Damit sind auch die negativen Erfahrungen mit den "independent committees" so berücksichtigt worden, dass die aus dem US-amerikanischen Recht bekannten Probleme im deutschen Recht nicht entstehen sollten.

e. Die Ablehnung der Figur des besonderen Vertreters

Neben der Frage der Einführung eines gerichtlichen Zulassungsverfahrens stellt sich die Frage, ob die Durchführung des Verfahrens in die Hände der Aktionäre selbst gelegt werden soll oder einem besonderen Vertreter zu überlassen ist, wie es früher in § 147 Abs. 3 AktG a. F. vorgesehen war. Wie bereits dargestellt, sprachen nach der früheren Rechtslage viele Argumente gegen die Figur des besonderen Vertreters[109]. Die klagewilligen Aktionäre, die die Führung des Verfahrens einer solchen Zwischeninstanz überlassen mussten, hatten keinen Einfluss auf die Wahl der Person, die diese Rolle ausfüllen sollte, waren aber gleichzeitig dennoch verpflichtet, die eventuell entstehenden Kosten zu tragen. Angesichts der anderen Missbrauchssicherungen, wie der hohen Schwellenwerte und der Pflicht, die Bestellung eines besonderen Vertreters überhaupt erst durch die Darlegung eines dringenden Verdachts einer Unredlichkeit oder groben Gesetzesverletzung herbeizuführen, erschienen diese negativen Konsequenzen nicht gerechtfertigt.

Auch die Tatsache, dass der besondere Vertreter nach der alten Rechtslage dafür zuständig war, besondere Interessen der Gesellschaft zu berücksichtigen, die gegen die Durchsetzung eines eigentlich bestehenden Anspruchs sprachen, kann an dieser Einschätzung nichts ändern. Dass diese Interessen berücksichtigenswert sind, ist zwar richtig, entsprechende Erwägungen können aber im Rahmen des Klagezulassungsverfahrens und auf Vortrag der Gesellschaft ausreichende Berücksichtigung finden[110]. Jedenfalls ist dies keine zufriedenstellende Begründung dafür, den Aktionären die Kontrolle über das Verfahren zu nehmen, sie aber dennoch mit den Kosten zu belasten. Dies gilt auch deswegen, weil ein Kollektivhandlungsproblem[111], das normalerweise die Bestellung eines besonde-

109 Siehe die ausführliche Diskussion oben unter § 1 I. 3.

110 A. A. jedoch *Marsch-Barner*, Referat für den DJT 2000 S. O 55 (O 67), der für eine Beibehaltung der Figur des besonderen Vertreters plädiert und nur durch die Einschaltung des besonderen Vertreters die objektive Geltendmachung der Ansprüche gewährleistet sieht.

111 Siehe hierzu ausführlich oben § 1 I. 3.

ren Vertreters erforderlich macht, in den Fällen der Aktionärsklage nicht besteht[112]. Die Aktionäre machen, wenn sie im Rahmen eines Minderheitenrechts handeln, nicht mehrere gleichartige Ansprüche verschiedener Anspruchsinhaber, sondern einen einzigen Anspruch der Gesellschaft geltend.

Obwohl sich der Gesetzgeber gegen die Einführung eines Einzelklagerechts entschieden hat, ist es uneingeschränkt zu begrüßen, dass er den Abschied von der Figur des besonderen Vertreters mit der Begründung einleitet, dieses Instrument sei „nie richtig angenommen worden"[113]. Dies verdient Lob, weil man, trotz der prozessualen Probleme, die mit der Geltendmachung im Wege der Prozessstandschaft einher gehen[114], die Unzulänglichkeiten des Modells des besonderen Vertreters als so gravierend erkannt hat, dass man den Mut hatte, sich davon zu lösen.

f. Weitere prozessuale Fragen

aa. Übernahme der Klage der Aktionäre und eigene Klage der Gesellschaft

§ 148 Abs. 3 AktG eröffnet der Gesellschaft die Möglichkeit, das Verfahren zu übernehmen bzw. selbst Klage zu erheben, obwohl bereits ein Verfahren der Aktionäre rechtshängig ist. Bei der ersten Alternative handelt es sich somit um einen gesetzlichen Fall des Parteiwechsels, im zweiten Fall um eine Ausnahme zum Prozesshindernis der anderweitigen Rechtshängigkeit nach § 261 Abs. 3 Nr. 1 ZPO. Da es für die Übernahme des Verfahrens nicht auf eine Zustimmung der klagenden Aktionäre ankommt und eine eigene Klage der Gesellschaft die Klage der Aktionäre unzulässig werden lässt, ist die Gesellschaft jederzeit und ohne Hinderungsmöglichkeit seitens der klagenden Aktionäre in der Lage, die Kontrolle über das Verfahren zu ergreifen.

Diese Gestaltung ist meiner Ansicht nach zu günstig für die Gesellschaft. Zunächst ist es wenig überzeugend, dass die Gesellschaft neben der Möglichkeit, das Verfahren in seinem aktuellen Zustand zu übernehmen, gleichzeitig das Recht haben soll, eine eigene Klage anzustrengen[115]. Dies macht schon aus prozessökonomischen Gründen wenig Sinn und kann auch für das beklagte Organmitglied einen erheblichen Nachteil bedeuten. Wenn eine Aktionärsklage bereits durch mehrere Instanzen gegangen ist und sich das Organmitglied aufwendig verteidigen musste, könnte dieses Verfahren bei einer Klageerhebung durch die

---

112 Hierauf verweist auch *Baums*, Gutachten F für den DJT 2000 S. 254, in seiner Analyse der Aktionärsklagerechte für den DJT.

113 *Seibert/Schütz* ZIP 2004 S. 252 (253).

114 *K. Schmidt* NZG 2005 S. 796 (799).

115 Hierzu auch kritisch *Paschos/Neumann* DB 2005 S. 1779 (1783); *Spindler* NZG 2005 S. 865 (868).

Gesellschaft mit der Folge unzulässig werden, dass sich der Beklagte erneut einem langen Verfahren mit ungewissem Ausgang gegenüber sieht. Dies ist wenig überzeugend.

Es ist auch nicht unbillig, wenn eine Gesellschaft, die trotz der Aufforderung der Aktionäre nach § 148 Abs. 1 Satz 2 Nr. 2 AktG nicht tätig geworden ist, sich damit begnügen muss, das Verfahren in seinem aktuellen Stand übernehmen zu müssen. Dies wird beim Parteiwechsel im Zivilprozess zum Teil Beteiligten zugemutet, die nie die Chance hatten auf das Verfahren einzuwirken. In eine solche Situation kann die Gesellschaft aber wegen des „demand"-Erfordernisses und der obligatorischen Beiladung gemäß § 148 Abs. 2 Satz 7 AktG nicht geraten. Wenn sie also trotzdem zuwartet, bis sie ein Verfahren übernimmt, so ist es – auch gegenüber den bisherigen Beteiligten – nur billig, wenn sie es in der Lage übernehmen muss, in der es sich ohnehin befindet.

Nach der jetzigen Konstruktion bestehen für die Gesellschaft erhebliche Missbrauchsmöglichkeiten[116], da sie in der Hoffnung, die Aktionäre würden unterliegen, zunächst zuwarten kann und dann, wenn eine günstige Entwicklung für die klagenden Aktionäre eintritt, das Verfahren immer noch übernehmen kann. Anschließend könnte die Gesellschaft das Verfahren dann durch Klagerücknahme oder Vergleich beenden. Auch diese Möglichkeiten stehen der Gesellschaft in vollem Umfang zu, ohne dass die ursprünglich klagenden Aktionäre – obwohl auch sie beigeladen werden müssen – eingreifen können. Hier sind dann lediglich die Voraussetzungen des § 93 Abs. 4 AktG zu beachten, wobei die Gesellschaft von der Einhaltung der dreijährigen Sperrfrist befreit ist. Insbesondere der Zustimmung der ursprünglich klagenden Aktionärsminderheit bedarf es dagegen nicht[117]. Die klagenden Aktionäre müssten, um eine Verfahrensbeendigung zu verhindern, gemäß § 93 Abs. 4 Satz 3 AktG die Grenze der Widerspruchsminderheit von 10 % erreichen, was wiederum im Widerspruch zum abgesenkten Quorum für die Aktionärsklage steht[118]. Das eröffnet der Gesellschaft also die Möglichkeit, die Klage einer Minderheit der Gesellschaft mit einer einfachen Hauptversammlungsmehrheit zu beenden. Dies widerspricht meiner Ansicht nach dem Sinn und Zweck eines Minderheitenrechts, das gerade den Sinn haben soll einer Minderheit, die gegen die Mehrheit der Aktionäre steht, bestimmte Handlungsmöglichkeiten einzuräumen.

Eine weitere Unstimmigkeit im Zusammenhang mit der Verfahrensbeendigung besteht auch dann, wenn die Gesellschaft die Klage nicht übernommen hat, sondern die Aktionäre selbst eine Beendigung des Verfahrens durch Klagerück-

---

116 *Paschos/Neumann* DB 2005 S. 1779 (1783).
117 *Paschos/Neumann* DB 2005 S. 1779 (1785).
118 Hierauf weist auch *Spindler,* NZG 2005 S. 865 (869), hin.

nahme oder Vergleich anstreben wollen. Hier stellt sich das Problem, dass ein Vergleich, der natürlich auch von der Hauptversammlung abgesegnet werden muss, § 93 Abs. 4 Satz 3 AktG[119], erst nach Ablauf von drei Jahren seit der Entstehung des Anspruchs geschlossen werden darf. Eine Erleichterung, wie sie für die Gesellschaft in § 148 Abs. 6 Satz 4 AktG vorgesehen ist, kommt den klagenden Aktionären nicht zugute.

Dies stellt eine massive Einschränkung der Handlungsmöglichkeiten der klagenden Aktionäre dar. Über dieses Problem mit einer Analogie[120] zu § 148 Abs. 6 Satz 4 AktG hinwegzukommen, erscheint angesichts des Wortlauts der Vorschrift sowie der generellen Skepsis des Gesetzgebers gegenüber einer zu großen Kontrolle des Verfahrens der Aktionäre nur schwer vertretbar. Zu begrüßen wäre sie in jedem Fall, da die ansonsten prohibitive Konstruktion den Schluss von Vergleichen in aktionärsbetriebenen Verfahren wohl sonst realistischerweise praktisch verhindern würde. Dies widerspräche aber wiederum der Systematik des Zivilprozessrechts, das Vergleiche fördern will. Mit einer eventuellen Missbrauchsgefahr lässt sich diese Ausnahme meiner Ansicht nach nicht begründen. Diese wird durch die Publikationspflicht für Verfahrensbeendigungen hinreichend bekämpft[121]. Eines weiteren Schutzmechanismus, der darüber hinaus in seiner absoluten Form auch prozessökonomisch nur wenig sinnvoll ist, bedarf es nicht.

bb. Das Problem der subjektiven Klagehäufung

Die Geltendmachung der Ansprüche im eigenen Namen wirft einige zusätzliche Fragen auf, die sich bisher aufgrund der Abwicklung der Klage durch den besonderen Vertreter nicht stellten. Insbesondere besteht hier neben der Thematik der Möglichkeit der Gesellschaft, das Verfahren zu übernehmen bzw. selbst zu klagen, das Problem der subjektiven Klagehäufung. Zunächst ist festzuhalten, dass sich selbstverständlich mehrere Aktionäre zur Bestreitung des Klagezulassungsverfahrens zusammenfinden können. Zeitlich ist die Möglichkeit des gemeinsamen Handelns auf den (positiven) Abschluss des Klagezulassungsverfahrens begrenzt. Ab diesem Zeitpunkt ist ein Beitritt weiterer Aktionäre zum Verfahren per Nebenintervention nicht mehr möglich, § 148 Abs. 4 Satz 3 AktG.

---

119 *Paschos/Neumann*, DB 2005 S. 1779 (1785), weisen zu Recht darauf hin, dass hier Vorstand und Aufsichtsrat auch die Möglichkeit hätten, eine entsprechende Beschlussfassung der Hauptversammlung zu verhindern, indem sie sich weigern, einen entsprechenden Tagesordnungspunkt aufzunehmen. Gemäß § 122 AktG wäre dann wieder eine Minderheit von 5 % oder der anteilige Betrag von € 500.000 am Grundkapital erforderlich, also eine Minderheit, die größer sein müsste, als diejenige, die für die Anstrengung einer Aktionärsklage ausreicht.

120 So *Paschos/Neumann* DB 2005 S. 1779 (1785).

121 Siehe hierzu sogleich § 1 II. 1.

Es bleibt den ausgeschlossenen Aktionären aber unbenommen, ihrerseits ein weiteres Klagezulassungsverfahren einzuleiten[122]. Sie werden aber dann regelmäßig mit der Schwierigkeit konfrontiert sein, dass das Gericht dann wieder die Gründe berücksichtigen muss, die aus Sicht der Gesellschaft gegen eine Geltendmachung der Ersatzansprüche sprechen. Können die Kläger dann nicht entscheidende neue Tatsachen vorbringen oder eine bessere anwaltliche Vertretung vorweisen, werden sie es schwer haben, das Gericht von dem Nutzen der weiteren Klage zu überzeugen. Gelingt ihnen dies aber dennoch, so sieht § 148 Abs. 4 Satz 4 AktG vor, dass mehrere Klagen zur gleichzeitigen Verhandlung und Entscheidung verbunden werden können.

g. Probleme bei Verfahrensbeendigung

Schließlich stellt sich die Frage, welche Konsequenzen für den Fall einer vorzeitigen Beendigung des Verfahrens zu treffen sind. Im US-amerikanischen Recht besteht eine Absicherung gegen den Missbrauch der Klagerechte darin, dass jede Beendigung des Verfahrens durch einen Vergleich nur nach einer gerichtlichen Zustimmung wirksam werden kann. Dort besteht die Gefahr, dass sich die oftmals im Verfahren federführenden Anwälte mit dem Beklagten auf einen Vergleich einigen, bei dem der größte Anteil des vom Beklagten zu zahlenden Geldbetrages an die Anwälte fließt, so dass die Gesellschaft für den erlittenen Schaden letztlich fast keine Kompensation erhält[123].

Im deutschen Recht lagen die Probleme bisher etwas anders. Der Kläger konnte hier grundsätzlich keinen Vergleich mit dem Beklagten schließen, da er nicht über den Anspruch der Gesellschaft verfügen konnte. Hinzu kam dann auch hier das Problem des besonderen Verzichts- und Vergleichsverbots des § 93 Abs. 4 Satz 3 AktG, das für die alten Klageerzwingungsverfahren einheitlich galt und einen Vergleich über Ersatzansprüche gegen Vorstandsmitglieder erst nach Ablauf einer Frist von drei Jahren zulässt[124]. Eine gerichtliche Entscheidung über die Zulässigkeit eines Vergleichs hätte es auch hier ermöglichen können, den Schluss eines Vergleichs zuzulassen, ohne dass die Gefahr einer Kollusion zwischen den Parteien drohen würde, wie sie aus dem US-amerikanischen Recht bekannt ist.

---

122 Dies gilt auch und insbesondere dann, wenn diejenigen Aktionäre, die das Klagezulassungsverfahren erfolgreich bestritten haben, die dreimonatige Klagefrist, die – anders als noch im Regierungsentwurf vorgesehen – nicht mit der Zustellung der Entscheidung, sondern mit der Rechtskraft zu laufen beginnt, verstreichen lassen, *Paschos/Neumann* DB 2005 S. 1779 (1782).

123 Siehe hierzu ausführlich unten § 3 I. 3.

124 Vgl. ausführlich zu dieser Regelung *Zimmermann* in FS Duden S. 773 (784 f.).

Im UMAG wurde eine andere Konstruktion gewählt, die auf eine Empfehlung der Regierungskommission Corporate Governance zurückgeht[125]. Anstatt die gerichtliche Zustimmung für eine vorzeitige Beendigung vorzusehen, setzt die in § 149 AktG geschaffene Regelung, die gleichermaßen für Anfechtungsklagen gilt, stattdessen darauf, eine Publizitätspflicht für Vergleiche vorzusehen. So ist jeder Vergleich im Wortlaut im elektronischen Bundesanzeiger zu veröffentlichen und muss insbesondere alle vermögenswerten Leistungen erwähnen, die im Zusammenhang mit der Beendigung des Verfahrens von der Gesellschaft zu leisten sind. Durch diese Veröffentlichung sollen Absprachen zwischen den Verfahrensbeteiligten zum Nachteil der Gesellschaft verhindert werden.

Zur Absicherung der Publikationspflicht werden Verstöße hiergegen durch die Unwirksamkeit der Verpflichtung der Gesellschaft sanktioniert, so dass die Gesellschaft eventuell bereits erbrachte Leistungen über die Grundsätze der ungerechtfertigten Bereicherung zurückverlangen kann, § 149 Abs. 2 Satz 5 AktG. Insoweit handelt es sich um eine Durchbrechung des Grundsatzes des § 814 BGB, wonach der Leistende im Bereicherungsrecht das Erbrachte nicht zurückfordern kann, wenn er im Zeitpunkt der Leistung wusste, dass er nicht wirksam zur Leistung verpflichtet ist. Damit muss jeder, der eine Leistung im Rahmen einer verfahrensbeendigenden Abrede erhält, damit rechnen, dass er das Geleistete zurückgewähren muss. Gerade vor diesem Hintergrund ist es unverständlich, warum der Gesetzgeber klagenden Aktionären nicht das weitere Hindernis des § 93 Abs. 4 Satz 3 AktG erspart hat. Ähnlich wie bei der Quorums-Regelung hat man auch hier einen weiteren Mechanismus zum Missbrauchsschutz eingesetzt, dessen Erforderlichkeit zweifelhaft ist, während die negativen Konsequenzen für die Flexibilität des Verfahrens feststehen.

Auch für die Geschäftsleitung der Gesellschaft gibt es starke Anreize, die Pflicht zur Bekanntmachung von Verfahrensbeendigungen zu respektieren. Leistungen, die unter Verstoß gegen die Offenlegung gewährt werden, wären als verbotene Einlagenrückgewähr zu klassifizieren, und es dürfte oftmals sogar der Straftatbestand der Untreue gemäß § 266 StGB erfüllt sein[126]. Auch dies spricht dafür, dass die Pflicht zur Offenlegung, mit der Absicherung dieser Pflicht durch wirkungsvolle Sanktionen für alle Beteiligten, eine hinreichende Sicherung gegen missbräuchliche Vereinbarungen darstellt. Dass der Gesetzgeber eine solche Absicherung geschaffen hat, ist eindeutig zu begrüßen.

125 Bericht der Regierungskommission Corporate Governance Rz. 159.

126 *Spindler* NZG 2005 S. 865 (870).

2. Das Problem der Kostenregelung

Die besondere Bedeutung der Kostenregelung für die effektive Ausgestaltung des Klagerechts ist unbestritten[127]. Ebenso besteht wohl Einigkeit darüber, dass das Problem der Kostenregelung weder durch die ursprüngliche Fassung des § 147 AktG, noch durch die überarbeitete Version des KonTraG, zufriedenstellend gelöst wurde[128]. Wie schwierig es ist, eine angemessene Kostenregel zu finden, zeigt auch die Analyse der Problematik im US-amerikanischen Recht[129]. Während dort die allgemeine Kostenregelung, die besonders günstig für die Kläger und insbesondere deren Anwälte ist, erhebliche weitere Missbrauchssicherungen, wie das „demand requirement" und die Figur des „independent committee" erforderlich machte, bestand im deutschen Recht das gegenteilige Problem[130]. Hier stellte die Kostenregelung eines der größten Hindernisse für eine angemessene Ausübung der Minderheitenrechte des § 147 AktG a. F. dar, da sich der Gesetzgeber – obwohl die besonders klägerfreundlichen Anreize des US-amerikanischen Rechts im deutschen Recht ohnehin nicht bestehen – entschieden hatte, eine besonders strenge Kostenregelung zu treffen, um missbräuchliche Klagen abzuschrecken. Alle Kosten, die der Gesellschaft im Verfahren nach § 147 AktG a. F. entstanden und die das im Verfahren Erlangte überstiegen, waren vom Kläger zu ersetzen, auch wenn die Gesellschaft nur teilweise unterlag.

Zu der schlichten Erkenntnis, dass die Kostenregelung in ihrer alten Form nach überwiegender Ansicht zu klägerunfreundlich war[131], kam das Problem, dass sie ihrer Konzeption nach ursprünglich nur für die Klageerzwingung des § 147 Abs. 1 AktG a. F. galt, der aber im Vergleich zu § 147 Abs. 3 AktG a. F. außer dem Quorum keine weiteren Missbrauchssicherungen aufwies. Wie bereits dargestellt, war es angesichts dieser Tatsache unverständlich, dass sich der Gesetzgeber entschieden hatte, auf § 147 Abs. 3 AktG a. F. dieselbe Kostenregelung anzuwenden wie auf die Klageerzwingung des § 147 Abs. 1 AktG a. F.

Wenn nun nach der Analyse der Rechte der Aktionäre aus § 147 Abs. 3 AktG a. F. entschieden werden musste, welche der Missbrauchssicherungen abgeschafft werden sollten, so galt für die prohibitive Kostenregelung des

---

127 *Baums* bezeichnet die Kostenregelung als „Schlüssel" für die erfolgreiche Ausgestaltung des Minderheitenrechts, Gutachten F für den DJT 2000 S. 255.

128 *Becker* Verwaltungskontrolle S. 605 (noch zur Kostenregelung vor der Reform durch das KonTraG); *Schröer* in Münch-Komm zum AktG § 147 Rz. 71 m. w. N.

129 Siehe § 3 I. 4.

130 Siehe § 1 I. 2.

131 *K. Schmidt* Referat für den DJT 2000 S. O 11 (O 30); *Ulmer* ZHR 163 S. 290 (337 f.); *Schröer* in Münch-Komm zum AktG § 147 Rz. 71, *Baums* Gutachten F für den DJT 2000 S. 261; siehe auch die detaillierte Diskussion der Kostenregelung unter § 1 I. 2.

§ 147 Abs. 4 AktG a. F. dasselbe, wie für die Missbrauchssicherung per Quorum – im Vergleich zu inhaltsbezogenen Missbrauchssicherungen, wie einem Klagezulassungsverfahren oder dem bisher mit der Durchführung des Verfahrens beauftragten besonderen Vertreter, besteht der Nachteil der erstgenannten Missbrauchssicherungen darin, dass sie für legitime Klagen ebenso hinderlich sind, wie für missbräuchliche Klagen. Dies spricht dafür, diese Sicherungen nur dort einzusetzen, wo ein Schutz vor missbräuchlichen Klagen anders nicht zu erreichen ist. Aus diesem Grund ist die Neugestaltung der Kostenregelung im Zusammenhang mit der Einführung des Klagezulassungsverfahrens durch das UMAG ausdrücklich zu begrüßen.

a. Die Kostenregelung im Klagezulassungsverfahren

Bei der Diskussion über eine Reform der Kostenregelung wurde richtigerweise stets zwischen dem Klagezulassungsverfahren einerseits und dem Hauptverfahren andererseits unterschieden. Einigkeit bestand dabei darüber, dass zumindest im Klagezulassungsverfahren nicht von der grundsätzlichen Regelung des § 91 ZPO abgewichen werden sollte[132]. Diesem Ansatz hat sich auch der Gesetzgeber des UMAG angeschlossen. Dies wird durch § 148 Abs. 6 Satz 1 AktG klargestellt.

So setzt die Kostenregelung auch in Zukunft dadurch einen negativen Anreiz für eine missbräuchliche Klageerhebung, dass der Kläger in diesem Verfahrensabschnitt mit dem Kostenrisiko belastet wird. Dem Kläger bereits in diesem Verfahrensstadium die Kosten seines Engagements zu erstatten, ist einerseits deswegen nicht ratsam, weil die Legitimität der Klage zu diesem Zeitpunkt noch nicht geklärt ist, andererseits aber auch nicht notwendig, weil die Kosten zu diesem Zeitpunkt für den Kläger in der Regel noch überschaubar sind.

Gerade das relativ geringe Kostenrisiko, das im Klagezulassungsverfahren besteht, wurde teilweise als nicht abschreckend genug kritisiert. Die Kosten könnten € 12.000 nie übersteigen und lägen unter Umständen im Falle von günstigen Absprachen mit den Klägeranwälten deutlich darunter[133]. Insoweit sei eine Abschreckung missbräuchlicher Klagen nicht gewährleistet[134]. Dem ist entgegenzuhalten, dass es, aufgrund der bedingten Eignung als Missbrauchsschutz, nicht per se Aufgabe der Kostenregelung ist, Verfahren zu verhindern. Wichtig ist nur, dass die Kostenregelung nicht – wie eben vormals im US-amerikanischen Recht – positiv einen Anreiz bietet, (missbräuchliche) Verfahren anzustrengen. Dies ist aber nicht der Fall, da zwar das Verlustrisiko eines

---

132 *K. Schmidt* Referat für den DJT 2000 S. O 11 (O 30); *Baums* Gutachten F für den DJT 2000 S. 263; *Ulmer* ZHR 163 S. 290 (339).

133 Rechenbeispiel bei *Paschos/Neumann* DB 2005 S. 1779 (1786).

134 *Weiss/Buchner* WM 2005 S. 162 (170); *Paschos/Neumann* DB 2005 S. 1779 (1786).

Klägers im Zulassungsverfahren gering ist, er aber insoweit auch keine Verdienstchancen hat, da ihm im Falle des Unterliegens mit einer missbräuchlichen Klage eben keine Kostenerstattung gewährt wird. Mehr braucht die Kostenregelung nicht zu bewirken. Würde man bereits im Klagezulassungsverfahren eine ungünstigere Kostenverteilung wählen, so hätte man gegenüber der alten Kostenregelung des § 147 AktG, die einhellig kritisiert wurde, keinen Fortschritt erzielt. Auch hier ist es meiner Meinung nach angezeigt, den sinnvollen Missbrauchssicherungen wie dem Klagezulassungsverfahren zu vertrauen und das Verfahren nicht mit minder geeigneten Zusatzsicherungen zu überfrachten, die rechtspolitisch erwünschte Verfahren (unter Umständen) noch stärker beeinträchtigen, als missbräuchliche Verfahren.

b. Die Kostentragung im Hauptverfahren

Kommt es nach dem erfolgreichen Durchlaufen des Klagezulassungsverfahrens zu einem Hauptverfahren, so ist fraglich, wie das Kostenrisiko in diesem Verfahrensabschnitt aufzuteilen ist. Hier wurden in der Reformdebatte verschiedene Möglichkeiten diskutiert. Nach der alten Kostenregelung trugen die Aktionäre das Kostenrisiko im Falle eines Unterliegens der Gesellschaft. Hätte sich der Gesetzgeber für die Einführung eines Einzelklagerechts entschieden, so wäre das Kostenrisiko ohne die Schaffung einer anderweitigen Regelung ebenfalls beim Kläger verblieben, da dieser dann zwar auf Leistung an die Gesellschaft, aber eben im eigenen Namen klagen würde und es damit bei der Regelung des § 91 ZPO bliebe. Gleiches gilt nun für die im UMAG vorgesehene Regelung; diese sieht zwar die Beibehaltung des Quorums vor, ermöglicht aber gerade als Neuerung den Aktionären, die Ersatzansprüche im eigenen Namen geltend zu machen.

Da die Kläger bereits im Klagezulassungsverfahren darlegen müssen, dass es sich bei der Klage nicht um einen Missbrauch des Klagerechts, sondern um ein fremdnütziges Tätigwerden zugunsten der Gesellschaft und der anderen Aktionäre handelt, ist es absolut angemessen, eine Entlastung der Kläger vom Prozesskostenrisiko im Hauptverfahren vorzusehen[135]. Um dieses Ziel zu erreichen, wurden insbesondere zwei Lösungen diskutiert. Eine Möglichkeit wäre gewesen, die Regelung des § 247 AktG entsprechend auf die klageweise Durchsetzung von Ansprüchen der Gesellschaft durch die Aktionäre anzuwenden[136]. Die Regelung aus dem Bereich der Anfechtungsklage soll den Schutz der wirtschaftlich schwächeren Prozesspartei bewirken[137]. Zu bedenken ist jedoch, dass es in der vorliegenden Situation nicht darum geht, ein wirtschaftliches Ungleichge-

---

135 So auch *Becker* Verwaltungskontrolle S. 658 f.; *Ulmer* ZHR 163 S. 290 (338); *Baums* Gutachten F für den DJT 2000 S. 263.

136 Siehe *Becker* Verwaltungskontrolle S. 658 f.

137 Münch-Komm-*Hüffer* zum AktG § 247 Rz. 2.

wicht zwischen den am Rechtsstreit beteiligten Parteien auszugleichen. Es soll vielmehr die Tatsache berücksichtigt werden, dass die klagenden Aktionäre nicht ausschließlich im eigenen Interesse, sondern auch im Interesse der Gesellschaft und der anderen Aktionäre handeln. Da aber eine Herabsetzung des Streitwertes einen Teil des Kostenrisikos immer noch bei den klagenden Aktionären belassen würde, ist diese Lösung auf Widerspruch gestoßen, da sie den fremdnützigen Charakter des Handelns der Minderheit nicht ausreichend berücksichtigt[138].

Aus diesem Grund hat der Gesetzgeber einen anderen Literaturvorschlag aufgegriffen[139], um die Kostenregelung klägerfreundlicher zu gestalten. Zwar soll es auch nach diesem Vorschlag im Verhältnis zwischen der klagenden Aktionärsminderheit und dem Beklagten zunächst bei der Regelung des § 91 ZPO bleiben; anstatt einer klägerfreundlichen Streitwertfestsetzung gewährt § 148 Abs. 6 Satz 5 AktG den Aktionären im Falle eines Unterliegens im Hauptverfahren aber einen materiellrechtlichen Erstattungsanspruch gegen die Gesellschaft hinsichtlich derjenigen Kosten, die nicht vorsätzlich oder grob fahrlässig durch unrichtigen Klägervortrag entstanden sind. Die Kläger müssen damit also zunächst die Kosten des Verfahrens selbst tragen, sind aber im Falle des Unterliegens berechtigt, Ersatz für diejenigen Kosten von der Gesellschaft zu verlangen, die sie nicht leichtfertig verursacht haben. Diese Lösung überzeugt, da sie berücksichtigt, dass der Kläger im Hauptverfahren die Legitimität seiner Klage und damit auch den Nutzen seines Vorgehens für die Gesellschaft bereits durch das Durchlaufen des Klagezulassungsverfahrens ausreichend bewiesen hat.

Zu weit ging dagegen der Vorschlag, klagenden Aktionären im Falle des Obsiegens im Hauptverfahren eine Prämie zu zahlen. Durch eine solche Regelung würden falsche Anreize gesetzt, da sie dazu verleiten könnte, dass sich Anwälte – ähnlich wie in den USA – auf diese Verfahren spezialisieren, was zu einer erhöhten Klagetätigkeit auch bei ungerechtfertigten Klagen führen könnte. Aufgrund dieser Bedenken wurde eine solche Regelung auch nicht in die wichtigsten Regelungsvorschläge aufgenommen[140] und letztlich auch vom Gesetzgeber nicht übernommen.

---

138 *Ulmer* ZHR 163 S. 290 (337 f.).

139 *Lutter* ZHR 159 S. 287 (306); *Baums* Gutachten F für den DJT 2000 S. 263; *Ulmer* ZHR 163 S. 290 (339).

140 *Baums* Gutachten F für den DJT 2000 S. 263; *Ulmer* ZHR 163 S. 290 (342); auch das UMAG sieht eine derartige Prämienzahlung aus den eben genannten Gründen nicht vor, siehe auch die Begründung zum Entwurf des UMAG S. 39.

III. Die Haftung des Vorstands nach § 93 Abs. 2 AktG

Von besonderer Bedeutung für die vorliegende Untersuchung ist die Haftung des Vorstands aus § 93 Abs. 2 AktG, da sie bei den Überlegungen bezüglich des Ausbaus von Aktionärsrechten eine besondere Rolle spielt. Die Aktionärsklage ist letztlich nur das Vehikel, durch das man den Aktionären den Anspruch aus § 93 Abs. 2 AktG in die Hände gibt. Es stellt sich also insbesondere die Frage, inwieweit sich der Anspruch des § 93 Abs. 2 AktG, der bei seiner Schaffung als Kontrollinstrument nur für den Aufsichtsrat gedacht war, für die Durchsetzung durch die Aktionäre eignet. Bedenken ergeben sich insbesondere deswegen, weil die Haftung des Vorstands aus § 93 Abs. 2 AktG allgemein als streng eingeordnet wird[141].

1. Grundlage und Voraussetzungen für eine Haftung aus § 93 Abs. 2 AktG

Dem Vorstand der Aktiengesellschaft wird durch § 76 Abs. 1 AktG die Leitung der Geschäfte der Gesellschaft als Kollegialorgan zugewiesen. Die Entscheidungsgewalt der Aktiengesellschaft ist beim Vorstand als Leitungsorgan konzentriert, so dass man ihn als das Entscheidungs- und Handlungszentrum der Gesellschaft bezeichnen kann[142]. Vor dem Hintergrund dieser bedeutenden Stellung des Vorstands in der Gesellschaftsverfassung ist auch die Haftung der Vorstandsmitglieder der Gesellschaft zu sehen. Jedes Mitglied des Vorstands ist sowohl aus dem Anstellungsvertrag, den die Gesellschaft mit dem einzelnen Vorstandsmitglied schließt, als auch aus der Stellung der Vorstandsmitglieder als Organe der Gesellschaft dieser gegenüber zu besonderer Treue und Sorgfalt verpflichtet. Dies kommt in der Vorschrift des § 93 AktG zum Ausdruck. Diese Regelung, welche die Haftung der Vorstandsmitglieder in ihrer Eigenschaft als Organe der Gesellschaft betrifft[143], hat eine Doppelfunktion, weil in ihr einerseits die Sorgfaltspflicht und die Verantwortlichkeit der Vorstandsmitglieder niedergelegt ist und andererseits die Anspruchsgrundlage der Gesellschaft für den Fall der Verletzung dieser Pflichten kodifiziert wird[144].

Für die Haftung der Vorstandsmitglieder gegenüber der Gesellschaft stellt § 93 Abs. 2 AktG drei Voraussetzungen auf. Der Gesellschaft muss ein Schaden dadurch entstanden sein, dass ein Vorstandsmitglied eine seiner Sorgfalts- und Treuepflichten gegenüber der Gesellschaft schuldhaft verletzt hat. Der Gesellschaft obliegt es, sowohl das Vorliegen eines Schadens und dessen Höhe als

---

141 Allg. M., vgl. *Wiesner* in Münchener Hdb. des GesR § 26 Rz. 2; *Kübler* GesR § 15 III 5; *Hommelhoff/Mattheus* AG 1998 S. 249 (258).

142 *Hüffer* AktG § 76 Rz. 2.

143 *Hefermehl/Spindler* in Münch-Komm zum AktG § 93 Rz. 10; *Hopt* in Großkommentar zum AktG § 93 Rz. 20.

144 *Semler* AG 2005 S. 321 (324).

auch die Kausalität der Handlung des Vorstandsmitglieds für den Eintritt des Schadens zu beweisen. Andererseits ist hinsichtlich des Verschuldens in § 93 Abs. 2 Satz 2 AktG eine Beweislastumkehr angeordnet, so dass das verklagte Vorstandsmitglied nachweisen muss, dass es nicht schuldhaft gehandelt hat.

Nicht eindeutig geklärt ist die Frage, ob die Beweislastumkehr auch in Bezug auf die Pflichtwidrigkeit gilt. Hiergegen wird angeführt, dass die allgemeinen Beweisregeln wie die Zuordnung der Darlegungs- und Beweislast nach Gefahrenbereichen oder die Regeln des Anscheinsbeweises ausreichend seien, so dass eine Umkehr der Beweislast auch bei der Pflichtwidrigkeit abzulehnen sei[145]. Diese Auffassung lässt jedoch außer Betracht, dass § 93 Abs. 1 Satz 1 AktG eine Doppelfunktion hat und neben dem Verschuldensvorwurf auch die Pflichtwidrigkeit betrifft[146]. Außerdem ist zu berücksichtigen, dass es für die Gesellschaft unter Umständen trotz der von der Gegenauffassung angeführten Beweisregeln schwer sein kann, unter den möglicherweise sehr komplexen Geschäftsabläufen einem konkreten Schaden ein bestimmtes Fehlverhalten zuzuordnen[147]. Aus diesem Grund ist der herrschenden Lehre darin zu folgen, dass das Vorstandsmitglied verpflichtet ist, die fehlende Pflichtwidrigkeit zu beweisen[148].

2. Sorgfaltspflicht und Verschulden im Rahmen des § 93 Abs. 2 AktG

a. Die allgemeine Bestimmung eines Sorgfaltsmaßstabs

Der Grund für die lange geäußerten Bedenken, dass die Haftungsvorschrift des § 93 Abs. 2 AktG einem Ausbau von Aktionärsklagerechten entgegenstehen könnte, ist im Verschuldensmaßstab der Vorschrift begründet. Das Gesetz ordnet in § 93 Abs. 1 AktG an, dass die Mitglieder des Vorstandes und somit über § 116 AktG auch die Aufsichtsratsmitglieder[149] bei der Wahrnehmung ihrer Tätigkeiten für die Gesellschaft die Sorgfalt eines ordentlichen und gewissenhaften Geschäftsleiters anzuwenden haben. Die so normierte Sorgfaltspflicht erfüllt eine doppelte Funktion. Sie lässt sich in eine objektive Sorgfaltspflicht und in eine subjektive Sorgfaltspflicht teilen[150]. In objektiver Hinsicht werden Verhal-

---

145 *Fleck* GmbHR 1997 S. 237 (239); *Lutter/Hommelhoff* GmbHG § 43 Rz. 26.

146 *Thümmel* Rz. 168; KölnKomm-*Mertens* § 93 Rz. 102.

147 *Goette* ZGR 1995 S. 648 (673 f.); KölnKomm-*Mertens* § 93 Rz. 102; OLG Hamm AG 1995 S. 512 (513).

148 *Horn* ZIP 1987 S. 1225 (1230); *Hüffer* AktG § 93 Rz. 16; *Hefermehl/Spindler* in Münch-Komm zum AktG § 93 Rz. 86.

149 Zur Haftung der Aufsichtsratsmitglieder siehe auch die ausführliche Darstellung bei *Zieglmeier* ZGR 2007 S. 144 ff.

150 So die h. M., vgl. nur *Fleischer* ZIP 2004 S. 685 (688); KölnKomm-*Mertens* § 93 Rz. 6; *Wiesner* in Münchener Hdb. des GesR § 26 Rz. 5; *Hüffer* AktG § 93 Rz. 3 a; a. A.

tenspflichten aufgestellt, deren Verletzung rechtswidrigkeitsbegründend wirkt. In subjektiver Hinsicht ist ein Maßstab enthalten, der die vom Vorstand einzuhaltende Sorgfalt umschreibt[151]. Zu beachten ist, dass es sich bei den Vorgaben in § 93 Abs. 1 AktG um einen normativen Maßstab handelt. Mangelnde individuelle Fähigkeiten können den Geschäftsleiter somit nicht exculpieren[152].

Bei der Sorgfaltspflicht des § 93 Abs. 1 AktG handelt es sich um eine konkretisierte Erfassung aller Verhaltensstandards, die sich in Anbetracht der Stellung des Vorstands als Leitungsorgan der Gesellschaft aus den allgemeinen Vorschriften der § 276 Abs. 1 Satz 2 BGB bzw. § 347 Abs. 1 HGB im Zusammenhang mit dem Anstellungsvertrag ergeben. Maßstab ist somit der Unternehmensleiter, der sein Unternehmen einerseits selbständig, andererseits aber auch den Interessen derjenigen folgend, die das Risiko tragen, leitet[153]. Aus dieser Umschreibung wird deutlich, dass bei der Festlegung des Sorgfaltsmaßstabes ein Ausgleich zwischen der treuhänderischen Bindung der Organe und der Leitungsaufgabe, die sie wahrzunehmen haben, gefunden werden muss. Ohne auf die zahlreichen sich aus diesen Überlegungen ergebenden Pflichten im Einzelnen einzugehen[154], ist festzuhalten, dass die Verwaltungsmitglieder verpflichtet sind, den Vorteil der Gesellschaft zu wahren und Schaden von ihr abzuwenden[155]. Eine teilweise Konkretisierung dieser allgemeinen Maßgabe findet durch die ausdrückliche Erwähnung einiger Pflichten im Gesetz statt. Dies gilt z. B. für das in § 88 AktG statuierte Wettbewerbsverbot und die in § 93 Abs. 1 AktG verankerte Verpflichtung zur Verschwiegenheit. Weitere, besonders elementare Pflichten, die zum Teil ebenfalls gesondert normiert sind und größtenteils im Zusammenhang mit der Kapitalgrundlage der Gesellschaft oder ihrer Vermögenslage stehen, lassen sich aus § 93 Abs. 3 AktG entnehmen.

b. Die Anerkennung eines unternehmerischen Ermessensspielraums

Die Hauptkritik an der Vorschrift des § 93 Abs. 2 AktG richtete sich vor der Reform durch das UMAG darauf, dass sie – zumindest ausdrücklich – keinen Ermessensspielraum für unternehmerische Entscheidungen einräumte. Es ist aber allgemein anerkannt, dass der Führung eines Unternehmens ein Entscheidungsspielraum zustehen muss, ohne den eine unternehmerische Tätigkeit mit den ihr

---

Baumbach/Hueck/Zöllner GmbHG § 43 Rz. 11 ff., die in § 93 Abs. 1 AktG lediglich einen Verschuldensmaßstab sehen.

151 Zu dem Konzept der "bifurcation" im US-amerikanischen Recht, siehe unten § 3 III. 2.

152 *Hüffer* AktG § 93 Rz. 4; *Hefermehl/Spindler* in Münch-Komm zum AktG § 93 Rz. 22.

153 *Hefermehl/Spindler* in Münch-Komm zum AktG § 93 Rz. 26; *Hüffer* AktG § 93 Rz. 4; KölnKomm-*Mertens* § 93 Rz. 12.

154 Umfassende Beschreibung und Kategorisierung bei KölnKomm-*Mertens* § 93 Rz. 23 ff.; *Hübner* Managerhaftung S. 2 ff.

155 RGSt. im Recht 1930 Nr. 823; BGHZ 21 S. 354 (357).

immanenten Risiken nicht denkbar wäre[156]. Angesichts der in § 93 Abs. 2 AktG a. F. so streng formulierten Haftung bestand lange eine Unsicherheit, inwieweit der Gedanke des unternehmerischen Ermessens letztlich tatsächlich zur Geltung kommen kann. Aufgrund der wenigen bekannten Fälle fehlte einfach eine nähere Präzision des Sorgfaltsbegriffes. Unumstritten war lediglich die Erkenntnis, dass § 93 Abs. 2 AktG a. F. keine Erfolgshaftung darstellen sollte[157].

Eine Stärkung des Beurteilungsfreiraums erfolgte ursprünglich durch das bereits erwähnte *ARAG/Garmenbeck*-Urteil des Bundesgerichtshofs[158]. Hier wurde klargestellt, dass trotz der im konkret zu entscheidenden Fall eindeutig vorliegenden Haftungsvoraussetzungen ein Entscheidungsspielraum des Managements grundsätzlich anzuerkennen sei, und hielt dies sogar im Leitsatz der Entscheidung fest[159].

Diese höchstrichterliche Bestätigung und Stärkung der Handlungsfreiheit für die Geschäftsleitung war zwar hilfreich für eine negative Abgrenzung, indem die Bestimmung desjenigen Verhaltens präziser wurde, das jedenfalls nicht ausreicht, um eine Haftung aus § 93 Abs. 2 AktG a. F. auszulösen. Genauso wie damit endgültig feststand, dass eine Haftung nicht für jeden geschäftlichen Misserfolg anzunehmen ist, stand andererseits auch fest, dass jedenfalls eine Haftung dann zu bejahen war, wenn das betroffene Organ durch sein Handeln Gesetzesverstöße begangen hatte. Erkennt das handelnde Organ bei Durchführung von Maßnahmen, dass es gegen Gesetze verstößt, bestand und besteht kein Handlungsspielraum mehr, auf den sich die Handelnden berufen könnten[160].

Mit dieser Erkenntnis sind aber lediglich die äußeren Grenzen abgesteckt, innerhalb derer die genauere Festlegung der Sorgfaltspflicht erfolgen muss. Eine gewisse Grauzone beim Übergang von vertretbaren allgemeinen Fehlentscheidungen, die im Rahmen einer unternehmerischen Tätigkeit und Entscheidungsfindung hinzunehmen sind, zu davon abzugrenzendem haftungsbegründendem Fehlverhalten blieb bis zur Reform durch das UMAG bestehen.

---

156 *Schilling* in Großkommentar zum AktG (1971) § 93 Rz. 15; siehe auch die Übersicht bei *Ihrig* WM 2004 S. 2098 (2099).

157 Zu der früheren Diskussion, ob eine diesbezügliche Klarstellung in § 93 AktG aufgenommen werden sollte, siehe die Darstellung bei *Hefermehl/Spindler* in Münch-Komm zum AktG § 93 Rz. 2.

158 BGHZ 135 S. 244 ff.

159 BGHZ 135 S. 244 (245).

160 *Horn* ZIP 1997 S. 1129 (1136); *Paefgen* AG 2004 S. 245 (251).

3. Möglichkeiten der Beschränkung des Haftungsrisikos

a. Haftungsmaßstab, Beweislast und Freistellung

Neben der Bestimmung der Haftung für eventuelles Fehlverhalten stellt sich die Frage, ob es für die Vorstandsmitglieder möglich ist, ihr persönliches Haftungsrisiko zu begrenzen. In Betracht käme zunächst die individuelle Vereinbarung einer Haftungsmilderung zwischen der Gesellschaft und dem Vorstandsmitglied. Dies erscheint vor allem deswegen sinnvoll, weil der Gesellschaft daran gelegen sein muss, dass das Vorstandsmitglied bei seiner Arbeit auch bereit ist, gewisse Risiken einzugehen, die nicht deshalb gescheut werden sollen, weil stets eine Haftung droht.

Problematisch ist jedoch, dass die Regelung des § 93 AktG ihrem Sinn und Zweck nach das Gesellschaftsvermögen und damit letztlich auch die Gläubigerinteressen schützen soll[161]. Außerdem ist besonders für die Publikumsgesellschaft zu berücksichtigen, dass hier die große Zahl der Gesellschafter und deren ständiger Wechsel gerade ein erhöhtes Maß an treuhänderischer Bindung zur Folge haben. Aus diesen Überlegungen resultiert, dass die in der Vorschrift getroffenen Regelungen zwingend sein müssen, da sich dieses Interesse sonst nicht effektiv verwirklichen lässt[162]. Eine Haftungserleichterung durch Vereinbarung, etwa eine Beschränkung der Haftung auf grobe Fahrlässigkeit, scheidet somit aus. Folgerichtig muss dies auch für eine eventuelle Vereinbarung bezüglich der in § 93 Abs. 2 AktG getroffenen Beweislastregelung gelten. Auch hier würde eine vom Gesetz abweichende individuelle Vereinbarung dem Sinn und Zweck der Vorschrift zuwiderlaufen und ist somit konsequenterweise ausgeschlossen.

Wenn aufgrund des zwingenden Charakters des § 93 Abs. 2 AktG eine Erleichterung für das Vorstandsmitglied bei der Entstehung des Anspruchs nicht erreicht werden kann, so liegt es nahe, nach einem Weg zu suchen, den Betroffenen im Nachhinein von den Folgen der Haftung zu entlasten. Zu denken ist hier einerseits an die direkte Freistellung der Vorstandsmitglieder von der Haftung und andererseits an den Abschluss einer D & O Versicherung seitens der Gesellschaft. Die Freistellung eines Vorstandsmitgliedes von seiner Haftung gemäß § 93 Abs. 2 AktG ist in § 93 Abs. 4 AktG geregelt. Die dort aufgestellten Voraussetzungen sind jedoch derart streng, dass eine tatsächliche Entschärfung der Haftung aus § 93 Abs. 2 AktG nur bedingt erreicht wird. Zunächst muss seit dem schädigenden Ereignis eine Frist von drei Jahren verstrichen sein, damit zum Erlasszeitpunkt abzusehen ist, wie hoch der verursachte Schaden tatsäch-

161 *Schneider* in FS Werner S. 795 (815); *Hüffer* AktG § 93 Rz. 1; *Westermann* in FS Beusch S. 871 (878).

162 *Grunewald* GesR 2. C. Rz. 50; *Schneider* in FS Werner S. 795 (812); *Bastuck* S. 195.

lich ist[163]. Vor allem ist aber der Verzicht auf die Ersatzansprüche gemäß § 93 Abs. 4 Satz 3 AktG nur dann wirksam, wenn kumulativ die Hauptversammlung zustimmt und nicht eine Minderheit von mindestens zehn Prozent des Grundkapitals Widerspruch gegen den Erlass des Ersatzanspruches einlegt. Insgesamt ist dieser Weg zur Haftungsbefreiung somit nicht nur lang, sondern auch noch ungewiss, da die am Ende des Entscheidungsprozesses stehende Entscheidung der Hauptversammlung nur schwer zu vorherzusehen ist[164].

b. D & O Versicherung

Wegen dieser erheblichen Haftungsrisiken für die Vorstandsmitglieder sind die Unternehmen in den letzten Jahren mehr und mehr dazu übergegangen, ihre Vorstands- und Aufsichtsratsmitglieder nach amerikanischem Vorbild gegen drohende Ersatzansprüche zu versichern. Die Directors' & Officers' Liability Insurance oder auf Deutsch kurz „D & O Versicherung" wird von der Gesellschaft für das Vorstands- oder Aufsichtsratsmitglied abgeschlossen. Im amerikanischen Recht wurde die Notwendigkeit der Versicherung von Managern übrigens in erster Linie im Hinblick auf die Haftungsrisiken eingeführt, die den Organen aufgrund des Bestehens des Shareholders Derivative Suit drohen[165].

Für das deutsche Recht ist aber zunächst die Frage zu diskutieren, ob eine solche D & O Versicherung und die damit verbundene Absicherung des Organs gegen eine eventuelle Inanspruchnahme überhaupt zulässig ist oder ob durch diese Konstruktion die in § 93 AktG getroffene Haftungsregelung auf unzulässige Weise umgangen wird. Es wurde angeführt, dass es nicht hinnehmbar sei, dass das Vorstands- oder Aufsichtsratsmitglied durch den Abschluss einer D & O Versicherung von der Haftung freigestellt wird, ohne dass die Hauptversammlung darüber entschieden hat. Da die Gesellschaft regelmäßig die Kosten für die Versicherung übernimmt, finde hier eine Enthaftung des Organs auf Kosten der Gesellschaft statt, die aber von § 93 Abs. 4 Satz 3 AktG gerade an bestimmte Voraussetzungen geknüpft wird. Da der Gesetzeszweck auf diese Weise unterlaufen werde, weil praktisch eine, wenn auch zeitlich gestreckte, Freistellung vorliege, sei ein solches Vorgehen nicht zulässig[166]. Bedingung für die Zulässigkeit sei vielmehr, dass vor dem Abschluss einer D & O Versicherung die Hauptversammlung zustimme. Eine direkte Anwendung des § 93 Abs. 4

163 *Zimmermann* in FS Duden S. 773 (774); *Hefermehl/Spindler* in Münch-Komm zum AktG § 93 Rz. 125.

164 Kritisch zu § 93 Abs. 4 AktG auch *Semler*, AG 2005 S. 321 (333), der die Zustimmung der Hauptversammlung durch eine Bekanntmachung getroffener Vereinbarungen nach dem Vorbild der Publikation von Verfahrensbeendigungen bei Anfechtungsklage und Aktionärsklage vorschlägt.

165 *Coffee Jr.* in Feddersen/Hommelhoff/Schneider S. 165 (172).

166 *Habetha* DZWir 1995 S. 272 (280); *Schneider/Ihlas* DB 1994 S. 1123 (1124).

Satz 3 AktG komme zwar nicht in Betracht, weil ein Erlassvertrag mangels konkretisierbarer Forderung nicht vorliege; eine analoge Anwendung des § 93 Abs. 4 Satz 3 AktG sei aber notwendig, damit die Vorschrift nicht unterlaufen werden könne.

§ 93 Abs. 4 Satz 3 AktG soll sicherstellen, dass es nicht aufgrund persönlicher Verbundenheit zwischen Vorstands- und Aufsichtsratsmitgliedern zu einem Verzicht auf die Durchsetzung berechtigter Ansprüche der Gesellschaft kommt. Die Entscheidung über einen solchen Verzicht soll, wie auch der Bundesgerichtshof im *ARAG/Garmenbeck*-Urteil festhielt, der Hauptversammlung vorbehalten bleiben[167]. Zum Abschluss einer D & O Versicherung ohne Zustimmung der Hauptversammlung bietet sich hier insoweit eine Parallele, als auch hier den Vorstandsmitgliedern die Haftung für Ersatzansprüche der Gesellschaft durch das Handeln des Aufsichtsrats – in Form der Billigung des Abschlusses der Versicherung – erspart bleibt, also eine „gegenseitige Verschonung der Leitungsorgane“[168] droht.

Der Skepsis gegenüber D & O-Versicherungen scheint auch die Befürchtung zu Grunde zu liegen, dass durch die Versicherung eine Situation entsteht, in der die Vorstandsmitglieder die für einen Geschäftsführer notwendige Sorgfalt eher außer Acht lassen, weil sie sich bewusst oder unbewusst auf die im Notfall einspringende Versicherung verlassen. Diese Überlegung geht aber insofern fehl, als eine Versicherung des Vorstandsmitgliedes keinen Verzicht auf eine spätere Inanspruchnahme durch die Gesellschaft darstellt. Gerade im Hinblick auf die heute gängige Versicherungspraxis, dass die Innenhaftung gegenüber der Gesellschaft oftmals nicht ausgeschlossen wird, zumindest aber eine Eigenbeteiligung üblich ist, können die Bedenken nicht durchgreifen. Die Gesellschaft erhält durch die Versicherung im Ergebnis für den Schadensfall lediglich einen zusätzlichen und darüber hinaus liquiden Schuldner[169], ohne dass automatisch ein geringeres Maß an Sorgfalt bei der Geschäftsführung zu befürchten wäre, weil durch die Selbstbeteiligung das verhaltenssteuernde Element der Haftungsregeln zumindest teilweise bestehen bleibt[170].

Gerade dieses Erlangen eines solventen Schuldners spricht in überzeugender Weise für die Zulässigkeit des Abschlusses von D & O Versicherungen. Es handelt sich hier schließlich um einen Bereich, in dem ein hohes Risiko besteht,

---

167 BGHZ 135 S. 244 (256).

168 *Kästner* AG 2000 S. 113 (119).

169 *Hopt* in Großkommentar zum AktG § 93 Rz. 519; *Vetter* AG 2000 S. 453 (454); *Kästner* AG 2000 S. 113 (119).

170 Auf die Vereinbarung eines Selbstbehalts als Voraussetzung für die Zulässigkeit der D & O Versicherung weisen auch *Baums*, Gutachten F für den DJT 2000 S. 237 und *Ehrhardt/Nowak* AG 2002 S. 336 (342), hin.

dass die zur Haftung verpflichteten Organe die anfallenden Belastungen nicht tragen können. Diese Überlegungen führen zu dem Ergebnis, dass es den Organen von Publikumsgesellschaften möglich sein muss, die Gesellschaft vor Schäden zu schützen, die durch nicht beitreibbare Ersatzansprüche gegen die Organe entstehen können. Hierzu dürfen sie sich auch der D & O Versicherung bedienen[171]. Zu diesem Ergebnis, einen Selbstbehalt im Falle des grobfahrlässigen Handelns vorausgesetzt[172], kam auch die Regierungskommission Corporate Governance in ihrem Bericht[173]. Dementsprechend ist im Corporate Governance Kodex in Punkt 3.8 auch der Abschluss einer D & O Versicherung unter der Voraussetzung der Selbstbehaltvereinbarung für zulässig erklärt worden.

4. Die Business Judgement Rule

Die klare Aussage des Bundesgerichtshofs im bereits angesprochenen *ARAG/Garmenbeck*-Verfahren brachte nach Einschätzung vieler Stimmen eine Ausweitung bzw. Festigung des Beurteilungsspielraums in dem Sinne, dass sich der Bundesgerichtshof an die Business Judgement Rule oder Business Judgement Doctrine angenähert hat, die aus dem amerikanischen Recht bekannt ist[174]. Ein Rekurs auf diese Figur zur genaueren Bestimmung der haftungsbegründenden Sorgfalt bietet sich grundsätzlich deswegen an, weil sie im amerikanischen Recht als Antwort auf die gerade aufgezeigten Abgrenzungsschwierigkeiten gewählt wurde[175]. Die Business Judgement Rule wird im amerikanischen Recht verwendet, um einen Maßstab für den einzuhaltenden standard of care zu bilden, bei dessen Verletzung ein Verstoß der Directors und Officers gegen die von ihnen zu beachtende Sorgfaltspflicht vorliegt. Folge eines Verstoßes gegen die Sorgfaltspflicht ist auch im amerikanischen Gesellschaftsrecht eine Haftung des Officers oder des Directors gegenüber der Gesellschaft für den eingetretenen Schaden.

Das Besondere an der Business Judgement Rule ist, dass sie die Kriterien für die Beurteilung des Handelns des Organs objektiviert, indem zwar ein konkreter Fall betrachtet wird, eine Pflichtverletzung aber danach beurteilt wird, ob der Betroffene die optimalen Voraussetzungen für seine Entscheidung bzw. seine Handlung geschaffen hat. Sie ist somit streng genommen kein gesonderter Sorg-

---

171 Siehe hierzu auch *Fleischer* WM 2005 S. 909 (919) mwN.

172 Siehe hierzu auch *Seibert* BB 2002 S. 581 (583).

173 Bericht der Regierungskommission Corporate Governance Rz. 75.

174 *Horn* ZIP 1997 S. 1129 (1133); *Ulmer* ZHR 163 S. 290 (298); *Hopt* in FS für Mestmäcker S. 909 (919 ff.); *Mutschler/Mersmann* DB 2003 S. 79 (79 f.); *Oltmanns* Geschäftsleiterhaftung und Ermessen S. 241.

175 Eine ausführliche Darstellung der Business Judgement Rule und ihrer Funktionsweise im US-amerikanischen Recht sowie eine rechtspolitische Einordnung dieses Instruments findet sich unten unter § 3 III. 3.

faltsmaßstab, sondern ein sogenannter „safe harbor". Das ist ein beurteilungsfreier Raum, in dem das Handeln der Unternehmensleitung von jeglicher gerichtlicher Überprüfung ausgenommen wird[176]. Voraussetzung für die Gewährung dieses nicht überprüfbaren Spielraums ist jedoch auch im amerikanischen Recht, dass zunächst ein gewisses Maßes an Sorgfalt eingehalten wird. Die Vereinfachung liegt aber darin, dass sich die Kriterien dieses ersten Sorgfaltsmaßstabes einfacher bestimmen lassen, weil dessen Voraussetzungen dadurch objektiviert werden, dass eine Konzentration auf das Verfahren der Entscheidungsfindung erfolgt[177]. Entscheidend ist, dass der Handelnde sich vor seiner Entscheidung ausreichend informiert und sachkundig gemacht hat und dass die von ihm auf dieser Basis getroffene Entscheidung nicht völlig unnachvollziehbar ist (informed judgement).

In dieser letzten Voraussetzung liegt die besondere Vereinfachung der Business Judgement Rule. Eine Beurteilung des Verhaltens findet ausschließlich aufgrund der vom Handelnden vor seiner Entscheidung geschaffenen Voraussetzungen statt. Auf diese Weise unterbleibt eine Opportunitätsprüfung aus unternehmerischer Sicht, die eben aus der Rückschau so schwer objektiv möglich ist. Dies gewährt der Unternehmensleitung einen Schutz davor, durch jede Entscheidung, die sich rückblickend als unternehmerisch falsch oder zumindest ungünstig erweist, in die Gefahr einer Haftung zu geraten. Geschützt werden soll letztlich derjenige Geschäftsleiter, der nach optimaler Vorbereitung und gewissenhafter Überlegung eine, aus der ex-post Perspektive gesehen, irrationale Entscheidung trifft. Er wird davor geschützt, mit einem Manager gleichgestellt zu werden, der dieselbe irrationale Entscheidung aufgrund von mangelnder Vorbereitung oder mangelnder Überlegung getroffen hat. Anders formuliert könnte man sagen, dass nach Können und Sorgfältigkeit und nicht bloß nach Fortune gehaftet wird.

Durch diese, in der Fokussierung auf den Prozess der Entscheidungsfindung liegende, Objektivierung wird außerdem erreicht, dass das Verhalten der Geschäftsleiter juristisch nachprüfbar wird. Ein Richter kann deutlich einfacher entscheiden, ob ein Unternehmensleiter eine Entscheidung sorgfältig genug erarbeitet hat, als dass er entscheiden kann, ob eine in der Vergangenheit unter ganz bestimmten Voraussetzungen getroffene Entscheidung unternehmerisch sinnvoll war oder nicht. Damit werden betriebswirtschaftlich komplexe Sachverhalte für den Juristen handhabbar gemacht, obwohl Richter – wie ein US-

176 *Bayer v. Beran,* 49 N. Y. S. 2d S. 2 (6); *Knepper/Bailey* §§ 6.01. ff.; *Merkt/Göthel* US GesR Rz. 843 ff.

177 *Fleischer* in FS Wiedemann S. 827 (840 f.) ; *Hopt* in FS Mestmäcker S. 909 (920); *Merkt/Göthel* US GesR Rz. 843.

amerikanisches Gericht in einem berühmt gewordenen Fall festhielt – keine Geschäftsleute sind[178].

Die sichere Festschreibung eines unternehmerischen Ermessens ist nach alledem zu begrüßen[179]. Einerseits unterstützte dies alle Reformansätze bei den Aktionärsklagerechten[180]. Außerdem gibt die ausdrückliche Rezeption der Business Judgement Rule den Unternehmensleitern ein zusätzliches Maß an Sicherheit. Die strenge Ausgestaltung der Haftung basierte auf der Überlegung, dass die Durchsetzung der Ansprüche dem Aufsichtsrat überlassen ist. Diesem Organ traute man einen verantwortungsvollen Umgang mit der Haftungsregelung zu. Es ist jedoch unrealistisch, dass alle Aufsichtsräte in deutschen Unternehmen die gleichen Maßstäbe bei der Geltendmachung von Ansprüchen anlegen. Da das nicht der Fall sein kann, ist die Folge, das einige Vorstände der strengen Haftung des § 93 Abs. 2 AktG voll ausgesetzt sind, während andere Vorstände, die einen nachsichtigeren Aufsichtsrat hinter sich haben, in den Genuss der eindimensionalen Verfolgung der Ansprüche aus § 93 Abs. 2 AktG kommen.

An dieser Einschätzung konnte auch die *ARAG/Garmenbeck*-Entscheidung nichts Entscheidendes ändern. Auch wenn man nach diesem Urteil wohl von einer grundsätzlichen Verfolgungspflicht des Aufsichtsrats ausgehen musste[181], die dem Aufsichtsrat höchstens in besonderen Fällen einen Beurteilungsspielraum ließ, so war dennoch zu befürchten, dass eine Verfolgung in der Praxis eventuell eben doch zum Teil unterbleiben würde. Der Aufsichtsrat befand sich nach wie vor teilweise in einer Situation, in der sich nicht nur der Vorstand aus § 93 Abs. 2 AktG schadensersatzpflichtig gemacht hat, sondern ihm selbst eine Haftung aus derselben Vorschrift i. V. m. § 116 AktG drohte, weil er seiner Kontrollverantwortung aus § 111 AktG nicht ausreichend gerecht geworden war[182]. Dieses strukturelle Problem im System der Kontrolle im deutschen Recht blieb auch nach der Entscheidung des Bundesgerichtshofs unverändert bestehen.

---

178 In einem der frühen Fälle zur Business Judgement Rule hielt das Gericht fest: "Judges are no business experts", *Dodge v. Ford Motor Co.*, 204 Mich. S. 459.

179 Dem widerspricht *Semler*, AG 2005 S. 321 (324), nach dessen Auffassung eine ausdrückliche Aufnahme der Business Judgement Rule in das deutsche Recht „unnötig" ist. Skeptisch insoweit auch *Langenbucher* DStR 2005 S. 2083 (2085).

180 Konsequenterweise wurde nach der *ARAG/Garmenbeck*-Entscheidung teilweise gefolgert, § 93 Abs. 2 AktG sei auch nach alter Fassung kein Hindernis für die Einführung einer Aktionärsklage mehr gewesen, *Ulmer* ZHR 163 S. 290 (299).

181 *Horn* ZIP 1997 S. 1129 (1138); *Sünner* ZHR 163 S. 364 (368); *Henze* NJW 1998 S. 3309 (3311); *Thümmel* DB 1997 S. 1117 (1119).

182 Zur Haftung der Aufsichtsratsmitglieder siehe auch die ausführliche Darstellung bei *Zieglmeier* ZGR 2007 S. 144 ff.

Gerade das *ARAG/Garmenbeck*-Urteil zeigt schließlich auch, wie sehr die Durchsetzung von Ansprüchen gegen den Vorstand von der persönlichen Verbindung zwischen Vorstand und Aufsichtsrat abhängig ist. Im angesprochenen Fall war nämlich der Aufsichtsrat in zwei Lager gespalten. Der eine Teil, der auch die Mehrheit darstellte, wollte keine Ansprüche gegen den Vorstand geltend machen, obwohl dieser sich schwerster Verfehlungen schuldig gemacht hatte[183]. Gleichzeitig ergeben sich aus dem Sachverhalt auch Hinweise darauf, dass der Teil des Aufsichtsrats, der letztlich das Verfahren angestrengt hat, dies nicht in erster Linie tat, um seiner Kontrollverantwortung gerecht zu werden, sondern seinerseits ebenfalls aus persönlichen Motiven handelte. Dies wirft die Frage auf, ob aus diesen Überlegungen heraus grundsätzlich der Schluss gezogen werden muss, dass eine Kontrolle des Vorstands alleine durch den Aufsichtsrat nicht ausreichend ist. Mindestens lässt sich aber erkennen, dass man sich bei der Korrektur von Schwächen des Haftungsmaßstabes nicht einfach generell auf die Aufsichtsräte verlassen kann oder sollte.

5. Rezeption der Business Judgement Rule durch das UMAG

Der Zusammenhang zwischen der Strenge einer Haftungsregelung und der Art und Weise ihrer Durchsetzung ist unbestritten. Entsprechend dieser Korrelation hat auch der Gesetzgeber, gleichzeitig mit Einführung der Aktionärsklage in § 148 AktG, eine Änderung der Vorschrift des § 93 Abs. 1 AktG vorgenommen, die den Maßstab für Sorgfaltspflichtverletzungen von Geschäftsleitern normiert. Ähnlich wie im US-amerikanischen Recht sieht der Gesetzgeber aufgrund der Möglichkeit einer Anspruchsverfolgung durch die Aktionäre einen besonderen Schutzbedarf für die Geschäftsleiter.

Damit die Handlung eines Geschäftsleiters aus dem Tatbestand der Sorgfaltspflichtverletzung gemäß § 93 Abs. 1 Satz 1 AktG herausgelöst werden kann, sind vier Voraussetzungen zu erfüllen[184]. Sind sie erfüllt, so gilt die unwiderlegbare Vermutung, dass der Geschäftsleiter keine objektive Pflichtverletzung begangen hat[185]. Es muss sich um eine unternehmerische Entscheidung handeln, die der Geschäftsleiter nach ausreichender Information über den Vorgang getroffen hat, ohne durch eigene Sonderinteressen beeinflusst gewesen zu sein und bei der er guten Glaubens annehmen durfte, zum Wohle der Gesellschaft zu handeln. Durch diese Kriterien wird die Entscheidung darüber, ob eine Sorg-

---

183 Zum Sachverhalt im Einzelnen BGHZ 135 S. 244 (245 ff.).

184 Die Begründung zum UMAG spricht von fünf Kriterien und trennt die Gutgläubigkeit von dem Erfordernis, zum Wohle der Gesellschaft zu handeln, Begründung zum Entwurf des UMAG S. 17. Da diese Unterscheidung aber im US-amerikanischen Recht, dem die Regelung ja ausdrücklich nachempfunden ist, so nicht gemacht wird, ist wohl eher von vier Voraussetzungen auszugehen.

185 Hierbei handelt es sich nicht um eine bloße Beweislastregel, *Hüffer* AktG § 93 Rz. 4 c.

faltspflichtverletzung vorliegt, objektiviert, indem ein besonderes Augenmerk auf den Prozess der Entscheidungsfindung gesetzt wird.

a. Unternehmerisches Ermessen und Sorgfaltspflichtverletzung

aa. Das Vorliegen einer unternehmerischen Ermessensentscheidung

Die erste Voraussetzung des neuen § 93 Abs. 1 Satz 2 AktG, nach der eine unternehmerische Ermessensentscheidung vorgelegen haben muss, dient der Klarstellung, dass eine Entscheidung nur dann von der Business Judgement Rule geschützt werden kann, wenn in der Tat eine unternehmerische Entscheidung zu treffen ist. Nur wenn es um Prognosen oder Einschätzungen geht, soll die Entscheidung des Geschäftsleiters geschützt werden. Selbstverständlich ausgenommen sind dagegen all jene Maßnahmen, in denen eine Treuepflicht, die Satzung der Gesellschaft oder das Gesetz die Entscheidung vorgibt[186]. Es wird also durch das UMAG streng genommen kein zusätzlicher Ermessensspielraum eingeräumt, sondern vielmehr der ohnehin bestehende Ermessensspielraum geschützt. Diese Erkenntnis korrespondiert eindeutig mit dem, was auch aus dem US-amerikanischen Recht bekannt ist[187].

Auch die weiteren drei Anforderungen, die ein Geschäftsleiter erfüllen muss, um den Schutz seiner unternehmerischen Entscheidung zu sichern, sind dem US-amerikanischen Recht nachempfunden. Zunächst sind hier die Merkmale der informierten Entscheidung (informed judgement) und des Handelns ohne Sonderinteressen (disinterestedness) zu nennen, die den Prozess der Entscheidungsfindung in den Vordergrund stellen und so maßgeblich zu der Verobjektivierung und damit letztendlich zur einfacheren Handhabung des Sorgfaltsmaßstabs bei unternehmerischen Ermessensentscheidungen beitragen. Es wird von dem Geschäftsleiter verlangt, dass er die bestmöglichen Bedingungen schafft, um eine gute Entscheidung zu ermöglichen; gelingt ihm dies, wird seine Entscheidung im Gegenzug vor einer rückwirkenden Betrachtung geschützt. Erste Voraussetzung für die Annahme eines bestmöglichen Entscheidungsfindungsprozesses ist, dass der Geschäftsleiter sich so sorgfältig wie möglich über alle relevanten Umstände der Entscheidung informiert hat. Ist das der Fall, so sollen dem Geschäftsleiter eventuelle Nachteile der Entscheidung für das Unternehmen nicht vorgeworfen werden, da dies sonst zu einer Erfolgshaftung führen würde, die ja gerade ausgeschlossen werden soll.

---

186 *Fleischer* NJW 2005 S. 3525 (3528); *Langenbucher* DStR 2005 S. 2083 (2085); *Spindler* NZG 2005 S. 865 (871).

187 Siehe unten § 3 III. 3.

bb. Entscheidung auf der Grundlage ausreichender Informationen

Im US-amerikanischen Recht ist das Kriterium der Informiertheit das mit großem Abstand praxisrelevanteste Element der Business Judgement Rule. Während es meistens keine Anhaltspunkte dafür gibt, dass der Geschäftsleiter nicht gutgläubig hinsichtlich des Wohls des Unternehmens ist oder eigene Sonderinteressen verfolgt, stellt sich die Frage nach den Umständen der Entscheidungsfindung bei jeder zu überprüfenden Maßnahme. Hierzu ist insbesondere festzuhalten, dass sich Art und Umfang der durchzuführenden Informationsbeschaffung und Entscheidungsanalyse im US-amerikanischen Recht nach den äußeren Umständen der Entscheidung bestimmen[188]. Stehen also nur wenige Informationen zur Verfügung, um in einem engen Zeitrahmen eine wichtige Entscheidung zu treffen, sind die Anforderungen an die vom Geschäftsleiter einzuhaltende Sorgfalt dementsprechend geringer anzusetzen, als wenn mehr Zeit und eine größere Auswahl von Informationsquellen zur Verfügung steht. Dies wurde in dem Fall *Smith v. Van Gorkom*[189] entschieden.

Gleiches müsste nun auch für das deutsche Recht gelten[190]. Auch wenn eine Prognose zum jetzigen Zeitpunkt schwerfällt, dürften sich an dem Merkmal der Entscheidung aufgrund der Grundlage angemessener Informationen auch im deutschen Recht die meisten Problemfälle entscheiden. Bemerkenswert ist noch, dass der Gesetzgeber im Referentenentwurf zum UMAG eine Haftung erst dann vorsah, wenn der Geschäftsleiter bei der Annahme, alle notwendigen Informationen zu haben, grob fahrlässig gehandelt hat. Diese Formulierung ist nicht mit in die endgültige Fassung des Gesetzes übernommen worden. Dass die Formulierung überhaupt im Referentenentwurf verwendet wurde, könnte man als Indiz dafür werten, dass der Gesetzgeber die Geschäftsleiter deutlich vom Haftungsrisiko entlasten wollte und diese nur haftbar machen wollte, wenn die Abweichung der getroffenen Entscheidung von einer idealen Entscheidung jedem hätte einleuchten müssen. Eine solche Entlastung würde aber wieder zu einer nachträglichen Untersuchung einer Entscheidung im Wege des „second guessing" führen, die gerade vermieden werden sollte.

Es ist insofern zu begrüßen, dass der Gesetzgeber in der endgültigen Fassung des Gesetzes von dieser Formulierung abgerückt ist, so dass nunmehr davon ausgegangen werden darf, dass eine formalere Betrachtungsweise gewünscht ist, die die Vorteile der Business Judgement Rule optimal ausnutzt[191]. Zu fragen ist also nur, ob die Entscheidungsträger unter den gegebenen Umständen aufgrund der erreichbaren Informationen verantwortungsvoll gehandelt haben.

---

188 So auch die Begründung zum Entwurf des UMAG S. 19.
189 488 A.2d S. S. 858 ff.
190 *Weiss/Buchner* WM 2005 S. 162 (164).
191 So auch *Langenbucher* DStR 2005 S. 2083 (2086 f.).

cc. Keine Berücksichtigung eigener Interessen

Wie bereits erwähnt, haben die beiden anderen Kriterien eine geringere praktische Bedeutung. Das Erfordernis, dass sich der Geschäftsleiter bei der Entscheidungsfindung nicht von eigenen Sonderinteressen hat leiten lassen, setzt auch bei den äußeren Umständen der Entscheidungsfindung an. Der Hintergrund dieses Merkmals ist die gesetzgeberische Wertung, dass ein Geschäftsleiter, der eine Entscheidung trifft, bei der gleichzeitig seine eigenen Belange berührt sind, nicht den Schutz der Business Judgement Rule verdient. Die Gefahr ist hier zu groß, dass persönliche Motive bei der Entscheidung eine Rolle spielen, so dass die Gewähr eines nicht überprüfbaren Ermessensspielraums nicht angemessen erscheint. Dass der deutsche Gesetzgeber eine Einschränkung des unüberprüfbaren Ermessensspielraums im Falle des Vorliegens von Interessenskonflikten in der Person des entscheidenden Geschäftsleiters vorsieht, ist deswegen sinnvoll und verdient Zustimmung.

dd. Handeln zum Wohle der Gesellschaft

Die letzte Voraussetzung des neuen § 93 Abs. 1 Satz 2 AktG verlangt, dass der Geschäftsleiter bei der Entscheidung gutgläubig davon ausgegangen ist, zum Wohle der Gesellschaft gehandelt zu haben. Dies ist wohl das Tatbestandsmerkmal, das am einfachsten zu erfüllen ist. Auch wenn den Geschäftsleiter die Darlegungs- und Beweislast dafür trifft, dass die gerade genannten Tatbestandsmerkmale für die Ausgrenzung seines Verhaltens aus dem Bereich der Sorgfaltspflichtverletzungen erfüllt sind[192], dürften sich bei diesem Merkmal die geringsten Schwierigkeiten ergeben, da zumindest nach dem US-amerikanischen Verständnis diese Voraussetzung nur dann nicht erfüllt ist, wenn die einzig plausible Erklärung für die Entscheidung ist, dass der Director gegen die Interessen der Gesellschaft handeln wollte. Die Erfüllung dieser Voraussetzung dürfte für den Geschäftsleiter nur dann schwierig werden, wenn „das mit der Entscheidung verbundene unternehmerische Risiko in unverantwortlicher Weise falsch beurteilt worden ist“[193]. Auf diese Formulierung aus dem *ARAG/Garmenbeck*-Urteil bezog sich der Gesetzgeber in seiner Begründung zum Entwurf des UMAG ausdrücklich[194].

---

192 In der Begründung zum Entwurf des UMAG stellte der Gesetzgeber klar, dass der Geschäftsleiter das Vorliegen der Tatbestandsmerkmale beweisen muss, um in den Genuss der Haftungserleichterung zu kommen, Begründung zum Entwurf des UMAG S. 19; siehe dazu auch *Fleischer* ZIP 2004 S. 685 (688) und *Spindler* NZG 2005 S. 865 (872).

193 So der BGH im *ARAG/Garmenbeck*-Urteil BGHZ 135 S. 244 (253).

194 Begründung des Gesetzentwurfs zum UMAG S. 18.

b. Bewertung der Änderung

Insgesamt ist festzuhalten, dass der Gesetzgeber sich bei seinen Vorschlägen sehr eng an dem orientiert hat, was aus dem US-amerikanischen Recht bekannt ist bzw. vom Bundesgerichtshof im *ARAG/Garmenbeck*-Urteil erörtert wurde. Diese eindeutige Ausrichtung ist deswegen zu begrüßen, weil sie auch bei der Klärung von eventuell auftretenden Zweifelsfragen hilfreich sein kann. Auch in den beabsichtigten Wirkungen verdient der Reformvorschlag meiner Ansicht nach Zustimmung. Die Klarstellung hinsichtlich des Bestehens eines Ermessensspielraums und die eindeutige Absage an die Erfolgshaftung ist in jedem Fall eine positive Entwicklung. Dass dies aus der Sicht des Gesetzgebers gleichzeitig die Reform der Klagerechte der Aktionäre begünstigt hat, war ein willkommener Nebeneffekt, der angesichts des Reformbedarfs hinsichtlich der Verfolgungsrechte der Aktionäre zu begrüßen war.

IV. Haftung des Vorstands für falsche Entsprechenserklärungen

Gemäß der durch das TransPuG eingeführten Regelung des § 161 AktG haben der Vorstand und der Aufsichtsrat einer börsennotierten Gesellschaft einmal im Jahr eine Erklärung darüber abzugeben, ob und in welchem Umfang sie den Empfehlungen des Corporate Governance Kodex in der Vergangenheit gefolgt sind, bzw. dies in Zukunft vorhaben[195]. Sie handeln dabei als geschäftsführungsbefugte und im Hinblick auf die Entsprechenserklärung vertretungsberechtigte Organe[196]. Auch wenn der Aufsichtsrat und der Vorstand zunächst jeweils eine eigene Erklärung abgeben[197], besteht wohl ein Einigungszwang für beide Organe im Hinblick auf die nach außen abzugebende gemeinsame Erklärung, da eine Erklärung mit sich widersprechendem Inhalt nicht zulässig ist[198].

1. Binnenhaftung

Soweit die Haftung[199] der Organe gegenüber der Gesellschaft betroffen ist, richtet sie sich nach den §§ 93 Abs. 2, 116 AktG. Für die vorliegende Problematik heißt das, dass eine Haftung besteht, falls der Gesellschaft im Zusammenhang mit der Abgabe der Entsprechenserklärung ein Schaden entstanden ist, der adäquat kausal auf einer Sorgfaltspflichtverletzung eines Mitglieds von Aufsichtsrat oder Vorstand beruht. Eine Haftung ist zunächst immer dann möglich, wenn der

---

195 Zu den Pflichten des Abschlussprüfers im Zusammenhang mit der Entsprechenserklärung siehe *Gelhausen/Hönsch* AG 2002 S. 529 (532 ff.); *Ruhnke* AG 2003 S. 371 ff.

196 *Semler* in Münch-Komm zum AktG § 161 Rz. 73.

197 *Semler* in Münch-Komm zum AktG § 161 Rz. 88.

198 *Seibt* AG 2002 S. 249 (253); a. A. *Krieger* in FS Ulmer S. 365 (369).

199 Zur strafrechtlichen Relevanz des Corporate Governance Kodexes, siehe *Schlitt* DB 2007 S. 326 ff.

Corporate Governance Kodex Pflichten normiert[200], die mit ohnehin allgemein anerkannten Sorgfaltspflichten identisch sind[201]. Eine generelle Qualifikation von Verstößen gegen Kodex-Empfehlungen als Sorgfaltspflichtverstöße widerspräche dagegen dem Charakter der Empfehlungen als unverbindlicher Absichtserklärung und ist deswegen nicht vertretbar[202]. Ein weiterer Fall, in dem der Verstoß gegen die Empfehlungen des Corporate Governance Kodex eine Sorgfaltspflichtverletzung darstellt, liegt dann vor, wenn die Gesellschaft einzelne Empfehlungen in gesellschaftsinterne Regelwerke aufgenommen hat. Eine solche Transformation in die Satzung oder die Geschäftsordnung führt zu einer Konkretisierung der allgemeinen Sorgfaltspflicht, so dass ein Verstoß eine Pflichtwidrigkeit im Sinne der §§ 93 Abs. 2, 116 AktG darstellt[203].

Da jeder Verstoß gegen eine gesetzlich normierte Pflicht gleichzeitig eine Pflichtverletzung im Sinne der §§ 93 Abs. 2, 116 AktG darstellt, rückt neben dem Inhalt des Corporate Governance Kodex die gesetzliche Vorschrift des § 161 AktG als Anknüpfungspunkt für die Binnenhaftung ins Blickfeld. Die Vorschrift verpflichtet Vorstand und Aufsichtsrat zur Abgabe einer Entsprechenserklärung im Hinblick auf die Vergangenheit und die Zukunft. Ein eindeutiger Fall eines Gesetzesverstoßes liegt damit vor, wenn die Entsprechenserklärung vollständig unterbleibt[204]. Gleiches gilt, wenn die Erklärung der Organe zwar erfolgt, aber von Anfang an unrichtig ist. Wenn also entweder der vergangenheitsbezogene Teil der Erklärung unrichtig ist oder eine Erklärung für die Zukunft erfolgt, deren Befolgung von Anfang an nicht geplant ist, liegt ebenfalls eindeutig eine Sorgfaltspflichtverletzung vor[205]. Schwierigkeiten bei der Beurteilung der Frage nach einem Gesetzverstoß ergeben sich nur dann, wenn Aufsichtsrat und Vorstand erklären, dass sie beabsichtigen, die Empfehlungen des Kodex zu beachten, dann aber im Nachhinein doch von dieser Linie abweichen. Grundsätzlich ist für diesen Fall festzuhalten, dass es dem Charakter der Entsprechenserklärung als unverbindlicher Absichtserklärung widersprechen würde, wenn letztlich aus einer Nichtbefolgung dieser Absichtserklärung doch eine Haftung resultieren würde[206]. Etwas anderes kann nur dann gelten, wenn es die Organe einer Gesellschaft unterlassen, unverzüglich auf diese Abweichung von

---

200 Zu der Frage, wie sich eine Änderung des Corporate Governance Kodex auf die Entsprechenserklärung auswirkt, siehe *Gelhausen/Hönsch* AG 2003 S. 367 ff.

201 *Seibt* AG 2002 S. 249 (253); *Semler* in Münch-Komm zum AktG § 161 Rz. 192.

202 *Ulmer* ZHR 166 S. 150 (167).

203 *Lutter* ZHR 166 S. 523 (536); *Semler* in Münch-Komm zum AktG § 161 Rz. 195.

204 *Semler* in Münch-Komm zum AktG § 161 Rz. 197; *Lutter* ZHR 166 S. 523 (527 ff.), auch zu der Frage, wie es zu beurteilen ist, wenn nur der vergangenheitsbezogene Teil der Erklärung vorliegt.

205 *Lutter* ZHR 166 S. 523 (531 f.); *Semler* in Münch-Komm zum AktG § 161 Rz. 199.

206 *Semler* in Münch-Komm zum AktG § 161 Rz. 198; *Lutter* ZHR 166 S. 523 (533).

ihrem ursprünglichen Vorhaben hinzuweisen. Erfolgt eine solche Aktualisierung, ist eine Haftung der Organmitglieder aufgrund einer Sorgfaltspflichtverletzung ausgeschlossen[207].

An dieser Situation wurde kritisiert, dass den Organmitgliedern damit ein Freibrief ausgestellt wird, sich durch die Offenlegung einer Abweichung von der Entsprechenserklärung vor jeder Sanktionsgefahr zu schützen[208]. Es ist zwar in der Tat nicht unproblematisch, dass nach der derzeitigen Lage eine solche Freizeichnung möglich ist; gleichzeitig ist aber auch zu berücksichtigen, dass der Gesetzgeber den Corporate Governance Kodex eben nur in Form von Soll-Vorschriften gewollt hat. Hätte er die verbindliche Befolgung aller Regelungen des Kodex gewollt, hätte er sie per Gesetz kodifizieren können. Dass er dies nicht getan hat, ist nunmehr mit allen Konsequenzen zu respektieren.

Schließlich ist noch darauf hinzuweisen, dass der Nachweis eines kausal auf der Pflichtverletzung beruhenden Schadens in vielen Fällen schwierig sein wird. Insbesondere bei einer Anwendung des engen Schadensbegriffes, nach dem ein Absinken des Börsenkurses alleine nicht ausreicht, solange nicht auch eine Beeinträchtigung des Gesellschaftsvermögens hinzutritt, wird es oftmals nicht möglich sein, einen kausal auf der Sorgfaltspflichtverletzung beruhenden Schaden nachzuweisen[209]. Selbst wenn man einen weiteren Schadensbegriff zugrunde legt, bleibt das Problem, dass der Schaden kausal auf der Pflichtverletzung beruhen muss. Gerade dieser Nachweis ist aber im Falle eines sinkenden Aktienkurses besonders schwer zu erbringen, da die Bewegungen einer Aktie von einer Vielzahl von Faktoren abhängen, so dass es nur in ganz besonderen Ausnahmefällen möglich sein wird, einen sinkenden Aktienkurs an ein ganz konkretes Ereignis zu knüpfen[210].

2. Außenhaftung

Neben dem Problem der Innenhaftung stellt sich die Frage, ob eine persönliche Schadensersatzpflicht von Mitgliedern des Vorstands oder des Aufsichtsrats im Außenverhältnis, also insbesondere gegenüber Aktionären und Gläubigern, denkbar ist. Eine solche Außenhaftung könnte sich dabei entweder aus gesetzli-

---

207 *Lutter* ZHR 166 S. 523 (534); *Semler* in Münch-Komm zum AktG § 161 Rz. 198; *Seibt*, AG 2003 S. 465 (468), weist darauf hin, dass es bereits einige Aktualisierungen von Entsprechenserklärungen gegeben hat.

208 *Ulmer* ZHR 166 S. 150 (167).

209 Siehe zu dieser Problematik *Seibt* AG 2002 S. 249 (255) und *Lutter* ZHR 166 S. 523 (526).

210 *Semler* in Münch-Komm zum AktG § 161 Rz. 202.

chen oder aus vertraglichen[211] Haftungstatbeständen ergeben. Auch an dieser Stelle ist aber der Hinweis auf die Problematik des Nachweises eines kausalen Schadens hinzuweisen, die bei der Außenhaftung insofern noch verschärft wird, als diese im Verhältnis zur Innenhaftung oftmals als Reflex- oder Doppelschaden verdrängt wird[212].

Als gesetzliche Anspruchsgrundlage kommt zunächst die Haftung aus unerlaubter Handlung in Frage. Eine Haftung aus § 823 Abs. 1 BGB scheitert aber bereits an der Rechtsgutsverletzung. Auch wenn die Mitgliedschaft ein „sonstiges Recht" im Sinne des § 823 Abs. 1 BGB sein kann, fehlt es an einem Eingriff in das einzelne Mitgliedsrecht, da eventuelles Fehlverhalten im Zusammenhang mit der Entsprechenserklärung gemäß § 161 AktG alle Aktionäre gleichermaßen betrifft[213]. Ein Eingriff in das Eigentumsrecht des Aktionärs ist ebenfalls abzulehnen, da die Wertminderung der Aktien einen bloßen Vermögensschaden darstellt. Solche Schäden können aber über § 823 Abs. 1 BGB nicht ersetzt werden[214]. Damit die Wertminderung der Aktien als bloßer Vermögensschaden berücksichtigt werden kann, wäre die Erfüllung der Voraussetzungen des § 823 Abs. 2 BGB erforderlich. Hierfür ist aber gleichzeitig eine Schutzgesetzverletzung notwendig. Als Schutzgesetz käme hier zunächst der Corporate Governance Kodex selbst oder die Entsprechenserklärung gemäß § 161 AktG in Betracht. Eine Qualifikation des Kodex als Schutzgesetz im Sinne des § 823 Abs. 2 BGB wäre deswegen denkbar, weil den Regelungen im Fall der Abgabe einer Entsprechenserklärung grundsätzlich ein Befolgungsverpflichtung anhaftet[215]. Für eine Qualifikation als Schutzgesetz reicht dies aber nicht aus, da eine solche Einstufung den Charakter des Corporate Governance Kodex als „soft law" ohne Gesetzesqualität verkennen würde[216]. Bei der Frage, ob die Verpflichtung von Aufsichtsrat und Vorstand, eine Erklärung über die beabsichtigte Befolgung des Corporate Governance Kodex abzugeben, ein Schutzgesetz im Sinne des § 823 Abs. 2 BGB ist, stellt sich das Problem, dass die Regelung nicht den Schutz des einzelnen Aktionärs oder Gläubigers, sondern vielmehr generell den Schutz des Vertrauens in den Kapitalmarkt bezweckt[217]. Für die Begründung des Schutzgesetzcharakters reicht es nicht aus, dass die Vorschrift reflex-

---

211 Zu den Möglichkeiten der vertraglichen Haftung vgl. die ausführliche Darstellung bei *Semler* in Münch-Komm zum AktG § 161 Rz. 227.

212 BGH NJW 1988 S. 413 (415); *Semler* in Münch-Komm zum AktG § 161 Rz. 203.

213 *Ulmer* ZHR 166 S. 150 (168); *Semler* in Münch-Komm zum AktG § 161 Rz. 205.

214 BGH NJW 1992 S. 1511 (1512); Staudinger-*Hager* § 823 Rz. B 192; Palandt-*Sprau* § 823 BGB Rz. 11.

215 *Ulmer* ZHR 166 S. 150 (168).

216 *Seibt* AG 2002 S. 249 (256); *Semler* in Münch-Komm zum AktG § 161 Rz. 208; *Ulmer* ZHR 166 S. 150 (168).

217 *Semler* in Münch-Komm zum AktG § 161 Rz. *Seibt* AG 2002 S. 249 (256).

mäßig auch dem individuellen Anlegerschutz dient[218]. Strafrechtliche Vorschriften können Schutzgesetze im Sinne des § 823 Abs. 2 BGB sein, aber auch sie werden letztlich höchstens in einigen besonderen Fallkonstellationen eine Haftung aus § 823 Abs. 2 BGB begründen können[219].

Neben der Haftung aus unerlaubter Handlung käme auch eine Anwendung der Vorschriften über die Prospekthaftung und die kapitalmarktrechtliche Vertrauenshaftung in Frage. Diese Ansätze gehen von der Tatsache aus, dass Gesellschaften, die am Kapitalmarkt agieren, ein gewisses Maß an Vertrauen für sich in Anspruch nehmen. Dieses Vertrauen wird durch die Abgabe der Entsprechenserklärung, durch die das Unternehmen seine Absicht kundtut, sich an die Empfehlungen des Corporate Governance Kodex halten zu wollen, noch über das normale Maß hinaus gestärkt. Das so in Anspruch genommene Vertrauen kann für das Unternehmen erhebliche Vorteile haben, die sich unter anderem durch eine Wertsteigerung der Aktien der Gesellschaft äußern können[220]. Enttäuscht nun das Unternehmen dieses Vertrauen der Anleger, könnte sich hieraus eine Haftung ergeben, da die kapitalmarktrechtliche Vertrauenshaftung genau dieses berechtigte Vertrauen der Anleger in ein Unternehmen schützen soll. Gegen eine solche Haftung im Fall der Entsprechenserklärung gemäß § 161 AktG wurde aber angeführt, dass sich die Erklärung von Vorstand und Aufsichtsrat nicht an den einzelnen Anleger, sondern vielmehr an den Markt insgesamt richtet. Solche allgemeinen Äußerungen sind aber im Rahmen der kapitalmarktrechtlichen Vertrauenshaftung nicht geschützt, da es an der spezifischen Inanspruchnahme des Vertrauens eines einzelnen Anlegers fehlt[221]. Auch eine Haftung aus den Grundsätzen der Prospekthaftung ist abzulehnen. Diese scheitert bereits daran, dass die Compliance Erklärung nach § 161 AktG eine reine Wohlverhaltensregelung ist, die nicht als Prospekt im Sinne der Grundsätze zur Prospekthaftung angesehen werden kann[222].

Insgesamt zeigt sich also, dass eine Haftung für Verstöße gegen Regelungen des Corporate Governance Kodex bzw. im Zusammenhang mit der Entsprechenserklärung nur in Ausnahmefällen möglich ist. Das liegt in erster Linie an der Ausgestaltung des Kodex als „soft law“ und dem Charakter der Entsprechenserklärung als urverbindlicher Absichtserklärung. Es ist aber noch einmal

---

218 *Seibt* AG 2002 S. 249 (256).

219 In Frage kommen insbesondere §§ 264a, 263, 266 StGB. Zu den Problemen mit den einzelnen Vorschriften siehe die ausführliche Darstellung bei *Semler/Schaal* in Münch-Komm zum AktG § 161 Rz. 213 ff.; *Seibt* AG 2002 S. 249 (256).

220 Siehe hierzu *Ulmer* ZHR 166 S. 150 (168 f.).

221 *Semler* in Münch-Komm zum AktG § 161 Rz. 225.

222 *Seibert* BB 2002 S. 581 (584); *Seibt* AG 2002 S. 249 (257); *Semler* in Münch-Komm zum AktG § 161 Rz. 223; *Ettinger/Grützediek* AG 2003 S. 353 (357).

darauf hinzuweisen, dass es der Gesetzgeber in der Hand gehabt hätte, durch eine andere Ausgestaltung der Regelungen das Haftungsrisiko zu erhöhen. Dass er dies unterlassen hat, ist zu akzeptieren und sollte nicht im Wege einer zu weiten Auslegung der möglichen Haftungstatbestände kompensiert werden.

V. Konzernrechtliche Aktionärsklage, §§ 309 Abs. 4, 317 Abs. 4 AktG

1. Der rechtspolitische Hintergrund der Konzernklage

Im Konzernrecht trifft man auf eine Interessenlage, die derjenigen des Minderheitenrechts der § 147 ff. AktG ähnelt. Hier ist zu befürchten, dass eventuelle Ansprüche der abhängigen Gesellschaft gegen das herrschende Unternehmen nicht durchgesetzt werden, weil die Vertreter der abhängigen Gesellschaft aufgrund ihrer persönlichen Abhängigkeit von dem herrschenden Unternehmen von einer Durchsetzung der Ansprüche absehen[223]. Aus diesem Grund hat der Gesetzgeber den Aktionären – und hier anders als bei den Rechten aus den § 147 ff. AktG dem einzelnen Aktionär – in den Fällen der §§ 309 Abs. 4, 317 Abs. 4 AktG das Recht eingeräumt, die Ansprüche der abhängigen Gesellschaft eigenständig geltend zu machen.

Der Gesetzgeber befürchtete, dass in der Konzernsituation die Erfüllung des jeweils erforderlichen Quorums noch schwieriger sein würde, als dies schon generell der Fall ist[224]. Der einzelne Aktionär konnte deshalb hier schon früher im eigenen Namen klagen und Leistung an die Gesellschaft verlangen, so dass ein Fall der gesetzlichen Prozessstandschaft vorliegt[225]. Gleichzeitig handelt es sich bei der konzernrechtlichen Aktionärsklage auch um einen gesetzlich geregelten Fall der actio pro socio[226]. Umstritten ist, ob die in diesen Vorschriften vorgesehene Einzelklagebefugnis die Rechte nach den §§ 147 ff. AktG verdrängt[227], oder ob beide Verfahren nebeneinander stehen[228].

2. Die Konzernklage als Argument pro oder contra einer Aktionärsklage

In der Diskussion um die Notwendigkeit einer Aktionärsklage nach dem Vorbild der US-amerikanischen Derivative Suit wird das Individualklagerecht im Kon-

---

223 Zu den besonderen, über die einzelne Gesellschaft hinausweisenden Treuepflichten im Konzernrecht, siehe das „ITT-Urteil" des Bundesgerichtshofs BGHZ 65 S. 15 ff.

224 So die RegBegr., *Kropff* S. 405.

225 *Hüffer* AktG § 309 Rz. 21.

226 *Emmerich* in Emmerich/Habersack Aktien- und GmbH-Konzernrecht § 309 Rz. 49; a. A. Münch-Komm-*Altmeppen* zum AktG § 309 Rz. 124; zur actio pro socio vgl. die Ausführungen unten unter § 2 II. 2.

227 Siehe zu diesem Problem *Hüffer* AktG § 309 Rz. 21.

228 *Habersack* in Emmerich/Sonnenschein/Habersack KonzernR S. 433; *Emmerich* in Emmerich/Habersack Aktien- und GmbH-Konzernrecht § 309 Rz. 49a.

zernrecht stets sowohl von Befürwortern als auch von Gegnern der Einführung eines generellen Individualklagerechts im Aktienrecht zitiert. *Wiedemann* stellte fest, die Aktionärsklage sei nach der Aufnahme in das Konzernrecht im Aktienrecht etabliert und auch für Publikumsgesellschaften grundsätzlich geeignet[229]. Die Befürworter eines Ausbaus der Klagerechte benutzten häufig die Vorschrift des § 309 Abs. 4 AktG und die anderen Fälle, die den Aktionären im Konzernrecht ein Individualklagerecht einräumen, als Grundlage für einen Analogieschluss[230], während die Gegner eines Individualklagerechts im allgemeinen Aktienrecht die Normen als argumentum e contrario heranziehen[231]. Aufgrund dieses „methodischen Uraltdilemmas“[232] ist aber fraglich, ob die konzernrechtliche Aktionärsklage überhaupt geeignet ist, zu der Entscheidung der Frage beizutragen, ob eine Aktionärsklage für das Aktienrecht generell anerkannt werden sollte. Da aber die Option des Festschreibens eines Individualklagerechts bereits seit langem diskutiert wurde und der Gesetzgeber durch das UMAG und davor zuletzt im Jahre 1998 erhebliche Veränderungen an der Gestaltung der Minderheitenrechte vorgenommen hat, ohne eine generelle Individualklage zuzulassen, sprechen die besseren Argumente spätestens aufgrund der Entwicklung des Aktiengesetzes wohl für die Ansicht, die davon ausgeht, dass der Gesetzgeber die Möglichkeit einer umfassenderen Lösung zwar gesehen, sich aber dann bewusst dagegen entschieden hat.

Unabhängig von der Frage, ob die konzernrechtliche Aktionärsklage dazu geeignet ist, ein systematisches Argument für die Zulässigkeit einer Aktionärsklage zu liefern, lohnt sich aber dennoch eine genaue Betrachtung der praktischen Erfahrung, die mit diesem Instrument gemacht wurde. Diese Beurteilung der praktischen Relevanz der konzernrechtlichen Aktionärsklage zeigt jedoch zunächst vor allem, wie selten von diesem Instrument Gebrauch gemacht wurde[233]. Diese Erkenntnis wirft die Frage auf, warum die Rufe nach einer generellen Aktionärsklage so laut sind, wo doch die konzernrechtliche Aktionärsklage, die einen Bereich abdeckt, in dem die Missbrauchsgefahr unumstritten besonders

---

229 *Wiedemann* Organverantwortung und Gesellschafterklagen in der AG S. 49.

230 *Wellkamp* DZWir 1994 S. 221 (223); *Wiedemann* Organverantwortung und Gesellschafterklagen in der AG S. 49.

231 *Sünner* ZHR 163 S. 364 (372); *Zöllner* ZGR 1988 S. 392 (407 f.); *Hopt* in FS für Mestmäcker S. 909 (925).

232 *Zöllner* ZGR 1988 S. 392 (407).

233 *Kropff*, in FS Bezzenberger S. 233 (235), nennt zwei Entscheidungen des Bundesgerichtshof, die sich hauptsächlich mit der Konzernklage beschäftigen, BGHZ 124 S. 111 und BGH ZIP 1999 S. 708. In BGHZ 75 S. 96 („*Herstatt-Bank*“) ging der Bundesgerichtshof nicht mehr auf § 317 AktG ein, der vom OLG Köln, AG 1978 S. 17 (24), und dem OLG Frankfurt, AG 1977 S. 78, in der Vorinstanz noch geprüft worden war.

hoch ist, so geringe Bedeutung erlangt hat[234], dass sie teilweise sogar als „funktionslos“ bezeichnet wurde[235].

Bei der Suche nach möglichen Erklärungen für die geringe praktische Relevanz der Aktionärsklage im Konzern sind vor allem zwei Erklärungsansätze relevant. Zunächst stellt sich das Problem der mangelnden Informationen, die dem Kreis der potentiellen Kläger zur Verfügung stehen. Der Grund für die Schaffung der Klagerechte war ja, dass Vorstand und Aufsichtsrat der abhängigen Gesellschaft unter Umständen aufgrund von Interessenkonflikten nicht auf einer Durchsetzung von möglichen Ersatzansprüchen bestehen könnten. Ebenso unwahrscheinlich ist jedoch, dass die Personen, die einen Anspruch hätten durchsetzen sollen, es aber nicht getan haben, dieses Versäumnis, bzw. die diesem Versäumnis zugrunde liegenden Fakten bekannt geben. Aus dieser Erkenntnis resultiert dann jedoch das Problem des mangelnden Zugangs der Aktionäre zu Informationen, das schon bei der Diskussion um die Möglichkeiten der Rechte gemäß den § 147 ff. AktG eine Rolle gespielt hat und hier in nahezu derselben Form vorliegt[236].

Grundsätzlich stehen dem einzelnen Aktionär auch im Konzernrecht einige besondere Informationsquellen zur Verfügung, die seinen Zugang zu den relevanten Fakten verbessern sollen[237]. Ergänzt werden diese Informationsquellen durch § 315 AktG, der eine Ergänzungsvorschrift zu § 142 AktG ist, und einige besondere Anwendungsfälle der allgemeinen Sonderprüfung vorsieht[238]. Die Vorschrift wurde im Rahmen des KonTraG reformiert und sieht nunmehr in § 315 Satz 2 AktG ein generalklauselartiges Recht auf Veranlassung einer Sonderprüfung vor. Im UMAG wurde § 315 Abs. 2 AktG lediglich insoweit geändert, als ein Verweis auf die neuen Schwellenwerte des § 142 Abs. 2 AktG an die Stelle der alten Regelung trat.

Im Vergleich zu § 142 AktG fällt auf, dass in den Fällen des § 315 Satz 1 AktG der Antrag eines einzelnen Aktionärs ausreichend ist, um eine Sonderprüfung einzuleiten. Dies ist deswegen von großer Bedeutung, da das Quorum, das

---

234 *Habersack* in Emmerich/Sonnenschein/Habersack KonzernR S. 432; *Kropff* in FS Bezzenberger S. 233 (235).

235 *Ulmer* ZHR 163 S. 290 (300).

236 Vgl. zum Anspruch gemäß § 317 AktG die Ausführungen bei *Kropff* in FS Bezzenberger S. 233 (237 ff.).

237 So hat der Aktionär Zugang zu der Schlusserklärung des Vorstands zum Abhängigkeitsbericht, dem Testat des Abschlussprüfers und dem Bericht des Aufsichtsrats zum Ergebnis seiner Prüfung des Abhängigkeitsberichts, vgl. die Übersicht bei *Kropff* in FS Bezzenberger S. 233 (237).

238 OLG Hamm ZIP 2000 S. 1299; *Habersack* in Emmerich/Habersack Aktien- und GmbH-Konzernrecht § 315 Rz. 3.

§ 142 AktG vorsieht, nur schwer zu erfüllen ist, was im Zusammenhang mit den Überlegungen zu den Rechten gemäß den §§ 147 ff. AktG deutlich wurde[239].

Problematisch ist jedoch, dass die Ausgestaltung des Sonderprüfungsrechts als Individualrecht jedes Aktionärs nur für die Fälle existiert, in denen konkrete Verfehlungen bereits bekannt und im Detail identifiziert sind. Zusatzvoraussetzung ist nämlich, dass entweder der Abschlussprüfer den Bestätigungsvermerk für den Bericht über die Beziehungen zu den verbundenen Unternehmen versagt hat (§ 315 Satz 1 Nr. 1 AktG), der Aufsichtsrat die Erklärungen des Vorstands zu diesem Bericht moniert hat (§ 315 Satz 1 Nr. 2 AktG) oder der Vorstand sogar selbst über Benachteiligungen unterrichtet (§ 315 Satz 1 Nr. 3 AktG). Dies sind aber Situationen, in denen eine Sonderprüfung lediglich der weiteren Klärung des Sachverhalts dienen kann; da die Publizität der Unregelmäßigkeiten aber praktisch schon Voraussetzung für die Sonderprüfung ist, müssen die Vorwürfe schon einen hohen Grad an Konkretisierung erreicht haben.

Damit ist der Aktionär aber zumindest mittelbar immer noch auf die Unterstützung von Vorstand, Aufsichtsrat oder Abschlussprüfer angewiesen. Will sich der Aktionär der neugeschaffenen Alternative des § 315 Satz 2 AktG bedienen, so muss er für die Durchführung einer Sonderprüfung Tatsachen darlegen, die den Verdacht einer pflichtwidrigen Nachteilszufügung rechtfertigen und verliert gleichzeitig die Möglichkeit, alleine tätig zu werden, da er in dieser Variante wiederum an die Erfüllung eines Quorums gebunden ist. Dieses ist zwar zusammen mit dem Quorum des § 142 AktG deutlich abgesenkt worden, bedeutet aber natürlich andererseits, dass in den Fällen, in denen der Aktionär zur Informationsbeschaffung auf eine Sonderprüfung angewiesen ist, das Individualklagerecht praktisch zu einem Minderheitenrecht herabgestuft wird[240].

Dass die Schwelle zur Informationsbeschaffung damit unter Umständen deutlich höher ist als die Hürden für eine Klageerhebung, hat die Konzernklage mit dem alten Minderheitenrecht des § 147 AktG a. F. gemeinsam. Hier wurde dieser Widerspruch – anders als bei den Regelungen zu den unabhängigen Gesellschaften – nicht aufgelöst. Da eine solche Abstufung zwischen Informations-

---

239 Zu der Berechnung des Quorums und einem ausführlichen Rechenbeispiel siehe oben § 1 II. 1.

240 Auf die Besonderheiten, die sich bei der Konzernklage in Bezug auf die Darlegungs- und Beweislast ergeben, weist *Kropff*, FS Bezzenberger S. 233 (238), hin. Hier ist insbesondere auf die Erleichterungen hinzuweisen, die der Bundesgerichtshof in seinem „TBB"-Urteil, BGHZ 122 S. 123 (132 ff.) eingeräumt hat. Danach wird die Substantiierungslast des Klägers erleichtert, wenn er als außenstehender Gesellschafter oder Gläubiger keinen Einblick in die inneren Abläufe des Unternehmens haben kann. Soweit dies zumutbar ist, hat dann der Beklagte in so einer Situation die maßgebenden Tatsachen zu ergänzen, BGHZ 122 S. 123 (133).

und Klagerechten aber höchstens in der umgekehrten Reihenfolge sinnvoll sein kann, ist diese Konstellation nach wie vor schlicht als eine Unstimmigkeit im System zu bezeichnen.

Zu diesem Problem des reinen Informationsdefizits tritt aber auch bei der Konzernklage noch das bereits im Zusammenhang mit den Minderheitenrechten der § 147 ff. AktG angesprochene Problem der Verarbeitung von Informationen. Da die Zusammensetzung der Gruppe von Aktionären zufällig ist, gibt es keine Garantie dafür, dass es in jeder Gesellschaft Aktionäre gibt, die das nötige Verständnis und Engagement – hier ist insbesondere an die institutionellen Anleger zu denken – haben, um alle Informationen, die zur Verfügung stehen, richtig zu bewerten. Es gibt Sachverhalte, die den einzelnen Aktionär aufgrund ihrer Komplexität überfordern, so dass ein Eingreifen der Aktionäre dann nicht an einem fehlenden Zugang zu den Informationen scheitert. Wie bereits dargestellt, stößt hier die Kontrollinstitution Aktionär an Grenzen[241].

Insbesondere den jüngsten Unternehmenszusammenbrüchen lagen häufig Sachverhalte zugrunde, in denen besonders komplizierte Vorgänge enthalten waren, die zusätzlich noch verschleiert wurden. In solchen Konstellationen scheitert die Aufklärung solcher Vorgänge nur teilweise an der mangelnden Kenntnis der Aktionäre. Diese Erkenntnis führt zwar nicht zu Zweifeln an der grundsätzlichen Tauglichkeit der Aktionäre als wirksames Kontrollorgan, zeigt aber andererseits auch die Grenzen dieses Kontrollinstruments auf.

Dieses strukturelle Problem, das allen Aktionärsklagerechten anlastet, ist in erster Linie bei der Bewertung der Tauglichkeit dieser Rechte als Regulativ für die Unternehmensleitungen im Vergleich zu den anderen Kontrollinstrumenten wie dem Aufsichtsrat, den externen Beratern und dem Kapitalmarkt, mit zu berücksichtigen. Es zeigt sich hier aber auch, dass der Mangel an Informationen nur ein Teil des Problems der fehlenden Relevanz der Konzernklage ist.

3. Die Kostenregelung

Da das Gesetz für die konzernrechtliche Aktionärsklage keine besondere Kostenregelung vorsieht, ist der Kläger grundsätzlich mit dem vollen Kostenrisiko belastet. Angesichts der großen Bedeutung, die die Kostenreglung für die Wirksamkeit einer Klagemöglichkeit hat, wird deswegen befürchtet, dass diese Regelung die „Verurteilung zur praktischen Bedeutungslosigkeit" für die Individualklagerechte der Aktionäre im Konzern bedeute[242].

---

[241] Zu der Parallelproblematik bei § 147 AktG siehe die Ausführungen unter § 1 I. 1.

[242] *Emmerich* in Emmerich/Habersack Aktien- und GmbH-Konzernrecht § 309 Rz. 49a.

Teilweise wird deswegen vertreten, dass die Generalklausel des § 3 ZPO im Sinne der Regelung über die sogenannte Streitwertspaltung gemäß § 247 Abs. 2 AktG gehandhabt werden sollte[243]. Anderen Stimmen schlagen dagegen eine direkte Analogie zu dieser Vorschrift vor[244]. Begründet wird dies damit, dass derjenige Aktionär, der die Last der Erhebung einer Klage auf sich nimmt, im Sinne des wahren Interesses der Gesellschaft streitet, so dass der Gedanke der §§ 243 Abs. 2, 247 Abs. 2 AktG, die eben solche Kläger begünstigen wollen, auch hier zur Anwendung kommen müsse. Zu berücksichtigen ist jedoch, dass der klagende Aktionär theoretisch auch bei den Minderheitsrechten der §§ 147 ff. AktG für das wahre Interesse der Gesellschaft streitet. Dennoch bleibt er auch in dieser Konstellation mit dem Kostenrisiko belastet. Die grundsätzliche Eignung des Klagerechts im Konzern zur positiven Verwendung reicht deswegen nicht aus, um zusätzliche Erleichterungen für dieses Individualklagerecht der Aktionäre anzunehmen.

Gegen eine Übertragung des § 247 Abs. 2 AktG auf die Konzernklage sprechen aber noch weitere Überlegungen. Zunächst ist zu berücksichtigen, dass die Möglichkeit der Streitwertspaltung zusammen mit der Anfechtungs- und Nichtigkeitsklage von Anfang an im AktG 1965 vorgesehen war. Hätte der Gesetzgeber also eine Erleichterung für den Kläger bei der konzernrechtlichen Aktionärsklage schaffen wollen, hätte er diese Regelung nur für dieses Instrument mit übernehmen müssen. Zusätzlich sprechen noch weitere systematische Überlegungen gegen eine analoge Anwendung von § 247 Abs. 2 AktG auf die Individualklagerechte des Konzernrechts: Der großen Bedeutung der Kostenregelung für die Wirksamkeit eines Klagerechts hat der Gesetzgeber sowohl bei der Anfechtungs- und Nichtigkeitsklage, als auch bei den Minderheitsrechten gemäß den §§ 147 ff. AktG Rechnung getragen. Bei der Anfechtung bietet der Gesetzgeber den Aktionären eine Erleichterung, weil hier die Beschlüsse der Hauptversammlung, also Entscheidungen aus dem engsten Kompetenzbereich des Aktionärs, Klagegegenstand sind. Im Gegensatz dazu setzte die Kostenregelung des § 147 Abs. 4 AktG a. F. erhebliche negative Anreize für die Durchführung eines Verfahrens nach § 147 AktG a. F. Die Kostenregelung zu dem neuen Verfahren nach § 148 AktG ist dagegen neutraler ausgestaltet. Gegenstand dieser Verfahren sind meistens Ersatzansprüche, die die Maßnahmen der Geschäftsführung betreffen, also in einem Bereich spielen, der den Aktionären nach der Kompetenzverteilung des AktG in der Regel verschlossen ist. Eine Klagemöglichkeit soll der Aktionär hier nur haben, wenn die normalen Mechanismen aufgrund von Interessenkonflikten versagen.

---

[243] *Hüffer* AktG § 309 Rz. 22.

[244] Münch-Komm-*Altmeppen* zum AktG § 309 Rz. 127; *Emmerich* in Emmerich/Habersack Aktien- und GmbH-Konzernrecht § 309 Rz. 49a.

Ähnliches gilt für die Aktionärsklagerechte im Konzern. Auch hier soll der Aktionär immer dann im Namen der Gesellschaft klagen können, wenn die normalerweise dazu berufenen Personen dies fälschlicherweise nicht tun. Da das Klagerecht also wie die Klageerzwingung in einem Bereich existiert, in dem der Aktionär nur ausnahmsweise Einfluss nehmen kann, hätte man hier erwarten können, dass – wie bei den § 147 ff. AktG – eine eher klägerunfreundliche Kostenregelung implementiert wird. Dass der Gesetzgeber dies nicht getan hat, liegt wohl daran, dass die Gefahr der Interessenkonflikte im Konzern größer ist, als in der unabhängigen Aktiengesellschaft, so dass man den Aktionär als noch schutzbedürftiger eingestuft hat.

Diese besondere Schutzbedürftigkeit ist schließlich auch der Grund dafür, dass der Gesetzgeber das Klagerecht überhaupt als Individualklagerecht ausgestaltet hat. Dass aber, wie bei der Anfechtungs- und Nichtigkeitsklage, durch die Kostenregelung eine besondere Erleichterung für die Aktionäre erwünscht ist, lässt sich aus der Systematik kaum begründen[245].

Resümierend ist festzuhalten, dass die konzernrechtliche Aktionärsklage zwar in der Theorie geeignet ist, einen Beitrag zur Interessenwahrung der Aktionäre zu leisten, aufgrund des eingeschränkten Anwendungsbereichs und der geringen praktischen Bedeutung aber im Gesamtsystem der Kontrolle nur eine untergeordnete Rolle spielt. Wichtiger ist ihre rechtspolitische Bedeutung, als sie den Willen des Gesetzgebers dokumentiert, dass eine Geltendmachung von Ansprüchen der Gesellschaft durch einzelne Aktionäre grundsätzlich nicht gewollt ist.

§ 2 Weitere Aktionärsklagerechte in Deutschland

I. Die aktienrechtliche Anfechtungs- und Nichtigkeitsklage

1. Regelung und Funktion der Anfechtungs- und Nichtigkeitsklage

Die aktienrechtliche Anfechtungs- und Nichtigkeitsklage ist das Mittel der Aktionäre, sich gegen solche Hauptversammlungsbeschlüsse zu Wehr zu setzen, die entweder nichtig sind oder an einem Inhalts- oder Verfahrensfehler leiden. Sie ist integraler Bestandteil des deutschen Systems der Corporate Governance, das

---

245 Zu der Frage, ob eine analoge Anwendung von § 247 Abs. 2 AktG ausnahmsweise dann in Frage kommt, wenn die Gesellschaft im Falle der Klage eine negative Feststellungswiderklage erhebt, um so den Streitwert und damit das Kostenrisiko für den Kläger künstlich in die Höhe zu treiben, siehe *Altmeppen* in Münch-Komm zum AktG § 309 Rz. 128.

traditionell die Beschlussanfechtung und nicht das Haftungsrecht als Hauptschutzinstrument ansah[246].

Grund für die Schaffung der Anfechtungs- und Nichtigkeitsklage war insbesondere die Vermeidung von Rechtsunsicherheit[247]. Diese bestünde, weil Hauptversammlungsbeschlüsse, die gegen ein gesetzliches Verbot oder die guten Sitten verstoßen, gemäß §§ 134, 138 Abs. 1 BGB nichtig sind. Da aber nach dieser Konstellation ein Hauptversammlungsbeschluss auch nach vielen Jahren noch angreifbar wäre, entstünde für Publikumsgesellschaften eine große Rechtsunsicherheit, da die spätere Anfechtung von Beschlüssen eventuell wichtigen Unternehmensverläufen nachträglich die Grundlage entziehen könnte. Die Risiken dieser Rechtsunsicherheit werden durch die zeitliche Begrenzung der Möglichkeit zur Geltendmachung der Nichtigkeit bzw. der Anfechtung vermieden.

Gemäß § 242 Abs. 2 AktG kann die Nichtigkeit eines Hauptversammlungsbeschlusses nicht mehr geltend gemacht werden, wenn seit der Registereintragung mehr als drei Jahre vergangen sind. Für die Anfechtung eines Hauptversammlungsbeschlusses gilt die materiell-rechtliche Ausschlussfrist des § 246 Abs. 1 AktG, der die Möglichkeit, Hauptversammlungsbeschlüsse anzugreifen, in zeitlicher Hinsicht auf einen Monat beschränkt.

Während die möglichen Nichtigkeitsgründe in § 241 AktG aufgezählt sind, gibt es eine Vielzahl von denkbaren Verfahrens- und Inhaltsfehlern. Um anfechtbar zu sein, muss ein Verfahrensfehler eine gewisse Bedeutung erlangt haben[248]. Die Anfechtbarkeit wegen eines Inhaltsmangels dient ganz gezielt dem Schutz der Minderheitsaktionäre, die sich auf diesem Weg gegen Verstöße gegen das Gleichbehandlungsgebot und die Treuepflicht wehren können, wenn ein Eingriff in ihre Rechte nicht durch das Gesellschaftsinteresse zu rechtfertigen ist[249].

---

246 Zu der nunmehr erfolgten Verschiebung innerhalb dieses Systems hin zu einer stärkeren Kontrolle durch das Haftungsrecht durch das geplante UMAG, siehe *Seibert/Schütz* ZIP 2004 S. 252.

247 Münch-Komm-*Hüffer* zum AktG § 246 Rz. 3.

248 Die Rechtsprechung verlangt hier das Vorliegen eines kausalen Zusammenhangs, BGH ZIP 1998 S. 22, während die Literatur auf die Relevanz des Verfahrensfehlers abstellt, *Zöllner* AG 2000 S. 145 (148). Die Handhabung der aufgestellten Kriterien führt aber dazu, dass nach beiden Ansichten in der Regel identische Ergebnisse erzielt werden, *Grunewald* GesR 2. C. Rz. 130.

249 Vgl. hierzu die ausführliche Übersicht bei *Hüffer* AktG § 243 Rz. 24 ff.

Wurde früher noch zwischen Anfechtungs- und Nichtigkeitsklage differenziert, so ist nunmehr eindeutig entschieden[250], dass beide Klagen auf dasselbe Ziel, nämlich die Klärung der Nichtigkeit eines Hauptversammlungsbeschlusses mit Wirkung für und gegen jedermann, gerichtet sind[251]. Das Vorgehen über Haupt- und Hilfsantrag ist also nicht mehr erforderlich, wenn auch nicht unzulässig[252]. Unterschiede zwischen den beiden Klagearten ergeben sich damit nur noch insofern, als bei der Anfechtungsklage einige besondere Voraussetzungen eingehalten werden müssen. Neben dem Erfordernis der Abgabe eines im Protokoll der Hauptversammlung vermerkten Widerspruchs ist hier die Anfechtungsbefugnis zu nennen. Diese steht gemäß § 245 AktG den Aktionären zu, wenn diese entweder in der Hauptversammlung anwesend waren und ihren Widerspruch zur Niederschrift erklärt haben oder, wenn sie nicht erschienen sind, wenn die Anfechtung mit dem Nichterscheinen in Zusammenhang steht, weil entweder Mängel bei der Einberufung vorlagen oder der Aktionär nicht zugelassen wurde[253]. Neu eingeführt durch das UMAG ist das Erfordernis, dass die Anfechtungsbefugnis davon abhängt, ob der Aktionär die Aktien vor der Bekanntmachung der Tagesordnung erworben hatte. Die dafür angegebene Begründung, ein Aktionär, der seine Anteile nach der Bekanntmachung der Tagesordnung erworben habe, sei weniger schutzwürdig, weil er die zu erwartenden Beschlüsse haben absehen können[254], ist überzeugend, so dass der Änderung zuzustimmen ist.

2. Missbrauch und Abkauf des Klagerechtes

Während die Anfechtungsklage unstreitig in vielen Fällen ihren Zweck erfüllen konnte, hat sich gleichzeitig ein Missbrauchsproblem herausgebildet. In vielen Fällen haben Aktionäre mit der Ausübung des Anfechtungsrechts nur das Ziel, die Gesellschaft zu Sonderzahlungen zu veranlassen, sich also das Anfechtungsrecht abkaufen zu lassen. Aus diesem Grund war die Anfechtungsklage seit län-

---

250 Entscheidend für die nunmehr hergestellte Übereinstimmung ist die Erkenntnis, dass nicht nur das Gestaltungsurteil des § 248 AktG, sondern auch das Nichtigkeitsfeststellungsurteil des § 249 AktG für und gegen jedermann wirkt. Damit stimmt der betroffene Personenkreis ebenso überein, wie das Erfordernis der materiell-rechtlichen Nichtigkeit übereinstimmt, egal ob sie gemäß § 241 Nr. 1-4 AktG von Rechts wegen eintritt, oder ob sie durch die Rechtskraft des Anfechtungsurteils herbeigeführt wird, Münch-Komm-*Hüffer* zum AktG § 246 Rz. 18.

251 KölnKomm-*Zöllner* § 246 Rz. 47 ff.; Münch-Komm-*Hüffer* zum AktG § 246 Rz. 18 und nunmehr auch BGHZ 134 S. 364 (366 f.).

252 Münch-Komm-*Hüffer* zum AktG § 246 Rz. 19.

253 Eine Anfechtung kann darüber hinaus unabhängig von der Teilnahme an der Hauptversammlung dann erfolgen, wenn ein Fall des § 243 Abs. 2 AktG vorliegt, der Aktionär sich also gegen die unzulässige Verfolgung von Sondervorteilen wendet.

254 Begründung zum Entwurf des UMAG S. 58 f.

gerer Zeit Gegenstand der Diskussion um die Gewährung von Klagerechten und den Schutz vor dem Missbrauch dieser Rechte. Erst zum DJT 2000 waren die aktienrechtlichen Anfechtungsmöglichkeiten thematisiert worden[255]. Nunmehr ist das Anfechtungsrecht durch das UMAG reformiert worden, das neben Änderungen bei der Anfechtung aufgrund einer Auskunftsverweigerung auch ein Freigabeverfahren nach Vorbild des Umwandlungsgesetzes vorsieht[256].

Die Umstände, die einen Missbrauch des Anfechtungsrechts zulassen, sind vor allem die lange Zeitspanne, welche die Verfahren normalerweise in Anspruch nehmen, und die Belastung des Geschäftsablaufs der Gesellschaft, die oftmals Konsequenz einer Klage ist[257]. Die Position des Vorstands ist noch prekärer, wenn die Anfechtungsklage sich gegen einen Beschluss der Hauptversammlung richtet, der für seine Wirksamkeit die Eintragung in das Handelsregister erfordert. Dies ist insbesondere bei Änderungen des Grundkapitals und bei strukturändernden Maßnahmen der Fall[258]. Geht es nämlich um Maßnahmen wie eine Kapitalerhöhung oder eine Umwandlung, so ist eine Wartefrist von mehreren Jahren unvorstellbar.

Diese Überlegungen machen deutlich, dass das Erheben einer Anfechtungsklage viel drastischere Konsequenzen haben kann, als etwa die Verfolgung eines Schadensersatzanspruches durch die Aktionäre im Wege der Minderheitenrechte gemäß den §§ 147 ff. AktG. Ist die Wirkung aufgrund der Notwendigkeit der Eintragung eines bestimmten Beschlusses die Sperre des Handelsregistereintrages und damit unter Umständen eine Lähmung des Geschäftsbetriebes, so ist der finanzielle Druck, die Klage unter allen Umständen loszuwerden, viel größer als er bei der Ausübung der Minderheitsrechte nach den §§ 147 ff. AktG jemals sein kann[259].

Erstaunlicherweise sind trotz dieser Erkenntnis die Schutzmaßnahmen gegen einen Missbrauch des Anfechtungsrechts – gerade auch im Vergleich zu den Klageerzwingungsverfahren – nur relativ bescheiden ausgefallen, bzw. praktisch nicht vorhanden. Auch die Kostenregelung im Bereich der Anfechtungsklage ist günstiger für die Aktionäre, als dies bei den alten Klageerzwingungsverfahren nach § 147 AktG a. F. der Fall war. Insbesondere die Regelung des § 247 Abs. 2 AktG, die die Festsetzung eines besonderen und niedrigeren Streitwertes für die Gebührenberechnung – die sogenannte Streitwertspaltung –

---

255 Vgl. hierzu insbesondere das Hauptgutachten und die Thesen von *Baums* Gutachten F für den DJT 2000.

256 Siehe hierzu sogleich § 2 I. 3.

257 *Lutter* JZ 2000 S. 837.

258 Für eine vollständige Liste der Maßnahmen, die der Eintragung ins Handelsregister bedürfen, siehe Münch-Komm-*Hüffer* zum AktG § 243 Rz. 124.

259 Über aktuelle Missbrauchsfälle berichtet auch *Jahn* BB 2005 S. 5 (6 ff.).

ermöglicht, spielt hier eine Rolle. Während also die Kostenregelung bei der Klageerzwingung einen negativen Anreiz für Klageerhebungen setzte, kam der Gesetzgeber den Aktionären bei der Anfechtungsklage durch eine mögliche Erleichterung bei der Kostenberechnung entgegen.

Die geringeren Hürden bei der Anfechtung wurden einerseits deswegen als vertretbar angesehen, weil sich die Anfechtung gegen einen Beschluss der Hauptversammlung richtet und somit in einem Bereich spielt, in dem den Aktionären naturgemäß größere Einflussmöglichkeiten zustehen sollen, als dies bei den Geschäftsführungsmaßnahmen der Fall ist, die typischerweise durch die Minderheitenrechte der §§ 147 ff. AktG verfolgt werden. Dennoch sollte der Tatsache Rechnung getragen werden, dass die Beschlüsse der Hauptversammlung zwar nach der Kompetenzverteilung der Aktiengesellschaft nicht direkt in den Bereich der Geschäftsführung reichen dürfen, auf diesen aber zumindest mittelbar großen Einfluss haben können.

Diese Tatsache ignorierte die bis zum UMAG geltende Konstruktion des Anfechtungsrechts und gewährte deswegen den Aktionären eine unverhältnismäßig einflussreiche Position. Über die Grenzen der Anfechtungsklage hinaus schien es zusätzlich so zu sein, dass dieses besondere Machtgefüge, auch entscheidende Auswirkungen auf die Diskussion um die Erweiterung anderer Klagerechte im deutschen Recht hatte. Dieser Einfluss wird besonders in dem bereits erwähnten Zitat von *Seibert* deutlich: „Nach den räuberischen Anfechtungsklagen brauchen wir jetzt nicht noch räuberische Schadensersatzklagen.“[260].

Wurden bereits die eher zögerlichen Lockerungen des Missbrauchsschutzes bei den Klageerzwingungsverfahren durch das KonTraG mit der Missbrauchsgefahr begründet, so gab es stets auch Überlegungen, den Schutz vor Missbrauch bei der Anfechtungsklage zu verbessern. Vorgeschlagen wurde insbesondere, ähnlich wie bei den Klageerzwingungsverfahren die Regulierung der missbräuchlichen Klagen durch den Einsatz eines Quorums und die Einführung einer Mindest-Besitzzeit zu erreichen[261]. Wie bereits im Zusammenhang mit den Klageerzwingungsverfahren dargestellt, überwiegen aus meiner Sicht bei dem Instrument des Quorums die Nachteile die Vorteile eindeutig. Dabei kommen an dieser Stelle dieselben Überlegungen zum Tragen. Da in den meisten Konstellationen ein Quorum für die professionellen Kläger eine leichtere Hürde darstellt, als für die Minderheitsaktionäre, ist es meiner Auffassung nach kein geeignetes

260 WM 1997 S. 1 (5).
261 *Lutter* JZ 2000 S. 837 (838).

Schutzinstrument gegen den Missbrauch von Klagerechten[262]. Auch hier schien die nunmehr vorgenommene Einführung einer Mindestbesitzzeit stets die bessere Lösung zu sein, weil hier die Benachteiligung der Aktionäre, die ihre Aktien zufällig kurz vor der Hauptversammlung erwerben im Vergleich zu der Erschwernis, die eine solche Regelung für die berufsmäßigen Kläger bedeutet, akzeptabel erscheint.

3. Reform des Anfechtungsrechts im UMAG

a. Reform der Anfechtungsgründe

Ein Ansatzpunkt zur Entschärfung der Anfechtungsklage ist die Begrenzung der möglichen Anfechtungsgründe. An dieser Stelle setzt das UMAG an, das eine Reform des § 243 Abs. 4 AktG vornimmt und auf eine Beschränkung der Anfechtungsmöglichkeiten wegen der Verletzung von Informationspflichten zielt. Im neuen § 243 Abs. 4 Satz 1 AktG wird die Rechtsprechung des Bundesgerichtshofs[263] zur potentiellen Kausalität der Informationspflichtverletzung für die Stimmentscheidung des Aktionärs übernommen. Entscheidend ist damit, ob ein objektiv urteilender Aktionär im Falle des Erlangens der begehrten Auskunft, die ihm verweigert wurde, anders abgestimmt hätte, als er dies tatsächlich getan hat[264]. Es bleibt aber trotz der Streichung aus der gesetzlichen Regelung bei dem Grundsatz, dass auch konkrete Aussagen der Hauptversammlung oder einzelner Aktionäre, die Verweigerung der Auskunft habe ihre Entscheidung nicht beeinflusst, unbeachtlich sind[265].

Zu dieser generellen Einschränkung treten noch einige besondere Regelungen zur Frage der Anfechtbarkeit eines Hauptversammlungsbeschlusses wegen Informationsmängeln im Zusammenhang mit Bewertungsfragen. § 243 Abs. 4 Satz 2 AktG schließt die Anfechtung für die unrichtige, unvollständige oder unzureichende Information über Bewertungsfragen aus, wenn für diese Rügen ein Spruchverfahren vorgesehen ist. Im Umkehrschluss bedeutet dies, dass eine Anfechtung in Fällen der vollständigen Informationsverweigerung nach wie vor möglich ist. Wenn also erstens keine völlige Verweigerung von Informationen vorliegt und den Aktionären zweitens andere Rechtsschutzmöglichkeiten offen stehen, sieht es der Gesetzgeber nicht mehr als notwendig an, gleichzeitig eine

---

262 Vgl. hierzu auch die Ausführungen zu der Frage des Schutzes vor Missbrauch von Klagerechten im Zusammenhang mit den Klageerzwingungsverfahren gemäß § 147 AktG unter § 1 I. 3.

263 BGHZ 122 S. 211.

264 *Heinrich/Theusinger* BB 2006 S. 449 (450); *Fleischer* NJW 2005 S. 3525 (3528).

265 Begründung zum Entwurf des UMAG S. 56.

Anfechtung mit allen denkbaren negativen Konsequenzen zuzulassen[266]. Grund hierfür ist, dass das Verhältnis zwischen den potentiellen Gefahren für die Rechte der Aktionäre und den möglichen Konsequenzen für die Gesellschaft sonst nicht mehr stimmig ist.

Generell erscheint eine Einschränkung der Anfechtungsmöglichkeiten aufgrund des großen Missbrauchspotenzials dieses Instruments angezeigt. Dies gilt insbesondere vor dem Hintergrund der gleichzeitig durch das UMAG vorgenommenen Aufwertung der Verfolgungsrechte für Haftungsansprüche durch die Aktionäre. Auch die Art und Weise der Beschränkungen können überzeugen, da durch die Übernahme der Rechtsprechung des Bundesgerichtshofs bewährte Regelungen in das Gesetz übernommen wurden.

b. Einführung eines Freigabeverfahrens

Eine weitere Möglichkeit, erpresserischen Klagen Herr zu werden, beruht auf der Überlegung, dass die besonders günstige Situation der Kläger bei der Anfechtungsklage aus der Registersperre resultiert, die in einigen Fällen Konsequenz einer Anfechtung ist. Die Einführung dieser Sperre beschreibt *Lutter* als „Aufforderung zum Tanz für die professionals“[267]. Eine Beschränkung der Folgen der Erhebung einer Anfechtungsklage dürfte zu einer weniger günstigen Situation für die räuberischen Aktionäre führen, was zu einer Verringerung der Missbrauchsgefahr führen müsste. Ein Modell für die Einführung weitreichender Ausnahmen von der Registersperre konnte in der bereits existierenden Regelung des § 16 Abs. 3 UmwG gefunden werden. Diese Regelung sieht für bestimmte Situationen die Möglichkeit vor, die Registersperre auf Antrag der Gesellschaft aufzuheben. Diskutiert wurde, entweder diese Ausnahmeregelung auf die Fälle der Anfechtungsklage zu übertragen oder ein alternatives Freigabeverfahren einzuführen[268]. Das Modell, für das sich der Gesetzgeber im UMAG entschieden hat, folgt im Wesentlichen dem Vorbild des UmwG[269].

Zunächst ist festzuhalten, dass das eingeführte Freigabeverfahren nur für die Eintragung von Maßnahmen zur Kapitalbeschaffung und der Kapitalherabsetzung und für die Eintragung von Unternehmensverträgen gilt und gegenüber

---

266 Eine Übersicht der Fälle, in denen Anfechtungsklagen wegen bewertungsbezogener Mängel ausgeschlossen sind, findet sich bei *Fleischer* NJW 2005 S. 3525 (3529).

267 *Lutter* JZ 2000 S. 837 (839).

268 *Baums*, Gutachten F für den DJT 2000 S. 173, hatte hierzu eine Änderung des § 127 FGG vorgeschlagen, die eine Aussetzung des Registerverfahrens bis zur Entscheidung im Anfechtungsverfahren ermöglicht hätte. Diese Möglichkeit wollte *Baums* ausschließen und durch eine Pflicht zur Eintragung ersetzen, soweit keine Aussetzungsverfügung durch das Prozessgericht der Anfechtungsklage erfolgt.

269 Siehe hierzu auch die Beiträge von *Paschos/Johannsen-Roth* NZG 2006 S. 327 ff.; *Wilsing* DB 2005 S. 35 ff. und *Meilicke/Heidel* DB 2004 S. 1479 ff.

dem Freigabeverfahren des UmwG subsidiär ist. Ziel eines Antrags gemäß § 246 a AktG ist die Feststellung des Prozessgerichts, dass die erhobene Anfechtungsklage der Eintragung des Hauptversammlungsbeschlusses nicht entgegensteht. Auch wenn das Freigabeverfahren grundsätzlich demjenigen Verfahren nachgebildet ist, dass seit einigen Jahren aus dem UmwG bekannt ist, besteht ein wichtiger Unterschied, soweit die Lösung des Problems der Bindungswirkung der Entscheidung des Prozessgerichts für das Registergericht betroffen ist.

In den Verfahren nach dem UmwG wird die Bindungswirkung dadurch erreicht, dass die Entscheidung des Prozessgerichts an die Stelle der Negativerklärung der jeweiligen Vertretungsorgane der Gesellschaft tritt. Das Fehlen der Negativerklärung steht dabei den Eintragungsverboten gleich und stellt damit einen Fall der Registersperre dar[270]. Da der neue § 246 a AktG keine Registersperre anordnet, musste die Bindungswirkung hier im Gesetz selbst verankert werden. Dies geschieht in § 246 a Abs. 3 AktG, der die Bindungswirkung der Entscheidung des Prozessgerichts für das Registergericht anordnet.

Die Kriterien für eine Freigabe orientieren sich ebenfalls an denjenigen Voraussetzungen, die aus den Verfahren des UmwG bekannt sind. Neben der Unzulässigkeit oder der offensichtlichen Unbegründetheit der Anfechtung kann somit auch eine Interessenabwägung zwischen dem Vollzugsinteresse der Gesellschaft und dem Aussetzungsinteresse des anfechtenden Aktionärs zur Freigabe der Eintragung führen[271].

Der Art nach ist das Freigabeverfahren als Eilverfahren ausgestaltet, für das die Vorschriften der ZPO gelten. Das Prozessgericht soll spätestens drei Monate nach der Antragsstellung seine Entscheidung über die Freigabe fällen. Die Nichteinhaltung dieser Frist hat zwar keine direkten Konsequenzen, ein in § 246 a Abs. 3 AktG angeordneter Begründungszwang im Falle der Fristüberschreitung soll aber eine gewisse Disziplinierung bei der Einhaltung der Frist herbeiführen[272].

Eine weitere Maßnahme zur Gewährung einer größeren Rechtssicherheit für die Gesellschaft ist die Ausstattung der Entscheidung über die Freigabe mit Bestandskraft. Gemäß § 246 a Abs. 3 AktG wirkt die Bestandskraft für und gegen jedermann. Stellt das Prozessgericht also fest, dass eventuelle Mängel des Hauptversammlungsbeschlusses die Wirkung der Eintragung unberührt lassen, kann ein der Anfechtungsklage im Hauptsacheverfahren stattgebendes Urteil

---

270 Siehe auch *Marsch-Barner* in Kallmeyer § 16 UmwG Rz. 27.

271 Zu Auslegungsfragen bei der Anwendung der Freigabekriterien nimmt die Begründung des Entwurfs ausführlich Stellung, Begründung zum Entwurf des UMAG S. 60 f. sowie den Beitrag von *Heinrich/Theusinger* BB 2006 S. 449 (452).

272 Begründung zum Entwurf des UMAG S. 61.

nicht mehr eingetragen werden. Diese Regelung ist mit derjenigen vergleichbar, die die Bestandskraft einer Verschmelzung im UmwG festlegt[273]. Konsequenterweise wird dem anfechtenden Aktionär an Stelle der Beseitigung der Wirkung der Eintragung wie im UmwG ein Schadensersatzanspruch gewährt. Dieser wurde in § 246 a Abs. 4 AktG kodifiziert. Der Vollständigkeit halber ist noch zu erwähnen, dass, wie bei der Anspruchsverfolgung der Aktionäre nach § 148 AktG gemäß § 248 a AktG eine Publikationspflicht für alle Verfahrensbeendigungen statuiert wird, die nicht durch rechtskräftiges Urteil erfolgen[274].

Die Möglichkeiten einzelner Aktionäre, durch die Erhebung einer Anfechtungsklage massiven Druck auf die Geschäftsführung der Gesellschaft aufzubauen, sind durch die Beschränkungen bei den Anfechtungsmöglichkeiten und der parallelen Einführung des Freigabeverfahrens erheblich eingeschränkt worden. Diese Änderungen sind vor dem Hintergrund der gleichzeitig vorgenommenen Reformen beim Verfolgungsrecht der Aktionäre gemäß § 148 AktG als Teil einer Verschiebung von einer starken Betonung der Beschlussanfechtung hin zu einer stärkeren Rolle des Haftungsrechts zu sehen[275]. Angesichts der zum Teil negativen Erfahrungen mit der Anfechtungsklage ist diese Verschiebung ausdrücklich zu begrüßen.

4. Funktion im System der Kontrolle und Abgrenzung zur Aktionärsklage

Unabhängig von der unbestrittenen Wichtigkeit der Anfechtungsmöglichkeit für die Aktionäre und den Reformmöglichkeiten in diesem Bereich stellt sich aber für die vorliegende Untersuchung vor allem die Frage, welche Relevanz die Anfechtungsklage im System der Kontrolle hat. Die Analyse führt zu der Feststellung, dass dem Wirkungsbereich der Anfechtungsklage im System der Kontrolle enge Grenzen gesetzt sind. Diese Erkenntnis resultiert aus der Beschreibung des Anwendungsbereiches der Anfechtungsklage. Insoweit steht eindeutig fest, dass mit der Anfechtungs- und Nichtigkeitsklage nur gegen Beschlüsse der Hauptversammlung vorgegangen werden kann und Maßnahmen der Geschäftsführung nicht erfasst werden[276]. Damit hat die Anfechtungsklage zur Beseitigung von Hauptversammlungsbeschlüssen bereits von ihrer grundsätzlichen Ausrichtung eine andere Zielsetzung als die Aktionärsklage im Sinne der Derivative Suit nach US-amerikanischem Vorbild. Sie verwirklicht den Schutz von Aktionärsminderheiten gegenüber der Mehrheit der Aktionäre und ist für diesen Bereich ein unbestritten wichtiges Instrument. Sie gibt der Minderheit aber keine Handhabe gegen fehlerhaftes Vorstands- oder Aufsichtsratshandeln und erfüllt im

---

273 *Seibert/Schütz* ZIP 2004 S. 252 (257).
274 Siehe zu diesem Verfahren die Ausführungen unten unter § 1 II. 1.
275 Hierauf verweisen zu Recht *Seibert/Schütz* ZIP 2004 S. 252.
276 BGHZ 124 S. 111 (115).

Bereich des Schutzes einzelner Aktionäre gegenüber diesen Organen keine Funktion. Aus diesem Grund kann auch eine reformierte Anfechtungsklage keinen Ersatz für den konsequenten Ausbau der Minderheitenrechte sein.

II. Klagerechte außerhalb des Aktiengesetzes

1. Die Abwehrklage gegen „faktische Satzungsänderungen"

Neben der Frage, ob es dem einzelnen Aktionär möglich sein soll, Leistungsklagen wegen Ansprüchen der Gesellschaft zu erheben, werden einige andere Klagemöglichkeiten der Aktionäre diskutiert[277]. Für die vorliegende Untersuchung sind dabei vor allem zwei Problemfelder von besonderem Interesse, die beide im Zusammenhang mit der Abwehrklage, der actio negatoria, behandelt werden. Es geht dabei um die Frage, unter welchen Umständen ein Aktionär gegen vom Vorstand ergriffene Maßnahmen klagen kann. Dies wurde einmal unter der Fragestellung diskutiert, ob die Aktionäre ein klagbares Recht auf eine gesetz- und satzungsmäßige Betätigung der Gesellschaft haben; die zweite Fragestellung war enger gezogen und behandelte Situationen, in denen vermeintliche Geschäftsführungsmaßnahmen eine Qualität erreichen, die einen Übergriff des Vorstands auf die Kompetenzen der Hauptversammlung darstellen.

a. Die Rechtslage vor dem *Holzmüller*-Urteil

Die Diskussion um die Aktionärsklage bzw. um Klagemöglichkeiten außerhalb der vom AktG vorgegebenen Klagearten bekam durch einen Beitrag von *Knobbe-Keuk* eine neue Dynamik[278]. Diese stellte zunächst den Umfang des gesetzlich festgeschriebenen Anfechtungsrechts der Aktionäre dar[279] und führte im nächsten Schritt aus, dass das gesetzlich geregelte Anfechtungsrecht nicht als abschließend anzusehen sei, sondern vielmehr nur eine Erscheinungsform des grundsätzlichen Rechts des Aktionärs sei, dass sich die Gesellschaft und ihre Organe nur im Rahmen der Satzung bzw. des gesetzlichen zulässigen Rahmens bewegen[280].

Untersuchungsgegenstand waren also die Klagerechte, die sich aus dem Abwehrrecht ergeben, das die Aktionäre in ihrem Mitgliedschaftsrecht schützt. Abwehrrechte stehen dem Aktionär immer dann in Form der Abwehrklage, der actio negatoria zu, wenn die Mitgliedschaft als absolutes Recht berührt ist[281]. An diesem Teil des Beitrags, der nicht nur von einem Anspruch jedes Aktionärs auf

---

277 Vgl. für einen Überblick über alle denkbaren Gesellschafterklagen den Beitrag von *Zöllner* ZGR 1988 S. 392 ff.

278 *Knobbe-Keuk* in FS für Ballerstedt S. 239 ff.

279 *Knobbe-Keuk* in FS für Ballerstedt S. 239 (244 f.).

280 *Knobbe-Keuk* in FS für Ballerstedt S. 239 (246 f.).

281 *K. Schmidt* GesR S. 645.

satzungs- und gesetzmäßiges Handeln der Gesellschaft spricht, sondern gleichzeitig davon auszugehen scheint, dass jedes satzungs- und gesetzeswidrige Handeln die Mitgliedschaft als absolutes Recht berührt, entfachte sich in der Folgezeit eine lebhafte Diskussion, die sich bis zum *Holzmüller*-Urteil[282] fortsetzte.

Knobbe-Keuk stütze ihre These, die Aktionäre hätten ein Recht darauf, dass die Gesellschaft in Einklang mit Gesetz und Satzung geführt wird, in erster Linie auf die Rechtsprechung des Reichsoberhandelsgerichts[283] und frühere Diskussion zu den Juristentagen 1873 und 1880[284]. Bei genauerer Betrachtung der Diskussion auf den genannten Juristentagen ist festzustellen, dass es offenbar tatsächlich Stimmen gab, die sich für ein generelles Recht der Aktionäre auf satzungs- und gesetzmäßiges Verhalten der Gesellschaft aussprachen[285]. Ebenso gab es aber Gegenstimmen[286], die sich im Ergebnis durchgesetzt zu haben scheinen. Darauf lässt die Tatsache, dass die Aktienrechtsnovelle von 1884 ein Anfechtungsrecht zwar für Beschlüsse der Generalversammlung, nicht aber für die Beschlüsse anderer Organe, gesetzlich festlegte, schließen[287].

Für die vorliegende Untersuchung ist weniger die Frage nach dem Anspruch der Aktionäre auf rechtmäßiges Verhalten seitens des Vorstands, als vielmehr ein eventuell hieraus resultierendes Klagerecht entscheidend. Im Hinblick auf das konkrete Klagerecht ist aber auch *Knobbe-Keuk* restriktiver. Sie grenzt es im Fortgang ihrer Untersuchung selbst ein und beschränkt es auf Konstellationen, in denen die Satzung oder Vorschriften des Aktiengesetzes verletzt sind[288]. Daraufhin wurde jedoch zu Recht angemerkt, dass Verstöße gegen allgemeine Gesetze ohnehin aktienrechtlich verboten sind[289], so dass die Eingrenzung die Zweifel am Umfang des vorgeschlagenen Klagerechts auf satzungs- und gesetzmäßiges Handeln der Gesellschaft nicht beseitigen können[290]. Aus diesem Grund lehnt die wohl h. M. ein Klagerecht des Gesellschafters bei jedem Verstoß gegen die Satzung oder das Aktiengesetz ab, da die Einräumung eines Kla-

---

282 BGHZ 83 S. 122.

283 Auf diese Rechtsprechung hatte zuvor bereits *Mestmäcker*, Verwaltung, Konzerngewalt und Rechte der Aktionäre S. 8, hingewiesen.

284 *Knobbe-Keuk* in FS für Ballerstedt S. 239 (247 f.).

285 *Jaques* in den Verhandlungen des 15. Deutschen Juristentages (1880), Band II, S. 161.

286 *Makower* in den Verhandlungen des 15. Deutschen Juristentages (1880), Band II, S. 171.

287 *Knobbe-Keuk* analysiert diese Tatsache in dem Sinne, dass das fragliche Recht und die Normierung des Anfechtungsrechts nur die Festschreibung einer Erscheinungsform des Rechts der Aktionäre auf satzungs- und gesetzmäßiges Verhalten der Gesellschaft darstellte, *Knobbe-Keuk* in FS für Ballerstedt S. 239 (249).

288 *Knobbe-Keuk* in FS für Ballerstedt S. 239 (251).

289 *Zöllner* ZGR 1988 S. 392 (422).

290 Vgl. etwa *Schulz-Gardyan* S. 49.

gerechts für jede Verletzung der Satzung oder des Gesetzes sich nicht aus der Kompetenzordnung des AktG ableiten lässt, sondern dieser im Gegenteil widersprechen würde.

aa. Maßnahmen mit satzungsändernder Qualität

Die Begründung des Klagerechts in Fällen, in denen Maßnahmen des Vorstandes satzungsändernde Dimensionen annehmen, also solche, die heute vom *Holzmüller*-Urteil umfasst würden, stellt *Knobbe-Keuk*, deren Auffassung diese Konstellation natürlich mit umfasst, selbst überzeugend dar. Ein Klagerecht gegen faktisch satzungsändernde Maßnahmen steht danach in Kongruenz mit der gesetzlichen Regelung, da Satzungsänderungen in der Zuständigkeit der Hauptversammlung liegen und der einzelne Aktionär im Bereich der Zuständigkeit der Hauptversammlung per Gesetz die gesetzes- und satzungsgemäße Betätigung der Gesellschaft erzwingen kann[291]. Eine in der Kompetenz der Hauptversammlung liegende, gegen die Satzung oder das Gesetz verstoßende Maßnahme, die der einzelne Aktionär normalerweise im Wege der Anfechtungsklage angreifen könnte, soll nicht durch eine hinzukommende Kompetenzüberschreitung unangreifbar werden. Dem ist uneingeschränkt zuzustimmen.

bb. Klagerecht gegen „einfache" Satzungsverletzungen

Die von *Knobbe-Keuk* dargelegten Gründe für ein weitergehendes Klagerecht[292] können dagegen nicht überzeugen. Während sich die h. M. an der im AktG festgelegten Kompetenzordnung ausrichtet, welche die Kompetenz der Satzungsänderung der Hauptversammlung zuordnet, gründet sich das weitergehende Recht zur Klage gegen jede Verletzung der Satzung oder des AktG auf das von *Knobbe-Keuk* selber hergeleitete Recht auf satzungs- und gesetzmäßiges Handeln, das aus den oben genannten Gründen an sich schon mit der h. M. abzulehnen ist. Schließlich wurde der Konflikt durch den Bundesgerichtshof geklärt, der das Bestehen eines grundsätzlichen Rechts des Aktionärs auf recht- und satzungsmäßiges Verhalten der Gesellschaft ablehnte[293], während im *Holzmüller*-Urteil[294] ein Klagerecht im Falle einer Kompetenzüberschreitung, also einer faktischen Satzungsänderung, anerkannt wurde[295].

---

291 *Knobbe-Keuk* in FS für Ballerstedt S. 239 (252).
292 *Knobbe-Keuk* in FS für Ballerstedt S. 239 (252 f.).
293 BGHZ 76 S. 160 (167 f.).
294 BGHZ 83 S. 122.
295 Vgl. hierzu sogleich unten.

b. Die *Holzmüller*-Entscheidung des Bundesgerichtshofs

Die *Holzmüller*-Entscheidung[296] brachte eine teilweise Klärung im Bereich der Aktionärsklagerechte. Der Bundesgerichtshof entschied in diesem Urteil, dass eine Zustimmung der Hauptversammlung gemäß § 119 Abs. 2 AktG eingeholt werden muss, wenn ein besonders tiefer Eingriff in das Vermögensinteresse und das Mitgliedschaftsrecht der Aktionäre vorliegt. In einer solchen Konstellation begehe der Vorstand eine Sorgfaltspflichtverletzung, wenn er von der Möglichkeit des § 119 Abs. 2 AktG keinen Gebrauch mache[297].

Im Hinblick auf die Klagerechte der Aktionäre hielt das Gericht im *Holzmüller*-Fall fest, dass eine Klage auf Wiederherstellung oder Unterlassung, wie sie der Kläger betreiben wollte, grundsätzlich denkbar sei[298]. Soweit die Hauptversammlung durch eine Handlung des Vorstands in ihrer Eigenschaft als Organ der Gesellschaft betroffen ist, sei ein Verweis auf eine Klage gegen den Vorstand nicht gerechtfertigt. In einer derartigen Konstellation sei eine Klage kein – selbstverständlich unzulässiger – Eingriff in die Geschäftsführungskompetenz des Vorstands. Schließlich gehe es bei einem Eingriff in die Mitgliedschaftsrechte um einen Eingriff, der seiner Intensität nach nicht als bloße Geschäftsführungsmaßnahme einzuordnen sei[299]. Die Zulassung einer Aktionärsklage in diesem Fall schwäche damit nicht die Zuständigkeitsordnung innerhalb der Aktiengesellschaft, da nicht nur kein Eingriff in die Kompetenzen des Vorstands zu Gunsten der Hauptversammlung erfolge, sondern die Klage im Gegenteil der Verteidigung der Kompetenzordnung diene, weil ein Eingriff des Vorstands in die Rechte der Hauptversammlung verhindert werde[300].

Wichtig war zunächst die Erkenntnis, dass eine Abwehrklage auch jenseits der gesetzlich normierten Anfechtungs- und Nichtigkeitsklage zulässig sein kann. In welchem Umfang die Abwehrklage zulässig ist, bleibt jedoch seit der *Holzmüller*-Entscheidung bis heute Gegenstand der Diskussion[301]. Im *Siemens/Nold*-Fall erkannte der Bundesgerichtshof eine Abwehrklage auch für den Fall an, dass ein Eingriff in das Bezugsrecht der Aktionäre vorliegt[302]. Letztlich ging es jedoch auch in diesem Fall um einen Kompetenzübergriff, da die Entscheidung über Umfang und Ausmaß des Ausschlusses des Bezugsrechts gemäß § 186 AktG bei der Hauptversammlung liegt und somit durch die Verletzung der

---

296 BGHZ 83 S. 122.
297 BGHZ 83 S. 122 (131).
298 BGHZ 83 S. 122 (133).
299 BGHZ 83 S. 122 (133 f.).
300 BGHZ 83 S. 122 (134).
301 Vgl. hierzu *Baums* Gutachten F für den DJT 2000 S. 237; *Lutter* JZ 2000 S. 837 (841).
302 BGHZ 136 S. 133.

Regeln zum Bezugsrecht in die Kompetenz der Hauptversammlung eingegriffen wird[303].

c. Konkretisierung von *Holzmüller* durch das *Gelatine*-Urteil

Inzwischen hat der Bundesgerichtshof die ungeschriebene Zuständigkeit der Hauptversammlung bei Maßnahmen, die das Gesetz eigentlich dem Vorstand zuweist, auch im *Gelatine*-Urteil[304] bestätigt. Konkretisiert wurde dabei insbesondere auch die „Eingriffstiefe", ab der eine Maßnahme so einschneidend ist, dass ein Zustimmungsvorbehalt der Hauptversammlung ausgelöst wird. Über diese Frage hatte im Anschluss an das *Holzmüller*-Urteil Streit geherrscht[305]. Im konkreten Fall hatte der auszugliedernde Seehafenbetrieb ca. 80 % des Substanzwertes des Aktivvermögens dargestellt. Über die Grenze – falls sie überhaupt quantitativ zu messen ist – wurde in der Folge viel spekuliert[306]. Nach Aussage des Bundesgerichtshofs ist nunmehr festzuhalten, dass der im *Holzmüller*-Fall erreichte Wert gleichzeitig die Untergrenze darstellt[307]. Zu dieser rein mathematischen Schwelle kommt aber nunmehr auch ein qualitatives Kriterium hinzu: Die von der Geschäftsleitung getroffene Maßnahme muss nämlich zusätzlich einen grundlegenden Eingriff in einen wesentlichen Bereich der unternehmerischen Tätigkeit darstellen[308]. Weitere Anhaltspunkte, die eine bessere Bestimmbarkeit dieses qualitativen Kriteriums hilfreich sein könnten, enthält die *Gelatine*-Entscheidung nicht[309].

Entscheidend für die vorliegende Untersuchung ist die Erkenntnis, dass die *Holzmüller*-Doktrin dem Grunde nach bestätigt wurde, dem Umfang nach aber keinesfalls zu einer allgemeinen Konzernleitungskontrolle ausgebaut werden soll[310]. Insofern hat sich die Situation bei den Aktionärsklagerechten durch das *Gelatine*-Urteil nicht verändert.

---

303 Vgl. *Lutter* JZ 2000 S. 837 (841).

304 BGH ZIP 2004 S. 993, mit Anmerkung von *Altmeppen*.

305 Siehe die Darstellung bei *Bungert* BB 2004 S. 1345 (1345 f.).

306 Siehe die Übersicht bei *Reichert* AG 2005 S. 150 (151).

307 BGH ZIP 2004 S. 993 (998).

308 Dies wurde in der Literatur als doppelter Wesentlichkeitstest, *Bungert* BB 2004 S. 1345 (1347), bzw. als Zweistufen-Prüfung bezeichnet, *Fuhrmann* AG 2004 S. 339 (340).

309 Für die Frage, welche Maßnahmen im Bereich der Abgabe und des Erwerbs von Beteiligungen in den Anwendungsbereich der *Holzmüller*-Doktrin fallen, siehe den Beitrag von *Habersack* AG 2005 S. 137 (143 ff.).

310 *Bungert* BB 2004 S. 1345 (1347).

2. Die Geltendmachung von Ansprüchen der Gesellschaft per actio pro socio

a. Die Anerkennung einer allgemeinen actio pro socio

Die Diskussion um die Anwendbarkeit der actio pro socio bzw. der actio pro societate[311] im Bereich der Aktiengesellschaft wurde gegen Ende der 70er und zu Anfang der 80er Jahre mit besonderer Heftigkeit geführt. *Flume* beschreibt die actio pro socio als „den Rechtszustand, dass jeder Gesellschafter in Hinsicht auf die gesellschaftsrechtlichen Forderungen der Gesellschafter gegen die Mitgesellschafter, die Sozialansprüche, einen eigenen Anspruch und ein eigenes Klagerecht auf Leistung an die Gesellschaft hat“[312].

b. Grundlagen der actio pro socio

Die actio pro socio wurde ursprünglich im Personengesellschaftsrecht entwickelt und ist in diesem Bereich heute zweifellos anerkannt, wenn auch Detailfragen selbst für diesen Bereich bis heute offengeblieben sind[313]. Seit einiger Zeit wird die actio pro socio auch für das GmbH-Recht anerkannt[314]. Auch eine Übertragung der actio pro socio auf das Aktienrecht wurde teilweise schon früh gefordert[315]. Als problematisch für eine solche Übertragung wurde jedoch die Kompetenzverteilung in der Aktiengesellschaft eingeschätzt, die nicht nur grundsätzlich strenger ist als bei allen anderen Gesellschaftsformen, sondern darüber hinaus auch noch konsequenter Kompetenzen von der Mitgliedschaft abtrennt, als dies in der GmbH und besonders bei den Personengesellschaften der Fall ist. Aufgrund dieser Tatsache wurde die Übertragung der Grundsätze der actio pro socio auf das Recht der Aktiengesellschaft teilweise grundsätzlich abgelehnt. Für eine Beurteilung dieser Frage spielt jedoch auch das dogmatische Funda-

---

311 Zum Problem, ob die Figur der actio pro socio im Falle der Übertragung auf das Recht der juristischen Personen als actio pro societate bezeichnet werden sollte, vgl. *Flume* BGB AT Band I, 2. Teil S. 301; *Schulz-Gardyan* S. 74. Während der Begriff der actio pro societate unter dem Hinweis darauf verwendet wird, dass es ja in diesem Fall – aufgrund der rechtlichen Selbständigkeit – um Ansprüche der Gesellschaft geht, bringt *Flume* zum Ausdruck, dass auch in diesem Zusammenhang der Begriff actio pro socio verwendet werden sollte, da der Begriff im römischen Recht alle Klagen „als Gesellschafter“ umfasste.

312 *Flume* BGB AT Band I, 2. Teil S. 300. Zu beachten ist, dass die Auffassung *Flumes*, der Gesellschafter habe einen eigenen Anspruch und ein eigenes Klagerecht von einer Gegenmeinung bestritten wird, die in der actio pro socio lediglich ein Recht sieht, Ansprüche für die Gesellschaft einzuziehen, also einen Fall der Prozessstandschaft annimmt, vgl. sogleich unten.

313 Siehe *K. Schmidt* GesR S. 629.

314 Vgl. hierzu im Einzelnen *Hopt* in Baumbach/Hopt § 109 HGB Rz. 32; *Schiessl* in Münchener Hdb. des GesR Bd. III § 31 Rz. 22; v. Gerkan ZGR 1988 S. 441 (446); siehe auch die weiteren Nachweise bei *K. Schmidt* GesR S. 641.

315 *Großfeld* Aktiengesellschaft, Unternehmenskonzentration und Kleinaktionär S. 224.

ment der actio pro socio, das trotz der grundsätzlichen Anerkennung dieser Figur bis heute nicht abschließend geklärt ist[316], eine wichtige Rolle. Ein knapper Blick auf einige strittige Fragen der actio pro socio ist deshalb für den Versuch der Beurteilung der Übertragbarkeit der actio pro socio auf das Aktienrecht unumgänglich.

aa. Begründung der actio pro socio

Zunächst stellt sich die Frage, ob die Gesellschafter mit der actio pro socio ein eigenes materielles Recht geltend machen, oder ob sie lediglich im Wege der Prozessstandschaft einen Anspruch durchsetzen, der der Gesellschaft zusteht. Früher wurde angenommen, dass im Wege der Vertragsauslegung davon auszugehen sei, dass die Gesellschafter ihre Verpflichtungen nicht nur gegenüber der Gesellschaft selbst, sondern ebenso gegenüber jedem einzelnen Mitgesellschafter übernommen hätten. Danach hätte jeder Gesellschafter ein eigenes materielles Recht, die Erfüllung der Sozialansprüche zu verlangen[317].

Diese Unterscheidung ist für die Frage nach der Übertragbarkeit der Grundsätze der actio pro socio auf das Recht der Aktiengesellschaft insofern relevant, als hier eine Auslegung des Gesellschaftsvertrages in dem Sinne, dass sich die Aktionäre zur Begleichung der Sozialansprüche der Gesellschaft nicht nur gegenüber der Gesellschaft, sondern auch gegenüber jedem einzelnen Mitgesellschafter verpflichtet hätten, schwerer vertretbar erscheint, als dies bei den Personengesellschaften oder auch der GmbH der Fall ist[318].

Personengesellschaften liegt ein besonderes persönliches Verhältnis der Gesellschafter untereinander zugrunde. Sie sind ganz erheblich darauf angewiesen, dass sie einander trauen können, da ja nicht zuletzt auch wegen der Eigengeschäftsführung der Erfolg der Gesellschaft in hohem Maße von den Mitgesellschaftern abhängt. Aus diesem Grund schulden die Gesellschafter in der Personengesellschaft einander auch umfangreiche Treuepflichten, die dem personalistischen Charakter der Personengesellschaften Rechnung tragen[319]. In diesem Fall überzeugt die regelmäßige Interpretation des Gesellschaftsvertrages in dem Sinn, dass eine Verpflichtung zur Erfüllung der Pflichten aus dem Vertrag ge-

---

316 Für einen ausführlichen Überblick über die dogmatische Grundlage der actio pro socio, sowie eine ausführliche Darstellung der strittigen Punkte siehe *K. Schmidt* GesR S. 629 ff. sowie *Bork/Oepen* ZGR 2001 S. 515 ff.

317 BGHZ 25 S. 47 (49); BGH NJW 1973 S. 2198 (2199); *Flume* BGB AT Band I, 2. Teil S. 304; *Lutter* ZHR 162 (1998) S. 164 (180); *Wiedemann* GesR I S. 458.

318 *Hueck/Fastrich* in Baumbach/Hueck GmbHG § 13 Rz. 32, die auf die mehr personalistische Struktur und weniger kapitalistische Ausprägung der GmbH im Vergleich zur Aktiengesellschaft hinweisen.

319 Zu den Treuepflichten im Einzelnen, siehe *Grunewald* GesR 1. A. Rz. 17 ff.

genüber den Mitgesellschaftern der Erfüllung gegenüber der Gesellschaft gleichsteht.

Dieser Schluss lässt sich jedoch nicht ohne weiteres auf Aktiengesellschaften, insbesondere auf Publikumsaktiengesellschaften, übertragen. Hier ist, gerade auch aufgrund der Fremdgeschäftsführung, eine viel geringere persönliche Beziehung der Gesellschafter untereinander zu konstatieren. Die Aktiengesellschaft ist ein eigenständiges Rechtssubjekt, dem etwaige Ansprüche selbst zustehen können. Die Aktionäre, die ihre Mitgliedschaft oftmals als bloße Geldanlage sehen, werden sich in Regel darauf verlassen, dass der Vorstand die Ansprüche der Gesellschaft geltend macht, so dass eine Verpflichtung gegenüber jedem Mitgesellschafter nicht notwendig ist.

An dieser Einschätzung ändert auch die Anerkennung der Teilrechtsfähigkeit der BGB-Gesellschaft[320] nichts. Wenn es um die Beurteilung dieser Entscheidung im Hinblick auf die vorliegende Problematik geht, so stellt sich vielmehr die Frage, ob eine generelle Auslegung des Gesellschaftsvertrages einer BGB-Gesellschaft nach wie vor in der obengenannten Art und Weise möglich ist.

Nachdem die Herleitung der actio pro socio aus dem Gesellschaftsvertrag im Schrifttum erheblicher Kritik ausgesetzt war, geht die heute wohl h. M. davon aus, dass der Gesellschafter mit der actio pro socio kein eigenes Recht einklagt, sondern vielmehr im eigenen Namen ein fremdes Recht geltend macht[321]. Begründet wurde dies damit, dass eine ergänzende Auslegung des Gesellschaftsvertrages mit dem Ergebnis, die einzelnen Gesellschafter hätten einen eigenen materiell-rechtlichen Anspruch, nicht der Interessenlage innerhalb der Gesellschaft entspräche, sondern diese vielmehr für das Modell der Prozessstandschaft spräche[322].

---

320 BGHZ 146 S. 341 ff.

321 BGH NZG 2000 S. 199; Kort DStR 2001 S. 2162 (2163); Palandt-*Sprau* § 714 BGB Rz. 9; Münch-Komm-*Ulmer* zum BGB § 705 Rz. 172; *Hopt* in Baumbach/Hopt § 109 HGB Rz. 32; *Grunewald* Gesellschafterklage S. 11; Winter ZHR 148 S. 579 (595).

322 *Bork/Oepen* ZGR 2001 S. 515 (519 ff.); dort findet sich auch eine Übersicht über den Meinungsstand mit einer ausführlicher Diskussion. Als Begründung wird zunächst das Interesse an „ordentlichen Verhältnissen" genannt. Da es an der Grundlage dafür fehle, dass sich im Falle einer Verfügung über den Sozialanspruch der Gesellschaft das Schicksal der eigenen Forderung des Gesellschafters entsprechend anpasse, entstehe eine Unklarheit an der die Gesellschafter kein Interesse haben können, zumal diese Unklarheit bei der Annahme der Prozessstandschaft entfiele. Weiterhin bestünde im Falle der Annahme eines eigenen Anspruchs der Gesellschafter das Problem, dass sich ein in Anspruch genommener Gesellschafter darauf berufen könnte, dass der klagende Gesellschafter seinerseits noch die Erfüllung eines Sozialanspruchs schuldet. Dies würde in

bb. Gesetzliche oder gewillkürte Prozessstandschaft

Nimmt man mit der h. M. an, dass der Gesellschafter bei der actio pro socio einen Anspruch der Gesellschaft durchsetzt, so stellt sich die Frage nach der Grundlage für diese Prozessstandschaft. Handelte es sich bei der actio pro socio um eine Klage aus einem eigenen materiellen Recht, ergäbe sich kein Problem, da man im Hinblick auf behauptete eigene Ansprüche stets prozessführungsberechtigt ist[323]. Werden jedoch durch die actio pro socio Ansprüche der Gesellschaft durchgesetzt, so muss der Gesellschafter für diese Prozessstandschaft eine Grundlage vorweisen können. In Frage kommen drei mögliche Begründungsansätze. Vorgeschlagen wurde, die Prozessstandschaft aus dem Gesellschaftsvertrag, dem Gesetz, oder aus Gewohnheitsrecht herzuleiten. Diese, hauptsächlich in der Diskussion um die Begründung der actio pro socio im Recht der Personengesellschaften entwickelten Begründungsansätze sind jedoch nicht alle auf das Aktienrecht übertragbar. So scheidet eine Begründung der Prozessstandschaft unter Berufung auf Gewohnheitsrecht für die Aktiengesellschaft von vornherein aus, weil die Anerkennung einer allgemeinen actio pro socio in diesem Bereich nach wie vor von der ganz herrschenden Meinung abgelehnt wird und die Existenz dieser Figur – anders als eben im Recht der Personengesellschaften und auch im Recht der GmbH – von der Rechtsprechung nie anerkannt wurde[324].

Vielfach wird in der actio pro socio ein Fall der gesetzlichen Prozessstandschaft gesehen[325]. Während diese Festlegung in einer Vielzahl von Fällen ohne Nennung einer gesetzlichen Grundlage erfolgt, wird, falls doch konkrete Vorschriften genannt werden, vor allem § 432 BGB betreffend der Mitgläubiger einer unteilbaren Leistung genannt[326].

---

der Konsequenz dazu führen, dass sich der verklagte Gesellschafter auf ein Zurückbehaltungsrecht bzw. Treu und Glauben berufen könnte. Schließlich würde die Annahme eines eigenen Anspruchs der Gesellschafter dazu führen, dass eine durch einen Gesellschafter erstrittene Entscheidung keine Rechtskraft für die Gesellschaft entfalten würde, die einen eigenen Prozess führen könnte und müsste.

323 *Hartmann* in Baumbach/Lauterbach/Albers/Hartmann, Grundzüge § 50 ZPO Rz. 25; *Putzo* in Thomas/Putzo § 51 ZPO Rz. 21.

324 Münch-Komm-*Ulmer* zum BGB § 705 Rz. 172, sieht die Grundlage der actio pro socio in ihrer „gewohnheitsrechtlichen Anerkennung als Minderheitenrecht", das der Wirkung nach einer gesetzlichen Prozessstandschaft entspreche.

325 Staudinger-*Habermeier* § 705 Rz. 47; *Wiesner* in Münchener Hdb. des GesR § 18 Rz. 5.

326 Teilweise wird auch die Norm des § 2039 BGB in Verbindung mit den §§ 1428, 1368 BGB als mögliche Grundlage für eine gesetzliche Prozessstandschaft genannt. Entscheidend gegen diese Ansicht spricht aber, dass die Erbengemeinschaft eine Zwangsgemeinschaft ist, während der Zusammenschluss der Gesellschafter in allen Gesellschaftsformen selbstverständlich auf einer freiwilligen Entscheidung der Gesell-

Gegen die Begründung einer gesetzlichen Prozessstandschaft durch § 432 Abs. 1 Satz 1 2. Alternative BGB[327], sprechen jedoch überzeugende Argumente. Der Ansatz, nach dem § 432 Abs. 1 Satz 1 2 BGB generell alle Gesamthandsforderungen erfassen sollte[328], kann nicht überzeugen, da die Existenz der Regelung des § 2039 BGB zeigt, dass ein solcher genereller Rechtsgedanke nicht existiert[329]. Auch handelt es sich bei den Forderungen, die im Rahmen der actio pro socio geltend gemacht werden sollen, nicht um unteilbare Leistungen. Unteilbar ist eine Leistung nur, wenn sie nicht ohne Wesensveränderung oder Wertverlust in gleiche Teile eingeteilt werden kann[330]. Nach dieser Definition wären aber Beitragsverpflichtungen sowie alle anderen denkbaren Geldschulden nicht unteilbar[331].

Auch der früher vom Reichsgericht beschrittene Weg, nach dem bei Gesamthandsforderungen ein Fall der rechtlichen Unteilbarkeit vorliegt[332], kann spätestens seit der Anerkennung der Teilrechtsfähigkeit der GbR durch den Bundesgerichtshof[333] nicht mehr überzeugen, da es nunmehr trotz des gesamthänderischen Charakters der GbR nur einen Gläubiger, nämlich die Gesellschaft selbst, gibt[334].

Überzeugender ist die Ansicht, die in der actio pro socio einen Fall der gewillkürten Prozessstandschaft sieht[335]. Erzielt wird dieses Ergebnis über eine Auslegung des Gesellschaftsvertrags selbst[336]. Dieser ist gemäß §§ 133, 157

---

schafter beruht, *Bork/Oepen* ZGR 2001 S. 515 (525); *Grunewald* Gesellschafterklage S. 13.

327 Auch das Reichsgericht hat § 432 BGB in verschiedenen Entscheidungen als Grundlage der actio pro socio gesehen, RGZ 70 S. 32 (33); RGZ 76 S. 276 (280); RGZ 86 S. 66 (68).

328 So insbesondere RGZ 70 S. 32 (34), wonach die ausdrückliche Einräumung der Befugnis zur Geltendmachung von Forderungen der Erbengemeinschaft in § 2039 BGB lediglich aus Überlegungen der „Zweckmäßigkeitsgründen für rätlich" gehalten wurde.

329 *Grunewald* Gesellschafterklage S. 12.

330 Staudinger-*Selb* § 432 Rz. 7.

331 *Hassold* JuS 1980 S. 32 (34); Palandt-*Heinrichs* § 432 Rz. 3.

332 RGZ 70 S. 32 (33); RGZ 86 S. 66 (68).

333 BGHZ 146 S. 341 ff.

334 Staudinger-*Selb* § 432 Rz. 12; *Bork/Oepen* ZGR 2001 S. 515 (525); Palandt-*Heinrichs* § 432 Rz. 4.

335 *Hadding* JZ 1975 S. 159 (164); *Grunewald* Gesellschafterklage S. 12; *Hassold* JuS 1980 S. 32 (34).

336 Nicht überzeugen kann dagegen für die Ansicht, die sich auf die Vorschrift des § 705 BGB stützt, *Hassold* JuS 1980 S. 32 (34). Aus dieser Regelung wird, wie bereits erwähnt, herausgelesen, dass sich alle Gesellschafter beim Abschluss des Gesellschaftsvertrages gegenseitig persönlich die Erfüllung aller Sozialansprüche der Gesellschaft versprechen. Zwar lehnt die überwiegende Meinung zu Recht die Auffassung ab, dass

BGB darauf zu untersuchen, inwieweit die Gesellschafter den einzelnen Gesellschaftern die actio pro socio zugestehen wollen; ist keine diesbezügliche Regelung im Gesellschaftsvertrag getroffen worden, so muss der Wille der Gesellschafter im Wege der ergänzenden Vertragsauslegung ermittelt werden[337]. Zum Zwecke dieser Auslegung kann dabei auch die Verkehrssitte herangezogen werden. Hier wird nun mit Recht auf die langjährige Anerkennung der actio pro socio für die Personengesellschaften durch die Rechtsprechung und die Literatur verwiesen[338], so dass eine Auslegung des Gesellschaftsvertrags auf einen Willen zur Einbeziehung der actio pro socio in den Gesellschaftsvertrag schließen lässt. Dies ist für die GbR eine überzeugende Begründung der gewillkürten Prozessstandschaft, so dass eine Einbeziehung der actio pro socio in den Gesellschaftsvertrag im Wege der ergänzenden Vertragsauslegung als überzeugende Lösung zu bejahen ist. Diese Anerkennung der actio pro socio in dem Umfang in dem sie von der Rechtsprechung bisher anerkannt wurde wird den Interessen der Gesellschafter am besten gerecht[339].

c. Die allgemeine actio pro socio im Aktienrecht?

Das zentrale Hindernis für die Anerkennung einer allgemeinen actio pro socio im Aktienrecht ist die Kompetenzordnung, die das Aktiengesetz vorgibt und nach der die Verfolgung von Ansprüchen der Gesellschaft dem Vorstand obliegt. Wie eben dargestellt, wurde die actio pro socio ursprünglich nur im Personengesellschaftsrecht anerkannt. Bereits bei der Übertragung der Figur auf das Recht der GmbH wurde praktisch lediglich auf die daraus resultierende rechtliche Besserstellung der Minderheitsgesellschafter verwiesen, deren Position und Einflussmöglichkeiten auf die Geschicke der GmbH aber ja auch so gewollt ist. Die Rechte der Minderheitsgesellschafter schweben nicht im luftleeren Raum, sondern sind Teil eines Gesamtkonzeptes des Gesetzgebers. Kann man eine Rechtsfortbildung aufgrund des personalistischen Charakters der GmbH noch für vertretbar halten, so ändert sich diese Einschätzung bei der Aktiengesellschaft.

---

sich aufgrund dieser Auslegung ein eigener Anspruch jeden Gesellschafters gegen seine Mitgesellschafter ergebe; der dieser Auffassung zurunde liegende Gedanke der engen persönlichen Verpflichtung untereinander könne aber im Wege der ergänzenden Vertragsauslegung zu dem Ergebnis kommen, dass eine actio pro socio auf der Basis einer gewillkürten Prozessstandschaft gewollt sei, *Hassold* JuS 1980 S. 32 (34 f.). Diese Argumentation kann jedoch allenfalls für die Personengesellschaft überzeugen. Für die nicht personalistisch geprägte Aktiengesellschaft scheidet sie von vornherein aus.

337 *Grunewald* Gesellschafterklage S. 13; *Hassold* JuS 1980 S. 32 (34).

338 *Bork/Oepen* ZGR 2001 S. 515 (528); *Grunewald* Gesellschafterklage S. 13 f.; *Hassold* JuS 1980 S. 32 (34).

339 *Hadding* JZ 1975 S. 159 (164); *Hassold* JuS 1980 S. 32 (34); *Grunewald* Gesellschafterklage S. 13 f.; *Bork/Oepen* ZGR 2001 S. 515 (528).

Diese fehlende Übertragbarkeit hat insbesondere zwei Gründe: Zunächst ist zu berücksichtigen, dass besonders bei den Publikumsgesellschaften, die der Gesetzgeber als Normalfall der Aktiengesellschaft ansah, keine personalistischen Züge vorhanden sind. Diese Voraussetzung zieht sich jedoch wie ein roter Faden durch die Begründung der actio pro socio im Personengesellschaftsrecht. Zur Begründung der actio pro socio, die nach der hier zugrunde gelegten Ansicht einen Fall der gewillkürten Prozessstandschaft darstellt, wurde die Auslegung der Vorschrift des § 705 BGB miteinbezogen[340]. Das der Norm des § 705 BGB zugrundeliegende personalistische Verständnis, nach dem sich die Gesellschafter einander wechselseitig verpflichtet sein sollen, ist auf das Aktienrecht nicht übertragbar. Diejenigen Auffassungen, die – aus rechtspolitischen Gründen[341] – zu einem anderen Ergebnis gelangen, sind nicht überzeugend. Zusätzlich kann das stützende Argument der ständigen Anerkennung der actio pro socio durch die Rechtsprechung, die – über die Auslegungsnorm des § 157 BGB – in die Bestimmung des hypothetischen Parteiwillens miteinbezogen wird, nicht auf das Aktienrecht übertragen werden. Von einer in der Praxis häufig vorkommenden, durch eine ständige Rechtsprechung getragenen Einzelklage kann schließlich im Aktienrecht unstreitig keine Rede sein.

Auch die Auffassung *Flumes*[342], nach der eine Übertragung der allgemeinen actio pro socio auch auf das Kapitalgesellschaftsrecht dennoch möglich wäre, ist abzulehnen. Demzufolge sei das Klagerecht der actio pro socio nicht auf eine gegenseitige Verpflichtung der Gesellschafter untereinander zu gründen, sondern vielmehr als Ausfluss der Mitgliedschaft selbst einzuordnen. Da dies in der Aktiengesellschaft ebenso gelte wie im Bereich der Personengesellschaften und die actio pro socio für letztere eindeutig anerkannt sei, könne man das Klagerecht des Gesellschafters auch auf die Kapitalgesellschaften und damit letztlich auch auf die Aktiengesellschaft übertragen[343].

Diese Schlussfolgerung erscheint jedoch problematisch, da die Figur der actio pro socio von der überwiegenden Ansicht bereits im Recht der Personengesellschaften nicht auf die Mitgliedschaft selbst gestützt wird und die grundsätzliche Anerkennung der actio pro socio deswegen schwerlich als Grundlage für die Übertragbarkeit der actio pro socio auf das Aktienrecht dienen kann. Würde die actio pro socio als Mitgliedschaftsklage verstanden, so wäre eine Übertragung auf das Aktienrecht in der Tat grundsätzlich möglich, auch wenn die Frage nach der konkreten Klagegrundlage auch bei *Flume* unklar bleibt und sich sein Ver-

340 Siehe oben § 2 II. 2.
341 *Zöllner* ZGR 1988 S. 392 (404 f.).
342 *Flume* BGB AT Band I, 2. Teil S. 301.
343 *Flume* BGB AT Band I, 2. Teil S. 301.

ständnis der actio pro socio in der Folgezeit nicht durchsetzen konnte[344]. Eine allgemeine actio pro socio auch im Aktienrecht ist somit abzulehnen[345].

d. Die eingeschränkte actio pro socio

Wenn die Übertragung der Grundsätze der actio pro socio auf das Aktienrecht somit nicht generell möglich ist, ist dennoch zu prüfen, ob eine actio pro socio ausnahmsweise dann zur Anwendung kommen kann, wenn die nach der Kompetenzordnung der Aktiengesellschaft, die ja der Grund für die Ablehnung einer grundsätzlichen Übertragbarkeit dieses Instituts auf das Aktienrecht war, zuständigen Organe nicht entsprechend ihren Verpflichtungen handeln. So wurde in der Literatur – teilweise an die Begründung von *Knobbe-Keuk* anknüpfend – argumentiert, dass Kompetenzüberschreitungen in der Aktiengesellschaft mit der Konstellation der actio pro socio in der Personengesellschaft vergleichbar seien. In dieser Situation, die durch das Aktienrecht nicht ausreichend erfasst werde, sei in analoger Anwendung zu den konzernrechtlichen Klagemöglichkeiten der §§ 309 Abs. 4, 317 Abs. 4 AktG und dem Anfechtungsrecht der § 243 ff. AktG dem einzelnen Aktionär ein Ersatzaufsichtsrecht zu gewähren[346]. Dieses Recht sollte den Aktionären immer dann die Möglichkeit geben, eine Klage für die Gesellschaft einzureichen, wenn durch eine Kompetenzüberschreitung des geschäftsführenden Organs die Ordnung der Gesellschaft betroffen wird, das vom Gesetz vorgesehene Kontrollorgan nicht auf diese Störung der Ordnung reagiert und alle weiteren Möglichkeiten der Einflussnahme erschöpft sind[347]. Wenn aufgrund der gegenseitigen Schonung von Organmitgliedern die reguläre Organisation der Aktiengesellschaft versagt, gebiete der Anspruch auf die Gewährleistung der „innergesellschaftlichen Legalität“ das Einräumen einer entsprechenden Rechtsschutzmöglichkeit[348].

Diese Ansicht konnte sich jedoch in der Folgezeit nicht durchsetzen. Eine ablehnende Haltung wäre wohl selbst dann berechtigt, wenn man das Ersatzaufsichtsrecht bzw. das Notgeschäftsführungsrecht auf die Fälle beschränken würde, in denen die anderen Möglichkeiten der Einflussnahme erschöpft sind, die das Aktienrecht für die Minderheitsaktionäre bereithält. Letztlich bestünde

---

344 Vgl. z. B. die ablehnende Beurteilung bei *Zöllner* ZGR 1988 S. 392 (403 f.).

345 Ein Klagerecht der Aktionäre kann nach überwiegender Ansicht nur dann in Betracht kommen, wenn in der Nichtgeltendmachung des Anspruchs der Gesellschaft zugleich ein Verstoß gegen den Gleichbehandlungsgrundsatz oder die Treuepflicht zu sehen ist, *Wiesner* in Münchener Hdb. des GesR § 18 Rz. 5; *Zöllner* ZGR 1988 S. 392 (405). In diesem Fall liegt nämlich dann eine Verletzung der Mitgliedschaft des Aktionärs vor, so dass die Grundsätze der actio negatoria zur Anwendung gelangen.

346 *Timm* AG 1980 S. 172 (185).

347 Vgl. hierzu *Lutter* AcP 180 (1980) S. 84 (132 ff.); *Timm* AG 1980 S. 172 (185).

348 *Timm* AG 1980 S. 172 (185).

durch die vorgeschlagene Klagemöglichkeit immer die Gefahr, dass der einzelne Aktionär nicht anstelle einer handlungsunfähigen Geschäftsleitung, sondern vielmehr entgegen einer handlungsunwilligen Geschäftsleitung handelt. Dies würde aber eine Störung der klaren Verteilung der Geschäftsführungskompetenzen zur Folge haben[349]. Das Einräumen einer Möglichkeit, direkt auf die Geschäftsführung Einfluss auszuüben, erscheint angesichts der Gefahren, die dies in sich birgt, nicht gerechtfertigt, auch wenn rechtspolitische Erwägungen in Richtung einer Aufwertung der Kontrollmöglichkeiten der (Minderheits-) Aktionäre in der Aktiengesellschaft eventuell berechtigt sein mögen.

Dieser Auffassung hat sich auch der Bundesgerichtshof in der bereits erwähnten *Holzmüller*-Entscheidung angeschlossen[350]. Dabei machte das Gericht klar, dass seine Entscheidung für ein Klagerecht der Aktionäre in dem konkreten Fall nicht die Anerkennung eines Ersatzaufsichtsrechts bedeute. Auch hier wurde mit der gesetzlich festgelegten Kompetenzordnung argumentiert. Ein Klagerecht der Aktionäre soll eben nicht für jede Kompetenzüberschreitung eines Organs eingeräumt werden, sondern nur in den Fällen, in denen die Aktionäre in ihrem eigenen Mitgliedschaftsrecht betroffen sind[351].

Die Argumentation des Gerichts ist überzeugend. Die mangelnde Klagemöglichkeit der Aktionäre in der Aktiengesellschaft im Vergleich zu den Personengesellschaften wird durch die Existenz des Aufsichtsrats kompensiert. Sähe man den Aufsichtsrat nicht als Ersatz, sondern als Ergänzung der Aktionärskompetenzen, würde damit praktisch dem Aufsichtsrat als für die Kontrolle des Vorstands zuständigem Organ eine weitere Kontrollinstanz nachgeschaltet. Dies brächte zwar ein zusätzliches Maß an Kontrolle, widerspricht aber dem Ziel, trotz der Notwendigkeit der Kontrolle auch einen ökonomischen Geschäftsablauf zu gewährleisten. Selbst wenn das Ersatzaufsichtsrecht nur in Notsituationen eingeräumt werden soll[352], wird eine Geschäftsführung, der zwei Kontrollinstanzen nachgeschaltet sind, über Gebühr bei der Durchführung der Geschäfte behindert. In dieser Situation ist es sinnvoll, die Aktionäre auf die ex-post Kontrolle durch die Geltendmachung von Schadensersatzansprüchen zu verweisen. Der Gesetzgeber hat durch das UMAG versucht, diese ex-post Kontrolle zu stärken.

3. Diskussion um die Aktionärsklage im Anschluss an das *Holzmüller*-Urteil

Der Bundesgerichtshof stellte in seiner Argumentation in der *Holzmüller*-Entscheidung die Kompetenzzuordnung, wie sie durch das AktG vorgenommen

---

349 *Zöllner* ZGR 1988 S. 392 (406).
350 BGHZ 83 S. 122 (135).
351 BGHZ 83 S. 122 (135).
352 So *Timm* AG 1980 S. 172 (185).

wurde, in den Mittelpunkt der Betrachtung. Zunächst ist festzuhalten, dass ein mögliches Vorgehen der Aktionäre gegen einen Eingriff des Vorstands in die Rechte der Hauptversammlung nicht gesetzlich geregelt ist. Das in dieser Entscheidung angenommene Klagerecht wird dann damit gerechtfertigt, dass es die aktienrechtliche Kompetenzzuordnung gerade nicht missachtet, sondern im Gegenteil stärkt. Schließlich ging es um den Schutz der Kompetenzen der Hauptversammlung gegen Eingriffe der Geschäftsführung und nicht um eine Ausweitung der Rechte der Aktionäre, die in das Recht des Vorstands auf selbständige Geschäftsführung verstoßen würde.

Gerade dieses Argument lässt sich aber bei der Aktionärsklage zur Geltendmachung von Ersatzansprüchen der Gesellschaft gegen Mitglieder des Vorstands nicht vorbringen. Das AktG trifft in dieser Frage in den §§ 147 ff. AktG eine Regelung und weist die Kompetenz zur Geltendmachung von Schadensersatzansprüchen gegen den Vorstand für bestimmte Ausnahmefälle den Aktionären zu. Im Normalfall obliegt diese Anspruchsverfolgung aber dem Aufsichtsrat, so dass, anders als bei der faktischen Satzungsänderung, ein Klagerecht der Aktionäre die Kompetenzordnung des AktG eben nicht sichern, sondern unterlaufen würde.

Dennoch wurde zum Teil nach dem *Holzmüller*-Urteil vertreten, dass eine Aktionärsklage zur Geltendmachung von Ersatzansprüchen der Gesellschaft gegen Mitglieder des Vorstands auch nach geltendem Recht zulässig sei[353]. Das damals noch geltende Minderheitenrecht des § 147 AktG a. F. entfalte keine Sperrwirkung, sondern stehe vielmehr neben dem Einzelklagerecht des Aktionärs[354]. Gegen diese Auffassung sprach jedoch die gesetzgeberische Systematik des AktG. Die Einzelklagerechte des Konzernrechts sind in § 309 Abs. 4 Satz 1 AktG festgelegt, auf den die §§ 310 Abs. 4, 317 Abs. 4 und § 318 Abs. 4 AktG verweisen[355]. Die Art und Weise der Regelung dieser Klagemöglichkeiten speziell im Konzernrecht ist ein Indiz dafür, dass der Gesetzgeber entsprechende Befugnisse nicht allgemein für das gesamte Aktienrecht vorsehen wollte[356]. Hinzu kommt, dass der Gesetzgeber nicht nur eine Einzelklage im Konzernrecht, sondern auch die Klagebefugnis für Ansprüche aus § 93 AktG ausgeweitet hat, da § 93 Abs. 5 AktG den Gläubigern der Gesellschaft in bestimmten Fällen

353 *Wellkamp* DZWir 1994 S. 221 (223); *Wiedemann* Organverantwortung und Gesellschafterklagen in der AG S. 49.

354 *Wiedemann* Organverantwortung und Gesellschafterklagen in der AG S. 49; *Wellkamp* DZWir 1994 S. 221 (224).

355 Zum Einzelklagerecht des Aktionärs im Konzern siehe oben § 2 V.

356 Sünner ZHR 163 S. 364 (372); *Zöllner* ZGR 1988 S. 392 (407 f.); *Hopt* in FS für Mestmäcker S. 909 (925).

das Recht einräumt, den Ersatzanspruch gemäß § 93 Abs. 2 AktG selbst geltend zu machen[357].

Der Gesetzgeber hatte also nicht nur die Möglichkeit einer Einzelklage im Gesetz vorgesehen, sondern außerdem in § 93 AktG selbst eine Erweiterung der Verfolgungsberechtigung hinsichtlich dieses Anspruchs für eine bestimmte Gruppe festgelegt. Vor diesem Hintergrund war es nicht überzeugend zu argumentieren, der Gesetzgeber habe all diese Regelungen getroffen, ohne eine allgemeine Einzelklagebefugnis mitzuregeln, diese aber gleichzeitig nicht ausschließen wollen. Dies gilt nach dem Erlass des UMAG und angesichts der „Aktienreform in Permanenz"[358] heute mehr denn je.

Es ist somit zu konstatieren, dass nach dem *Holzmüller*-Urteil die absolut h. M. zu Recht die Zulässigkeit einer Aktionärsklage zur Geltendmachung von Ersatzansprüchen der Gesellschaft gegen Mitglieder des Vorstands ablehnt[359]. Dies änderte jedoch bereits in der Vergangenheit nichts an der Tatsache, dass die Diskussion um die Klagebefugnisse der Aktionäre auf rechtspolitischer Ebene fortgesetzt wurde, da die vom Gesetzgeber in § 147 AktG a. F. gewählte Lösung aufgrund der bereits dargestellten Mängel nicht als ausreichender Minderheitenschutz überzeugen konnte. Wie sich der Ausbau der Klagerechte im UMAG auf die Diskussion auswirken wird, bleibt abzuwarten.

§ 3 Klagemöglichkeiten der Aktionäre im US-amerikanischen Recht

I. Die Derivative Suit als Inbegriff der Aktionärsbeteiligung

Die Klagerechte der Aktionäre spielen im US-amerikanischen Recht eine viel bedeutendere Rolle als im deutschen Recht. Ihre Hauptfunktion besteht darin, den Aktionären die Möglichkeit zu geben, einen Beitrag zur Kontrolle der Gesellschaft zu leisten. Nach dem deutschen System fällt die Kontrolle der Geschäftsführung primär dem Aufsichtsrat zu, während eine Teilnahme der Aktionäre an der Kontrolle der Gesellschaft, abgesehen von den Kompetenzen im Rahmen der Hauptversammlung, nur sehr eingeschränkt vorgesehen ist. Diese

---

357 Die Frage, ob es sich bei § 93 Abs. 5 AktG um einen Fall der gesetzlichen Prozessstandschaft handelt, oder ob der Gläubiger einen eigenen Anspruch geltend macht, vgl. hierzu *Hüffer* AktG § 93 Rz. 31 f., spielt in diesem Zusammenhang keine Rolle.

358 *Zöllner* AG 1994 S. 336; aufgegriffen hat diesen Begriff zuletzt *K. Schmidt* NZG 2005 S. 796.

359 *Lutter* JZ 2000 S. 837 (841); Sünner ZHR 163 S. 364 (372); *Bezzenberger* in Großkommentar zum AktG § 147 Rz. 4; *Zöllner* ZGR 1988 S. 392 (407 f.); *Hopt* in FS für Mestmäcker S. 909 (925).

begrenzte Funktion schlägt sich, wie bereits dargestellt[360], insbesondere bei den Klagerechten nieder. An dieser systematischen Grundausrichtung hat auch das UMAG nichts geändert, was vom Gesetzgeber auch nicht beabsichtigt war.

Die größere Bedeutung der Klagerechte im US-amerikanischen Recht resultiert aus der Tatsache, dass der Board of Directors nur einstufig strukturiert ist, so dass aufgrund des fehlenden Aufsichtsrats ein Bedürfnis für eine andere unabhängige Kontrollinstitutionen besteht. Diese Lücke sollen die Aktionärsklagerechte schließen, die als eine Art Sicherheitsventil gesehen werden[361]. Diese Funktion soll dadurch erfüllt werden, dass die Gefahr, aufgrund einer Verletzung der Sorgfaltspflichten[362] durch die Aktionäre verklagt zu werden, einen Anreiz dafür setzt, dass die Directors ihre Aufgaben pflichtgemäß erfüllen[363].

In den letzten 20 Jahren hat das Risiko der Directors, aufgrund einer verlorenen Derivative Suit in die persönliche Haftung zu geraten, jedoch erheblich abgenommen. Insbesondere die Einführung des "demand-requirement"[364] und der "independent committees"[365] haben dazu geführt, dass die Zahl der erfolgreichen Klagen erheblich abgenommen hat. Setzt man diese Tatsache in Kontrast mit der soeben beschriebenen bedeutenden Funktion der Aktionärsklagerechte insgesamt und der Derivative Suit im Besonderen, so ist es bemerkenswert, dass der Sarbanes-Oxley Act[366] alle Institutionen betrifft, die mit der Corporate Governance im Zusammenhang stehen, die Aktionärsklagrechte aber unverändert lässt. Das Gesetz war als Reaktion auf die "corporate scandals" bei Unternehmen wie *Tyco* und *Global Crossing*, besonders aber durch die Insolvenz von

360 Siehe oben § 1 und § 2.

361 *Romano* 7 Journal of Law, Economics, & Organization S. 55.

362 Zu den Sorgfaltspflichten der Mitglieder des Board of Directors, siehe unten § 3 III.

363 *Romano* 7 Journal of Law, Economics, & Organization S. 55.

364 Das "demand-requirement" verlangt von einem Aktionär, der eine Klage im Namen der Gesellschaft erheben möchte, dass er zunächst die Gesellschaft selbst auffordert, den fraglichen Anspruch durchzusetzen. Diese hat dann die Gelegenheit, das Verfahren selbst fortzuführen, wenn die von dem Aktionär vorgebrachte Forderung für berechtigt gehalten wird. Diesem Instrument ist nunmehr auch der neue § 148 Abs. 1 Satz 2 Nr. 2 AktG nachempfunden.

365 Die "independent committees" werden von den Gesellschaften gebildet, wenn sich ein Aktionär mit der Forderung an die Gesellschaft wendet, ein bestimmter Anspruch solle klageweise gegen ein Mitglied des Board of Directors geltend gemacht werden. Diejenigen Mitglieder des Board of Directors, die nicht Anspruchsgegner – also unabhängig – sind, bilden dann ein "independent committee" und entscheiden darüber, ob das Vorbringen des Aktionärs substantiiert ist.

366 Der formelle Name des Gesetzes lautet: "Public Company Accounting Reform and Investor Protection Act of 2002". Der Name Sarbanes-Oxley Act geht auf die beiden Senatoren zurück, die federführend an der Ausarbeitung des Gesetzes beteiligt waren.

zunächst *Enron* und dann *WorldCom* verabschiedet worden[367]. Ob dieses Vorgehen auf die Erkenntnis zurückzuführen ist, dass eine gute Corporate Governance in erster Linie vom Board of Directors bzw. den externen Prüfern abhängig ist, oder ob es gar auf den Schluss zurückgeht, dass die Institution Aktionär nur in begrenztem Umfang zur Kontrolle einer Gesellschaft beitragen kann, ist eine Frage, die zu untersuchen sein wird.

1. Struktur und rechtspolitische Einordnung der Derivative Suit

Aufgrund des einstufigen Aufbaus des Board of Directors besteht im US-amerikanischen Recht eine noch größere Gefahr, dass eine unabhängige Kontrolle der Geschäftsleitung unterbleibt. Weil es im US-amerikanischen Recht keinen Aufsichtsrat gibt, muss die entstandene Lücke im Kontrollsystem durch ein anderes Instrument geschlossen werden. Diese Rolle fällt den Aktionären zu, die zu diesem Zweck die Möglichkeit erhalten, im Namen der Gesellschaft eventuellem Fehlverhalten entgegenzutreten, wenn die primär dafür zuständigen Institutionen es versäumen, ihre dahingehende Aufgabe wahrzunehmen[368].

Die Möglichkeit der Aktionäre, Nachteile für ihre Beteiligung auszugleichen, und die damit einhergehende abschreckende Wirkung für die verantwortlich Handelnden, ist einer der positiven Aspekte der Derivative Suit. Ein weiterer Vorteil ist, dass bei der Kontrolle des Managements durch die Aktionäre – im Gegenteil zu einer externen Kontrolle – keine direkten Kosten für die Gesellschaft entstehen, da die bei den Aktionären anfallenden Kosten, wie z. B. die Anwaltshonorare, nur aus dem im Zuge des Verfahrens Erlangten bestritten werden.

Neben den Vorteilen der Derivative Suit gibt es aber auch erhebliche Nachteile, die mit einem solchen Verfahren verbunden sind. In erster Linie ist hier der indirekte Aufwand zu nennen, der für die Gesellschaft entsteht, obwohl sie nicht das Kostenrisiko trägt. Hierzu gehört der zeitliche Aufwand, den das Management der Gesellschaft erbringen muss, um sich mit den in der Klage erhobenen Vorwürfen auseinander zu setzen.

---

367 Wenn der Sarbanes-Oxley Act oftmals nur mit der Insolvenz von *Enron* verbunden wird, so ist das nicht ganz zutreffend. Nach dem *Enron*-Skandal sollten zunächst nur viel weniger weitreichende gesetzliche Veränderungen getroffen werden, die sich in einer Verbesserung der Offenlegungsvorschriften und Reformen im Bereich des Bilanzrechts erschöpft hätten. Erst als das *WorldCom*-Desaster hinzukam, dass die Insolvenz von *Enron,* dem verlorenen Kapital nach gerechnet, noch übertraf, entschied sich der Gesetzgeber zum „großen Wurf", der schließlich in den umfassenden Reformen des Sarbanes-Oxley Act seinen Ausdruck fand.

368 Für eine ausführliche rechtspolitische Einordnung der Derivative Suit siehe *Choper, Coffee & Gilson* – Cases and Materials on Corporations S. 877.

Rechtspolitische Bedenken gegen das Instrument der Derivative Suit ergeben sich daraus, dass durch sie zwar einerseits ein Anreiz gesetzt wird, jegliches Fehlverhalten zu vermeiden bzw. zu unterbinden, dass aber andererseits auch die Gefahr besteht, dass die Directors aufgrund der Angst, in eine Haftung zu geraten, übertrieben vorsichtig handeln. Ein solches Resultat wäre jedoch kontraproduktiv, da geschäftlicher Erfolg – wie bereits im Zusammenhang mit der Business Judgement Rule dargestellt[369] – eine gewisse Risikobereitschaft erfordert.

Schließlich spricht noch ein weiteres Argument gegen die Derivative Suit, dass insbesondere in der deutschen Diskussion um die Aktionärsklagerechte eine Rolle gespielt hat und immer noch spielt. Es geht hierbei um die sogenannten räuberischen oder erpresserischen Klagen. Diese Klagen, die im US-amerikanischen Recht ein großes Problem darstellten, sind dadurch gekennzeichnet, dass ein Aktionär eine Klage erhebt, mit der er nur das Ziel verfolgt, der Gesellschaft möglichst viele Kosten zu verursachen, um diese in einen Vergleich zu zwingen. Funktionieren konnte diese Strategie (früher) deshalb, weil es für die Gesellschaft oftmals günstiger war, dem Aktionär eine bestimmte Summe zu zahlen, als die Zeit und die Ressourcen seiner Directors dafür zu verwenden, sich gegen die Klage zur Wehr zu setzen.

Diese Probleme haben in der US-amerikanischen Literatur zu einer langen und heftigen Debatte über die Derivative Suit geführt[370]. Das Resultat dieser Diskussion war die Ergänzung von zwei Mechanismen, die zu den relativ strengen Voraussetzungen für das Erheben einer Derivative Suit hinzugefügt wurden, und die dazu führen sollen, dass die Nachteile der Derivative Suit beseitigt werden, ohne dass die kontrollrechtlichen Aspekte verloren gehen. Es handelt sich hierbei um das "demand-requirement" und das "independent committee", auf die im Folgenden näher einzugehen ist, da von ihrer Beurteilung die Tauglichkeit der Derivative Suit als funktionierendem Kontrollinstrument maßgeblich abhängt.

2. Die Voraussetzungen der Derivative Suit

a. Die "contemporaneous ownership rule"

Die wichtigste allgemeine Voraussetzung, die der Kläger zu erfüllen hat, ist die sog. "contemporaneous ownership rule". Diese Regelung konstituiert eine Mindestbesitzzeit in dem Sinne, dass der Aktionär zur Zeit des angeblichen Fehlverhaltens, das Grundlage des Verfahrens ist, bereits Aktionär der Gesellschaft ge-

---

369 Siehe oben § 1 III 4.

370 Für eine Diskussion der Vor- und Nachteile und der unter Umständen problematischen Anreize, die durch die Derivative Suit gesetzt werden siehe ausführlich *Fischel/Bradley* 71 Cornell L. Rev. S. 261.

wesen sein muss[371]. Außerdem muss der Aktionär die Anteile zur Zeit des Prozesses noch halten.

Der erste Grund für diese Voraussetzung basiert auf der "efficient capital markets hypothesis", die davon ausgeht, dass der Kurs einer Aktie stets den wahren Wert repräsentiert und alle Informationen, welche die Aktie betreffen, reflektiert[372]. Diese Theorie spielt vor allem im Zusammenhang mit der Problematik des Insider Trading im Rahmen der Rule 10b-5 eine wichtige Rolle. Im Zusammenhang mit der Derivative Suit führt sie dazu, dass davon auszugehen ist, dass der Kurs der Aktie des betroffenen Unternehmens das Fehlverhalten sofort berücksichtigt. Damit entsteht demjenigen, der die Aktie erst nach diesem fraglichen Fehlverhalten und zu dem angepassten Preis erworben hat, kein Schaden.

Außerdem handelt es sich bei dieser Voraussetzung um eine Missbrauchssicherung, da vermieden werden soll, dass Aktionäre bzw. Anwälte nach Fehlern suchen und dann eine Aktie nur erwerben, um anschließend zu klagen[373]. Diese

---

371 Vgl. § 7.41 MBCA und die Federal Rules of Civil Procedure 23.1. Die vom MBCA vorgeschlagene Regelung wurde von allen wichtigen Staaten entweder im Rahmen von gesetzlichen Regelungen oder durch case law übernommen.

372 Die "efficient capital markets hypothesis" tritt in drei Formen auf, wobei die wichtigste die "semi-strong form" ist, die davon ausgeht, dass der Kurs einer Aktie stets alle öffentlich gemachten Informationen berücksichtigt. Dies ist besonders in den Fällen von Insider Trading wichtig, da hier mit der Theorie ein wichtiges Beweisproblem gelöst werden kann. Da der Insider seine Transaktion normalerweise über den Broker abwickelt, hatte man immer das Problem, dass die anderen Anleger nicht direkt mit ihm in Kontakt traten und somit auch nicht direkt von ihm getäuscht wurden. In dem Fall *Basic, Inc. v. Levinson,* 485 U.S. 224 hielt der U.S. Supreme Court zu diesem Problem fest, dass der Anleger wegen der "efficient capital markets hypothesis" anstatt auf die Aussagen des Insiders auf die Fairness des Marktpreises vertrauen dürfe und dass somit die Veränderung des Kurses durch das Handeln des Insiders eine Täuschung des gesamten Marktes darstellt, die der Täuschung des einzelnen Käufers/Verkäufers gleichsteht ("fraud on the market"-Theorie).

Die "strong form" der "efficient capital markets hypothesis" geht davon aus, dass alle Informationen, also auch Insider Informationen, zeitnah im Preis einer Aktie reflektiert werden. Diese Theorie konnte sich aber deswegen nicht durchsetzen, weil die Erfahrung gezeigt hat, dass Aktienkurse zwar oft – etwa kurz vor der Bekanntgabe von Übernahmeangeboten – Insider Informationen berücksichtigen; immer ist dies aber nicht der Fall. Erwähnenswert ist diese stärkste Theorie der "efficient capital markets hypothesis" nur deswegen, weil unter ihr eine Verfolgung des Insider Trading sinnlos wäre, da Insider keine Vorteile haben dürften.

373 *Cox* 65 Brooklyn L. Rev. S. 3 (37), der in dem Beitrag gleichzeitig eine Liberalisierung der "contemporaneous ownership rule" in Pennsylvania begrüßt, die eine Ausnahme immer dann vorsieht, wenn das fragliche Fehlverhalten entweder besonders schwerwie-

Regelung hat sich auch der deutsche Gesetzgeber zum Vorbild genommen, als er die Klagerechte der Aktionäre reformiert hat. In § 148 Abs. 1 Satz 2 Nr. 1 AktG wird die Klagebefugnis vom Anteilserwerb vor Kenntniserlangung bzgl. des schädigenden Ereignisses abhängig gemacht.

b. Das "demand-requirement"

Die Voraussetzung, die in den letzten 30 Jahren den größten Einfluss auf die Entwicklung der Derivative Suit hatte, war die Einführung des "demand-requirement", das einen Aktionär, der klagen will, dazu zwingt, seine Bedenken zunächst dem Board of Directors vorzutragen, der dann die Chance erhält, den fraglichen Sachverhalt zu erforschen und zu beurteilen. Dadurch wird garantiert, dass ein vollständiges Verfahren mit dem damit verbundenen Aufwand nur dann durchgeführt werden muss, wenn Kläger und Board of Directors einen Vorgang unterschiedlich bewerten und nicht schon dann, wenn das fragliche Fehlverhalten nur unbemerkt geblieben ist.

aa. Die Behandlung der "demand excused"- oder "demand futile" Fälle

Weil der Board of Directors in praktisch allen Fällen den demand zurückweist, haben diejenigen Fälle eine besondere Bedeutung erlangt, in denen eine Ausnahme vom "demand-requirement" gemacht wird. Das ist immer dann der Fall, wenn die Durchführung dieser Vorstufe des Verfahrens überflüssig wäre, weil ein konstruktives Ergebnis nicht zu erwarten ist. So entfällt das "demand-requirement" z. B. grundsätzlich immer dann, wenn das Fehlverhalten dem gesamten Board of Directors vorgeworfen wird, da nicht erwartet werden kann, dass er sich selber belastet.

Im Einzelnen variieren die Standards für das Entfallen des "demand-requirements" von Bundesstaat zu Bundesstaat[374]. Im wichtigsten Staat Delaware muss der Kläger einen berechtigten Zweifel daran darlegen, dass die Directors unabhängig waren oder sonstige Zweifel daran darlegen, dass die getroffene Entscheidung eine legitime Ausübung unternehmerischen Ermessens war[375].

---

gend war, so dass ein generelles Verfolgungsinteresse besteht, oder wenn der Markt vor dem Kauf der Aktie noch keine Kenntnis von dem Ereignis hatte.

374 In New York, der für das Gesellschaftsrecht zweitwichtigsten Jurisdiktion, wurde der Standard in *Marx v. Akers*, 666 N.E. 2d S. 1034 festgelegt. Danach ist die Erfüllung des "demand-requirements" überflüssig, wenn entweder die Mehrheit der Mitglieder des Board of Directors nicht unabhängig war, der Board sich nicht ausreichend über die Entscheidung informiert hat, der Board grundsätzlich allen Entscheidungen des Managements zugestimmt hat oder wenn die fragliche Entscheidung so offensichtlich nachteilig für die Gesellschaft war, dass mit Sicherheit ausgeschlossen werden kann, dass es sich um eine sorgfältig getroffene unternehmerische Entscheidung handelt.

375 *Aronson v. Lewis*, 473 A.2d S. 805 (814).

Diese Kriterien ähneln denen der Business Judgement Rule, so dass man verallgemeinernd sagen kann, dass ein Fall des "demand excused" vorliegt, wenn Zweifel daran bestehen, dass die Entscheidung der Directors die Voraussetzungen der Business Judgement Rule erfüllt[376].

Insgesamt ist festzuhalten, dass es in Delaware sehr schwierig ist, die Gerichte davon zu überzeugen, dass in einem konkreten Fall der "demand excused" sein sollte. In einem bekannten Fall erachtete es das Gericht nicht als ausreichend, dass ein Großaktionär, der 47 % der Anteile an der Gesellschaft hielt, jeden der Directors persönlich aussuchte und sich anschließend ein außergewöhnlich großes Bonus- und Ruhestandspaket genehmigen ließ. Aus diesem Sachverhalt lasse sich nicht eindeutig erkennen, dass es den Directors beim Treffen der Entscheidung an Unabhängigkeit gemangelt habe[377].

Zusätzlich werden die Bemühungen des Klägers dadurch erheblich erschwert, dass in diesem Stadium des Verfahrens keine "discovery"[378] stattfindet, was es schwierig für den Kläger macht, die Informationen zu erlangen, die notwendig sind, um die Zweifel an der Unabhängigkeit der Directors zu etablieren[379]. Insgesamt spiegelt diese besondere Beklagtenfreundlichkeit in Delaware die generellen Bestrebungen dieses Bundesstaates wieder, sich als besonders unternehmensfreundlich darzustellen[380].

bb. Die Bedeutung der "independent litigation committees"

Schafft der Kläger es, dass der von ihm vorgetragene Sachverhalt vom Gericht tatsächlich als eine Konstellation anerkannt wird, in welcher der "demand excused" ist, so wird die Gesellschaft in der Regel einen besonderen Ausschuss des Board of Directors damit beauftragen, die Stichhaltigkeit der erhobenen Vorwürfe zu prüfen. Dieser Ausschuss, das sogenannte "independent litigation committee" wird in aller Regel die Empfehlung aussprechen, das Verfahren nicht weiter zu verfolgen.

---

376 *Hamilton* Corporations S. 550.

377 *Aronson v. Lewis*, 473 A. 2d S. 805 (812).

378 Die "discovery" ist das Verfahrensstadium vor dem eigentlichen Prozessbeginn. Hier sind nach den Grundsätzen des US-amerikanischen Zivilprozessrechts beide Seiten verpflichtet, der jeweiligen Gegenseite Einblick in solche Dokumente zu gewähren, die beweiserheblich sein könnten.

379 *Solomon, Schwartz, Bauman & Weiss*, Corporations – Law and Policy S. 1078.

380 Für einen Überblick über das "race to the bottom", also die Bemühungen der einzelnen Bundesstaaten, möglichst unternehmensfreundlich zu sein, um viele Gesellschaften zu einer Inkorporierung in dem betreffenden Staat zu bewegen, um die Steuereinnahmen aufzubessern, siehe unten § 6 I.

Die Schaffung dieser besonderen Ausschüsse des Board of Directors ist die zweite wichtige Änderung die das Recht der Derivative Suit in den letzten 30 Jahren erfahren hat. Die Zulässigkeit der Ausschüsse, die meist nur den Zweck haben, die ursprüngliche Entscheidung, die zu der Klage geführt hat, durch eine neue Entscheidung abzusichern, die dann den nur so schwer zu durchbrechenden Schutz der Business Judgement Rule genießt, war lange Zeit heftig umstritten. Das wichtigste Argument der Befürworter der "independent litigation committees" war der Hinweis auf die dadurch geschaffene Möglichkeit des Boards, durch ein unabhängiges Gremium erpresserische Klagen auszusortieren, bevor eine Belastung der Ressourcen der Gesellschaft erfolgt ist.

Die Gegenmeinung führt dagegen an, dass die Verfahren der "independent litigation committees" oftmals dazu benutzt werden, eine ursprünglich falsche, zu Recht von den Aktionären beanstandete, Entscheidung nachträglich "reinzuwaschen", um Director Kollegen vor einer Haftung zu bewahren. Nach dieser Auffassung besteht selbst bei den unabhängigen Directors, die das "independent litigation committee" besetzen, aus Kollegialitätsgründen eine strukturelle Parteilichkeit, die eine wirklich unabhängige Entscheidung verhindert oder zumindest gefährdet[381].

Für eine Beurteilung ist es notwendig, die genauen Konsequenzen der Ablehnung einer Klage durch ein "independent litigation committee" zu betrachten. Es stoßen hier hauptsächlich zwei Herangehensweisen aufeinander; zunächst soll das Vorgehen in New York betrachtet werden, anschließend das Verfahren in Delaware.

(1) Die Praxis im Bundesstaat New York

New York war der erste Bundesstaat, der die Einsetzung eines "independent litigation committee" zur Behandlung von Derivative Suits anerkannte[382]. Die exakte Beurteilungsweise der New Yorker Gerichte ist aus dem Fall *Auerbach v. Bennett*[383] abzulesen. Das Gericht räumt dem Kläger die Möglichkeit ein, darzulegen, dass die Mitglieder des "independent litigation committee" entweder nicht unabhängig waren oder eine unzureichende, besonders oberflächliche Untersuchung durchgeführt haben. Auch bei diesen Voraussetzungen lassen sich also deutliche Parallelen zu den Voraussetzungen der Business Judgement Rule erkennen.

---

381 *Solomon, Schwartz, Bauman & Weiss*, Corporations – Law and Policy S. 1105 ff.

382 Dies geschah in dem aus dem Jahre 1976 stammenden Fall *Gall v. Exxon Corporation*, 418 F. Supp. S. 508.

383 393 N.E.2d 994.

Die Betrachtung der weiteren Vorgehensweise bestätigt diesen Eindruck, da das Gericht es ablehnt, eine eigene unabhängige Einschätzung darüber zu treffen, ob die Empfehlung des Ausschusses, die Klage nicht weiter zu verfolgen, zu Recht getroffen wurde. Das Gericht räumt dem Ausschuss insoweit den Schutz der Business Judgement Doctrine ein, was identische Konsequenzen wie die Gewähr des Schutzes der Business Judgement Rule hat. Dieses Vorgehen lässt den Klägern aber nur geringe Chancen, mit einer Klage erfolgreich zu sein, da der Board of Directors bei der Auswahl der Mitglieder des "independent litigation committee" genauestens darauf achten wird, dass die Mitglieder an der ursprünglichen Entscheidung unbeteiligt und somit tatsächlich unabhängig sind. Ebenso wird dann der Ausschuss Wert darauf legen, dass die durchgeführten Untersuchungen einer Prüfung standhalten.

Nach dieser Analyse der Rechtsprechung ist festzuhalten, dass es für die Directors nicht besonders schwierig ist, die Anforderungen an den Entscheidungsfindungsprozess zu erfüllen. Dass nicht davon auszugehen ist, dass die Prüfung der "independent litigation committees" ergebnisoffen ist, nur weil die Anforderungen an formale Sorgfaltsbestimmungen erfüllt sind, zeigen die praktischen Erfahrungen, die belegen, dass kaum Fälle existieren, in denen der Ausschuss die Empfehlung ausgesprochen hat, die Klage weiter fortzuführen. Diese Kombination aus dem konzertierten Vorgehen der Ausschüsse und dem restriktiven Vorgehen der Gerichte haben dazu geführt, dass es in New York nahezu unmöglich ist, sich erfolgreich gegen die Empfehlung eines "independent litigation committees" zu wenden.

(2) Die Praxis im Bundesstaat Delaware

In Delaware legte der Supreme Court des Staates die Behandlung von Entscheidungen des "independent litigation committee" in einer Reihe von Entscheidungen fest, von denen der Fall *Zapata Corp. v. Maldonado.*[384] der wichtigste ist. Das Gericht versuchte den Interessenausgleich zwischen den Klägern und den Directors dadurch zu ermöglichen, dass es die Business Judgement Rule nicht in ihrer eigentlichen Form anwendet, sondern die Prüfung leicht modifiziert. Dabei schien das Risiko, dass sich die Directors, die das "independent litigation committee" besetzen, trotz ihrer theoretischen Unabhängigkeit keine wirklich neutrale Untersuchung der ursprünglichen Entscheidung durchführen, der entscheidende Grund für die Modifikation gewesen zu sein. Zumindest sah das Gericht hierfür ein unter den gegebenen Umständen ausreichendes Risiko[385].

Aus diesem Grund wendet das Gericht einen eigenen zweistufigen Test an, der im Wesentlichen aus zwei Schritten besteht: zunächst beurteilt das Gericht

384 430 A.2d 779.

385 *Zapata Corp. v. Maldonado*, 430 A.2d S. 779 (787).

das Verfahren, in dem die Entscheidung des "independent litigation committees" zustande kam, um anschließend den Inhalt der Entscheidung selbst zu beurteilen. Der erste Teil des Tests, der den Vorgang der Entscheidungsfindung beurteilt, ist praktisch mit dem Test identisch, den die New Yorker Gerichte anlegen und weist somit auch seinen Voraussetzungen nach große Ähnlichkeiten mit der Business Judgement Rule auf. Betrachtet wird hier die Zusammensetzung des "independent litigation committee", wobei die tatsächliche Unabhängigkeit der Directors in ihrer Entscheidung im Mittelpunkt der Betrachtung steht. Weiterhin wird die Gründlichkeit der Untersuchung beurteilt, welche die Mitglieder des Ausschusses dazu bewogen hat, die Nichtverfolgung der Klage zu empfehlen. Hier prüft das Gericht, ob der Ausschuss nur eine oberflächliche pro forma Untersuchung abgewickelt hat, oder ob eine ernsthafte Auseinandersetzung mit den relevanten Vorgängen und Dokumenten erfolgt ist[386]. Ist Ersteres der Fall oder waren Mitglieder des Ausschusses nicht tatsächlich unabhängig, so hebt das Gericht die Empfehlung des "independent litigation committee" auf und die Klage kann weitergeführt werden. Genügt die Entscheidung des Ausschusses dagegen den formalen Anforderungen, so verlagert sich die Aufmerksamkeit des Gerichts auf den Inhalt der Entscheidung selbst. Insoweit ist die Vorgehensweise in Delaware mit der in New York identisch.

Im zweiten Schritt der Beurteilung der Entscheidung eines "independent litigation committees" liegt die eigentliche Besonderheit der *Zapata* Entscheidung. Das Gericht stellt seiner Beurteilung des Falles hier die Bemerkung voran, dass man bemüht gewesen sei, die Interessen der Aktionäre, der Gesellschaft und der Mitglieder des Board of Directors zu einem bestmöglichen Ausgleich zu bringen[387]. Vor diesem Hintergrund kam es zu dem Ergebnis, dass die Anwendung der Business Judgement Rule in dieser Konstellation nicht geeignet ist, einen Interessenausgleich zu schaffen, obwohl es sich um eine Entscheidung des Board of Directors handelt, die unter normalen Umständen den Schutz der Business Judgement Rule bekommen würde:

> "We are not satisfied, however, that acceptance of the "business judgement" rationale at this stage of derivative litigation is a proper balancing point. While we admit an analogy with a normal case respecting board judgement, it seems to us that there is sufficient risk in the realities of a situation like the one presented in this case to justify caution beyond adherence to the theory of business judgement[388]."

Es handelt sich also insofern um eine Durchbrechung des Prinzips, dass eine Entscheidung, die in formaler Hinsicht den Anforderungen der Business Judge-

386 *Zapata Corp. v. Maldonado,* 430 A.2d S. 779 (788).
387 *Zapata Corp. v. Maldonado,* 430 A.2d S. 779 (789).
388 *Zapata Corp. v. Maldonado,* 430 A.2d S. 779 (787).

ment Rule genügt, in der Sache selbst nicht von einem Gericht nachgeprüft wird. Dieser letzte Punkt ist deswegen von solch entscheidender Bedeutung, da die gerade beschriebene Konstellation die einzige ist, in der ein Kläger die Möglichkeit hat, die Abwehrmechanismen des Board of Directors zu durchbrechen, um eine Entscheidung eines Gerichts in der Sache selbst herbeizuführen.

cc. Die Behandlung der "Demand required" Fälle

Ist nicht das gesamte Board of Directors an der ursprünglichen Entscheidung beteiligt gewesen, so muss ein "demand" gemacht werden, da es möglich erscheint, dass der von der ursprünglichen Entscheidung unabhängige Teil des Board of Directors die ursprüngliche Entscheidung ergebnisoffen prüft und eventuell selbst die Klage fortführen will. Wie erwähnt soll der Board diese Möglichkeit deswegen bekommen, weil ein Abweichen von der grundsätzlichen Kompetenzverteilung nur im Ausnahmefall erfolgen soll.

Auch wenn der Board mit einem "demand" konfrontiert wird, kommen die "independent litigation committees" zum Einsatz, die sich dann mit dem "demand" auseinandersetzen, so wie sie in den "demand excused" Fällen in der Sache selbst entscheiden. Da der Board of Directors den "demand" der Kläger per "independent litigation committee" in praktisch allen Fällen abweist, ist nun die Frage zu klären, unter welchen Umständen ein Gericht die Entscheidung des besonderen Ausschusses außer Kraft setzt, und den Klägern erlaubt, die Klage weiterzuführen. Der Maßstab, den die Gerichte in Delaware[389] hier anlegen, unterscheidet zunächst danach, wer der Anspruchsgegner der Derivative Suit ist. Handelt es sich hierbei um eine Person, die nicht als Insider der Gesellschaft zu klassifizieren ist, so wird das Gericht die Entscheidung des "independent litigation committees" niemals aufheben, da in einem solchen Fall keine kollegiale Schonung zu befürchten ist.

Ist der Anspruchsgegner dagegen ein Insider der Gesellschaft, prüft das Gericht, ähnlich wie in den "demand excused" Fällen, zunächst die formalen Umstände der Entscheidung, also ob die beteiligten Directors, die das "independent litigation committee" besetzt haben, tatsächlich unabhängig waren. Der zweite Aspekt ist dann auch hier die Frage, ob nur eine oberflächliche Untersuchung des fraglichen Vorgangs erfolgte, oder ob eine ernsthafte Auseinandersetzung mit den relevanten Vorgängen und Dokumenten stattgefunden hat.

---

389 In New York gilt derselbe Maßstab, egal ob es um eine Entscheidung des "independent litigation committees" geht, die in einem "demand excused" Fall das Vorliegen eines Anspruchs in der Sache selbst verneinen oder ob ein Ausschuss in einem "demand required" Fall die Nichtverfolgung des Anspruchs empfiehlt. Die Entscheidung ist in jedem Fall durch die Business Judgement Rule geschützt.

Der wichtigste Unterschied zur Beurteilung solcher Fälle, bei denen kein demand gemacht werden muss, ist, dass die Gerichte in Delaware in diesen Fällen keine eigene unabhängige Prüfung des Sachverhalts mehr durchführen. Das bedeutet in der Konsequenz, dass in den Fällen, in denen "demand required" ist, ein Erfolg des Klägers nahezu ausgeschlossen ist. Ist es in Delaware schon generell sehr schwer, eine Entscheidung anzugreifen, die unter dem Schutz der Business Judgement Rule steht, so ist dies in dieser Situation geradezu unmöglich, da die Mitglieder des Board of Directors mit besonderer Sorgfalt und Genauigkeit darauf achten, dass bei der Ablehnung einer Derivative Suit die Voraussetzungen der Business Judgement Rule erfüllt sind.

Hinzu kommt auch hier für die Kläger wieder das Problem, dass die Gerichte den Klägern in diesem Stadium des Verfahrens keine "discovery" zugestehen, so dass das Unterfangen der Kläger zusätzlich erschwert wird. Auf dieser Erkenntnis muss deswegen auch die Strategie eines potentiellen Klägers einer Derivative Suit in Delaware aufgebaut werden. Dabei wird die Erkenntnis, dass eine Klage praktisch nur dann Erfolg haben kann, wenn ein Fall des "demand excused" vorliegt, durch die Erfahrung ergänzt, dass die Gerichte in Delaware das Einreichen eines "demands" beim Board of Directors als Anerkennung der Kläger sehen, dass ein solcher "demand" auch erforderlich ist.

Ein Kläger wird also niemals einen "demand" machen, weil dies automatisch bedeutet, dass der Board die Chance erhält, die Klage mir einer Entscheidung abzuwehren, die dann den Schutz der Business Judgement Rule erhält. Ein Kläger, der dennoch einen "demand" macht, verliert so die Kontrolle über das Verfahren an den Board of Directors, was praktisch bedeutet, dass die Klage abgewendet werden wird, und – was in der Praxis noch wichtiger ist – der Kläger gleichzeitig jede Möglichkeit einbüßt, einen Vergleich auszuhandeln.

c. Rechtspolitische Folgen der jüngeren Entwicklung

Die gerade dargestellten Unterschiede in der Behandlung eines Verfahrens je nachdem, ob es in die Kategorie "demand excused" oder in die Kategorie "demand required" fällt, und die praktischen Konsequenzen, die sich daraus für die Strategie der Kläger ergeben, haben dazu geführt, dass die Gerichte sich hauptsächlich mit der Frage beschäftigen müssen, ob in einem Fall ein "demand" gemacht werden muss oder nicht. Wie oben bereits dargestellt, ist es in Delaware sehr schwierig für den Kläger, die Einordnung eines Falles als "demand excused" zu erreichen[390]. Die praktische Erfahrung hat aber auch gezeigt, dass die Gerichte, trotz der theoretisch nahezu identischen Prüfung, eher dazu bereit sind, einen Fall in die Kategorie "demand excused" einzuordnen, als in einem Fall in

390 Siehe oben § 3 I. 2.

dem ein "demand" gemacht werden muss, die Entscheidung eines "independent litigation committee" aufzuheben.

Für den Kläger ist es also in jedem Fall am besten, so vorzugehen, als läge ein Fall des "demand excused" vor. Die Gesellschaft wird dann einwenden, dass es an einer Durchführung des "demand" Verfahrens fehle. Wenn am Ende des Instanzenzuges der Delaware Supreme Court entscheidet, dass ein "demand" in der Tat hätte gemacht werden müssen, ist der Kläger gescheitert. Fällt die Entscheidung dagegen zugunsten des Klägers aus und das Gericht entscheidet, dass der Fall in die Kategorie "demand excused" fällt, einigen sich Kläger und Beklagter in der Regel und es kommt zu einem Vergleich.

Die taktischen Überlegungen, die aufgrund des "demand requirement" und des Einsatzes der "independent litigation committees" bei der Abwicklung von Derivative Suits im Vordergrund stehen, haben zu erheblichen Zweifeln an der Effektivität des aktuellen Verfahrens geführt. Besonders die Absicherung der ursprünglichen Entscheidung durch die Prüfung des "independent litigation committee" und die praktisch damit einhergehende Unangreifbarkeit führen zu erheblichen Bedenken daran, dass die Derivative Suit den Beitrag im System der Kontrolle leisten kann, der ihr im Rahmen des Corporate Governance Systems des US-amerikanischen Rechts ursprünglich zugedacht war.

aa. Reformansätze in Rechtsprechung und Literatur

Der wenig zufriedenstellende Status Quo wird nur aufgrund der im Falle einer Aufgabe der "independent litigation committees" befürchteten Welle von erpresserischen Klagen akzeptiert. Dennoch stellt sich die Frage, was getan werden könnte, um eine Verbesserung der Wirksamkeit der Derivative Suit zu erzielen, ohne gleichzeitig das Risiko der räuberischen Klagen einzugehen. Eine Möglichkeit wäre, die Zwischenschaltung der "independent litigation committees" auszuschließen, um den Klägern so eine Möglichkeit zu geben, Entscheidungen des Board of Directors in ihrer ursprünglichen Form der gerichtlichen Überprüfung zuzuführen. Ein Gericht im Bundesstaat Iowa hat diesen Ansatz zumindest für die Fälle gewählt, in denen die Mitglieder des "independent litigation committee" vom Board of Directors gewählt wurden, obwohl die Mehrheit der Mitglieder des Boards persönlich von der Entscheidung des Gerichts betroffen war[391].

Grundsätzlich steht die Einrichtung der "independent litigation committees" aber wohl nicht zur Diskussion. Sowohl der neueste Entwurf des MBCA, der die Derivative Suit in §§ 7.40 – 7.47 des Subchapter D behandelt, als auch die Principles of Corporate Governance des American Law Institute halten an den be-

---

391 *Miller v. Register & Tribune Syndicate, Inc.*, 336 N.W.2d 709.

sonderen Ausschüssen fest. In beiden Vorschlägen sind Lösungsansätze enthalten, die in bestimmten Fällen auf eine verbesserte Überprüfbarkeit der Entscheidungen der "independent litigation committees" ausgerichtet sind. Die wichtigste Änderung in den Vorschlägen des MBCA ist § 7.42 MBCA, der das Erfordernis eines "demands" auf alle Fälle ausweitet. So soll der Verlagerung der Auseinandersetzungen aus dem Bereich der Frage, ob ein "demand" erforderlich ist, in den Bereich der Prüfung der fraglichen Entscheidung selbst erreicht werden.

Die Schwäche des Entwurfs des MBCA liegt jedoch darin, dass eine gerichtliche Kontrolle der Entscheidung des "independent litigation committees" nur insoweit vorgesehen ist, als überprüft werden soll, dass die Directors nicht bösgläubig waren und dass sie eine gründliche Untersuchung des Sachverhalts durchgeführt haben. Die Bedenken hinsichtlich einer strukturellen Bevorzugung der Mitglieder des Board of Directors untereinander können aber in diesem Verfahren gerade nicht ausgeräumt werden, so dass ein klarer rechtspolitischer Vorteil gegenüber dem bestehenden Verfahren in Delaware nicht zu erkennen ist.

Der Ansatz des American Law Institute ist dadurch gekennzeichnet, dass er zwischen Verletzungen der Duty of Care und der Duty of Loyalty unterscheidet[392]. Bei angeblichen Verletzungen der Duty of Care ist es danach deutlich einfacher für den Board of Directors, eine Abweisung der Klage zu erreichen, weil hier der Schutz der Business Judgement Rule gewährt wird. Bei Verletzungen der Duty of Loyalty soll dagegen eine Überprüfung der ursprünglichen Entscheidung durch das Gericht in jedem Fall erfolgen. Diesen Ansatz hat bisher nur der Supreme Court des Staates Pennsylvania durch eine Entscheidung aus dem Jahr 1997 übernommen[393].

Eine wirkliche Verbesserung der Kontrollmöglichkeiten der Aktionäre im Rahmen der Derivative Suit lässt sich wohl nur dann erzielen, wenn die Entscheidung der "independent litigation committees" nicht den Schutz der Business Judgement Rule erhalten würde. Eine gerichtliche Prüfung der Empfehlung, das Verfahren einzustellen, wäre dann die Regel und nicht eine seltene Ausnahme. Vertretbar ist eine solche Lösung insbesondere deswegen, weil sie den Sinn der Business Judgement Rule besser aufgreift, als die aktuelle Vorgehensweise. Die Gerichte zögern mit der Überprüfung der Entscheidung der "independent litigation committees" in der Sache, weil sie einen Ausgleich zwischen den Interessen der Aktionäre und denen der Directors herstellen wollen. Dem Interesse der Directors trägt aber schon die Anwendung der Business Jud-

---

392 Siehe American Law Institute, Principles of Corporate Governance – Analysis and Recommendation § 7.10 (a).

393 *Cuker v. Mikalauskas*, 692 A.2d 1042.

gement Rule auf die ursprüngliche Entscheidung Rechnung. Den Directors wird die Möglichkeit gewährt, durch Sorgfalt in der Entscheidungsfindung eine spätere Prüfung der Weisheit der Entscheidung zu verhindern. Durch die zusätzliche Möglichkeit, die zunächst ungenügende Sorgfaltsanwendung durch eine spätere Entscheidung nachzuholen, wird die Business Judgement Rule zu einer für die Kläger unüberwindbaren Hürde. Genau eine solche unüberwindbare Hürde sollte sie aber nie sein. Die Möglichkeit, durch Anwendung von Sorgfalt einen überprüfungsfreien Entscheidungsspielraum zu schaffen, kann nur für den ersten Versuch einer Entscheidung gelten. Der zweite Versuch – denn das ist ja die Legitimierung der ersten Entscheidung durch eine zweite Entscheidung des "independent litigation committee" trotz der Personenmehrheit bei den Handelnden – müsste dann ohne den besonderen Schutz der Business Judgement Rule auskommen. Es handelt sich bei einer solchen Entscheidung ja auch nicht um eine Routineangelegenheit, sondern um eine außergewöhnliche Situation. Wie auch immer der besondere Ausschuss des Board of Directors besetzt sein mag, der sich mit der Derivative Suit eines Aktionärs zu beschäftigen hat, so ist davon auszugehen, dass allen Beteiligten das Risiko der Entscheidung für ihre Kollegen, die in persönlicher Hinsicht von der Entscheidung betroffen sind, klar ist. Dies führt dann dazu, dass die formalen Erfordernisse der Business Judgement Rule bei diesen Entscheidungen in aller Regel erfüllt sind.

bb. Der "demand on shareholders"

Eine weitere Möglichkeit, die in einigen Bundesstaaten vorgesehen ist und das Problem der "independent litigation committees" lösen soll, ist der "demand on shareholders". Hier muss ein Aktionär, der eine Derivative Suit durchführen will, zuvor die Zustimmung der Mehrheit der Aktionäre einholen. Dieses Vorgehen hat den Vorteil, dass hier der strukturelle Interessenkonflikt, der die Mitglieder des Board of Directors belastet, umgangen werden kann. Außerdem kann so das grundsätzliche Problem der demokratischen Legitimation der Derivative Suit gelöst werden, dass nur eine Minderheit handelt, die nicht notwendigerweise im Sinne aller Aktionäre spricht. Gegen dieses Modell spricht aber, vor allem bei den hier im Vordergrund der Betrachtung stehenden Publikumsgesellschaften, dass eine Abstimmung aller Aktionäre einen kaum zu rechtfertigenden Aufwand bedeuten würde. Außerdem sind die Aktionäre nicht unbedingt dazu qualifiziert, darüber zu entscheiden, ob in einem bestimmten Fall die Kosten des Rechtsstreits die positiven Aspekte überwiegen. Schließlich würde die Rechtsnatur der Derivative Suit als Schutzrecht gerade der Minderheitsaktionäre sonst ausgehebelt. Aufgrund dieser Bedenken kann das Modell des "demand on shareholders" nicht überzeugen. Folgerichtig konnte es sich auch in den wichtigen Jurisdiktionen nicht durchsetzen.

cc. Schlussfolgerung und Ausblick

Trotz dieser Vorschläge erscheint es fraglich, ob sich an der Situation bei der Derivative Suit in absehbarer Zeit etwas ändern wird, weil anders als bei den Reformen durch den Sarbanes-Oxley Act[394] nicht der Bundesgesetzgeber handeln kann. Es müssten vielmehr die Bundesstaaten – und hier insbesondere Delaware – ein Zeichen setzen. Aufgrund des immer noch andauernden Wettstreits der Bundesstaaten um die Inkorporierung von Gesellschaften erscheint es aber fraglich, ob Delaware oder ein anderer Staat in der Zukunft dazu bereit sein wird, klägerfreundlichere Bedingungen für die Derivative Suit zu schaffen. Im Moment sieht es so aus, als wollten die Bundesstaaten die Durchsetzung wirkungsvoller Reformen dem Bundesgesetzgeber überlassen. Der 2002 erlassene Sarbanes-Oxley Act ist mehr als nur ein erstes Zeichen dafür, dass der Bundesgesetzgeber nunmehr bereit zu sein scheint, nach den Unternehmensskandalen aus den letzten Jahren selbst tätig zu werden, anstatt sich auf eine Reaktion der Bundesstaaten zu verlassen. Dies hätte dann aber auch wichtige Folgen für die Derivative Suit, deren Bedeutung im System der Kontrolle stark zurückgehen dürfte, wenn die Stärkung der unabhängigen Kontrolle innerhalb des Board of Directors und die weiteren Kontrollmittel ihre beabsichtige Wirkungskraft entfalten.

3. Besondere Regelungen für settlements von Derivative Suits

Ein Sonderproblem im Zusammenhang mit der Derivative Suit ist die ungewöhnliche Interessenlage der am Prozess beteiligten Parteien. Neben den klagenden Aktionären und ihren Anwälten[395] sind die Beklagten und die Gesellschaft von dem Verlauf des Verfahrens betroffen. In den meisten Fällen nehmen aber nur die Anwälte der Kläger und die Beklagten aktiv an dem Verfahren Teil, während die Gesellschaft und die eigentlich klagenden Aktionäre nicht in das Geschehen eingreifen. Diese Konstellation birgt die Gefahr in sich, dass sich Kläger und Beklagter in einer Art und Weise vergleichen, die nachteilig für die Gesellschaft ist[396]. Eine verbreitete Praxis war lange Zeit, dass Vergleiche geschlossen wurden, in denen die vom Beklagten zu zahlende Summe gering gehalten wurde, dafür aber fast vollständig zur Begleichung der Anwaltsgebühren der Kläger benutzt wurde.

Die Klägeranwälte und die Beklagten waren mit dieser Lösung zufrieden, da es den Anwälten ihr Honorar sicherte, während die Beklagten insgesamt gese-

---

394 Für eine ausführliche Darstellung der durch den Sarbanes-Oxley Act geschaffenen Änderungen siehe unten § 6 I. ff.

395 Zu dem besonderen Problem der Bezahlung der Anwaltskosten und der Kostenregelung bei der Derivative Suit insgesamt, siehe unten § 3 I. 4.

396 *Cox* 1982 Duke L.J. S. 959 (960).

hen relativ kostengünstig aus dem Verfahren herauskamen. Die Aktionäre haben keinen Anreiz, das Verfahren genau zu verfolgen, da eventuelle Erlöse nicht ihnen persönlich, sondern der Gesellschaft zufließen. So wurden die Interessen der Gesellschaft oftmals nicht hinreichend vertreten. Aus diesem Grund sehen die meisten Staaten nunmehr vor, dass ein Vergleich von Kläger und Beklagtem einem Gericht vorgelegt werden muss, das dann überprüft, ob der vorgeschlagene Vergleich fair für die Gesellschaft ist[397]. Der Standard, den die Gerichte anlegen, ist der "best interest" Standard[398]. Um festzustellen, ob ein bestimmter Vergleich im besten Interesse der Gesellschaft ist, berücksichtigt das Gericht, (1) was die Gesellschaft maximal in dem Verfahren erlangen könnte, (2) was die Gesellschaft wahrscheinlich erlangen könnte, (3) die möglichen Kosten des Rechtsstreits und (4) ob der Beklagte tatsächlich in der Lage wäre, mehr als die in dem Vergleich festgelegte Summe zu bezahlen[399].

Zusätzlich zu der Zustimmung des Gerichts muss den Aktionären eine Frist eingeräumt werden, in der sie dem Vergleich widersprechen können. Diese Voraussetzung ist jedoch nicht unproblematisch, da in diesem Stadium des Verfahrens nur ein Aktionär widersprechen wird, die bis dahin nicht am Verfahren beteiligt war. Es ist jedoch zweifelhaft, wie ein außenstehender Aktionär in der gerade beschriebenen Situation die Kenntnisse bezüglich der Forderung der Gesellschaft erlangen soll, die zwangsläufig notwendig wären, um den vorgelegten Vergleich untersuchen und beurteilen zu können[400]. Insbesondere ein kollusives Zusammenwirken von Klägeranwälten und Beklagten wird ein einzelner Aktionär nicht aufdecken können. Insoweit leiden die Aktionäre auch hier unter ihrem strukturellen Informationsdefizit.

4. Die Kostenregelung bei der Derivative Suit

a. Finanzierung der Anwaltskosten

Auf die besondere Relevanz, die die Kostenregelung für die Bereitschaft der Aktionäre hat, von den Aktionärsklagerechten Gebrauch zu machen, wurde für das deutsche Recht bereits in der Darstellung hinsichtlich des Minderheitenrechte des § 147 AktG a. F. und der umstrittenen Kostenregelung dieser Vorschrift in § 147 Abs. 4 AktG hingewiesen[401]. Im US-amerikanischen Recht gilt normalerweise das Prinzip, dass jede Partei ihre eigenen Kosten zu tragen hat[402]. Diese

---

397 Die gerichtliche Überprüfung eines Vergleichs ist mittlerweile Teil jedes Corporate Governance Schemas; vgl. die Übersicht bei *Branson* Corporate Governance S. 711.

398 *Polk v. Good*, 507 A2.d S. 531 (535).

399 Vgl. auch *Haudek* 23 Sw. L.J. S. 765.

400 Hierauf verweist *Branson* Corporate Governance S. 711.

401 Siehe oben § 1 I. 2.

402 *Hamilton* Corporations S. 805.

Regelung ist aber bei einer Derivative Suit nicht angemessen, da der Vorteil, den ein Aktionär aus einer erfolgreichen Derivative Suit hat, meistens sehr gering ist, da unmittelbar nur die Gesellschaft profitiert. So erhöht sich durch die Zahlung einer Ersatzleistung zwar der Wert der Aktien, die der einzelne Aktionär hält, die in der Regel sehr hohen Anwaltskosten werden diese Wertsteigerung aber regelmäßig deutlich übertreffen, was der Grund dafür ist, dass die Anwälte der Aktionäre häufig die treibende Kraft hinter den Verfahren sind.

Bliebe es also bei der grundsätzlichen Regelung, würde diese einen Negativanreiz für die Durchführung von Derivative Suits bedeuten. Hinzu kommt, dass es nicht gerechtfertigt scheint, dem Aktionär die Kosten aufzubürden, der erfolgreich im Sinne aller Aktionäre vorgegangen ist. Die anderen Aktionäre würden so von dem Engagement des klagenden Aktionärs profitieren, ohne ein eigenes Risiko zu tragen. Es handelt sich damit um ein sogenanntes "free rider" Problem. Aus diesem Grund haben alle Jurisdiktionen in den USA die "common fund" Theorie übernommen. Diese besagt, das wenn durch den Einsatz einer Person eine Gruppe etwas erlangt, die Aufwendungen des Handelnden aus dem gemeinsamen Profit ersetzt werden. Dies bedeutet, dass die Anwaltskosten bei einer erfolgreichen Derivative Suit von dem Geldbetrag bezahlt wird, den der unterlegene Beklagte an die Gesellschaft zahlen muss.

b. Berechnung der Anwaltskosten

Während die Frage der Quelle der Anwaltsgebühren somit unstrittig ist, bleibt die Berechnung der Anwaltsgebühren und ihre Höhe weiterhin problematisch. Dabei stehen sich grundsätzlich zwei Methoden der Berechnung gegenüber. Der am weitesten verbreitete Ansatz ist das sogenannte "lodestar" Modell. Bei diesem Modell wird der Versuch unternommen, über eine Ausrichtung der Kompensation an den geleisteten Stunden eine angemessene Höhe der Anwaltsgebühren zu erzielen. Die tatsächlich geleisteten Stunden der Anwälte werden mit einem angemessenen Stundenlohn multipliziert. Die so erlangte Zahl ist der "lodestar", der dann vom Gericht überprüft und unter Umständen nach oben oder unten korrigiert wird, wenn die besonderen Umstände des Falles dies nahelegen. Der Vorteil dieser Methode liegt in der Basierung der Anwaltsgebühren auf den geleisteten Stunden, da so das Problem gelöst wird, dass den Erfolgshonoraren in der Wahrnehmung nach außen immer etwas Unredliches anhaftet. Kritisiert wird die "lodestar" Methode vor allem deswegen, weil sie die Anwälte dazu ermutigen könnte, Vergleichsverhandlungen künstlich in die Länge zu ziehen, um so mehr Stunden abrechnen zu können.

Das klassische Gegenmodell zur "lodestar" Methode ist das Erfolgshonorar oder die "contingency fee", die im Zusammenhang mit der Derivative Suit als "salvage value" Modell bezeichnet wird. Nach diesem Ansatz wird den Anwälten einfach ein gewisser Prozentsatz der erlangten Summe als Honorar ausgezahlt. Die Anwälte müssen also nur bezahlt werden, wenn auch tatsächlich etwas erlangt wird. Die Gerichte richten die Zahlung meist an der Summe des Ersatzanspruches der Gesellschaft aus. Als Faustregel kann man sagen, dass im Falle eines Anspruchs von weniger als USD 1 Millionen 20-30 % an die Anwälte gehen und bei einem Anspruch von mehr als USD 1 Millionen 15-20 % bezahlt werden[403].

Das Problem dieser Methode ist die negative Wahrnehmung, die mit den Erfolgshonoraren verbunden ist, da sie, wenn es zur Auszahlung kommt, gemessen am konkreten Fall immer zu hoch sind. Dass dies zwangsläufig so sein muss, da der Aufschlag die Risikoprämie beinhaltet, die der Anwalt zur Deckung seines Risikos einsetzen muss, im Falle eines Misserfolges trotz eventuell guter Arbeit ohne jegliche Kompensation auskommen zu müssen, bleibt meist unberücksichtigt. Ein überzeugenderer Einwand gegen dieses Modell ist deswegen das Argument, dass hier ein Anreiz für die Anwälte bestünde, möglichst schnell einen Vergleich zu schließen, weil es sich für sie nicht lohnt, erhebliche Mehraufwendungen an Arbeitsstunden zu erbringen, um die Zahlung unter Umständen nur geringfügig zu erhöhen.

Als Konsequenz aus diesen Bedenken sind die Gerichte in einigen Bundesstaaten dazu übergegangen, eine Kombination aus der "lodestar" Methode und dem "salvage value" Modell anzuwenden. Danach wird zunächst die "lodestar" Ziffer errechnet, die dann durch das "salvage value" Modell gedeckelt wird. Überschreitet die Kompensation nach der "lodestar" Methode 20-25 % der gesamten Ersatzleistung, wird das Anwaltshonorar auf diesen Prozentsatz begrenzt[404].

II. Class Action Suits

1. Die Bedeutung der Class Action Suits im US-amerikanischen Recht

Die Bedeutung der kapitalmarktrechtlichen Vorschriften für eine gute Corporate Governance ist im US-amerikanischen Recht vor allem darauf zurückzuführen, dass hier das System der Corporate Governance grundsätzlich in viel größerem Maße auf das Kapitalmarktrecht als auf das Gesellschaftsrecht gestützt ist[405].

---

403 American Law Institute, Principles of Corporate Governance – Analysis and Recommendation § 7.17 Kommentar c.

404 American Law Institute, Principles of Corporate Governance – Analysis and Recommendation § 7.17.

405 Einer der wichtigsten Gründe für diesen Zustand ist die Tatsache, dass die Gesetzgebungskompetenz für das Gesellschaftsrecht bei den Einzelstaaten liegt, während der Bundesgesetzgeber die Kompetenz im Kapitalmarktrecht hat. So entstanden die beiden wichtigsten Gesetze – der Securities Act '33 und der Securities Exchange Act '34 – als sich die Bundestaaten im Rahmen der Bewältigung der Weltwirtschaftskrise der frühen

Um dem Markt die notwendigen Informationen zur Verfügung zu stellen, die dieser braucht, um seiner Aufsichtsfunktion gerecht zu werden, sind insbesondere die umfangreichen Offenlegungs- und Berichtspflichten des Securities Act '33 und des Securities Exchange Act '34 bestimmt.

Dieses System wird durch Haftungsregeln ergänzt, die den Wert der veröffentlichen Informationen schützen sollen. Im Bereich des Kapitalmarktrechts werden Sammelklagen vor allem benutzt, um Verstöße gegen § 10 (b) und § 14 (a) des Securities Exchange Act '34 zu ahnden[406]. Die Klagen bilden den privaten Teil der Durchsetzung der Securities Laws und sind damit die Ergänzung zu der Überwachung durch die SEC[407]. Da die Aktionäre bei den Class Action Suits nicht ein Recht der Gesellschaft, sondern ein eigenes Recht verfolgen, handelt es sich bei den Class Action Suits der Art nach um direct actions und nicht um derivative actions, was den unmittelbaren Vorteil hat, dass die innergesellschaftlichen Hürden der Rechtsdurchsetzung wie das "demand requirement" und das "independent committee" keine Rolle spielen.

Die Zahl der eingebrachten Class Action Suits ist trotz gesetzlicher Änderungen in den Jahren 1995 und 2002 nicht zurückgegangen, sondern stagniert. Im Jahr 2004 wurden 235 Securities Class Action Verfahren eingereicht, während der Durchschnitt in den Jahren 1996-2003 bei 190 Verfahren pro Jahr lag[408]. Im Jahr 2006 wurden dagegen nur 118 Verfahren betrieben. Die große praktische Relevanz der Class Action Suits, besonders im Vergleich zur Derivative Suit, lässt sich aber noch besser am DDL-Index ablesen. Der sogenannte „Dollar Disclosure Loss-Index" misst den Rückgang der Marktkapitalisierung in der Zeit zwischen dem letzten Handelstag vor der Bekanntmachung des Verfahrens, bis zum Ende der „class period", also dem Zeitraum, in dem sich die Aktionäre dem Verfahren anschließen können. Für die Klagen, die 2006 registriert wurden lag der DDL-Index bei USD 47 Milliarden[409]. Das bedeutet, dass es ein Unter-

---

30er Jahre nicht zu schärferen Gesetzen im Gesellschaftsrecht durchringen konnten, da sie in einem Wettbewerb um die Niederlassung von Gesellschaften standen. Zur Unterscheidung zwischen dem gesellschaftsrechtlichen System der Kotrolle des deutschen Rechts und dem kapitalmarktrechtlichen System der Kontrolle des US-amerikanischen Rechts, siehe unten § 6 I.

406 Section 10 (b) verbietet Fehlinformationen im Zusammenhang mit der Ausgabe oder dem Handel von Securities. Rule 14 (a) spezifiziert diese Regeln für Angaben, die bei Übernahmeangeboten gemacht werden.

407 *Olson/Hatch III.* – Director and Officer Liability, Indemnification and Insurance § 2.05.

408 Die Angaben werden von einem Projekt bei der Stanford Law School gesammelt, die alle anhängigen Verfahren katalogisiert: The Stanford Law School Securities Class Action Clearinghouse, http://securities.stanford.edu.

409 Der DDL-Index lag in den Jahren 1996-2003 durchschnittlich bei USD 119 Milliarden. Für die Klagen, die 2004 registriert wurden lag der DDL-Index bei USD 169 Milliarden.

nehmen durchschnittlich USD 398 Millionen an Marktkapitalisierung kostet, Beklagter in einem Class Action Verfahren zu sein[410]. Gerade diese letzte Ziffer macht deutlich, wie viel Druck durch eine Class Action Suit aufgebaut werden kann.

2. Voraussetzungen der Class Action Suits und Reformbemühungen

Der Hauptunterschied zur Derivative Suit liegt bei der Class Action Suit darin, dass der Kläger eine eigene Rechtsposition geltend macht, anstatt im Namen der Gesellschaft und für diese tätig zu werden. Die Grundlage der Securities Class Action Suit ist grundsätzlich dieselbe, wie bei allen anderen Class Action Suits auch. Ein Kläger kann eine Gruppe von Klägern, also ein class, vertreten, wenn sein Anspruch die Voraussetzungen der "commonality" und der "typicality" erfüllt. Genauer bedeutet dies, dass den Ansprüchen der Kläger dieselbe Rechtsfrage zugrunde liegen muss ("commonality"), und dass der Anspruch des Klägers, der die Klasse repräsentieren will, auch in sonstiger Hinsicht so typisch für die gesamte Gruppe der Kläger sein muss, dass daraus geschlossen werden kann, dass er ein geeigneter Vertreter für die gesamte Gruppe der Kläger sein wird ("typicality")[411].

Die Securities Class Action Suits haben stets eine bedeutende Rolle gespielt, wurden aber durch den Private Securities Litigation Reform Act von 1995[412] so grundlegend reformiert, dass die Bedeutung dieses Instruments nach dieser Reform einer neuen Beurteilung bedurfte. Ausgangspunkt für die Reform durch den Private Securities Litigation Reform Act war die Sorge vor zu vielen erpresserischen Klagen[413]. Anlass zu dieser Sorge gab die Struktur der Securities Class Action Suits und die Klageanreize, die dadurch gesetzt wurden. Entsteht den Aktionären einer Gesellschaft durch falsche Angaben des Unternehmens ein Schaden, ist der Anreiz für den einzelnen Aktionär, den Aufwand und die Kosten eines Verfahrens aufzunehmen, relativ gering. Genau dieses (Kollektivhandlungs-) Problem löst das Modell der Class Action Suit, da das Durchführen eines Verfahrens sich durch die Zusammenfassung vieler Ansprüche lohnt.

Das Problem war jedoch, dass die Entscheidung über die Verfolgung von Ansprüchen selten über diesen Weg entschieden wurde, da Rechtsanwälte, die eine Gruppe von Aktionären vertreten, ein viel größeres finanzielles Interesse an der

---

410 In 2004 betrug dieser Wert sogar noch USD 719 Millionen.

411 Diese Voraussetzungen werden in Rule 23 der Federal Rules of Civil Procedure aufgestellt.

412 15 U.S.C. § 78u-4(b).

413 *Matheson/Olson* Publicly Traded Corporations – Governance, Operation & Regulation, Cumulative Supplement S. 358.

Durchführung eines Verfahrens haben[414]. Diese Konstellation hat dazu geführt, dass in der Regel eine Anwaltskanzlei darüber entschieden hat, ob ein Anspruch verfolgt wird und sich gegebenenfalls nach der Entscheidung um die Zustimmung der Aktionäre gekümmert hat. Dies führte dazu, dass die Anwälte die Verfahren kontrollierten, während die Aktionäre nur auf dem Papier beteiligt waren. Während dies vielfach kritisiert wurde, entgegneten andere, dass es gleichgültig sei, wer einen Anreiz zum Klagen hat, solange nur erpresserische Klagen ausgeschlossen werden können. Gerade dies hinge aber nur mittelbar von der treibenden Kraft auf der Klägerseite ab[415].

Bevor das Problem allerdings ausführlich in der Literatur diskutiert werden konnte, wurde der Private Securities Litigation Reform Act im Jahr 1995 sehr schnell verabschiedet[416]. Um dem Problem der Kontrolle des Verfahrens durch die Anwälte entgegenzuwirken, führte der Private Securities Litigation Reform Act die Figur des "lead plaintiff" ein[417]. Das bedeutet, dass nicht der erste Aktionär, der die Klage einreicht, das Verfahren kontrolliert sondern, dass der Kläger die Kontrolle über das Verfahren erhält, der hierfür am besten geeignet ist. Gleichzeitig wird die Vermutung aufgestellt, dass der Aktionär mit dem größten finanziellen Interesse am Ausgang des Verfahrens der geeignete "lead plaintiff" ist. Die Designation zum "lead plaintiff" ist deswegen so bedeutend, weil diese Position mit der Befugnis verbunden ist, zahlreiche Weichen für das Verfahren zu stellen. Die wichtigste Entscheidung ist dabei eindeutig die Wahl der Anwälte, die ebenfalls dem "lead plaintiff" zufällt.

Ziel des Gesetzgebers war es, insbesondere die institutionellen Anleger dazu zu bewegen, sich mehr in die Kontrolle der Gesellschaften einzubringen, deren Anteile sie in ihrem Portfolio haben. Es wurde erwartet, dass die institutionellen Investoren mit ihrer besonderen Expertise verantwortungsvoller in der Durchführung eines Verfahrens vorgehen, als dies bei Kleinanlegern der Fall ist, die

---

414 Für eine sehr detaillierte Übersicht über die einzelnen Interessen und Anreize, die bei der Entscheidung über eine Klage eine Rolle spielen, siehe *John C. Coffee, Jr.* 86 Columbia Law Review S. 669.

415 *Cox, Hillman, Langevoort* Securities Regulation, Cases and Materials S. 803.

416 Nach den Wahlen zum Kongress 1994 hatten die Republikaner im Senate und im House of Representatives die Mehrheit gewonnen und verabschiedeten den Private Securities Litigation Reform Act gegen das Veto von Präsident *Clinton*. Sie lösten damit ein Wahlkampfversprechen ein, da sie angekündigt hatten, erpresserischen Anwälten das Handwerk zu legen. *Clinton* äußerte in der Begründung seines Vetos, dass das vorgeschlagene Gesetz nicht nur räuberische Klagen verhindere, sondern so weitreichend ausgelegt sei, dass auch sachgerechte Klagen in zu hohem Maß behindert würden, *Veto Message Re Private Securities Litigation Reform Act*.

417 § 27 (a) (3) des Securities Act '33, § 21 D (a) (3) des Securities Exchange Act '34.

unter massivem Druck ihrer Anwälte stehen, das Verfahren um jeden Preis durchzuführen[418].

Weitere Neuerungen, die das Phänomen der professionellen Kläger und der erpresserischen Klagen eindämmen sollten, waren die Begrenzung der Fälle, in denen eine Person als "lead plaintiff" in Securities Class Action Suits auftreten kann, die Begrenzung des Anwaltshonorars auf einen bestimmten Prozentsatz des zu zahlenden Schadensersatzes und die Pflicht der Parteien, ähnlich wie bei der Derivative Suit[419] alle Vergleiche vor einem Gericht zu vertreten[420]. Anstatt auf einen schnellen Vergleich abzuzielen, soll also erreicht werden, dass Kläger, die ein Interesse an der Klärung des Sachverhaltes haben, das Verfahren kontrollieren.

Erstes Resultat des Private Securities Litigation Reform Act war, dass die Kanzleien, die sich auf die Durchführung von Securities Class Action Suits spezialisiert haben, einen höheren Marktanteil erringen konnten, was allgemein positiv bewertet wurde, da es als Zeichen gesteigerter Professionalität und höherer Qualität in der Beratung gesehen wurde. Interessant ist auch, dass wie bereits erwähnt die Zahl der Klagen zunächst zugenommen hat. Berücksichtigt man jedoch die außergewöhnlichen Bedingungen des wirtschaftlichen Umfeldes seit 1995 mit dem Boom der späten 90er und dem nachfolgenden Einbruch an den Technologiebörsen und die zuletzt sinkenden Klagezahlen, so ist es wohl immer noch zu früh, endgültig über den Erfolg des Private Securities Litigation Reform Act zu urteilen. Für die vorliegende Untersuchung ist jedoch eindeutig festzuhalten, dass die Securities Class Action Suits trotz der jüngsten Reformen zu den wichtigsten Instrumenten zur Kontrolle des Managements gehören, denen vielfach eine größere Wirkung zugeschrieben wird, als den Derivative Suits.

III. Die Haftung der Mitglieder des Board of Directors

1. Haftung für die Verletzung der Fürsorgepflichten der Directors und Officers

Die Directors einer Gesellschaft werden von den Aktionären gewählt. Anschließend legen sie die Richtlinien für die Geschäftsführung des Unternehmens fest und wählen entsprechend den vorgebebenen Zielen Officers aus, die dann die Geschäfte der Gesellschaft nach den gemachten Vorgaben zu führen haben. Um

---

418 Für eine detaillierte Darstellung der Rolle der institutionellen Investoren siehe die Darstellung bei *Weiss/Beckerman* 104 Yale Law Journal S. 2053.

419 Zu dem Problem der außergerichtlichen Vergleiche bei der Derivative Suit, vgl. die Ausführungen unter § 3 I. 4.

420 Für einen ausführlichen Überblick über diese Neuerungen, siehe die Beschreibung bei *Cox, Hillman, Langevoort* Securities Regulation, Cases and Materials S. 804.

den Aktionären eine Sicherheit dafür zu geben, dass die Directors und Officers verantwortlich mit dem zur Verfügung gestellten Kapital umgehen, sieht das US-amerikanische Gesellschaftsrecht als Gegenpol zu den umfangreichen Einflussmöglichkeiten Fürsorgepflichten vor, die von den Mitgliedern des Board of Directors einzuhalten sind.

Die Fürsorgepflichten lassen sich in zwei Kategorien[421] einteilen. Die Duty of Care setzt einen Sorgfaltsmaßstab, den die Directors und Officers bei der Durchführung ihrer Aufgaben stets beachten müssen[422]. Die Duty of Loyalty beschreibt die Treuepflichten gegenüber der Gesellschaft, die in erster Linie gewährleisten sollen, dass die Directors und Officers im besten Interesse der Gesellschaft handeln und diesem nicht eigene Interessen voranstellen. Dies wird dadurch erreicht, dass den Directors und Officers die Durchführung gewisser Transaktionen von vornherein untersagt wird[423]. Im Zusammenhang mit der Duty of Care ist außerdem die Business Judgement Rule zu erwähnen, da diese beiden Institute zusammenwirken und nicht isoliert betrachtet werden können. Die Haftungsregeln setzen sich aus den zwei Elementen der Duty of Care und der Business Judgement Rule zusammen. Während die Duty of Care einen Sorgfaltsmaßstab aufstellt[424], dient die Business Judgement Rule dazu, im Falle einer Verletzung der erforderlichen Sorgfalt die Haftung des Directors oder Officers zu ermitteln[425].

2. Duty of Care

a. Versuch der Definition

Die Definition des Sorgfaltsmaßstabs der Duty of Care erfolgt im US-amerikanischen Recht nicht einheitlich, was an den eigenständigen Definitionsversuchen der Einzeljurisdiktionen in den 50 Staaten und auf Bundesebene liegt. Die Bundesgerichte im 2nd Circuit[426] verlangen, dass mit derjenigen Sorgfalt ge-

---

421 Zu der Frage of durch die Rechtsprechung der Gerichte in Delaware inzwischen eine „duty of good faith“ als dritte eigenständige Fürsorgepflicht anzusehen ist, siehe die Diskussion unter § 3 III. 6.

422 *Knepper, Bailey* Liability of Corporate Officers and Directors § 3.01.

423 *Block, Barton, Radin* The Business Judgement Rule, Fiduciary Duties of Corporate Directors S. 261.

424 Die Duty of Care ist deswegen auch als "standard of conduct“ zu bezeichnen, *Norlin Corp. v. Rooney, Pace, Inc.*, 744 F. 2d 255, 264.

425 Die Business Judgement Rule wird als das "tool of judicial review“ angesehen, dass den standard of conduct der Duty of Care komplementiert *Block, Barton, Radin* The Business Judgement Rule, Fiduciary Duties of Corporate Directors S. 110.

426 In diesen Gerichtsbezirk fallen viele der wirtschaftsstarken Ostküstenstaaten inklusive New York, so dass Entscheidungen des Bundesgerichts für diesen Bezirk immer besondere Beachtung finden und häufig auch als Leitlinien für andere Bezirke dienen.

handelt wird, die von einer vernünftigen Person in der konkreten Situation und unter den gegebenen Umständen angewendet würde[427]. Im Model Business Corporation Act (MBCA) war ursprünglich eine ähnliche Definition enthalten. So legte der MBCA 1984 fest, dass die Sorgfalt aufzubringen ist, die eine durchschnittlich vorsichtige Person in einer vergleichbaren Situation anwenden würde[428]. Diese Regelung übernahmen viele Staaten, darunter auch New York und Kalifornien[429], für ihr einzelstaatliches Recht. Einige Staaten änderten die vorgeschlagene Version leicht ab und stellten auf die Sorgfalt ab, die eine durchschnittlich vorsichtige Person in eigenen Angelegenheiten anwendet.

In der neuen Version des MBCA, nach dem wieder viele Staaten ihre Gesetze ausrichten dürften, ist nun eine Definition des standard of care enthalten, die mehr gesellschaftsrechtspezifisch ist. Nach § 8.30 (a) MBCA müssen die Directors und Officers ihre Pflichten in gutem Glauben erfüllen und ihr Verhalten danach ausrichten, was sie vernünftigerweise als im besten Interesse der Gesellschaft ansehen können[430]. Die Änderung in der Vorschrift wurde vorgenommen, um die Risikofreudigkeit der Directors und Officers zu erhöhen. Zwar bleibt die grundsätzliche Interdependenz von Schärfe der Haftungsregelungen und Risikobereitschaft auch im amerikanischen Recht allgemein anerkannt und unbestritten[431]; die Änderung wurde aber deswegen in Frage gestellt, weil bezweifelt wurde, dass sie eine spürbare Wirkung auf die Risikobereitschaft der Directors und Officers haben würde, weil sie lediglich den Maßstab der Duty of Care betraf[432]. Diese ist aber nur ein "standard of conduct" und kein "standard of liability".

b. Das Prinzip der "bifurcation"

Die Trennung zwischen dem "standard of liability" einerseits und dem "standard of conduct" andererseits, die auch der Änderung des MBCA zugrunde lag, geht

---

427 "The Duty of Care requires acting with due care under the specific circumstances with a reasonable person setting the standard", *Norlin Corp. v. Rooney, Pace, Inc.*, 744 F. 2d 255, 264.

428 "The care an ordinarily prudent person in a like position would exercise under similar circumstances", MBCA 1984.

429 Delaware verzichtete auf eine gesetzliche Vorschrift hinsichtlich der Duty of Care und überlässt die Definitionsbestimmung der Rechtsprechung.

430 "A director has to fulfill his duties in good faith and in a manner he reasonably believes to be in the best interest of the corporation.", § 8.30 (a) MBCA.

431 Diesen Zusammenhang beschreiben auch *Allen/Jacobs/Strine, Jr.*, die als Richter des Delaware Courts of Chancery maßgeblichen Anteil an der Entwicklung des Gesellschaftsrechts in dem für dieses Rechtsgebiet so überragend wichtigen Staates haben, 26 Del. J. Corp. L. S. 859.

432 *Smith* 67 U. Cin. L. Rev. S. 1201 (1213).

auf das Konzept der "bifurcation"[433], also der Trennung von Sorgfaltsmaßstab einerseits und Haftungsmaßstab andererseits, zurück. Nach diesem Konzept ist der Sorgfaltsmaßstab dazu gedacht, den verantwortlich Handelnden eine Richtlinie dafür zu geben, welches Maß an Sorgfalt sie bei der Erledigung ihrer Aufgaben anwenden müssen. Getrennt davon ist die Frage zu beurteilen, welchen Maßstab ein Gericht anlegt, um zu entscheiden, ob den Directors und Officers haftungsrelevantes Fehlverhalten vorzuwerfen ist. Es wird also zwischen dem idealen Maß an Sorgfalt unterschieden, das eigentlich jeder Handlung zugrunde liegen sollte und dem Maß, das mindestens erreicht werden muss, um nicht in die Haftung zu geraten.

Auf dieser Unterscheidung zwischen Sorgfaltsmaßstab und Haftungsregelung gründet auch die Kritik an der gesetzlichen Neuregelung. So wurde argumentiert, die verantwortlich Handelnden richteten ihr Verhalten aufgrund der Differenzierung zwischen Sorgfaltsmaßstab und Haftungsmaßstab in erster Linie an der Schwelle des Haftungsmaßstabs aus, obwohl sie sich theoretisch an dem strengeren Maßstab der Duty of Care orientieren sollten[434]. Träfe diese Einschätzung zu, könnte eine Änderung im Bereich des "standard of conduct" tatsächlich keine größere Risikobereitschaft bei den Directors und Officers hervorrufen. Wer dieser Kritik zustimmt, stellt damit aber zugleich den Sinn der Trennung von Sorgfaltsmaßstab und Haftungsmaßstab insgesamt in Frage, da diese Unterscheidung im Falle einer allgemeinen Fokussierung auf den Haftungsmaßstab ihren Sinn verlieren würde[435].

Das Gegenargument zielt darauf ab, dass die genauen Grenzen der Business Judgement Rule bis heute nicht vollständig und für jede Jurisdiktion geklärt sind, so dass die Strenge des Sorgfaltsmaßstabs weiterhin einen Einfluss auf die Handlungen der Geschäftsleiter hat. Eine Erleichterung des Sorgfaltsmaßstabs könnte nämlich deswegen einen positiven Effekt haben, da ein Verhalten, das dem Sorgfaltsmaßstab genügt, niemals zu einer Haftung führen kann, also insoweit eine "safe harbor" Funktion erfüllt. Dieser Schutz ginge verloren, wenn die Anforderungen an den Sorgfaltsmaßstab unter die des Haftungsmaßstabs gesenkt würden. Es bleibt abzuwarten, wie diese neue Regelung von den Einzelstaaten aufgenommen werden wird. Seit der Neufassung des MBCA haben bereits einige Staaten, darunter Michigan und South Carolina, ihr Gesellschaftsrecht reformiert und sind bei dem alten Standard geblieben, der den Standard

433 Vgl. ausführlich zum Konzept der bifurcation den Artikel von *Eisenberg* 62 Fordham L. Rev. S. 437 ff.

434 *Smith* 67 U. Cin. L. Rev. S. 1201 (1210).

435 *Eisenberg* 62 Fordham L. Rev. S. 437 (464).

des "ordinarily prudent person" zugrunde legt[436]. Wie andere Staaten reagieren werden ist, auch angesichts der jüngeren Veränderungen in der US-amerikanischen Gesellschaftsrechtslandschaft, schwer abzusehen.

c. Die Pflicht, sich über den Geschäftsablauf zu informieren

Wie bereits beschrieben haben die Directors und Officers die Pflicht, sich über den Geschäftsverlauf der Gesellschaft zu informieren. Diese Pflicht findet bereits vor Übernahme einer Position als Director oder Officer ihren Ausdruck in der Notwendigkeit, sich diejenigen Kenntnisse anzueignen und zu verschaffen, die notwendig sind, um der Aufgabe als Director gewachsen zu sein[437]. Nach der Übernahme des Mandats konkretisiert sich diese Pflicht weiter. Sie erfordert dann, dass der Betroffene regelmäßig an den Sitzungen des Board of Directors teilnimmt[438], sich über die Geschäftsfelder informiert, in denen die Gesellschaft tätig ist[439], sich im Falle negativer Entwicklungen mit Hilfe von externer Hilfe entsprechend beraten lässt[440], sich durch regelmäßiges Lesen der Dokumente, die den finanziellen Status der Gesellschaft reflektieren, ständig mit neueren Entwicklungen vertraut macht[441] und sich in sonstiger Weise aufmerksam und gründlich mit den Geschäftsentwicklungen vertraut macht[442]. Zusammenfassend kann man sagen, dass dieser Aspekt der Duty of Care auch als Pflicht zu einer generellen Aufmerksamkeit, also einer "duty of attention" bezeichnet werden könnte[443].

Da es sich bei der Duty of Care grundsätzlich um Gesellschaftsrecht der einzelnen Bundesstaaten handelt, ist eine präzisere Definition nicht möglich. Da zu diesem Thema umfangreiches Fallrecht existiert, lohnt es sich zwei besonders wichtige Fälle zu betrachten, um die Pflicht zur Aufmerksamkeit näher zu ergründen. Der erste Fall ist *Francis v. United Jersey Bank*[444]. Hier ging es um die Haftung einer Mrs. Pritchard, die als Witwe des ehemaligen Großaktionärs im Board of Directors einer Rückversicherungsgesellschaft saß. Nach dem Tod ih-

---

436 Weitere Nachweise zur aktuellen Rechtsentwicklung finden sich bei *Knepper, Bailey* Liability of Corporate Officers and Directors § 3.02, Fn. 1.

437 *Branson* Corporate Governance S. 268.

438 *Palmiter* 67 Tex. L. Rev. S. 1351.

439 *Varallo, Dreisbach* Fundamentals of Corporate Governance, A Guide for Directors and Corporate Counsel S. 34.

440 American Law Institute, Principles of Corporate Governance – Analysis and Recommendation § 4.02 (b); *Knepper, Bailey* Liability of Corporate Officers and Directors § 3.05.

441 *Knepper, Bailey* Liability of Corporate Officers and Directors § 3.09, Delaware Code Ann. tit. 8, § 141 (e).

442 *Clark* Corporate Law S. 125.

443 *Manning* 39 Bus. Law S. 1477 ff.

444 432 A.2d 814 (1981).

res Mannes nahm sie nicht an Sitzungen des Board of Directors teil, las keine Bilanzen oder andere Finanzdokumente der Gesellschaft und informierte sich auch sonst nicht über die Geschäftsabläufe der Gesellschaft, die inzwischen von ihren beiden Söhnen geführt wurde. Als die Gesellschaft später insolvent wurde, stellte sich heraus, dass die beiden Söhne zu einer Zeit, als ihre Mutter Director der Gesellschaft war, zwölf Millionen Dollar veruntreut hatten. Das Gericht entschied, dass die Mutter für den entstandenen Schaden aufkommen müsse, da sie keinerlei Anstrengungen gemacht hatte, ihre Pflichten als Director zu erfüllen[445]. Die Veruntreuungen hätten bei der Durchsicht der Geschäftsunterlagen sofort auffallen müssen, da die Zahlungen als an Aktionäre vergebene Kredite getarnt waren, die in dieser Höhe niemals rechtmäßig sein konnten. Angesichts der Tatsache, dass Mrs. Pritchard keine Anstrengung unternahm, die Geschäftsabläufe des Unternehmens zu verfolgen, gleichzeitig aber weder dazu bereit war, externe Hilfe hinzuzuziehen oder ihren Posten als Director niederzulegen, schloss das Gericht, dass sie die Durchführung der Veruntreuungen durch ihre mangelnde Aufmerksamkeit ermöglicht hatte und stellte eine Verletzung der Duty of Care fest[446].

Ein weiterer Fall, in dem eine Verletzung der Duty of Care festgestellt wurde, ist der Fall *Litwin v. Allen*[447]. Hier ging es nicht um eine Konstellation, in der die Directors einer Bank gar nicht handelten, sondern in der sie vielmehr eine Situation herbeiführten, in der die Gesellschaft nur verlieren konnte. Die Bank kaufte Anleihen eines Unternehmens und strukturierte den Vertrag dabei so, dass das Unternehmen die Option hatte, die Anleihen nach sechs Monaten zum ursprünglichen Preis zurückzukaufen. Das Resultat dieser Vertragsgestaltung war katastrophal für die Gesellschaft, da sie das Risiko trug, dass die Anleihen an Wert verlieren könnten, während sie gleichzeitig von den potentiellen Gewinnchancen im Falle eines gesteigerten Wertes der Anleihen ausgeschlossen war, da der Verkäufer der Anleihen in diesem Fall natürlich von seiner Rückkaufoption Gebrauch machen würde. Nachdem die Anleihen innerhalb der Frist von sechs Monaten an Wert verloren und der Bank somit ein Verlust entstand, wurden die Directors wegen einer Verletzung ihrer Duty of Care verklagt. Das Gericht gab der Klage statt und begründete diese Entscheidung damit, dass eine Entscheidung, die für das Unternehmen in jedem Fall negative Konsequenzen haben musste, einer Entscheidung gleichstünde, die darauf zurückzuführen ist, dass

445 *Francis v. United Jersey Bank*, 432 A.2d S. 814 (820).
446 *Francis v. United Jersey Bank*, 432 A.2d S. 814 (820).
447 25 N.Y.S.2d 667.

sich die Directors im Entscheidungsfindungsprozess nicht hinreichend informiert haben[448].

Trotz der beschriebenen Beispielsfälle ist jedoch auch festzuhalten, dass die Feststellung einer Verletzung der Sorgfaltspflicht der Duty of Care im Falle einer der beschriebenen Verfehlungen nicht unwiderlegbar vermutet wird. Es ist vielmehr stets im Einzelfall zu prüfen, ob der Director seine Duty of Care tatsächlich verletzt hat. Somit steht es dem Director offen, nachzuweisen, dass er seiner generellen Pflicht zur Aufmerksamkeit hinreichend nachgekommen ist. Das gilt selbst dann, wenn er Sitzungen des Board of Directors verpasst hat, sich trotz negativer Hinweise nicht näher mit einem Sachverhalt beschäftigt hat oder keine externen Berater hinzuzieht, obwohl dies nach der Sachlage erforderlich zu sein schien[449].

d. Aufsichtspflicht oder Duty of Oversight

Die zweite Fallgruppe von Verletzungen der Duty of Care betrifft die Pflicht der Directors, die Geschäftsführung zu überwachen. Da es in diesem Zusammenhang immer um Fälle geht, in denen die Directors trotz einer Pflicht zum Handeln untätig geblieben sind, betrifft dieser Aspekt die Fälle des Unterlassens von Maßnahmen, die unter den Umständen geboten gewesen wären, also das, was im amerikanischen Recht generell unter dem Begriff der "passive negligence" bzw. der "nonfeasance" diskutiert wird[450]. Im Gesellschaftsrecht werden diese Fälle – insbesondere aufgrund der neuen Aktualität des Problems – als eigenständige Fallgruppe unter dem Begriff der Duty of Oversight diskutiert[451]. Nachdem dieser Bereich der Duty of Care lange Zeit wenig beachtet wurde, haben eine vielbeachtete Entscheidung aus Delaware und die corporate scandals der jüngeren Zeit neuen Schwung in die Diskussion gebracht.

Insbesondere zwei Fragen sind im Zusammenhang mit der Duty of Oversight diskutiert worden. Zunächst war fraglich, ob es eine generelle Pflicht der Directors gibt, jedes Fehlverhalten in der Geschäftsführung aufzudecken. Hier galt lange Zeit, dass die Directors zwar selbstverständlich die Pflicht haben, darauf hinzuwirken, dass die verantwortlich Handelnden ihrer Verantwortung gerecht

448 "The Directors plainly failed in this instance to bestow the care which the situation demanded.", *Litwin v. Allen,* 25 N.Y.S.2d S. 667 (699).

449 *Branson* Corporate Governance S. 269; siehe auch *Barnes v. Andrews,* 298 F. 614, 615 (S.D.N.Y.), ein Fall in dem das Gericht ausdrücklich klarstellt, dass die Frage der Haftung letztlich stets für den Einzelfall entschieden werden muss.

450 Für eine genaue Beschreibung und Unterscheidung der einzelnen Begrifflichkeiten siehe *Johnson* 56 Wash & Lee L. Rev. S. 1127 (1166).

451 So z. B. das Gericht im Fall *Mills Acquisition Co. v. MacMillan, Inc.,* 559 A.2d S. 1261 (1281).

werden und sich an geltende Gesetze halten[452]; gleichzeitig stand aber ebenso eindeutig fest, dass für die Directors keine Pflicht gab, besondere Nachforschungen im Hinblick auf die Gesetzmäßigkeit des Handelns des Managements anzustellen, solange nicht besondere Umstände darauf hindeuteten, es also eine "red flag" gibt[453]. Eine strengere Haftung wurde abgelehnt, da ja andernfalls praktisch jedes Fehlverhalten innerhalb der Geschäftsführung zu einer Haftung der Directors geführt hätte. Von der Argumentation des Gerichts in dem entscheidenden Fall *Graham v. Allis--Chalmers Mfg. Co.* lässt sich jedoch mit ebenso großer Eindeutigkeit erkennen, dass für den Fall, dass tatsächlich Hinweise auf Unregelmäßigkeiten vorliegen, eine unbedingte Pflicht zum Einschreiten für die Directors besteht. Diese Pflicht zum Tätigwerden ist aber von der Pflicht zur ständigen Überwachung der Geschäftsführung, also der Duty of Oversight zu unterscheiden[454]. Während letztere eine permanente Pflicht zur Aufsicht ist, wird die Pflicht, bei Hinweisen auf Unregelmäßigkeiten einzuschreiten, nur jeweils für den einzelnen Vorfall ausgelöst[455].

Wenn somit nicht bei jedem Fehlverhalten innerhalb der Gesellschaft eine Verletzung der Sorgfaltspflichten durch die Directors vorliegt, ist die zweite Frage, die im Zusammenhang mit der Duty of Oversight diskutiert wurde, ob die Directors zumindest die Pflicht haben, ein Überwachungs- und Kontrollsystem zu installieren, durch das mögliche Pflichtverletzungen entdeckt werden. Diese Frage war vor allem deswegen brisant, weil im Falle der Bejahung einer Pflicht zur Installation eines Überwachungssystems eine indirekte Pflicht zur Erkennung jeglichen Fehlverhaltens durch die Hintertür eingeführt werden würde. Gibt es nämlich eine Pflicht, ein System zur Erkennung der "red flags" zu installieren, würde dies in Kombination mit der Pflicht auf eventuelle Warnhinweise zu reagieren letztlich doch zu einer automatischen Haftung für jegliches Fehlverhalten führen.

---

452 *Veasey* 52 Bus. Law S. 393 (394).

453 So hielten die Richter in einem richtungsweisenden Fall aus Delaware fest, dass es keine Pflicht der Directors gäbe, das Management auszuspionieren: "absent cause for suspicion there is no Duty upon the Directors to install and operate a corporate system of espionage to ferret out wrongdoing which they have no reason to suspect exists.", *Graham v. Allis - Chalmers Mfg. Co.*, 188 A.2d S. 125. Bis zur Entscheidung im Fall *In re Caremark*, der im Folgenden behandelt wird, war dies der gültige Standard, der in Delaware festgelegt wurde, aber praktisch in allen anderen Jurisdiktionen gleichfalls gültig war.

454 *Block, Barton, Radin* The Business Judgement Rule, Fiduciary Duties of Corporate Directors S.127.

455 "Although the Duty to make inquires is embedded in the oversight function of the board, it is not a component of ongoing oversight, and does not entail proactive vigilance, but arises when, and only when, particular facts and circumstances of material concern suddenly surface" Proposed Model Bus. Corp. Act § 8.31 Official Comment, 53 Bus. Law. S. 183.

Diese Frage wurde bereits in den 90er Jahren heftig diskutiert[456], als verstärkt die strafrechtliche Verfolgung von Unternehmen betrieben wurde, und dürfte angesichts der jüngsten Geschehnisse in den USA nichts von ihrer Brisanz verloren haben. 1996 musste sich der Court of Chancery in Delaware mit dieser Frage in dem Fall *In re Caremark International, Inc., Derivative Litigation* beschäftigen[457]. Caremark war ein Unternehmen, das Behandlungen für HIV/AIDS-Patienten anbot. Das Unternehmen zahlte Ärzten Prämien für die Überweisung von Patienten an Einrichtungen, die von *Caremark* betrieben wurden. Aufgrund dieser Praxis wurde gegen *Caremark* eine Untersuchung eingeleitet, da es gesetzlich verboten ist, Prämien für die Überweisung von Patienten zu bezahlen, die über die staatlichen Gesundheitsprogramme Medicare und Medicaid versichert sind. Nachdem sowohl gegen die Gesellschaft *Caremark* selbst, wie auch gegen zwei der Officers des Unternehmens Anklage erhoben wurde und zahlreiche Zivilprozesse angestrengt worden waren, bekannte sich die Gesellschaft in einem Anklagepunkt der Strafanklage schuldig und zahlte im Rahmen einer außergerichtlichen Einigung USD 250 Millionen an die Kläger in den Zivilprozessen aus. Daraufhin klagten einige Aktionäre mittels einer Derivative Suit im Namen der Gesellschaft gegen die Mitglieder des Board of Directors. Der Vorwurf war, dass die Directors ihre Sorgfaltspflicht verletzt hätten, weil sie es versäumt hätten, das Verhalten der Officers angemessen zu überwachen, keine Sicherungen installiert hatten, die zu einer Entdeckung der unerlaubten Praxis hätte führen können und so die Haftung von *Caremark* mit herbeigeführt hätten.

Das Gericht begann seine Ausführungen mit der Feststellung, dass in der Zeit des in Rede stehenden Fehlverhaltens eine Verschärfung der Strafen für Prämienzahlungen an Ärzte im Zusammenhang mit der Neugestaltung bzw. Einführung der Medicare/Medicaid erfolgt war[458]. Diese gesetzlichen Neuerungen, so das Gericht, hätten als Anreiz dienen müssen, um ein System der Kontrolle einzurichten, das Verstöße gegen diese Vorschriften hätte verhindern können[459]. Auch könne die bereits beschriebene Entscheidung im Fall *Graham v. Allis--Chalmers Mfg. Co.*[460] nicht so interpretiert werden, dass die Directors keinerlei Maßnahmen ergreifen müssen, um die rechtmäßige Abwicklung der Geschäfte der Gesellschaft zu gewährleisten, solange es keine konkreten Anzeichen für das

---

456 Für Nachweise zu dieser Diskussion siehe die Hinweise des Gerichts in der Entscheidung *In re Caremark International, Inc., Derivative Litigation* 698 A.2d S. 959 (969).

457 698 A.2d S. 959.

458 *In re Caremark International, Inc., Derivative Litigation* 698 A.2d S. 959 (969).

459 *In re Caremark International, Inc., Derivative Litigation* 698 A.2d S. 959 (969).

460 188 A.2d S. 125.

Vorliegen von Fehlverhalten gibt[461]. Die Directors müssen auch ohne das Vorliegen von Warnsignalen ein Informationssystem schaffen, das zwar nicht jedes Fehlverhalten aufspüren muss, sie aber zumindest so hinreichend und detailliert über alle Geschäftsabläufe in Kenntnis setzt, dass sie jederzeit so ausreichend informiert sind, dass sie die notwendigen Entscheidungen treffen können:

> "But it is important that the board exercise a good faith judgement that the corporation's information and reporting system is in concept and design adequate to assure the board that appropriate information will come to its attention in a timely manner as a matter of ordinary operations, so that it may satisfy its responsibility. Thus, I am of the view that a director's obligation includes a Duty to attempt in good faith to assure that a corporate information and reporting system, which the board conclude is adequate, exists, and that failure to do so under some circumstances may, in theory at least, render a director liable for losses caused by non-compliance with applicable legal standards[462]."

Der Standard aus der *Caremark*-Entscheidung ähnelt damit den Regelungen, die im MBCA und den Principles of Corporate Governance des ALI vorgeschlagen werden, dem vielen Staaten ihre Regelungen nachgebildet haben[463]. Es war jedoch von Anfang an fraglich, welche praktischen Auswirkungen die *Caremark*-Entscheidung auf das Haftungsrisiko von Mitgliedern der Board of Directors haben würde. Seit der Entscheidung im Jahr 1996 haben sich viele Kommentatoren des US-amerikanischen Gesellschaftsrechts skeptisch hinsichtlich der Signalwirkung der Entscheidung geäußert[464]. Zwar dürfte die Entscheidung endgültig geklärt haben, dass es eine Duty of Oversight gibt, die zumindest die Installation eines tauglichen Überwachungssystems erfordert. Es ist aber leider nicht klar geworden, welche Ansprüche an die Komplexität und die Effektivität dieses Systems zu stellen sind. So stellt das Gericht fest, dass die Directors nicht für jede Verfehlung des Managements haftbar gemacht werden können, nur um dann die Kriterien für das Überwachungssystem so hoch anzusetzen, dass es

---

461 "It would, in my opinion, be a mistake to conclude that our Supreme Court's statement in Graham concerning "espionage" means that corporate boards may satisfy their obligation to be reasonably informed concerning the corporation, without assuring themselves that information and reporting systems exist in the organization that are reasonably designed to provide to senior management and to the board itself timely, accurate information sufficient to allow management and the board, each within its scope, to reach informed judgments concerning both the corporation's compliance with law and its business performance." *In re Caremark International, Inc., Derivative Litigation* 698 A.2d S. 959 (970).

462 *In re Caremark International, Inc., Derivative Litigation* 698 A.2d S. 959 (970).

463 Vgl. die Regelungen in California General Corp. Law § 309 (a), American Law Institute, Principles of Corporate Governance – Analysis and Recommendation § 4.01 (a) (1) und § 8.30 (b) MBCA.

464 *Hill* 67 U. Cin. L. Rev. S. 1099 (1117); *Gordon* 69 U. Chi. L. Rev. S. 1233 (1243).

fraglich erscheint, ob es ein Fehlverhalten geben kann, das unter einem Kontrollsystem nach Vorstellung des Gerichts unentdeckt bleiben könnte.

Für die praktische Anwendung dürfte daher die ergänzende Feststellung des Gerichts, dass die Entscheidung der Directors hinsichtlich der Komplexität des Überwachungssystems den Schutz der Business Judgement Rule genießt, eine entscheidende Bedeutung haben[465]. Somit wird auch in diesem Bereich der Schwerpunkt der Betrachtung auf den Entscheidungsprozeß gelegt, auf dem die Entscheidung für ein bestimmtes System basiert, anstatt die tatsächliche Funktionstüchtigkeit des Kontrollsystems bei einer nachträglichen Beurteilung zugrunde zu legen. Auf diesem Weg wird die Vorgabe des Gerichts trotz der Unklarheiten im Detail für die Directors handhabbar. Die Anwendbarkeit der Business Judgement Rule[466] hatte aber auch die Konsequenz, dass es keine nennenswerten Verfahren wegen einer Verletzung der Duty of Oversight gab, da die Erfolgschancen aufgrund dieser Sicherung nicht besonders gut sind, solange nicht ein besonders krasser Fall vorliegt. Dies wäre z. B. dann der Fall, wenn die Directors sich überhaupt nicht mit der Frage eines Kontrollsystems beschäftigt hätten. Dies ergibt sich daraus, dass die Business Judgement Rule immer das Ergebnis eines Entscheidungsfindungsprozesses schützt und deswegen nicht eingreifen kann, wenn eine Beschäftigung mit der fraglichen Problematik nie stattgefunden hat[467]. Sobald es eine Beschäftigung mit dem Thema internes Kontrollsystem im Board of Directors gegeben hat, greift dagegen der Schutz der Business Judgement Rule ein, so dass eine Haftung im Endergebnis praktisch ausgeschlossen ist. Aufgrund dieser Erkenntnis ist festzuhalten, dass die Duty of Oversight wohl nur dann eine wichtigere Rolle im Gesamtsystem der Corporate Governance spielen kann, wenn der bestehende Standard verschärft wird[468]. Dabei wurde zu Recht darauf hingewiesen, dass eine Verschärfung des Haftungsmaßstabs der Duty of Oversight nur dann ein sinnvolles Ergebnis bringen kann, wenn gleichzeitig die Möglichkeiten der Directors, sich von der Haftung freistellen zu lassen oder sich per D & O Versicherung vor einer Haftung zu schützen, entsprechend angepasst werden[469].

---

465 *In re Caremark International, Inc., Derivative Litigation* 698 A.2d S. 959 (970).

466 Eine genaue Erläuterung der Business Judgement Rule erfolgt im nächsten Abschnitt unter § 3 III. 3.

467 *Brown* 26 Del. J. Corp. L. S. 1 (13).

468 *Hill* 67 U. Cin. L. Rev. S. 1099 (1117); *Gordon* 69 U. Chi. L. Rev. S. 1233 (1243).

469 *Gordon* 69 U. Chi. L. Rev. S. 1233 (1243); *Hill* 67 U. Cin. L. Rev. S. 1099 (1117).

3. Business Judgement Rule[470]

Wie bereits erwähnt kann die Duty of Care nicht sinnvoll isoliert von der Business Judgement Rule betrachtet werden, weil sie als Sorgfaltsmaßstab und Haftungsmaßstab bzw. als "standard of conduct" und "tool of judicial review" nebeneinander stehen[471]. Die besondere Relevanz der Business Judgement Rule ergibt sich aus der Tatsache, dass sich die Directors eher an der Business Judgement Rule als an den Vorgaben der Duty of Care orientieren, da sie in erster Linie vermeiden wollen, durch ihre Handlungen in die Haftung zu geraten. Als Kernaussage beinhaltet die Business Judgement Rule das Prinzip, dass unter der Voraussetzung, dass gewisse Sorgfaltsmaßnahmen bei der Entscheidungsfindung eingehalten wurden, die Entscheidung selber durch die Business Judgement Rule geschützt ist und nicht nachgeprüft wird[472]. Dies gilt auch und insbesondere dann, wenn sich in der Rückschau zeigt, dass die getroffene Entscheidung aus wirtschaftlicher Sicht nachteilig für die Gesellschaft war. Die ratio, die hinter dieser Figur steht, ist, dass die notwendige geschäftliche Risikobereitschaft von unternehmerisch Tätigen nicht durch die Perspektive der späteren Nachprüfung einer Handlung vor Gericht erstickt werden soll. Diese Zurückhaltung bei der nachträglichen Beurteilung ist auch von einer Erkenntnis geprägt, die das Gericht erstmals in dem Fall *Dodge v. Ford Motor Co.* mit aller Prägnanz in dem Ausspruch: "judges are no business experts" ausdrückte[473].

Dem Inhalt nach ist die Business Judgement Rule eine Vermutung zugunsten der Directors. Danach wird vermutet, dass die Directors bei ihrer Entscheidung ausreichend informiert waren und mit gutem Glauben annahmen, die bestmögliche Entscheidung für die Gesellschaft getroffen zu haben[474]. Um der Entscheidung den Schutz der Business Judgement Rule zu entziehen, muss der Kläger darlegen, dass die Directors diese Voraussetzungen mit grober Fahrlässigkeit verletzt haben ("gross negligence")[475]. Dieser Maßstab gilt zumindest in Dela-

---

470 Zur Unterscheidung zwischen der Business Judgement Rule und der Business Judgement Doctrine vergleiche die ausführlichen Ausführungen bei *Merkt/Göthel* US GesR Rz. 845.

471 Vgl. zur "bifurcation", also dem Verhältnis von Business Judgement Rule und Duty of Care die obigen Ausführungen unter § 3 III. 2.

472 ABA Section of Business Law, Committee on Corporate Laws: Corporate Director's Guidebook S. 13.

473 *Dodge v. Ford Motor Co.*, 204 Mich. S. 459.

474 In dem wohl bekanntesten Fall zur Business Judgement Rule aus jüngerer Zeit beschreibt das Gericht dies als "a presumption that in making a business decision the Directors of a corporation acted on an informed basis, in good faith and in honest belief that the action taken was in the best interest of the company." *Smith v. Van Gorkom,* 488 A.2d S. 858 (872).

475 *Knepper, Bailey* Liability of Corporate Officers and Directors § 2.01.

ware. Der MBCA enthält interessanterweise keine Vorgaben bzgl. der Business Judgement Rule, da man der Meinung war, diese Fragen sollten besser den Gerichten in den einzelnen Jurisdiktionen zur Entscheidung überlassen werden[476]. Gelingt es dem Kläger, die Vermutung der Business Judgement Rule zu widerlegen, muss der Director seinerseits darlegen, dass seine Entscheidungen dem Anspruch des besonders strengen "entire fairness standard" genügen. Die getroffene Entscheidung wird dann voll überprüft, weil eine Zurückhaltung, die Entscheidung nachträglich zu kontrollieren, aufgrund der mangelhaften Entscheidungsfindung nicht mehr geboten scheint. Will der Director also vermeiden, dass er durch die vollständige Überprüfung seiner Entscheidung einem erheblichen Haftungsrisiko ausgesetzt ist, muss er versuchen, unter allen Umständen die Voraussetzungen der Business Judgement Rule zu erfüllen.

a. Disinterestedness und Independence

Um durch die Business Judgement Rule geschützt zu sein, ist es zunächst erforderlich, dass der Director "disinterested" und "independent" ist. Das bedeutet, dass der Director weder auf beiden Seiten der Transaktion stehen, noch einen persönlichen Vorteil aus dem Geschäft ziehen darf[477]. Sinn dieser Voraussetzung ist es, die Gefahr zu eliminieren, dass der Entscheidungsfindungsprozess nicht objektiv durchgeführt wird, weil persönliche Motive in den Vordergrund der Überlegungen treten[478]. Das klassische Beispiel[479] für Transaktionen in denen die Direktors nicht "disinterested" und "independent" sind, bilden Unternehmenskäufe und ähnliche Transaktionen, in denen neben einer Leistung an das Unternehmen zusätzlich eine gesonderte Zahlung an den Director gemacht wird, die oftmals als Beratungshonorar deklariert wird. Dieses Element der Business Judgement Rule dürfte jedoch dasjenige sein, das am leichtesten zu handhaben ist. Die Überprüfung der anderen beiden Voraussetzungen gestaltet sich in aller Regel erheblich schwieriger.

b. Das Erfordernis der Informed Decision und der Fall *Smith v. Van Gorkom*

Weitere Voraussetzung für den Schutz der Directors und Officers durch die Business Judgement Rule ist es, dass sich die handelnde Person vor der Entschei-

---

476 Für eine Übersicht hinsichtlich des Standards in den anderen Bundesstaaten vgl. *Block, Barton, Radin* The Business Judgement Rule, Fiduciary Duties of Corporate Directors S. 132.

477 *Aronson v. Lewis*, 473 A.2d S. 805 (812).

478 *Block, Barton, Radin* The Business Judgement Rule, Fiduciary Duties of Corporate Directors S. 42.

479 Weitere Beispiele und Details zur Frage der "Disinterestedness" und "Independence" finden sich bei *Block, Barton, Radin* The Business Judgement Rule, Fiduciary Duties of Corporate Directors S. 53.

dung den Umständen entsprechend über alle relevanten Punkte informiert hat[480]. Diese Voraussetzung für die Anwendbarkeit der Business Judgement Rule ist die Konsequenz aus der Notwendigkeit, sich als Director ständig über die Geschäftsabläufe der Gesellschaft zu informieren. Dieses Element ist auch, wie bereits beschrieben, ein Aspekt des Sorgfaltsmaßstabs der Duty of Care und wird insoweit im Zusammenhang mit dem Haftungsmaßstab der Business Judgement Rule wieder aufgenommen. Die hinreichende Beschaffung und Auswertung von Informationen ist das Kernstück der Business Judgement Rule. Die Art und Weise, in der die Directors sich auf eine Entscheidung vorbereitet haben, ist nachprüfbar, ohne dass sich Richter als Geschäftsleute gerieren müssen und gleichzeitig der einzige Ansatzpunkt, die Sorgfältigkeit und Gewissenhaftigkeit der Directors zu überprüfen, wenn man mit aller Konsequenz die Schwierigkeiten einer nachträglichen Auswertung und Beurteilung der eigentlichen Entscheidung umgehen will.

Der prominenteste Fall, der sich mit dem Umgang von Directors mit Informationen auseinandersetzt, ist die Entscheidung in dem Fall *Smith v. Van Gorkom*[481]. In dem Fall ging es um den Verkauf der *Trans Union Corporation*. *Van Gorkom* war der CEO der Firma und hielt 75.000 der 20 Millionen Anteile an *Trans Union*. Das Problem war, dass *Trans Union* zwar ein sehr profitables Unternehmen war, aber nicht genug zu versteuerndes Einkommen erzielte, um Steuervergünstigungen (Investment Tax Credits), die das Unternehmen für Investitionen erhalten hatte, voll ausnutzen zu können. Sowohl ein Verkauf des Unternehmens als auch eine Übernahme durch das Management wurde im Board of Directors diskutiert. Auf der Basis einer cash-flow Analyse des CFO, deren Genauigkeit nicht vollständig geklärt werden konnte, und seiner eigenen Einschätzung bzgl. des Werts des Unternehmens entschied *Van Gorkom* schließlich, dass das Unternehmen für USD 55 pro Aktie verkauft werden sollte. Eine genauere Unternehmensevaluierung wurde nie durchgeführt. *Van Gorkom* wandte sich an *Jay Pritzker*, mit dem er persönlich bekannt war und der als Übernahmespezialist bekannt war. *Pritzker* erklärte sich bereit, USD 55 pro Aktie für *Trans Union* zu bezahlen, falls es innerhalb von drei Tagen zu einem Vertragsschluss kommen sollte. *Van Gorkom* trug dem Board of Directors von *Trans Union* das Angebot *Pritzkers* vor und riet dazu, es anzunehmen. Obwohl sich einige der Mitglieder des Boards besorgt zeigten, dass keine richtige Prüfung des Unternehmenswertes durchgeführt worden war und einigen anderen der Preis zu niedrig vorkam, stimmte der Board schließlich zu. Dies geschah auch deswegen, weil laut dem Kaufvertrag die Möglichkeit bestand, das Unternehmen auf dem freien Markt zu verkaufen, wenn ein besseres Angebot ge-

480 Die Directors müssen "all material information reasonably available to them" berücksichtigen, *Aronson v. Lewis*, 473 A.2d S. 805 (812).
481 488 A.2d S. 858 (875).

macht würde. Bemerkenswert war, dass die Entscheidung des Board of Directors getroffen wurde, ohne dass die Investment Banker anwesend waren, die den Board von *Trans Union* normalerweise beraten hatten. Die Mitglieder des Board hatten nicht einmal die Möglichkeit, den Unternehmenskaufvertrag zu begutachten, da dieser zum Zeitpunkt der Beschlussfassung nicht vorgelegen hatte. Der CFO hatte dem Board gegenüber geäußert, dass er den Wert des Unternehmens auf ca. USD 55-65 schätze, worauf die anwesenden Anwälte des Unternehmens anmerkten, dass die Directors durch eine eventuelle Nichtannahme des Vertrags Haftungsklagen der Aktionäre provozieren könnten. Nachdem der Board der Transaktion zugestimmt hatte, stimmten auch die Aktionäre zu. In der Folge kam es jedoch zu einem Class Action Suit seitens der Aktionäre, die nunmehr die Aufhebung des Vertrags bzw. Schadensersatz verlangten.

Das Gericht entschied mit 3-2 Stimmen, dass es die Directors in grob fahrlässiger Weise versäumt hatten, sich ausreichend mit der Transaktion auseinander zu setzen. Die Mehrheit wies auf mehrere Aspekte hin, die ihrer Meinung nach die mangelnde Auseinandersetzung und Vorbereitung mit der Entscheidung belegten. Das Gericht machte zwar deutlich, dass die äußeren Umstände der Informationsbeschaffung mit zu berücksichtigen sind, stellte aber auch klar, dass die Tatsache alleine, dass die Entscheidung in einem knappen Zeitfenster getroffen wurde, nicht von jeder Sorgfaltspflicht freisprechen kann[482]. Das Gericht kritisierte die Umstände der entscheidenden Sitzung des Board of Directors, in der für die Entscheidung wichtige Dokumente und Berater fehlten, ohne dass eine akute Krise zu attestieren gewesen wäre, die eine solche Hast gerechtfertigt hätte. Weiterhin wurde den Mitgliedern des Boards vorgeworfen, sich ausschließlich auf die Aussagen und Einschätzungen von *Van Gorkom* verlassen zu haben, ohne eigene Untersuchungen hinsichtlich des tatsächlichen Wertes des Unternehmens angestrengt zu haben. Insgesamt wurde den Directors vorgeworfen, hinsichtlich der Rolle *Van Gorkoms* und des tatsächlichen Unternehmenswertes nicht ausreichend informiert gewesen zu sein, so dass sie grob fahrlässig handelten, als sie ihre Zustimmung zu der Transaktion gaben[483].

Die Entscheidung war überraschend und wurde überwiegend skeptisch gesehen[484] und teilweise als die „schlechteste Entscheidung in der Geschichte des

---

482 *Smith v. Van Gorkom,* 488 A.2d S. 858 (875).

483 "The Directors (1) did not adequately inform themselves as to Van Gorkom's role in forcing the "sale" of the Company and in establishing the per share purchase price; (2) were uninformed as to the intrinsic value of the Company; and (3) given these circumstances, at a minimum, were grossly negligent in approving the "sale" of the Company upon two hours' consideration, without prior notice, and without the exigency of a crisis or emergency.", *Smith v. Van Gorkom,* 488 A.2d S. 858 (874).

484 *Herzel/Katz* 41 Bus. Law. S. 1187 (1188 f.); *Fischel* 40 Bus. Law. S. 1437 (1455); *Hamilton* 24 Wake Forest L. Rev. S. 5 (28).

Gesellschaftsrechts“ bezeichnet[485]. Die zwei Richter, die eine abweichende Meinung vertraten, wiesen insbesondere auf die große Erfahrung hin, die alle Mitglieder des Board besaßen[486], was tatsächlich eine Besonderheit des Falls ausmacht. Der Board of Directors von *Trans Union* hatte zehn Mitglieder. Die fünf "Inside Directors", zu denen auch *Van Gorkom* gehörte, hatten zusammen 68 Jahre Erfahrung als Directors von *Trans Union* und gehörten der Firma zusammen insgesamt 116 Jahre an. Von den fünf "Outside Directors" waren vier CEOs von Unternehmen, die mindestens die gleiche Größe wie *Trans Union* hatten und die auf zusammen 78 Jahre Erfahrung in ihren Positionen verweisen konnten, zu denen noch insgesamt 53 Jahre Erfahrung als Directors bei *Trans Union* kamen. Der fünfte "Outside Director" war ausgerechnet Professor für Volkswirtschaft in Yale gewesen und war zur Zeit der fraglichen Transaktion Dean der Business School der University of Chicago. Angesichts dieser außergewöhnlichen Ansammlung von Expertise und Erfahrung sah es die abweichende Meinung als ausgeschlossen an, dass die Directors dem Geschäft zugestimmt hätten, ohne einen genaue Vorstellung davon zu haben, was ihre Entscheidung bedeutete.

Die Directors selbst brachten zu ihrer Rechtfertigung vor, dass das Angebot *Pritzkers* den Aktionären von *Trans Union* einen erheblichen Gewinn einbrachte, da der Kurs der *Trans Union* Aktie vor dem Angebot von USD 55 pro Aktie lediglich USD 38 betragen habe, und dass sie dem Angebot sowieso bedenkenlos zustimmen konnten, da ja die Möglichkeit bestand, die Angemessenheit des Angebots von *Pritzker* im Markt zu testen, wobei laut der Vereinbarung mit *Pritzker* sogar "inside information" freigegeben werden durfte. Diese Einwände wurden von der Mehrheit des Gerichts zurückgewiesen. Im Hinblick auf den Aufschlag auf den Aktienkurs, den *Pritzker* bereit war zu zahlen, sagte das Gericht, dass ein solcher Aufschlag allein kein Garant für eine angemessene Werthaltigkeit des Angebots sei. Angesichts der Tatsache, dass die Mitglieder des Board of Directors in den Jahren vor dem Angebot *Pritzkers* immer darüber geklagt hatten, dass der Markt den wahren Wert von *Trans Union* verkenne, wies das Gericht nun darauf hin, dass gerade dann eine unabhängige Bewertung des Unternehmenswertes erforderlich gewesen wäre, um einen Maßstab zu haben, an dem das Angebot *Pritzkers* gemessen werden konnte[487].

Die Berufung auf die Möglichkeit, das Angebot im Markt zu testen, wies die Mehrheit ebenfalls zurück, da in Wirklichkeit nach dem Vertragsschluss durch den Board of Directors keine echte Entscheidungsfreiheit mehr bestand. Erstens sei die Möglichkeit, dass Angebot im Markt zu testen, nur von eingeschränktem

---

485 *Fischel* 40 Bus. Law. S. 1437 (1455).
486 *Smith v. Van Gorkom*, 488 A.2d S. 858 (893).
487 *Smith v. Van Gorkom*, 488 A.2d S. 858 (876).

Nutzen gewesen, da man zwar Angebote annehmen, sich aber nicht selber um weitere Angebote bemühen durfte[488]. Außerdem hielt das Gericht fest, dass keine echte Entscheidungsfreiheit mehr für den Board of Directors bestanden habe, da es selbst schon eine Vereinbarung mit *Pritzker* getroffen, sich also auf dieses Geschäft festgelegt hatte. Aufgrund der Vereinbarung wäre es dem Board nur noch möglich gewesen, den Aktionären zu einer Annahme des Vertrags mit *Pritzker* zu raten oder die Transaktion ganz abzusagen. Ein Board kann sich bei Vorliegen einer Vereinbarung aber bei seiner Empfehlung an die Hauptversammlung nicht mehr neutral oder gar ablehnend gegenüber dieser Vereinbarung äußern[489].

An dieser Entscheidung wird die Funktionsweise der Business Judgement Rule besonders deutlich. Die Möglichkeiten, eine Entscheidung juristisch überprüfen zu lassen, beschränken sich vollständig auf den Prozess der Entscheidungsfindung. Folgerichtig beschäftigen sich alle Kritikpunkte, die das Gericht erwähnt, mit der mangelnden Sorgfalt, die von den Directors bei der Vorbereitung der Entscheidung angewendet wurde. Die Frage, ob die Entscheidung des Board of Directors inhaltlich als richtig zu beurteilen ist, wird vom Gericht dagegen nicht behandelt.

Die Entscheidung kann aber auch deswegen überzeugen, weil bei einer anderen Entscheidung die gesamte Konstruktion der Business Judgement Rule fraglich geworden wäre. Wenn man sich vor Augen hält, wie die Directors in diesem Fall gehandelt haben – die Vereinbarung mit *Pritzker* unterschrieb *Van Gorkom* letztlich am Rande einer Wohltätigkeitsveranstaltung zugunsten der Chicagoer Oper – würde sich nämlich die Frage stellen, unter welchen Umständen überhaupt ein Verstoß gegen die Voraussetzung der hinreichenden Beschaffung und Auswertung von Informationen vorliegen würde. Die langjährige Erfahrung der Mitglieder des Boards entbindet sie eben nicht von der Pflicht, Entscheidungen sorgfältig vorzubereiten. Es wird dafür in Kauf genommen, dass eventuell ein haftungsrelevantes Verhalten vorliegen kann, obwohl, wie im Fall von *Trans Union*, erfahrene Directors eine Entscheidung treffen, die wirtschaftlich gesehen richtig ist.

Problematisch ist natürlich, dass den Directors nun praktisch aufgezwungen wird, ihre Entscheidung durch außenstehende Berater doppelt absichern zu lassen, was zwangsläufig einen erheblichen Aufwand in finanzieller und zeitlicher Hinsicht erfordert. Dementsprechend wurde auch kritisiert, dass der Fall nicht zu einer größeren Sorgfalt unter den Directors, sondern lediglich zu einem gestei-

---

488 *Smith v. Van Gorkom*, 488 A.2d S. 858 (878).
489 *Smith v. Van Gorkom*, 488 A.2d S. 858 (881).

gerten Formalismus führen werde[490]. Andererseits gewährleistet diese unter Umständen umständliche und übertriebene Vorbereitung, dass die Haftung der Directors nicht vom wirtschaftlichen Erfolg der Entscheidung abhängt, was letztlich für alle Directors eine viel größere Unsicherheit bringen würde[491].

Ein weiterer Grund, warum die Entscheidung soviel Beachtung fand, waren die unmittelbaren Konsequenzen, die aus ihr resultierten. In der gesamten Welt der Boards of Directors brach eine erhebliche Unsicherheit über die Haftungsrisiken aus, die mit der Tätigkeit, insbesondere des Outside Director, verbunden waren. Diese Unsicherheit spiegelte sich auch in dem massiven Anstieg der Versicherungsprämien für D & O Versicherungen wider, der auf die Entscheidung folgte[492] und darauf zurückzuführen war, dass insbesondere bei Übernahmetransaktionen enorme Schadensersatzansprüche drohen[493].

Trotz der schlechten Beurteilung, die der Entscheidung unmittelbar nach ihrer Veröffentlichung zuteil wurde, sind die Gerichte – insbesondere in Delaware – der in *Smith v. Van Gorkom* eingeschlagenen Linie treu geblieben. 1993 bestätigte das Gericht die Entscheidung in dem Fall *Cede & Co. v. Technicolor, Inc.*[494]. Inzwischen besteht ein gewisser Konsens darüber, dass die getroffene Entscheidung neben der anfänglichen Unsicherheit und der spürbaren Verschärfung der Haftungsregeln auch Vorteile gebracht hat. So bietet die Auslegung des Elements der Informationspflicht durch das Gericht den Vorteil, dass sie einen klaren Standard festlegt. Es ist fast unbestritten, dass die Klarheit des Standards in der Kombination mit dem schärferen Maßstab, der bei der Beurteilung des Prozesses der Entscheidungsfindung angelegt wird, einen positiven Beitrag zur Verbesserung der Corporate Governance geleistet hat[495].

---

490 *Herzel/Katz* 41 Bus. Law. S. 1187 (1188 f.); *Hamilton* 24 Wake Forest L. Rev. S. 5 (28).

491 *Allen* 25 Delaware J. of Corporate Law S. 76.

492 *Hamilton* 24 Wake Forest L. Rev. S. 5 (28).

493 Siehe das Rechenbeispiel zum Fall *Smith v. Van Gorkom* bei *Merkt/Göthel* US GesR Rz. 864: Käme man im Fall *Smith v. Van Gorkom* zu dem Ergebnis, dass der vereinbarte Preis je Aktie USD 5 unter dem fairen Preis lag, so ergäbe dies im Fall von *Trans Union* bei 20 Millionen ausstehenden Aktien eine Ersatzanspruch von USD 100 Millionen, also USD 10 Millionen pro Direktor. Tatsächlich einigte man sich im Fall *Smith v. Van Gorkom* außergerichtlich auf eine Zahlung von USD 23 Millionen, die zur Hälfte von der D & O Versicherung der Directors und zur anderen Hälfte von *Pritzker* bezahlt wurde.

494 634 A. 2d S. 345 ff.

495 "Van Gorkom exploded on the world of corporate Directors. People most definitely took notice of its stern message. From an ex-ante perspective, it almost certainly has had a positive effect on Corporate Governance.", *Allen* 25 Delaware J. of Corporate Law S. 76.

c. Decision made in good faith

Die dritte Voraussetzung für das Eingreifen der Business Judgement Rule verlangt, dass der Director nach eigener Überzeugung davon ausgeht, dass die von ihm getroffene Entscheidung im besten Interesse der Gesellschaft ist[496]. Will ein Aktionär die Entscheidung eines Directors unter dem Hinweis auf diese Voraussetzung der Business Judgement Rule angreifen, so muss er darlegen, dass die von dem Director getroffene Entscheidung so unvertretbar war, dass die einzig plausible Erklärung ist, dass der Director gegen die Interessen der Gesellschaft handeln wollte[497]. Dieses Element der Business Judgement Rule ist seitens des Directors so einfach zu erfüllen, bzw. seitens des Klägers so schwer zu widerlegen, dass es nur in absoluten Ausnahmefällen gelingen wird, die Vermutung der Business Judgement Rule über dieses Element anzugreifen.

Um dem Erfordernis mehr Aussagekraft und praktische Relevanz zu verleihen, schlug das American Law Institute in seinen Principles of Corporate Governance vor, die Voraussetzung dahingehend abzuändern, dass der Director in rational nachvollziehbarer Weise davon ausgehen muss, im besten Interesse der Gesellschaft gehandelt zu haben[498]. Da neben das Erfordernis der persönlichen Überzeugung von der Richtigkeit der Entscheidung noch die Voraussetzung der Rationalität tritt, hat der Standard nach diesem Vorschlag neben der subjektiven auch noch eine objektive Komponente[499]. Falls sich diese vorgeschlagene Änderung durchsetzt, wird die dritte Voraussetzung der Business Judgement Rule mit Sicherheit eine größere Bedeutung erlangen. Problematisch ist jedoch, dass eine Prüfung der rationalen Nachvollziehbarkeit der Entscheidung des Directors praktisch häufig auf eine Überprüfung der getroffenen Entscheidung selbst hinauslaufen wird[500]. Dies würde aber eine Verletzung des Grundsatzes darstellen, dass die Richtigkeit und der Erfolg der getroffenen Entscheidung, so wie sie sich im Nachhinein darstellen, im Rahmen einer gerichtlichen Nachprüfung unter normalen Umständen keine Rolle spielen sollen[501]. Ob die vorgeschlagene Änderung von den Gerichten übernommen werden wird und welche Auswirkungen dies auf die Business Judgement Rule insgesamt haben würde, bleibt abzuwarten.

---

496 A director must "act in a good faith belief that their business decision is in the corporation's best interest.", *Aronson v. Lewis*, 473 A.2d S. 805 (812).

497 *Knepper, Bailey* Liability of Corporate Officers and Directors § 2.08.

498 American Law Institute, Principles of Corporate Governance – Analysis and Recommendation § 4.01 (c) (3).

499 *Merkt/Göthel* US GesR Rz. 868.

500 *Dooley* 47 Bus. Law. S. 461 (481).

501 Für eine ausführliche Diskussion des Vorschlags, ein Rationalitätselement in die Prüfung einzuführen, vgl. *Knepper, Bailey* Liability of Corporate Officers and Directors § 2.08.

4. Duty of Loyalty

Die Duty of Loyalty ist die Sorgfaltspflicht, die sicherstellen soll, dass die Directors die Interessen der Gesellschaft in unternehmensbezogenen Geschäften ihren eigenen Interessen voranstellen. Im Laufe der Zeit haben sich einige Fallgruppen herausgebildet, durch die die Duty of Loyalty heute beschrieben wird. Hierzu gehören insbesondere die "self-dealing transactions", bei denen sich ein Director und die Gesellschaft auf unterschiedlichen Seiten einer Transaktion wiederfinden, die Problematik der "executive compensation"[502], die allerdings in jüngerer Zeit eher im Zusammenhang mit dem "Compensation Committee" des Board of Directors diskutiert wird, und das Wettbewerbsverbot der Directors, die "corporate opportunity doctrine".

a. Die Fallgruppe der "self-dealing transactions"

Die wichtigste und für die vorliegende Untersuchung relevanteste Fallgruppe, ist die der "self-dealing transactions". Eine solche Transaktion liegt nach der Rechtsprechung der Einzelstaaten immer dann vor, wenn die Gesellschaft und der Director auf unterschiedlichen Seiten einer Transaktion stehen. Sobald eine solche Konstellation eintritt, besteht automatisch die Gefahr, dass ein Interessenkonflikt auf Seiten des Directors vorliegt. Die Definition der "self-dealing transactions" ist absichtlich relativ weit gefasst, da ein Interesse daran bestand, den Kreis der Entscheidungen, die einer besonderen Rechtfertigung bedürfen, so groß wie möglich zu halten, um ein maximales Maß an Kontrolle für die Aktionäre und die unabhängigen Directors zu erhalten. Konsequenz der Einstufung als "self-dealing transaction" ist nämlich, dass dem Director die Pflicht auferlegt wird, die getroffene Entscheidung durch den Beweis der Fairness vor Gericht bzw. die Ratifizierung durch die unabhängigen Directors oder die Aktionäre gegen den Vorwurf der Unfairness absichern müssen.

Soweit die Fairness einer Transaktion zu beurteilen ist, wird der sogenannte "entire fairness standard" angewendet. Dies bedeutete ursprünglich, dass die getroffene Entscheidung ihrem Inhalt nach fair sein musste[503]. Nach neuer Rechtsprechung muss der Director nun auch darlegen, dass das Verfahren, in dem die Entscheidung getroffen wurde, ebenfalls fair war[504]. Erster Ansatzpunkt bei der Beurteilung einer Transaktion ist somit immer die Frage, ob sie nachteilig für

---

502 Die Problematik der "executive compensation" ist eigentlich ein Teilaspekt der "self-dealing transactions", da hier ein vergleichbarer Interessenkonflikt vorliegt. Die Thematik wird aber dennoch separat behandelt, da die Entscheidungen des Board of Directors, die Fragen der Vergütung betreffen, den Schutz der Business Judgement Rule genießen, so dass eine Aufhebung durch das Gericht bzw. eine Haftung der Directors in aller Regel ausgeschlossen ist.

503 *Guth v. Loft, Inc.*, 5 A. 2d S. 503 (510).

504 *Emerald Partners v. Berlin,* 787 A. 2d S. 85 (96).

die Gesellschaft war. Ist dies eindeutig zu bejahen, so wird die Transaktion vom Gericht für nichtig erklärt, selbst wenn die Aktionäre oder die unabhängigen Directors zugestimmt haben. Im Gegensatz dazu werden Transaktionen, die gegenüber der Gesellschaft eindeutig fair waren, unabhängig von der Haltung der Aktionäre und der unabhängigen Directors stets vom Gericht bestätigt. Lässt sich dagegen die Fairness der Transaktion nicht eindeutig festlegen, was meistens der Fall sein wird, so ist ihre Gültigkeit von der Zustimmung der Aktionäre oder der unabhängigen Directors abhängig. In diesem Fall trifft den Director die Pflicht darzulegen, dass eine wirksame Ratifizierung der Entscheidung durch die Aktionäre bzw. die unabhängigen Directors vorliegt, die nach einer vollständigen und wahrheitsgemäßen Unterrichtung des zuständigen Gremiums hinsichtlich aller wichtigen Umstände erfolgt ist. Kann der Director diese Voraussetzungen erfüllen, so dient die erreichte Ratifizierung als "safe harbor", so dass eine Verletzung der Duty of Loyalty ausgeschlossen ist[505].

b. Die Regelungen im MBCA

1988 wurde im Rahmen einer Überarbeitung des MBCA der besonderen Relevanz der "self-dealing transactions" Rechnung getragen und diesbezügliche Regelungen in einem neu eingefügten "Subchapter F" an den MBCA angehängt. Die Regelungen der §§ 8.60-8.63 MBCA sind im Wesentlichen der oben beschriebenen Vorgehensweise nachgebildet und sollen der Vereinheitlichung des Rechts in den Einzelstaaten dienen, um so der Wichtigkeit dieses Problems Rechnung zu tragen. Das Grundschema ist ähnlich wie das Fallrecht der Einzelstaaten so aufgebaut, dass "self-dealing transactions" immer dann vom Gericht unangetastet bleibt, wenn die Transaktion nach § 8.62 MBCA von der Mehrheit der unabhängigen Directors oder nach § 8.63 MBCA von den Aktionären genehmigt wurde. Der Beitrag zur Vereinheitlichung der Regelungen in den Einzelstaaten liegt vor allem in dem Vorschlag für eine Legaldefinition der wichtigsten Begriffe im Bereich der "self-dealing transactions". § 8.60 MBCA prägt den Begriff des "conflicting interest". Liegt ein solcher "conflicting interest" in der Person eines Directors vor, so wird die fragliche Transaktion durch die Beteiligung des Directors eine "self-dealing transaction". Der MBCA sieht diese Situation immer dann als gegeben, wenn der Director entweder auf der anderen Seite der Transaktion steht bzw. durch die Transaktion in finanzieller Hinsicht profitieren würde oder das Geschäft eine so große finanzielle Bedeutung für ihn selber bzw. eine ihm nahestehende Person hätte, dass unter normalen Umstän-

505 Vgl. z. B. für Delaware 8 Del. Code Ann. § 144 und die weiteren Nachweise bei *Balotti & Finkelstein*, The Delaware Law of Corporations and Business Organizations § 4.8 Rz. 4-196.

den zu erwarten ist, dass seine Entscheidung durch sein persönliches Interesse beeinflusst würde[506].

Es ist hier eindeutig zu erkennen, dass das Bestreben der Gerichte in den Jurisdiktionen der einzelnen Bundesstaaten, den Anwendungsbereich der "self-dealing transactions" im Rahmen der Duty of Loyalty groß zu halten, in dem Gesetzesvorschlag des MBCA aufgegriffen wurde. Wie bereits beschrieben, gewährleistet diese Konstruktion, dass eine Entscheidung, die ein Director aufgrund eines persönlichen Interessenkonflikts nicht im besten Sinne der Gesellschaft getroffen hat, möglichst nicht unentdeckt bleibt. Ist eine Transaktion nämlich aufgrund eines "conflicting interest" zu einer "self-dealing transaction" geworden, liegt es gemäß § 8.61 (b) (1)-(3) auch nach der Konstruktion des MBCA an dem betroffenen Director, entweder eine Ratifizierung durch die Aktionäre oder die unabhängigen Directors herbeizuführen oder vor Gericht darzulegen, dass die getroffene Entscheidung der Gesellschaft gegenüber fair war[507]. Insofern ist der vom MBCA gewählte Weg identisch mit dem Vorgehen der Gerichte der Bundesstaaten.

Konsequenz einer Bestätigung der Entscheidung durch unabhängige Directors bzw. die Aktionäre ist unter dem MBCA-Modell, dass die getroffene Entscheidung nicht gerichtlich überprüfbar ist, so dass die Ratifizierung eine "safe harbor" Funktion erfüllt. Auch dies wurde aus der Rechtsprechung der einzelnen Bundesstaaten übernommen. Dieser absolute Schutz vor gerichtlicher Nachprüfung wurde teilweise kritisiert, weil so trotz der getroffenen Schutzmaßnahmen die Gefahr besteht, dass eine Entlastung des Directors von seinen Kollegen aufgrund von Gefälligkeits- oder Kollegialitätserwägungen erfolgt. Insbesondere den Aktionären würde so die Möglichkeit genommen, die Unabhängigkeit eines

506 "(...) that he or a related person is a party to the transaction or has a beneficial financial interest in or so closely linked to the transaction and of such financial significance to the director or a related person that the interest would reasonably be expected to exert an influence on the director's judgement if he were called upon to vote on the transaction.", § 8.60 (1) (i) MBCA.

507 Der einfachste Weg, den ein Director gehen kann, ist, die Entscheidung gemäß § 8.62 MBCA durch eine Entscheidung der unabhängigen Directors, also derjenigen Mitglieder des Board of Directors, die keinen "conflicting interest" haben, absegnen zu lassen. Um eine Gefälligkeitsratifizierung zu vermeiden, wurde im MBCA der Begriff des "qualified Directors" definiert. § 8.62 (d) MBCA bestimmt, dass die an der Ratifizierung beteiligten Directors ihrerseits kein persönliches finanzielles Interesse an der Entscheidung haben dürfen, und dass sie auch sonst in keiner persönlichen oder beruflichen Verbindung zu dem belasteten Director stehen dürfen, die unter normalen Umständen zu einer Beeinflussung der Entscheidung führen könnte. Diese Regelung ist konsequent und auch notwendig, da die Gesellschaft nicht dadurch vor Schaden bewahrt werden kann, dass der Interessenkonflikt des einen Directors durch den Interessenkonflikt eines anderen Directors ersetzt wird.

Directors bei einer bestimmtem Entscheidung gerichtlich überprüfen zu lassen. Der alternative Vorschlag, den das American Law Institute aus diesem Grund gemacht hat, sieht vor, dass es möglich sein soll, die rationale Nachvollziehbarkeit der Überzeugung hinsichtlich der Fairness der Transaktion gerichtlich überprüfen zu lassen. Hier offenbart sich eine Parallele zu den neueren Bestrebungen bei der Business Judgement Rule. Auch dort wurde vorgeschlagen, über das praktisch unüberprüfbare "good faith" Erfordernis hinaus zu verlangen, dass der Director in rational nachvollziehbarer Weise davon ausgehen muss, im besten Interesse der Gesellschaft gehandelt zu haben[508]. Es soll so durch das Hinzufügen eines objektiven Elements eine Überprüfbarkeit der Handlung erzielt werden, die bei einem bloßen Abstellen auf die subjektive Überzeugung des Directors praktisch nicht möglich wäre.

Im Zusammenhang mit der Business Judgement Rule war dieser Lösung Kritik entgegengebracht worden, da durch diese gerichtliche Überprüfung die gerade gewollte Sicherheit für die Directors ausgehebelt zu werden drohte. Bei der vorliegenden Problematik sprechen aber gute Gründe für die Einführung einer objektiven Komponente, da hier aufgrund der Gefahr einer routinemäßigen Bestätigung aller "self-dealing transactions" eine intensivere Kontrolle nur gewollt sein kann. Es ist bei "self-dealing transactions" gerade nicht erwünscht, den Directors ein Gefühl der Sicherheit vor einer Überprüfung der getroffenen Entscheidung zu geben. Es bleibt auch hier abzuwarten, welchem Lösungsweg für dieses Problem die Bundesstaaten zum Durchbruch verhelfen werden.

5. Begrenzungen der Haftung durch Freistellung oder D & O Versicherungen

Die Freistellung der Directors von der Haftung wegen Verstößen gegen die Duty of Loyalty, die Duty of Care oder andere Haftungsvorschriften wirft im US-amerikanischen Recht die gleichen Fragen auf, wie sie im deutschen Recht diskutiert werden[509]. Es gilt auch hier einen Ausgleich zwischen den Interessen der Gläubiger und Aktionäre auf der einen Seite und den Interessen der Directors auf der anderen Seite zu schaffen. In diesem Spannungsfeld trifft das Bedürfnis der Directors, von der persönlichen Haftung möglichst verschont zu bleiben, auf das Interesse derer, die von der Gesellschaft abhängig sind und auf den disziplinierenden Charakter der Haftungsregelungen vertrauen. Aus diesen widerstreitenden Interessen ergibt sich auch der Lösungsweg für dieses Problem. Es müssen Regelungen gefunden werden, die es den Directors ermöglichen, sich bis zu

---

508 Vgl. hierzu oben § 3 III. 3.

509 Für eine Diskussion der Zulässigkeit von Haftungsfreistellung und D & O Versicherungen im deutschen Recht siehe oben § 1 III. 3.

einem gewissen Grad vor der persönlichen Haftung zu schützen[510], damit sich gute Leute bereit finden, diese Positionen zu besetzen und sie auch mit der nötigen Risikobereitschaft auszufüllen; es muss aber auch sichergestellt sein, dass es nicht zu einem vollständigen Ausschluss jeglichen Haftungsrisikos kommen kann, damit die verhaltenssteuernde Funktion der Haftungsvorschriften gewahrt bleibt[511].

a. Director Indemnification

In den USA haben sich die gesetzlichen Regelungen zur Director Indemnification, also der Freistellung von eventueller Haftung in den einzelnen Bundesstaaten im Laufe der Jahre in zwei Strömungen auseinanderentwickelt. Es haben zwar fast alle Staaten Regelungen getroffen, die das Problem der Freistellung behandeln, die Frage ist aber jeweils, ob diese Regelungen zwingend sind, oder ob einzelne Gesellschaften eigene, weitergehende Regelungen vereinbaren können[512]. Dort wo die gesetzlichen Regelungen nicht zwingend sind, erfolgt eine Entscheidung über die Zulässigkeit einer Freistellungsregelung in den meisten Fällen über den Schutzzweck der jeweiligen Haftungsregel. Ist der primäre Zweck der Regelung die Wiedergutmachung eines eventuell entstandenen Schadens, so ist eine Freistellung möglich, da ja die Freistellung nichts daran ändert, dass der Schaden kompensiert wird. Liegt der rechtspolitische Schwerpunkt der Haftungsvorschrift dagegen auf der Verhaltenssteuerung, ist eine Freistellung des Directors nicht möglich, da der vornehmliche Zweck der Regelung ansonsten ausgehebelt würde.

---

510 Zu diesem Schutz gehört neben der Indemnification selbst auch das Auslegen der Kosten, die der Director für seine Verteidigung in einem Rechtsstreit aufbringen muss. Diese Kosten können so enorm sein, dass ihre Aufbringung für den Director ein ähnliches finanzielles Risiko darstellt, wie die eigentliche Haftung selbst. Um hier den Directors entgegenzukommen, übernimmt die Gesellschaft mittels einer "Advances for Expenses" Vereinbarung die Kosten des Rechtsstreits für den Director, wobei die by-laws der Gesellschaft regelmäßig vorsehen, dass der Director zur Rückzahlung der ihm gewährten Mittel verpflichtet ist, falls er letztlich zu einer Ersatzleistung verpflichtet ist, für die ihm keine Freistellung durch die Gesellschaft per Indemnification zusteht. So sieht es beispielsweise der MBCA in § 8.53 (a) vor. Außerdem können die by-laws der Gesellschaft vorschreiben, dass der Director eine Sicherheitsleistung für die ihm zur Führung des Rechtsstreits zur Verfügung gestellten Mittel erbringen muss.

511 "(The goal of Indemnification is) to seek the middle ground between encouraging fiduciaries to violate their trust, and discouraging them from serving at all.", *Hamilton* Corporations S. 527; *Olson/Hatch III.* Director and Officer Liability, Indemnification and Insurance § 4.04.

512 Für die historische Entwicklung der unterschiedlichen Regelungen in den einzelnen Staaten vgl. *Olson/Hatch III.* Director and Officer Liability, Indemnification and Insurance § 4.04.

Ein Beispiel für die letztgenannte Kategorie ist der Bereich des Securities Law. Sinn und Zweck der Haftungsvorschriften in diesem Bereich ist es in erster Linie, die Integrität der Kapitalmärkte dadurch zu schützen, dass die anzufertigenden umfangreichen Offenlegungsvorschriften eingehalten werden. Der Schadensersatz, der den Investoren geleistet wird, ist hier nur ein willkommenes Nebenprodukt[513]. Ein Beispiel für eine solche Konstellation war der Fall *Globus v. Law Research Service, Inc.*[514], in dem ein Director bei einer Kapitalerhöhung wissentlich wichtige Informationen nicht in den Angebotsunterlagen aufgeführt hatte. Der US New York Southern District Court entschied, dass es in diesem Fall gegen das öffentliche Interesse wäre, die Freistellungsvereinbarung, die zwischen dem Director und dem Unternehmen bestand, durchzusetzen. Dieses Urteil wurde vom US Court of Appeals für den 2nd Circuit bestätigt, der festhielt, dass der Zweck des § 11 Securities Act '33 in erster Linie darin besteht, die Achtung der Offenlegungsvorschriften durchzusetzen, indem diejenigen bestraft werden, die gegen diese Regeln verstoßen. Die Kompensation der geschädigten Investoren steht hinter diesem Ziel zurück[515].

Ein weiteres wichtiges Gebiet, auf dem das Instrument der Indemnification aufgrund rechtspolitischer Überlegungen nicht zur Verfügung steht, ist der Bereich der Derivative Suits[516]. Es wird also neben bestimmten Haftungsregeln auch die Derivative Suit und ihre Funktion als Kontrollmittel der Aktionäre geschützt. Diese Einschränkung ergibt sich fast von selbst, wenn man sich die Funktionsweise der Derivative Suit vor Augen hält. Wäre ein Aktionär mit einer Derivative Suit erfolgreich und würde ein Director zu einer Schadensersatzzahlung an die Gesellschaft verurteilt, würde er im Rahmen der Indemnification von der Gesellschaft genau das Geld bekommen, das er dann postwendend an diese zur Erfüllung des Ersatzanspruches zurückzahlen müsste. Unter diesen Umständen würde sich die Anstrengung einer Derivative Suit aus Sicht der Aktionäre niemals lohnen, so dass diese Klagen nicht erhoben würden. Gewährte man den Directors also die Möglichkeit, sich vollständig gegen die Derivative Suits abzusichern, könnten die Aktionäre die ihnen im US-amerikanischen System der Corporate Governance zugedachte Aufsichtsfunktion nicht mehr ausreichend wahrnehmen.

---

513 *Olson/Hatch III.* Director and Officer Liability, Indemnification and Insurance § 6.

514 *Globus v. Law Research Service, Inc.*, 418 F.2d 1276.

515 "Civil liability under section 11 and similar provisions was designed not so much to compensate the defrauded purchaser as to promote enforcement of the Act and to deter negligence by providing a penalty for those who fail in their duties.", *Globus v. Law Research Service, Inc.*, 418 F.2d 1276, 1288.

516 *Olson/Hatch III.* Director and Officer Liability, Indemnification and Insurance § 10.02.

b. D & O Versicherungen

Die D & O Versicherungen kamen in den USA auf, um die Directors in den Fällen vor Haftungsrisiken zu schützen, in denen ein solcher Schutz durch eine Haftungsfreistellung nicht zulässig ist. Insbesondere bei den Derivative Suits war der Ausschluss der Haftung im Wege der Indemnification nicht möglich. Dies war besonders zu der Zeit von Bedeutung, als die Derivative Suit noch tatsächlich ein erhebliches und teilweise unkalkulierbares Haftungsrisiko für Directors darstellte. Ein weiterer Vorteil der D & O Versicherungen ist die Unabhängigkeit des Directors von der finanziellen Situation der Gesellschaft. Wird diese nämlich insolvent, ist das zugesicherte Recht eines Directors, im Falle einer Pflicht zu Ersatzleistung im Wege der Indemnification schadlos gehalten zu werden, praktisch wertlos, während der Versicherungsschutz durch eine D & O Versicherung weiter besteht[517].

Im Vergleich zu einer Freistellung des Directors von eventuellen Schadensersatzansprüchen im Wege der Indemnification hat die Haftungsabsicherung per D & O Versicherung den rechtspolitischen Vorteil, dass die Ersatzleistung, die letztlich an die Gesellschaft fließt, nur indirekt aus dem Gesellschaftsvermögen selbst kommt, so dass der Anreiz für die Aktionäre, im Falle von Fehlverhalten der Directors zu klagen, erhalten bleibt. Auf diesem Wege wird den Directors die Möglichkeit gewährt, ihr legitimes Interesse an einer Begrenzung des persönlichen Haftungsrisikos zu berücksichtigen, ohne dass dafür das kontrollrechtlich wichtige Instrument der Derivative Suit geopfert werden muss. Aufgrund der genannten Vorteile der D & O Versicherungen und der Tatsache, dass diese ursprünglich relativ preiswert waren, war es bis in die 80er Jahre üblich, Directors großzügig mit dieser Absicherungsmethode auszustatten. Dann führte jedoch das überraschende Urteil im bereits angesprochenen Fall *Smith v. Van Gorkom*[518] dazu, dass die Prämien für D & O Versicherungen so erheblich anstiegen, dass es für viele Unternehmen aufgrund wirtschaftlicher Überlegungen nicht mehr möglich war, ihre Directors mit einer Versicherung abzusichern. Nach einer zwischenzeitlichen Erholung des Marktes aufgrund von Bemühungen des Gesetzgebers im Bereich des Securities Law durch den *Private Securities Litigation Reform Act*[519] einerseits, und der positiven gesamtwirtschaftlichen Entwicklung in den USA in den späten 90er Jahren andererseits, steigen die

---

517 *Branson* Corporate Governance S. 796.

518 488 A.2d S. 858 (875); Vgl. hierzu ausführlich die obige Diskussion im Rahmen der Business Judgement Rule unter § 3 III. 3.

519 Der *Private Securities Litigation Reform Act* wurde 1995 erlassen, weil der Eindruck entstanden war, dass die Unternehmen durch eine zu große Zahl von Securities Class Action Suits in ihrer Geschäftstätigkeit gestört wurden. Es wurden deshalb durch dieses Gesetz zahlreiche Änderungen in diesem Bereich herbeigeführt, die räuberische Aktionäre abschrecken sollte, erpresserische Klagen anzustrengen.

Prämien seit dem Jahr 2000 wieder dramatisch an und haben sich in den letzten drei Jahren mehr als verdoppelt[520]. Zahlte man 1993 noch ca. USD 7.500 pro USD 1 Million Deckungssumme[521], so hatte sich dieser Betrag schon 2002 auf bis zu USD 30.000 erhöht[522] und dürfte inzwischen bei fast USD 40.000 liegen. Verantwortlich hierfür sind in erster Linie die Corporate Scandals bei *Enron*, *WorldCom*, *Tyco*, *Global Crossing* und anderen Unternehmen sowie die erheblichen Haftungsrisiken, die im Zusammenhang mit den zahllosen Klagen in den sog. "IPO-laddering" Verfahren bestehen.

Anders als im deutschen Recht ist die Zulässigkeit von D & O Versicherungen im US-amerikanischen Recht nicht umstritten. Der MBCA sieht die Zulässigkeit von D & O Versicherungen in § 8.57 ausdrücklich vor und in den Bundesstaaten, die keine ausdrückliche Regelung hinsichtlich der Zulässigkeit der D & O Versicherungen haben, ist anerkannt, dass die Versicherung als Teil der allgemeinen Bezüge gewährt werden darf. Eine Überlegung in diesem Zusammenhang ist, dass die D & O Versicherungen auch Vorteile für die Gesellschaft haben. Ist, wie allgemein üblich, eine Indemnification des Directors in größtmöglichen Umfang vereinbart, wird durch die D & O Versicherung das Risiko der Gesellschaft verringert, den Director im Fall einer Haftung freistellen zu müssen, so dass in einer solchen Situation die Versicherung zugunsten der Gesellschaft eingreift. Da der Gewährung einer D & O Versicherung also keine rechtlichen Bedenken entgegenstehen, hängt die Entscheidung, ob eine Gesellschaft ihre Directors mit einer D & O Versicherung ausstatten will, von der Vertragsgestaltung zwischen der Gesellschaft und dem Director ab. Zumindest in großen Unternehmen ist es trotz der steigenden Prämien der letzten Jahre weiterhin üblich, den Directors den maximalen Schutz vor der persönlichen Haftung zu gewähren.

6. Die Duty of Good Faith als dritte Fürsorgepflicht

In den letzten Jahren ist in den USA eine Diskussion darüber entstanden, ob mit einer Duty of Good Faith eine dritte Fürsorgepflicht neben der Duty of Care und der Duty of Loyalty besteht. Während es immer unumstritten war, dass Good Faith ein Element der Business Judgement Rule ist, also auch bereits bisher Teil des Haftungskonzepts für Fürsorgepflichtverletzungen war, wurde die Diskussi-

---

520 Nach einer Studie der Consulting Firma *Tillinghast-Towers Perrin* stiegen die Prämien in den Jahren 2001 und 2002 um jeweils 29% und in Jahr 2003 um weitere 33%. Die Studie wurde unter 2.139 Unternehmen in Nordamerika durchgeführt (2.068 aus den USA und 71 aus Kanada), die alle Wirtschaftszweige und Unternehmensgrößen repräsentieren.

521 *Hamilton* Corporations S. 533.

522 Dies ergab eine Studie der US-Wirtschaftszeitschrift CFO Magazine vom 22. Februar 2002.

on dadurch neu entfacht, dass der Delaware Supreme Court in einer Entscheidung im Fall *Emerald Partners v. Berlin*[523] im Jahr 2001 erstmalig von einer Duty of Good Faith sprach und festhielt: "The directors of Delaware corporations have a triad of primary fiduciary duties: due care, loyalty, and good faith."[524]. Diese Aussage war insofern eine Überraschung, als eine Duty of Good Faith bisher nicht definiert worden war, so dass sich die Frage stellte, was sie beinhaltet.

a. Die neue Rechtsprechung der Gerichte in Delaware

aa. Der Fall *Abbott Laboratories*

Seit der Entscheidung *Emerald Partners v. Berlin* hat es zwei weitere Fälle gegeben, bei deren Entscheidung das Gericht die Duty of Good Faith herangezogen hat. In dem ersten Fall, *In re: Abbott Laboratories Derivative Shareholders Litigation*[525], hatten Aktionäre geklagt, weil das Management bei der Herstellung von Produkten mehrfach staatliche Sicherheitsstandards verletzt hatte. Das Gericht begründete in diesem Fall die Haftung des Vorstands mit einer Verletzung der Duty of Good Faith[526]. Das war insofern bemerkenswert, weil in dem Fall eigentlich eine Konstellation vorlag, wie in der bereits dargestellten *Caremark*-Entscheidung[527], auf die sich das Gericht auch ausdrücklich bezog. In *Caremark* hatte das Gericht aber eine Verletzung der Duty of Care festgestellt[528]. Hintergrund für die Entscheidung über die Duty of Good Faith in *Abbott* war, dass in der konkreten Fallkonstellation eine Haftung für eine Verletzung der Duty of Care die Directors nicht getroffen hätte, da ihre Freistellungsvereinbarungen bzw. ihre D & O-Versicherungen sie von der Haftung freigestellt hätten. § 102 (b) (7) Delaware General Corporation Law erlaubt es Gesellschaften, ihre Directors von der Haftung freizustellen, wenn sie gegen die Duty of Care verstoßen. Handeln die Directors aber nicht in Good Faith, scheidet eine Freistellung aus[529]. Es scheint, als habe man unbedingt zu einer Haftung kommen wollen und deswegen auf die Duty of Good Faith zurückgegriffen.

---

523 787 A.2d S. 85 (90).

524 *Emerald Partners v. Berlin* 787 A.2d S. 85 (90).

525 325 F.3d S. 795 ff.

526 *In re: Abbott Laboratories Derivative Shareholders Litigation* 325 F.3d S. 795 (807 ff).

527 *In re Caremark International, Inc., Derivative Litigation* 698 A.2d S. 959. Siehe die Diskussion des Falles unter § 3 III. 2.

528 Siehe oben § 3 III. 2.

529 Vier Fälle sind von einer Freistellung ausgeschlossen: (i) breach of the duty of loyalty, (ii) acts or omissions not in good faith or involving intentional misconduct or knowing violations of law, (iii) unlawful payment of dividends; or (iv) self-interested transactions.

Die gerade dargestellte Entscheidung spricht eher gegen eine Einordnung der Duty of Good Faith als eigene Sorgfaltspflicht. Schließlich übernimmt das Gericht seine alte Rechtsprechung und sagt nicht etwa, dass Verletzungen wie sie beiden Fällen zugrunde lagen, nunmehr als Verletzungen der Duty of Good Faith einzuordnen seien. Das Gericht nimmt die Duty of Good Faith vielmehr als übergeordneten Grundsatz und lässt ihn auf die Duty of Care einwirken.

bb. Der Fall *Walt Disney*

Ähnliches gilt für die zweite Entscheidung zur Duty of Good Faith, den Fall *In re the Walt Disney Company Derivative Litigation*[530]. Hier wurde *Michael Eisner*, dem CEO von *Disney*, vorgeworfen, einem ehemaligen führenden Angestellten ein zu hohes Gehalt gewährt zu haben. Das Arbeitsverhältnis wurde nach etwas weniger als einem Jahr beendet und der Manager *Ovitz* erhielt, je nach Berechnungsmethode, eine Abfindung von bis zu USD 140 Millionen. *Ovitz* und *Eisner* bzw. *Disney* hatten sich auf eine Trennung geeinigt, aber *Eisner* kündigte in der Folge den Vertrag einseitig, was nach einem separaten "Termination Agreement" die Zahlung der hohen Abfindung zur Folge hatte.

Es ging also um Fehlverhalten im Zusammenhang mit der Gewährung von Vergütungen für Manager. Traditionell wurde das Problem der zu hohen Vergütung im Rahmen der Duty of Loyalty diskutiert, weil ein ähnlicher Interessenkonflikt wie bei einer "self-dealing transaction" vorliegt. Im *Disney* Fall war aber die Duty of Loyalty nicht verletzt, weil *Ovitz* nicht im Board of Directors saß und sich *Eisner* nicht an den Beratungen beteiligt hatte. Damit konnten die Kläger die Entscheidung aber nur als "invalid exercise of business judgement" angreifen. Das ist aber eine Verletzung der Duty of Care, so dass wieder eine Freistellung erfolgt wäre, da § 102 (b) (7) Delaware General Corporation Law dies eben bei Verletzungen der Duty of Care zulässt. Genau wie in *Abbott* benutzte das Gericht hier dann die Duty of Good Faith um eine Haftung zu begründen[531]. Auch hier erfolgte aber keine genauere Erläuterung, was alles von der Duty of Good Faith umfasst ist.

b. Versuch einer dogmatischen Zuordnung

Aufgrund dieser Unsicherheit schlossen einige Kommentatoren, dass es sich bei der Duty of Good Faith nicht um eine eigenständige Duty handele[532], sondern dass sie vielmehr als Grundsatzkonzept im Rahmen des traditionellen Haftungsschemas von Duty of Loyalty, Duty of Care und Business Judgement Rule zu

530 825 A.2d S. 275 ff.

531 *In re the Walt Disney Company Derivative Litigation* 825 A.2d S. 275 (286).

532 Für einen Überblick über die Gegenmeinung, siehe *Sale* 89 Cornell Law Rev. S. 456 (483).

berücksichtigen sei[533]. Unterstützung erhält diese Auffassung durch eine Aussage von *Norman Veasey*, der als ehemaliger Chief Justice von Delaware die neueren Entscheidungen in der Good Faith-Rechtsprechung mit formuliert hat und sagt, dass die Frage der rechtlichen Einordnung ungeklärt ist[534]. Da er aber gleichzeitig den Bereich der Duty of Good Faith als eine der bedeutendsten Gebiete des Gesellschaftsrechts bezeichnet, bleibt abzuwarten, wie die Gerichte in Delaware weiter vorgehen werden. Es scheint jedenfalls so zu sein, dass die Gerichte in Delaware die Duty of Faith als den Mechanismus benutzen wollten, mit dem sie die Haftung der Directors verschärfen können. Motivation für diese neue Linie, die ihren Ursprung in der Zeit der Unternehmensskandale der Jahre 2001 und 2002 hatte, könnte auch sein, dass man eine Einmischung des Bundesgesetzgebers im Bereich der Sorgfaltspflichten verhindern möchte[535]. Der Supreme Court von Delaware möchte seine Rolle als Gesetzgeber, die ihm ja im Common Law System zukommt, schützen. Somit steht momentan nur fest, dass die Gerichte in Delaware die Duty of Good Faith als festen Bestandteil in das Haftungsschema aufgenommen haben, ohne dass ein abschließendes Urteil über die dogmatische Einordnung dieser Pflicht treffen lässt.

§ 4 Vergleich von Klagerechten und Haftungsregeln in Deutschland und den USA

Der Vergleich der Klagerechte der Aktionäre im US- amerikanischen Recht einerseits und im deutschen Recht andererseits hat eindeutig ergeben, dass die Aktionäre in den USA erheblich weitergehendere Möglichkeiten haben, per Klage Einfluss auf die Führung der Gesellschaft zu nehmen, als das in Deutschland der Fall ist. Historisch gesehen, gehen diese Differenzen unmittelbar auf das unterschiedliche Grundverständnis hinsichtlich der Rolle der Aktionäre im Gesellschaftsrecht zurück, das in den beiden Ländern vorherrscht. In den USA ist das Gesellschaftsrecht dadurch geprägt, dass die Finanzierung der Gesellschaften zu einem erheblich größeren Maß durch Eigenkapital erfolgt, als das in Deutschland der Fall ist, wo die Finanzierung durch Fremdkapital eine erheblich promi-

---

533 *Griffith* 2004 University of Connecticut Working Papers S. 1 (6): "...the emerging duty of good faith is best understood as a principle of interpretation rather than a substantive standard. Good faith, in other words, is not now and is not likely ever to develop into a distinct line of doctrine involving sub-rules and multi- part tests. Instead, the pattern in the good faith cases is to raise issues under both the duty of care and the duty of loyalty but, rather than following either traditional analysis through to a conclusion, to mix the issues together and, in doing so, identify a basis for liability under the duty of good faith."

534 "...the jurisprudence on good faith is unresolved.", *Veasey* 28 J. Corp. L. S. 441 (448).

535 *Griffith* 2004 University of Connecticut Working Papers S. 1 (7).

nentere Rolle spielt. Als mittelbare Folge dieser Ausrichtung hat sich in den USA das Verständnis durchgesetzt, dass die Gesellschaft in erster Linie dazu verpflichtet ist, die Interessen der Aktionäre zu berücksichtigen, während die Interessen anderer Interessensgruppen fast vollständig in den Hintergrund treten. Das deutsche Gesellschaftsrecht lässt dagegen die stärkere Berücksichtigung der Interessen anderer Stakeholder zu. Prominentestes Beispiel hierfür sind die umfangreichen Regelungen zur Mitbestimmung der Arbeitnehmer, die in den USA in dieser Form unvorstellbar wären.

Vor dem Hintergrund dieser unterschiedlichen Grundstrukturen des Gesellschaftsrechts in Deutschland und den USA ist auch der unterschiedliche Stellenwert zu sehen, den die beiden Systeme den Klagerechten der Aktionäre einräumen. Aufgrund der besonders starken Stellung der Aktionäre im US-amerikanischen Recht ist es nur folgerichtig, dass ihnen besonders weitreichende Klagerechte eingeräumt wurden. Im Gegensatz dazu wurde die Kontrollaufgabe im deutschen Recht von vornherein aus den Händen der Aktionäre genommen und auf das extra zu diesem Zweck geschaffene Kontrollorgan des Aufsichtsrats übertragen. Vor dem Hintergrund dieser Delegation der Überwachungsaufgabe schien es nur konsequent zu sein, Klagerechte der Aktionäre nur in einem geringeren Umfang zuzulassen.

Der gerade beschriebene Unterschied wird nirgendwo deutlicher sichtbar als bei der Möglichkeit zur klageweisen Durchsetzung von Schadensersatzansprüchen der Gesellschaft gegen Mitglieder der Geschäftsführung. Während dieses Recht in den USA selbstverständlich als Einzelklagerecht ausgestaltet wurde, wählte der deutsche Gesetzgeber nur die Form des Minderheitenrechts, weil die Durchsetzung dieser Ansprüche den Aktionären grundsätzlich entzogen ist und dem Aufsichtsrat obliegt. An dieser Einschätzung ändern auch die erneuten Reformbemühungen des deutschen Gesetzgebers in der Form des UMAG nichts. Aufgrund der Tatsache, dass immer noch davon abgesehen wurde, den Aktionären eine Einzelklagebefugnis einzuräumen, wird sich nichts an der grundsätzlichen Einschätzung ändern, dass das Klagerecht der Derivative Suit in den USA weitreichender ist, als die vergleichbaren Befugnisse der Aktionäre im deutschen Recht. Dies gilt auch nach wie vor trotz der dargestellten Probleme mit der Derivative Suit.

Auch bei einer Betrachtung der weiteren Klagerechte ist das Ergebnis des Vergleichs eindeutig. Während im deutschen Aktienrecht neben der Anfechtungsklage nur die negatorische Abwehrklage gegen solche Maßnahmen möglich ist, die in die satzungsmäßige Kompetenz der Hauptversammlung eingreifen, ist im US-amerikanischen Recht vor allem die Class Action Suit zu erwähnen, die trotz der jüngsten Reformen von den Geschäftsleitern in den USA als das wohl schärfste Schwert der Aktionäre betrachtet wird.

Weniger groß als die Unterschiede bei den Klagerechten waren schon vor der Reform durch das UMAG die Unterschiede bei den Haftungsregeln. Diese waren zwar in beiden Systemen jeweils auf diejenigen Kontrollinstitutionen abgestimmt, die zur Durchsetzung der Ansprüche berufen waren. Im deutschen Recht war aber bereits seit längerer Zeit anerkannt, dass der Geschäftsleitung ein Ermessensspielraum zusteht, ähnlich wie dies im US-amerikanischen Recht aufgrund der Business Judgement Rule der Fall ist. Durch die Rezeption dieses Instruments im deutschen Recht sind die Unterschiede weiter nivelliert worden, so dass sie heute als durchaus vergleichbar anzusehen sind.

§ 5 Der Aufsichtsrat als primäre Kontrollinstitution im deutschen Recht

Zur Beurteilung der Frage, ob die Aktionärsklagerechte im deutschen Recht hinreichend ausgestaltet sind, ist eine isolierte Betrachtung der gegebenen Klagemöglichkeiten nicht ausreichend. Es ist vielmehr auch ein Blick auf das Gesamtsystem der Kontrolle erforderlich; dabei stellt sich dann auch die wichtige Frage, welchen Beitrag die Klagerechte der Aktionäre im Gesamtsystem der Kontrolle von Publikumsgesellschafen leisten sollen und leisten können. Dazu ist zunächst die Rolle des Aufsichtsrats, als dem originären Kontrollorgan der Aktiengesellschaft, im System der Kontrolle zu untersuchen.

Die Funktion des Aufsichtsrats innerhalb der Organisationsverfassung der Aktiengesellschaft wird durch die Aufgaben bestimmt, die ihm zugewiesen sind und durch die Mittel, die ihm zur Erfüllung dieser Aufgaben zur Verfügung stehen. Als wichtigste Aufgaben, die der Aufsichtsrat wahrzunehmen hat, lassen sich drei entscheidende Obliegenheiten herausgreifen. Zunächst ist der Aufsichtsrat gemäß § 84 AktG dazu berufen, die personelle Besetzung des Vorstands zu übernehmen, also Bestellung und Abberufung der einzelnen Vorstandsmitglieder vorzunehmen. Die zweite wichtige Aufgabe ist gemäß § 112 AktG die Vertretung der Gesellschaft gegenüber den Vorstandsmitgliedern. Schließlich ist der Aufsichtsrat gemäß § 111 Abs. 1 AktG dazu berufen, die Geschäftsführung zu überwachen. Die letztgenannte Aufgabe ist die zentrale und entscheidend funktionsdefinierende Aufgabe[536].

Die Wahrnehmung von Kontrollaufgaben ist aber nicht nur die zentrale Obliegenheit des Aufsichtsrats, der Aufsichtsrat ist innerhalb der Gesellschaft auch gleichzeitig die zentrale Instanz der Kontrolle[537]. Als Konsequenz ergibt sich daraus zwangsläufig, dass die Qualität der Kontrolle von Publikumsgesellschaften nach deutschem Recht entscheidend von der Leistung des Aufsichtsrats abhängt. Diese Einschätzung stellt auch die Regierungskommission Corporate Governance, die den Aufsichtsrat als das zentrale Organ für eine gute Corporate Governance einordnet[538], ihren Ausführungen über den Aufsichtsrat voran. Dementsprechend liegt auch ein Schwerpunkt des Corporate Governance Kodex

---

536 *Henn*, Hdb. des Aktienrechts Rz. 610; *K. Schmidt* GesR S. 827; *Kübler* GesR S. 189.

537 So wird der Aufsichtsrat teilweise als „das Kontrollorgan" der Aktiengesellschaft bezeichnet, KölnKomm-*Mertens* Vorb. § 95 Rz. 1.

538 Bericht der Regierungskommission Corporate Governance Rz. 48.

auf den Regelungen über den Aufsichtsrat[539], die von den Unternehmen auch bereits zu einem großen Teil berücksichtigt werden[540].

Vor diesem Hintergrund ist nun zu prüfen, ob der Aufsichtsrat der ihm zugedachten Funktion gerecht werden kann, ob er also in der Lage ist, für eine ausreichende Kontrolle von Publikumsgesellschaften zu sorgen oder ob Lücken im System der Überwachung bestehen. Dazu ist zunächst zu untersuchen, in welchem Umfang und in Bezug auf welche Maßnahmen die einzelnen gewährten Kontrollkompetenzen überhaupt zum Tragen kommen und welcher Maßstab dabei anzulegen ist. Nachfolgend ist zu prüfen, welche Rolle die weiteren Beratungs- und Mitentscheidungsbefugnisse, die dem Aufsichtsrat zustehen, im Gefüge der Kontrolle spielen können. Schließlich stellt sich noch die Frage, ob die Aufsichtsräte ihrer inneren Struktur nach dafür geeignet sind, die ihnen gestellten Aufgaben zu erfüllen.

I. Die Kontrolle als primäre Aufgabe des Aufsichtsrats

1. Überwachungsumfang und –inhalt

Die allgemeine Kompetenznorm des § 111 Abs. 1 AktG trifft selbst keine detaillierte Regelung hinsichtlich Umfang und Inhalt der Kontrollaufgabe[541]. Grund für das Fehlen einer allgemeinen Normierung von Überwachungsumfang und -inhalt ist die Tatsache, dass es nicht ohne weiteres möglich ist, eine allgemeingültige Regelung zu treffen, die unabhängig von Art oder Lage des einzelnen Unternehmens, zutreffend ist[542]. Ziel des Aufsichtsrats sollte es sein, die Kontrolle so auszurichten, dass sie die Wahrung der Interessen von Aktionären und Gläubigern gewährleistet. Was im Einzelnen erforderlich ist, um dieses Ziel zu erreichen, gibt dementsprechend dem Aufsichtsrat den Überwachungsumfang und –inhalt vor. Somit lässt sich die Kontrollkompetenz des Aufsichtsrats zumindest teilweise aus der ihm übertragenen Aufgabe ableiten. Da aber auch die Vorgabe des Aktionärs- und Anlegerschutzes letztlich mehr eine Zielrichtung für die Kontrolle vorgibt, als ihr klare Inhalte zu verleihen, ist diese Erkenntnis

---

539 Siehe hierzu insbesondere *Ulmer* ZHR 166 S. 150 (155 f.)

540 Die große Ausnahme war die Regelung zu den Vergütungen von Vorstand und Aufsichtsrat, die von mehr als der Hälfte der DAX-Unternehmen bei der Abgabe der Entsprechenserklärung gemäß § 161 AktG ausgeklammert wurde, so dass es zu einer gesetzlichen Offenlegungspflicht durch das VorstOG kam. Zu der Beachtung der anderen Regelungen, siehe die Zahlen bei *Theisen/Raßhofer* DB 2007 S. 1317 ff., *von Werder/Talaulicar* DB 2006 S. 849 ff., *Oser/Orth/Wader*, DB 2003 S. 1337 (1339) und die Internetseite der Regierungskommission Deutscher Corporate Governance Kodex unter www.corporate-governance-code.de.

541 Vgl. *Steinbeck* S. 80; *Semler* in Münch-Komm zum AktG § 111 Rz. 1.

542 *Semler* BFuP 1977 S. 519 ff.; *Steinbeck* S. 80.

für die konkrete Festlegung des Gegenstands der Kontrolle nur von eingeschränktem Nutzen.

Eine handhabbarere Präzisierung des Kontrollgegenstands kann aus dem Begriff der Geschäftsführung abgeleitet werden. Unabhängig davon, wie man den Begriff der Geschäftsführung in § 111 Abs. 1 AktG im Verhältnis zum Begriff der Geschäftsleitung in § 76 Abs. 1 AktG einordnet[543], steht fest, dass mit der Überwachung der Geschäftsführung in § 111 Abs. 1 AktG keinesfalls eine Überwachung der Geschäftsführung in allen Zweigen der Verwaltung gemeint sein kann[544]. Dies wäre nicht nur vom bloßen damit verbundenen Arbeitsaufwand kaum zu bewältigen, sondern ginge auch an der eigentlichen Aufgabe des Aufsichtsrats vorbei. Dieser soll nämlich nicht in die alltägliche Geschäftsführung verwickelt werden, sondern vielmehr den Vorstand beim Treffen und Durchsetzen von grundsätzlichen Leitungs- und Führungsmaßnahmen kontrollieren[545].

a. Die Berichtspflichten des Vorstands

Einige konkrete Gegenstände der Überwachung sind durch das Gesetz vorgegeben. So unterliegen jedenfalls die Berichte, die der Vorstand gemäß § 90 Abs. 1 Nr. 1-4 AktG anfertigen muss, der Kontrolle des Aufsichtsrats. Wenn das Gesetz eine Rechenschaftspflicht des Vorstands gegenüber dem Aufsichtsrat festlegt, ist daraus in der Konsequenz zu schließen, dass der Inhalt der Berichte eine Grundlage des Kontrollgegenstandes beschreibt[546].

Wie wichtig die ausreichende Versorgung mit Informationen für eine sinnvolle Ausübung von Überwachungsfunktionen ist, wurde bereits im Zusammenhang mit den Klagerechten der Aktionäre diskutiert[547]. Das Bedürfnis der Versorgung mit Informationen besteht beim Aufsichtsrat ebenfalls, da ja auch hier

543 Hier wird teilweise vertreten, dass der Begriff der Geschäftsleitung weiter auszulegen sei, als derjenige der Geschäftsführung, *Meyer-Landrut* in Großkommentar zum AktG § 76 Rz. 2. Daraus ergebe sich, dass der Aufsichtsrat nicht alle Maßnahmen des Vorstands zu überprüfen habe. Andere wollen § 111 Abs. 1 AktG dahingehend modifizieren, dass nicht die Geschäftsführung, sondern vielmehr die Geschäftsleitung zu überwachen sei. Letztlich ist der Meinung zuzustimmen, die den Begriff der Geschäftsleitung mit dem der Geschäftsführung gleichsetzen will, *Steinbeck* S. 81; *Hefermehl/Spindler* in Münch-Komm zum AktG § 111 Rz. 95; *Hoffmann-Becking* in Münchener Hdb. des GesR § 29 Rz. 23.

544 *Lutter/Krieger* Rz. 63.

545 BGHZ 114 S. 127 (130); *Boujong* AG 1995 S. 203 (204); *Hoffmann-Becking* in Münchener Hdb. des GesR § 29 Rz. 23.

546 *Semler* in Münch-Komm zum AktG § 111 Rz. 97; *Lutter/Krieger* Rz. 64; *Lutter* AG 1991 S. 249 (253).

547 Siehe hierzu insbesondere die Ausführungen unter § 1 und § 2.

die Mitglieder nicht an der Geschäftsführung der Gesellschaft beteiligt sind. Aufgrund dieser Distanz zwischen Überwachung und Geschäftsleitung wird teilweise die Effizienz der Kontrolle im dualistischen System angezweifelt[548]. Die Vorstandsberichte sollen zur Behebung dieses Informationsdefizits beitragen, auch wenn hier immer die unglückliche Situation besteht, dass der Überwacher auf Informationen des zu Überwachenden zurückgreifen muss[549].

Die Inhalte der zu erstellenden Berichte bieten auch einen Anhaltspunkt dafür, was der Aufsichtsrat mindestens beachten muss, um seiner Aufsichtspflicht gerecht zu werden. Kontrolliert er die ihm erstatteten Berichte sorgfältig, ist er im Wesentlichen seiner Kontrolltätigkeit nachgekommen[550]. Ist die Gesellschaft allerdings in einer Krise, kann aber auch eine Situation eintreten, in der ein erheblich höheres Maß an Kontrolle und Überwachung notwendig ist[551].

b. Die Reform der Berichtspflichten

aa. Unternehmensplanung und „follow-up-Berichterstattung"

Im Hinblick auf den Umfang der Berichtspflicht haben sich in den letzten zehn Jahren einige Änderungen ergeben, die dazu geführt haben, dass die Berichtspflicht des Vorstands nun detaillierter geregelt ist und dem Aufsichtsrat eine bessere und konstantere Versorgung mit Informationen garantiert. Die zentrale Berichtspflicht betrifft die Geschäftspolitik und die Unternehmensplanung und ist in § 90 Abs. 1 Satz 1 Nr. 1 AktG geregelt. Die Kenntnis über diese beiden Bereiche ist für die Wahrnehmung der Überwachungsaufgabe durch den Aufsichtsrat unverzichtbar[552]. Insbesondere auf die Rechenschaftspflicht hinsichtlich der Unternehmensplanung wurde in den letzten Jahren besonderes Augenmerk gelegt. Hintergrund dieser Entwicklung ist die Wendung zu einer stärker zukunftsorientierten Kontrolle der Geschäftsführung durch den Aufsichtsrat, die nun durch die entsprechend angepasste Berichtspflicht reflektiert wird.

Bereits ein Urteil des Bundesgerichtshofs aus dem Jahr 1991 legte fest, dass sich die Kontrolle des Aufsichtsrats nicht auf in der Vergangenheit liegende, abgeschlossene Vorgänge beschränkt, sondern dass auch zukünftige Maßnahmen, die noch im Stadium der Planung stehen, bereits vom Aufsichtsrat überprüft und gegebenenfalls auch beanstandet werden können[553]. Spätestens seit

---

548 Siehe *Horn* DB 2005 S. 147 (150) mit weiteren Nachweisen.

549 Auf dieses Problem weist auch *Roth*, AG 2004 S. 1 (2), hin. Zu den vorstandsunabhängigen Informationsmöglichkeiten des Aufsichtsrats, siehe unten § 8 I.

550 BGHZ 114 S. 127 (129 f.); Hommelhoff in FS für Stimpel S. 603 (605).

551 *Nirk* in FS Boujong S. 393 (398); *Thümmel* BB 2002 S. 1105 (1106).

552 *Hefermehl/Spindler* in Münch-Komm zum AktG § 90 Rz. 15.

553 BGHZ 114 S. 127 (129).

dem obengenannten Urteil des Bundesgerichtshofs stellte die Änderung des § 90 Abs. 1 Nr. 1 AktG aber weniger eine Rechtsänderung dar, sondern war vielmehr die „konkretisierende Ausformulierung einer Selbstverständlichkeit“[554]. Unklarheiten bestehen in diesem Bereich heute nur noch hinsichtlich des Detailgrades, mit dem die Berichterstattung auf diesem Gebiet erfolgen muss[555].

Ergänzt wurde die Berichtspflicht des § 90 Abs. 1 Satz 1 Nr. 1 AktG erneut durch das TransPuG im Jahr 2002, das die Berichtspflicht um die sogenannte „follow-up-Berichterstattung“ ergänzt. Die Regelung zwingt den Vorstand dazu, auf Abweichungen der tatsächlichen Geschäftsentwicklung von den ursprünglichen Planungen des Unternehmens hinzuweisen und zu diesen eine entsprechende Stellungnahme abzugeben. Der Blick auf den Abgleich von ursprünglichen Planungen und tatsächlichen Entwicklungen ist geeignet, die Arbeit des Vorstands transparent zu machen. Dies gilt auch, weil dieser die Möglichkeit und die Pflicht hat, erläuternd zu eventuellen Abweichungen Stellung zu nehmen[556]. Während dieser Aspekt nach der h. M. schon vor der jüngsten Gesetzesänderung zum Umfang der Berichtspflicht gehörte[557], wurde diese Frage nunmehr positiv geregelt, da die Pflicht nach Einschätzung des Gesetzgebers nicht ausreichend beachtet wurde[558].

bb. Weitere Änderungen der Berichtspflichten

Zu diesen Änderungen im Bereich der Berichtspflicht zur Unternehmensplanung kommen noch einige weitere Änderungen in diesem Bereich, die der Notwendigkeit der ausreichenden Versorgung des Aufsichtsrats mit Informationen Rechnung tragen. Zunächst ist hier die Regelung des § 90 Abs. 4 Satz 2 AktG zu erwähnen, die bestimmt, dass die Berichte möglichst rechtzeitig und in Schriftform zu erstatten sind[559]. Die Formulierung, dass die Berichte „möglichst rechtzeitig“ zu erstatten seien, bedeutet insbesondere, dass die Berichte den Mitglie-

---

554 *Claussen* DB 1998 S. 177 (181); *Nirk* in Handbuch der Aktiengesellschaft Bd. 1 Rz. 739.

555 Siehe zu diesem Problem die ausführliche Darstellung bei *Hefermehl/Spindler* in Münch-Komm zum AktG § 90 Rz. 16.

556 *Knigge* WM 2002 S. 1729 (1731).

557 *Götz* NZG 2002 S. 599 (600); *Ihrig* BB 2002 S. 789 (793); *Knigge* WM 2002 S. 1729 (1731).

558 Begründung zum TransPuG BT Drucksache 14/8769 S. 13.

559 Von dem Erfordernis der Textform kann jedoch abgewichen werden, wenn besondere Umstände dies erfordern, *Hefermehl/Spindler* in Münch-Komm zum AktG § 90 Rz. 9. Ist also etwa ein besonders vertraulicher Vorgang Gegenstand eines Berichts, ist es nach wie vor möglich, den Bericht erst mündlich zu erstatten und erst dann schriftlich zu fixieren, wenn dies opportun ist, *Seibert* NZG 2002 S. 608 (610).

dern des Aufsichtsrats im Regelfall vor der entsprechenden Aufsichtsratssitzung zur Verfügung stehen sollen[560].

Zu diesen Änderungen im technischen Bereich der Berichterstattung des Vorstands kommt noch eine weitere Änderung hinzu, die die Unabhängigkeit des einzelnen Aufsichtsratsmitgliedes im Hinblick auf seine Möglichkeiten, Zugang zu den relevanten Informationen zu bekommen, stärken soll. Abweichend von der bisherigen Regelung ist es nunmehr jedem Aufsichtsratsmitglied einzeln möglich, Berichte des Vorstands anzufordern. Dieses Recht räumt § 90 Abs. 3 Satz 2 AktG mit der Einschränkung ein, dass eine Berichterstattung nur an den gesamten Aufsichtsrat verlangt werden kann[561].

Insgesamt erscheinen die Änderungen der Berichtspflichten geeignet zu sein, einen besseren Fluss von Informationen zwischen dem Vorstand und dem Aufsichtsrat einer Gesellschaft zu gewährleisten. Da die Versorgung mit Informationen in direkten Zusammenhang mit der Qualität der Überwachungstätigkeit des Aufsichtsrats steht, sind diese verbesserten Berichtspflichten bei der Frage nach der Qualität der Überwachung durch den Aufsichtsrat und der Frage nach der Notwendigkeit des Ausbaus der weiteren Kontrollmitteln, wie den Aktionärsklagerechten, mit zu berücksichtigen.

2. Beratung des Vorstands durch den Aufsichtsrat per „ständiger Diskussion“

Das gerade angesprochene Urteil, in dem der Bundesgerichtshof zur zeitlichen Dimension der Überwachung und der Einbeziehung zukünftiger Vorgänge in die Kontrolle, Stellung bezogen hat, gibt noch eine weitere Richtungsbestimmung vor. Eine umfassende Kontrolle des Vorstands bezogen auf abgeschlossene, aber gerade auch auf zukünftige Vorgänge sei nur dann sinnvoll möglich, wenn der Aufsichtsrat ein Verhältnis der laufenden Beratung mit dem Vorstand eingehe[562]. Diese laufende Beratung muss nach der Auffassung des Gerichts im Wege einer ständigen Diskussion zwischen Vorstand und Aufsichtsrat erfolgen[563]. Die Figur der laufenden Beratung durch eine ständige Diskussion sei am ehesten

---

560 *Götz* NZG 2002 S. 599 (601).

561 Zu den möglichen Missbrauchsgefahren, die aus diesen umfangreichen Kompetenzen resultieren, siehe die ausführliche Diskussion bei *Hefermehl/Spindler* in Münch-Komm zum AktG § 90 Rz. 38.

562 Zu beachten ist, dass die laufende Beratung des Vorstands in Bezug auf Leitungs- und Führungsmaßnahmen nur eine von drei möglichen Arten der Präventivkontrolle ist. Es handelt sich hierbei um die sog. begleitende Überwachung, *Henze* BB 2000 S. 209 (214).

563 BGHZ 114 S. 127 (130).

geeignet, eine wirkungsvolle Präventivkontrolle zu gewährleisten[564]. Dem letzten Satz ist insoweit zuzustimmen, als es außer Frage steht, dass die effektivste Möglichkeit, eine Entscheidung zu kontrollieren, darin besteht, dass sie schon durch eine Teilnahme an der Beratung zur Entscheidungsfindung von vornherein mitgestaltet oder zumindest mitbeeinflusst wird.

In dem Konzept der laufenden Beratung verbirgt sich aber ein Problem, dass für die vorliegende Untersuchung von erheblicher Bedeutung ist. Wenn der Aufsichtsrat zum Vorstand in einem so engen Verhältnis steht, wie es eine sinnvolle und effektive Beziehung laufender Beratung für zukünftige Entscheidungen erfordert, rücken dadurch Aufsichtsrat und Vorstand sehr nah zusammen, so dass die Unabhängigkeit des Aufsichtsrats, die ja einer der wichtigsten Vorzüge des zweistufigen Systems ist, gefährdet erscheint. Aus diesem Grund wurde eine enge Beziehung zwischen Aufsichtsrat und Vorstand teilweise früher schon kritisch gesehen. Nach der Feststellung des BGH, eine umfassende Kontrolle sei wirksam nur durch eine ständige Diskussion von Aufsichtsrat und Vorstand erreichbar, die zumindest in dieser Eindeutigkeit neu war[565] und den gesetzlichen Änderungen im Bereich der Berichtspflichten sind diese Bedenken aktueller denn je, da gerade auch in jüngerer Zeit die Aufsichtsräte besonders in den Mittelpunkt der Kritik geraten sind, was an den Fällen *Siemens* und *Volkswagen* besonders deutlich geworden ist[566]. Die Kernfrage in diesem Zusammenhang ist, ob eine derartig enge Beziehung zwischen Aufsichtsrat und Vorstand insgesamt wirklich eine Verbesserung der Unternehmensüberwachung erbringen kann[567]. Bei der Beurteilung dieser Frage sind auch die jüngeren Entwicklungen in der internationalen Unternehmenslandschaft und die Bemühungen des US-amerikanischen Gesetzgebers, den Kontrolleuren der Geschäftsführung ein größeres Maß an Unabhängigkeit zu gewähren, mit zu berücksichtigen.

a. Verstoß gegen § 111 Abs. 4 Satz 1 AktG?

§ 111 Abs. 4 AktG liegt der Gedanke zugrunde, dass eine gute Kontrolle eine gewisse Distanz zwischen Handelndem und Kontrolleur erfordert. Durch die scharfe Kompetenzabgrenzung zwischen dem Vorstand als Geschäftsführungsorgan und dem Aufsichtsrat als Überwachungsorgan, die es nicht gestattet, dem

---

564 BGHZ 114 S. 127 (130).

565 *Nirk* in FS Boujong S. 393 (398).

566 Titelthema des Manager-Magazins, 03/2007: „Aufstand der Aktionäre – Die Aufsichtsräte der deutschen Vorzeigefirmen stehen im Feuer wie nie zuvor".

567 Vgl. hierzu auch die teilweise eher kritischen Darstellungen bei *Steinmann/Klaus* AG 1987 S. 29 ff.; *Scheffler* ZGR 1993 S. 63 (69); *Eisenhardt* GesR Rz. 555 f.; *Henn* in Hdb. des Aktienrechts Rz. 612; *Götz* AG 1995 S. 193 (196); *Theisen* AG 1995 S. 193 (199).

Aufsichtsrat Aufgaben der Geschäftsführung zu übertragen[568], soll sichergestellt werden, dass die Interessen der Aktionäre gegenüber dem Vorstand ausreichend gewahrt bleiben[569]. Es wurde bereits vor der eben zitierten Entscheidung des BGH teilweise kritisiert, dass in der Unternehmenspraxis die Rolle des Aufsichtsrats teilweise deutlich über das im Gesetz angelegte Betätigungsfeld der Überwachung hinausgeht[570]. Es wurde beklagt, dass teilweise im frühen Stadium von echten Leitungsmaßnahmen ein beratendes Einwirken des Aufsichtsrats zu beobachten sei, so dass man im Ergebnis von einer de facto Einbindung des Aufsichtsrats in die Geschäftsführung sprechen könne[571]. Damals wurde das Beraten des Vorstands bei Leitungsmaßnahmen als ein Zwingen des Aufsichtsrats in die Geschäftsführung und damit in der Konsequenz als Verstoß gegen das Prinzip der Trennung von Geschäftsführung und Überwachung und damit auch gegen § 111 Abs. 4 AktG eingestuft. Vor dem Hintergrund des, durch das BGH-Urteil[572] herbeigeführten, neuerlichen Zusammenrückens von Vorstand und Aufsichtsrat, könnte man die Frage stellen, ob die dort vorgenommen Definition der Beratungsaufgabe nicht wegen einer solchen de facto Einbindung des Aufsichtsrats in die Geschäftsführung über das durch § 111 Abs. 4 AktG vorgegebene System hinausgeht und somit in der Konsequenz abzulehnen ist[573].

Der gerade angestellten Überlegung ist jedoch entgegenzuhalten, dass ihr ein nicht sachgerechtes Verständnis von der – allerdings besonders schwierigen – Abgrenzung[574] zwischen Überwachung und Leitung zugrunde liegt. Richtig verstanden bedeutet die laufende Beratung des Vorstands durch den Aufsichtsrat im Wege der ständigen Diskussion keine Einbindung des Aufsichtsrats in die Geschäftsführung. Die Leitungsautonomie des Vorstands wird durch die ständige Diskussion zwischen Aufsichtsrat und Vorstand nicht angetastet[575]. Auch soll der Aufsichtsrat nicht zum „ständigen Schatten" des Vorstands werden[576]. Schließlich ist durch die Annäherung des Aufsichtsrats an den Vorstand auch keine Entwicklung bezweckt worden, die letztlich eine Angleichung des deutschen dualistischen Systems an das angloamerikanische Board-System zum Ziel hat[577]. Das Verwischen der Grenze zwischen Geschäftsführung einerseits und

---

568 Vgl. hierzu die Ausführungen bei *Henn* in Hdb. des Aktienrechts Rn. 619; KölnKomm-*Mertens* § 111 Rz. 59.

569 So schon *Mestmäcker*, Verwaltung, Konzerngewalt und Rechte der Aktionäre S. 80.

570 *Schreyögg* AG 1983 S. 278; *Mestmäcker*, Verwaltung, Konzerngewalt und Rechte der Aktionäre S. 95 f.

571 *Gutenberg* ZfB 1970 Ergänzungsheft S. 1 (4 ff.); *Schreyögg* AG 1983 S. 278.

572 BGHZ 114 S. 127.

573 Vgl. zu dieser Problematik auch Henn in Hdb. des Aktienrechts Rz. 612.

574 Schreyögg AG 1983 S. 278 (279).

575 *Boujong* AG 1995 S. 203 (205).

576 *Boujong* AG 1995 S. 203 (205).

577 *Boujong* AG 1995 S. 203 (205).

Überwachung andererseits ist in dem Konzept der ständigen Diskussion zur Verbesserung der Beratung also jedenfalls nicht grundsätzlich angelegt. Das Problem der übermäßigen Einbindung des Aufsichtsrats bzw. einzelner Mitglieder dieses Organs mag zwar teilweise bestehen und ist letztlich auch mit dem Gesetz nicht in Einklang zu bringen; der Schluss jedoch, dass dies durch eine engere Kontrollanbindung des Aufsichtsrats an den Vorstands herausgefordert würde, ist aber aufgrund dieses Vortrags noch nicht gerechtfertigt.

b. Interessenvermischung zwischen Aufsichtsrat und Vorstand

Wenn das Modell der ständigen Diskussion nicht gegen § 111 Abs. 4 AktG verstößt, so bleibt dennoch zu prüfen, ob diese Konstruktion aus kontrollrechtlicher Sicht tatsächlich zu befürworten ist. Dafür spricht, dass ein Aufsichtsrat, der ständig mit dem Vorstand kommuniziert, besonders gut über alle wichtigen Vorgänge unterrichtet ist, die das Unternehmen betreffen. Diese Überlegung war auch bei der Änderung des § 90 Abs. 1 AktG im Rahmen des KonTraG und zuletzt durch das TransPuG ausschlaggebend. Durch die Aufnahme des Begriffs der Unternehmensplanung in den § 90 Abs. 1 Nr. 1 AktG sollte sichergestellt werden, dass dem Aufsichtsrat das Maß an Informationen zur Verfügung steht, das notwendig ist, um den Vorstand im Sinne einer ex-ante-Kontrolle zu beraten[578]. Exemplarisch wird in der Gesetzesbegründung zum KonTraG die Aufstellung von Mehrjahres- bzw. Unternehmensplänen genannt[579], die den Aufsichtsrat in einer ihn für seine Aufgabenerfüllung qualifizierenden Weise informieren sollen.

Es gibt aber auch problematische Konsequenzen, die sich aus einer besonderen Nähe zwischen Vorstand und Aufsichtsrat ergeben. Zunächst ist auf den Hinweis einzugehen, demzufolge die laufende Beratung des Vorstands durch den Aufsichtsrat die Folge nach sich zieht, dass sich das Misstrauen des Aufsichtsrats gegenüber dem Vorstand verringere, was letztlich zu einer Einbuße in der Qualität der Überwachung insgesamt führe[580]. Dieser Vorwurf bedarf besonders nach den jüngsten Entwicklungen im US-amerikanischen Recht einer neuen Beurteilung[581]. Diese Einschätzung geht von der Prämisse aus, dass der Aufsichtsrat vor dem jeweiligen Beginn der Zusammenarbeit nicht mit Sicherheit in der Lage ist, eine funktionierende Kooperation mit dem Vorstand herbeizuführen, weil er die Art und Weise der Wahrnehmung der Vorstandsrolle durch die Vorstandsmitglieder nicht ausreichend vorbestimmen oder auch nur vorher-

578 Begründung zum KonTraG BT Drucksache 13/9712 S. 15.
579 Begründung zum KonTraG BT Drucksache 13/9712 S. 15.
580 *Steinmann/Klaus* AG 1987 S. 29 (33).
581 Zu diesen Veränderungen siehe die ausführliche Darstellung unten unter § 6 II.

sehen kann[582]. Da der Aufsichtsrat also das Verhalten des Vorstands nicht mit Sicherheit steuern kann, weiß er auch nicht, ob sich der Vorstand ordnungsgemäß verhalten wird oder nicht. Er hat nun zwei Möglichkeiten, dieser Unsicherheit zu begegnen. Entweder gibt er dem Vorstand eine Art Vertrauensvorschuss und verlässt sich auf dessen ordentliche Pflichterfüllung, oder die zwangsläufige Unsicherheit gegenüber dem Vorstand führt zu einem Misstrauensverhältnis[583]. Im ersten Fall kann sich der Aufsichtsrat auf ein geringes Maß an Überwachung beschränken, die dann eine relativ unkritische und rückblickende Überwachung im Sinne einer reinen Rechtmäßigkeitskontrolle sein kann. Im Falle des Misstrauens ist er dagegen gezwungen, das Handeln des Vorstands genau und zeitnah zu beobachten, um jederzeit eingreifen zu können, so dass schwerere Verfehlungen nicht unbemerkt geschehen bzw. bestehen bleiben können.

Im Sinne einer effektiven Kontrolle ist es natürlich besser, wenn sich der Aufsichtsrat für die letztgenannte Variante und damit für die intensivere Form der Kontrolle entscheidet und dem Vorstand gegenüber von Anfang an ein gewisses Maß an Misstrauen aufbringt. Das Konzept der laufenden Beratung durch eine ständige Diskussion hat nun aber zur Folge, dass eben dieses wünschenswerte Maß an Misstrauen durch die engere Verbindung von Aufsichtsrats- und Vorstandsmitgliedern schwieriger aufzubringen sein wird. Die Interessen des Aufsichtsrats werden mit den Interessen des Vorstands vermischt, weil der Aufsichtsrat, trotz der ausschließlichen Verantwortlichkeit des Vorstands für die getroffenen Geschäftsführungsentscheidungen, zumindest subjektiv das Gefühl haben wird, dass er an der Entscheidung beteiligt war. In der Konsequenz ist dann davon auszugehen, dass sich der Aufsichtsrat bei fehlendem Misstrauen auf die weniger intensive und kritische Form der Überwachung zurückzieht, weil er dem Vorstand eher vertraut. Bei Fehlern, die der Vorstand in den Bereichen machen würde, in denen er sich mit dem Aufsichtsrat berät, wäre damit die Gefahr der Nichtaufdeckung von Fehlleistungen bzw. Fehlentwicklungen aufgrund der fehlenden Unabhängigkeit erhöht. Dies ist besonders problematisch, wenn man sich vor Augen hält, dass mit den in § 90 Abs. 1 AktG erwähnten Bereichen, die ja die Grundlage dessen bilden, was den Gegenstand der Kontrolle und dementsprechend auch der Beratung des Aufsichtsrats ausmacht[584], gerade die wichtigsten Bereiche der Unternehmensführung betroffen sind.

c. Differenzierung zwischen ex-ante und ex-post Kontrolle

Für eine abschließende Beurteilung der Auswirkungen der jüngsten Veränderungen auf die Qualität der Kontrolle ist eine Unterscheidung zwischen der ex-

---

582 Siehe hierzu auch die ausführliche Herleitung und Begründung bei *Steinmann/Klaus* AG 1987 S. 29 (31).

583 *Steinmann/Klaus* AG 1987 S. 29 (31).

584 Siehe oben § 5 I. 1.

ante Überwachung einerseits und der ex-post Überwachung andererseits erforderlich. Die positiven Konsequenzen der ständigen Diskussion zwischen Vorstand und Aufsichtsrat für die begleitende Überwachung dürften außer Frage stehen. Der verbesserte Informationsstand ermöglicht es dem Aufsichtsrat, seine Verpflichtungen im Rahmen der ex-ante Kontrolle besser wahrzunehmen, was letztlich für die Gesellschaft den positiven Effekt hat, dass eventuelle Fehlentwicklungen schneller erkannt werden können, so dass der durch sie entstehende Schaden besser begrenzt werden kann. Die negativen Konsequenzen des nunmehr engeren Verhältnisses zwischen Aufsichtsrat und Vorstand dürften dagegen eher im Bereich der ex-post Kontrolle eine Rolle spielen. Hier könnte der Verlust des natürlichen Misstrauens und die möglicherweise beeinträchtigte Unabhängigkeit der Aufsichtsratsmitglieder zu einem Nachteil hinsichtlich der Qualität der nachgelagerten Kontrolle führen.

Diese rückblickende Kontrolle gehört nicht nur, wie sich schon aus § 90 Abs. 1 Nr. 2 und 3 AktG ergibt, immer noch zu den zentralen Aufgaben des Aufsichtsrats[585], sondern bildet als eine Art Mindestmaß gleichzeitig den Kern der Kontrolle. Die Schwächung der ex-post Kontrolle liegt nun darin, dass der Aufsichtsrat mehr in die Entscheidungsfindung innerhalb der Gesellschaft involviert wird. Daraus resultiert die Gefahr, dass die Mitglieder des Aufsichtsrats zumindest versucht sein werden, zurückliegende Fehlleistungen des Vorstands nicht in ihrer vollständigen Breite und Relevanz aufzudecken, weil sie sie oftmals zumindest subjektiv auch als eine eigene Entscheidung ansehen[586]. Damit bleibt festzuhalten, dass die zweifelsfreie Stärkung und Verbesserung der ex-ante-Kontrolle somit eine Gefahr für die Effektivität der ex-post-Kontrolle darstellt, da ein Teil der Unabhängigkeit des Aufsichtsrats für die Stärkung der ex-ante Kontrolle durch eine bessere Versorgung mit Informationen geopfert wird.

In der Konsequenz stellt sich dann aber die Frage nach der Notwendigkeit der Stärkung anderer Kontrollinstitutionen. Mit Hinweis auf die Trennung von Überwachung und Geschäftsleitung im deutschen Zweistufenmodell wurden bisher oft Forderungen nach dem Ausbau bzw. der Schaffung weiterer Kontrollinstanzen zurückgewiesen[587]. Dies betrifft insbesondere auch die Aktionärsklagerechte wie sie aus dem US-amerikanischen Recht bekannt sind. Auch wenn bei

---

585 *Henze* BB 2005 S. 165; *Hüffer* AktG § 111 Rz. 4; *Bea/Scheurer* DB 1994 S. 2145 (2151).

586 *Lutter/Krieger*, Rz. 96 Fn. 4, weisen darauf hin, dass sich die Mitglieder des Aufsichtsrats des eingeschränkten Misstrauens und der damit verbundenen eingeschränkten Objektivität gegenüber dem Vorstand bewusst sein müssen. Ließe sich ein Misstrauen aufrechterhalten, so würde auch keine Einschränkung bei der Verfolgung von Fehlverhalten des Vorstands drohen. Die Fähigkeit zur Aufrechterhaltung des Misstrauens erscheint aber gerade zweifelhaft.

587 Vgl. hierzu *Baums* ZIP 1995 S. 11 (15).

der Schaffung des Modells der laufenden Beratung keinesfalls die Überlegung im Mittelpunkt stand, das deutsche System einen Schritt in Richtung des US-amerikanischen einstufigen Systems zu lenken oder gar dessen Übernahme für das deutsche Recht zu propagieren[588], so ist – wie ja nicht zuletzt die teilweise in diese Richtung gehende Interpretation zeigt[589] – doch die Frage zu diskutieren, ob alternative Kontrollinstanzen gestärkt werden sollten. Dies gilt umso mehr, wenn man die Problematik aus der Perspektive der Publikumsgesellschaften betrachtet, weil hier, aufgrund der praktisch ausschließlichen Kontrolle durch den Aufsichtsrat[590], durch die Schwächung von dessen Beitrag zur ex-post-Kontrolle keine wirksame Kontrolle außerhalb der Geschäftsleitung mehr übrig bleibt.

3. Maßstab der Kontrolle

Die vom Aufsichtsrat durchzuführende Kontrolle beschränkt sich nicht auf eine reine Rechtmäßigkeitskontrolle. Der vom Gesetz erteilte Prüfungsauftrag ist vielmehr als umfassender Überwachungsauftrag zu verstehen. So hat der Aufsichtsrat das Handeln der Geschäftsführung neben einer Prüfung der Rechtmäßigkeit auch einer Zweckmäßigkeits- und Wirtschaftlichkeitsprüfung zu unterziehen[591]. Die Prüfung der Rechtmäßigkeit[592] der Geschäftsführung umfasst in erster Linie die Kontrolle, ob die Mitglieder des Vorstands bei der Wahrnehmung ihrer Aufgaben die Sorgfalt eines ordentlichen Geschäftsmannes haben walten lassen und ob sie solche Maßnahmen unterlassen haben, die mit dem Gesetz oder der Satzung der Gesellschaft nicht in Einklang zu bringen sind[593]. Als weiteren Aspekt der Kontrolle hat der Aufsichtsrat die Zweckmäßigkeit des Handelns des Vorstands zu überprüfen. Dies umfasst eine Prüfung der Leitlinien

---

588 Vgl. den entsprechenden Hinweis bei *Boujong* AG 1995 S. 203 (205).

589 *Boujong* AG 1995 S. 203 (205) bezeichnet die diesbezüglichen Äußerungen in der Literatur – vgl. *Hoffmann* Rz. 105, 324 - als Missverständnisse. Bereits die Tatsache, dass diese Missverständnisse möglich waren, unterstützt jedoch die dargestellte Argumentation, es sei eine Einschränkung bei der Trennung von Geschäftsleitung und Kontrollorgan zu verzeichnen.

590 Begründung zum KonTraG BT Drucksache 13/9712 S. 16.

591 BGHZ 114 S. 127 (129f.); *Nirk* in FS Boujong S. 394 (399); *Henze* NJW 1998 S. 3309 (3310); *Hüffer* AktG § 111 Rz. 6; *Hoffmann-Becking* in Münchener Hdb. des GesR § 29 Rz. 27.

592 Teilweise wird anstatt des Begriffs der Zweckmäßigkeit der Begriff der Ordnungsmäßigkeit und anstatt der Wirtschaftlichkeit der Begriff der Zweckmäßigkeit des Handelns verwendet, *Henze* NJW 1998 S. 3309 (3310); *Lutter/Krieger* Rz. 74 f.; *Hüffer* AktG § 111 Rz. 6. Der BGH spricht jedenfalls von der Pflicht des Aufsichtsrats, den Vorstand im Hinblick auf die Rechtmäßigkeit, die Zweckmäßigkeit und die Wirtschaftlichkeit seines Handelns zu kontrollieren, BGHZ 114 S. 127 (129 f.); diese Terminologie wird hier übernommen.

593 *Hoffmann-Becking* in Münchener Hdb. des GesR § 29 Rz. 27; Henze BB 2000 S. 209 (214).

der Unternehmenspolitik und der strategischen Planung auf ihre Folgerichtigkeit und Plausibilität[594] bzw. die Kontrolle im Hinblick auf die Frage, ob die vom Vorstand geplanten Vorhaben unter der Berücksichtigung der hierfür aufgewendeten Mittel langfristig Erfolg versprechen[595]. Soweit die Kontrolle im Hinblick auf die Wirtschaftlichkeit des Vorstandshandelns betroffen ist, so ist hierunter die langfristige Sicherstellung der wirtschaftlichen Existenz zu verstehen. Dies umfasst eine Gewährleistung der jederzeit ausreichenden Liquidität, der ausreichenden Finanzierung und der Sicherung der Ertragskraft[596].

Dieses umfassende Verständnis des Überwachungsmaßstabs steht im Einklang mit der Position des Aufsichtsrats und seiner herausragenden Position im System der Kontrolle nach deutschem Recht. Ähnlich wie bei der Beurteilung der strengen Haftungsregel, die dem Aufsichtsrat zur Durchsetzung von Ansprüchen der Gesellschaft zusteht, sind auch in diesem Bereich die Befugnisse des Aufsichtsrats sehr großzügig ausgestaltet worden. Auch hier hat der Gesetzgeber darauf vertraut, dass der Aufsichtsrat als besonders hochqualifiziertes und sachlich arbeitendes Überwachungsorgan dem Vorstand einen angemessenen unternehmerischen Spielraum belässt und deswegen mit großzügigeren Kompetenzen ausgestattet werden kann, als dies der Fall wäre, wenn die Hauptlast der Kontrolle bei den Aktionären liegen würde[597].

II. Beratungs- und Mitentscheidungsbefugnisse des Aufsichtsrats

1. Die Befugnisse aus § 111 Abs. 2 AktG

§ 111 Abs. 2 AktG nennt einige einzelne Befugnisse des Aufsichtsrats, die eine Rolle bei der vorstandsunabhängigen Informationsbeschaffung des Aufsichtsrats spielen können. Die Vorschrift enthält eine in gegenständlicher Hinsicht lediglich exemplarische Aufzählung verschiedener Einzelbefugnisse, die eine Ergänzung zu den Berichtspflichten des § 90 AktG darstellen[598]. Das Gesetz nennt einige der Einsichtsbefugnisse des Aufsichtsrats, ohne dass diese Auflistung jedoch abschließend wäre. Der Aufsichtsrat hat vielmehr das Recht, selbständig alle Vermögenswerte und Unterlagen der Gesellschaft einzusehen und sämtliche

---

594 *Götz* AG 1995 S. 337 (350); *Hoffmann-Becking* in Münchener Hdb. des GesR § 29 Rz. 27.

595 *Hüffer* AktG § 111 Rz. 6; Henze BB 2000 S. 209 (215).

596 *Lutter/Krieger* Rz. 76; siehe hierzu insbesondere *Götz* AG 1995 S. 337 (350), der die jederzeitige Sicherung der Liquidität der Gesellschaft als höchste Priorität einschätzt.

597 Zu dem Problem der Berücksichtigung des unternehmerischen Spielraums bei der Festlegung des Haftungsmaßstabs im Rahmen des § 93 AktG, den der Gesetzgeber durch die Rezeption der Business Judgement Rule gelöst hat, siehe die Diskussion oben unter § 1 III. 5.

598 *Hüffer* AktG § 111 Rz. 11.

Geschäftsräume zu betreten[599]. Grundsätzlich nimmt der Aufsichtsrat die durch § 111 Abs. 2 AktG gewährten Einsichts- und Prüfungsrechte als Kollegialorgan wahr. Es ist aber möglich, dass der Aufsichtsrat per Beschluss gemäß § 108 Abs. 1 AktG einzelne seiner Mitglieder mit der Prüfung beauftragt oder hierfür sogar externe Sachverständige hinzuzieht[600]. Zwar erhält der Aufsichtsrat durch die ihm zugeordneten Einsichts- und Prüfungsrechte keine originären Kontrollmittel an die Hand, die gewährten Möglichkeiten erlauben ihm aber, die anderen ihm zur Verfügung stehenden Kontrollmittel sinnvoll und effektiv einsetzen zu können. Außerdem liegt die Besonderheit der hier geregelten Rechte, wie bereits erwähnt, gerade darin, dass der Aufsichtsrat hier nicht unbedingt auf die Unterstützung des Vorstands angewiesen ist, wie das bei den Berichtspflichten der Fall ist[601]. In diesem Zusammenhang ist auch das durch § 111 Abs. 2 Satz 3 AktG eingeräumte Recht des Aufsichtsrats zu sehen, den Abschlussprüfer zu bestellen. Dies oblag früher dem Vorstand und wurde erst durch das KonTraG geändert und soll ebenfalls einen Beitrag dazu leisten, die Unabhängigkeit des Abschlussprüfers vom Vorstand zu sichern[602].

2. Der Zustimmungsvorbehalt gemäß § 111 Abs. 4 Satz 2 AktG

Eine noch wichtigere Rolle als die Rechte aus § 111 Abs. 2 AktG spielen die Befugnisse des Aufsichtsrats aus § 111 Abs. 4 Satz 2 AktG. Die dort geregelten Zustimmungsvorbehalte sollen dem Aufsichtsrat die präventive Kontrolle erleichtern[603]. Im Rahmen der teilweise vorgeschlagenen Einteilung der präventiven Kontrolle in drei Schritte stellt die Einrichtung effizienter Zustimmungsvorbehalte nach § 111 Abs. 4 Satz 2 AktG die unterstützende Überwachung dar[604], weil so der Aufsichtsrat die Möglichkeit hat, den Vorstand in den Bereichen, in denen er seinen Aufgaben nicht in angemessener Weise nachkommt, besonders eng zu überwachen bzw. zu unterstützten. § 111 Abs. 4 Satz 2 AktG ist dabei als echte Ausnahmeregelung zu § 111 Abs. 4 Satz 1 AktG zu sehen, weil der Aufsichtsrat durch sie materiell an der Geschäftsführung beteiligt wird[605].

---

599 *Semler* in Münch-Komm zum AktG § 111 Rz. 291 f.

600 *K. Schmidt* GesR S. 823; *Hüffer* AktG § 111 Rz. 12.

601 Siehe hierzu auch *Roth* AG 2004 S. 1 (7 ff.).

602 Begründung zum KonTraG BT Drucksache 13/9712 S. 16.

603 *Hüffer* AktG § 111 Rz. 16; So auch *Bea/Scheurer* DB 1994 S. 2145 (2150), die den Zustimmungsvorbehalt aus § 111 Abs. 4 Satz 2 AktG und das Besetzungsrecht des § 84 AktG als die einzigen wirksamen Möglichkeiten der präventiven Kontrolle sehen und eine umfassendere „strategische“ Kontrolle fordern.

604 Siehe zur Dreiteilung der präventiven Kontrolle allgemein und zur unterstützenden Kontrolle speziell, *Henze* BB 2000 S. 209 (214).

605 *Hoffmann-Becking* in Münchener Hdb. des GesR § 29 Rz. 37.

Ging man bereits vor der jüngsten Gesetzesreform davon aus, dass sich aus der Pflicht, die Geschäftsleitung ordnungsgemäß zu überwachen, unter Umständen sogar eine Pflicht des Aufsichtsrats ergeben kann, einen Zustimmungsvorbehalt einzurichten[606], so ist diese Ansicht durch die Änderung des § 111 Abs. 4 Satz 2 AktG nunmehr durch das TransPuG[607] in das Gesetz aufgenommen worden. Nach der Änderung muss ein Katalog von Geschäften erstellt werden, die zustimmungsbedürftig sind. Ein solcher Zustimmungsvorbehalt kann entweder durch Festschreiben in der Satzung im Rahmen der Hauptversammlung oder durch Beschluss des Aufsichtsrats geschaffen werden. Diese Flexibilität hinsichtlich der Form wird auch durch das TransPuG nicht angetastet. Häufig werden die Zustimmungsvorbehalte in die Geschäftsordnung des Vorstands aufgenommen, da auf diese Weise eine Flexibilität gesichert werden kann, die bei einer Aufnahme der Vorbehalte in die Satzung verloren ginge[608]. Im Notfall ist es jedoch auch möglich, ein konkretes Geschäft durch die Einführung eines sogenannten ad-hoc Zustimmungsvorbehalts bei gleichzeitiger Verweigerung der Zustimmung zu verhindern[609].

Um eine Umgehung bzw. eine faktische Außerkraftsetzung des Instruments des Zustimmungsvorbehaltes zu verhindern, kann weder die Satzung die Schaffung - ggf. zusätzlicher - Zustimmungsvorbehalte verhindern, noch kann der Aufsichtsrat bei in der Satzung festgeschriebenen Zustimmungsvorbehalten dem Vorstand eine generelle Zustimmung erteilen[610]. Andererseits wäre es eine unzulässige Überdehnung der Möglichkeit, Zustimmungsvorbehalte zu installieren, wenn einzelne Kompetenzen vollständig auf den Aufsichtsrat übertragen würden. Der Aufsichtsrat hat immer nur ein Einspruchsrecht im Sinne eines Vetorechts, das nicht zu einer unzulässigen Kompetenzverschiebung genutzt werden darf[611]. Dies wird daran deutlich sichtbar, dass auch bei einer Maßnahme, die unter Zustimmungsvorbehalt steht, der Vorstand haftungsrechtlich selbst voll verantwortlich bleibt[612]. Die zweite Barriere, die bei der Anwendung von Zustimmungsvorbehalten nicht durchbrochen werden darf, betrifft den Umfang der auf diese Weise kontrollierten Geschäfte. Ist eine Mehrzahl von Geschäften betroffen, so müssen diese zumindest so weit konkretisiert sein, dass sie sich einer

606 LG Bielefeld ZIP 2000 S. 20 (25) „*Balsam/Procedo*"-Entscheidung; *Peltzer* NZG 2002 S. 10 (15).

607 Die Gesetzesänderung geht auf einen Vorschlag der Regierungskommission Corporate Governance zurück, Bericht der Regierungskommission Corporate Governance Rz. 35.

608 *Peltzer* NZG 2002 S. 10 (15).

609 *Semler* in Münch-Komm zum AktG § 111 Rz. 408 f.

610 *Meyer-Landrut* in Großkommentar zum AktG § 111 Rz. 16; *Hüffer* AktG § 111 Rz. 17.

611 Allg. Meinung vgl. nur *Hüffer* AktG § 111 Rz. 18.

612 *Hoffmann-Becking* in Münchener Hdb. des GesR § 29 Rz. 37.

bestimmten Art von Geschäften zuordnen lassen[613]. Verhindert werden soll auf diese Weise, dass mittels des Instruments der Zustimmungsvorbehalte ein Generalvorbehalt entsteht, der mit der nach § 76 AktG dem Vorstand zugeordneten Leitungsmacht nicht in Einklang zu bringen wäre[614].

III. Die innere Struktur des Aufsichtsrats

Neben den Aufgaben, die dem Aufsichtsrat zugewiesen sind, und den Kompetenzen, die ihm zur deren Erfüllung zur Verfügung stehen, ist für die Qualität und Effizienz der Kontrolle ebenfalls von großer Relevanz, ob die innere Struktur der Aufsichtsräte, so wie sie sich regelmäßig darstellt, geeignet ist, die zu bewältigenden Aufgaben angemessen zu lösen. Im Zusammenhang mit der inneren Struktur des Aufsichtsrats stellen sich verschiedene Fragen. Vorliegend soll jedoch nur auf solche Themen eingegangen werden, die mit der Problematik der effektiven Kontrolle in unmittelbarem Zusammenhang stehen.

Wenn man einige der Unternehmenszusammenbrüche der letzten Jahre analysiert[615], so ist festzustellen, dass in einer Vielzahl von Fällen offensichtlich eine Vermeidung der zum Teil erheblichen eingetretenen Schäden nicht daran gescheitert ist, dass dem Aufsichtsrat die Möglichkeiten gefehlt hätten, den Vorstand besser zu disziplinieren. In den meisten dieser Fälle lagen klare Verstöße des Vorstands gegen Sorgfaltspflichten oder sogar schlicht rechtswidrige Handlungen vor[616]. Gerade vor dem Hintergrund dieser Erkenntnis stellt sich die Frage, warum die Aufsichtsräte von in die Krise geratenen Unternehmen oftmals trotz der eindeutig vorhandenen Handlungsmöglichkeiten nicht in der Lage waren, Schaden von den Unternehmen fernzuhalten und die Missstände auszuräumen. Neben die Frage nach den theoretisch zur Verfügung stehenden Handlungsmöglichkeiten tritt dabei der Aspekt der praktischen Anwendung dieser Mittel. Insbesondere ist eine Überprüfung der inneren Strukturen der Aufsichtsräte im Hinblick auf die Fähigkeit angezeigt, die Kontrollmittel, die dem Aufsichtsrat zur Verfügung stehen, optimal zur Anwendung zu bringen, um das Risiko einer Wiederholung solcher Versäumnisse im System der Überwachung auszuschließen. Nachdem bereits einige Reformen im Rahmen des KonTraG

---

613 Vgl. zur Frage der Konkretisierbarkeit im Einzelnen *Lutter/Krieger* Rz. 109; *Hüffer* AktG § 111 Rz. 18.

614 *Lutter/Krieger* Rz. 112; *Semler* in Münch-Komm zum AktG § 111 Rz. 395.

615 Vgl. hierzu die Aufzählung der wichtigsten Fälle aus den letzten 30 Jahren bei *Peltzer* NZG 2002 S.10 (14) Fn. 41; siehe auch *Theisen* AG 1995 S. 193 (198).

616 So z. B. im deutschen *Flowtex*-Fall und den in den USA für Aufsehen sorgenden Fällen *Enron* und *WorldCom*, in denen selbstverständlich die rechtlichen Möglichkeiten zum Einschreiten bestanden hätten. Das Vorgehen der Unternehmensleitungen in den genannten Fällen war nicht nur gesellschaftsrechtlich zu beanstanden, sondern eindeutig strafrechtlich relevant, da jeweils ein Betrug in mehrfacher Milliardenhöhe vorlag.

durchgeführt wurden, setzte sich auch die Regierungskommission Corporate Governance der Bundesregierung mit dieser Frage ausführlich auseinander und machte Verbesserungsvorschläge in nicht unerheblichem Umfang[617]. Einige dieser Vorschläge wurden durch das TransPuG in das Gesetz aufgenommen, andere finden sich im Corporate Governance Kodex wieder. Gerade auf diese jüngsten Änderungen und ihre Implikationen für das Gesamtsystem der Kontrolle wird ausführlich einzugehen sein.

1. Besetzung und Organisation der Sitzungstätigkeit des Aufsichtsrats

Für die Besetzung des Aufsichtsrats ist der Ausgangspunkt die Norm des § 101 AktG. Dort finden sich Regelungen für die unterschiedlichen Arten der Bestellung durch Wahl oder Entsendung der Mitglieder des Aufsichtsrats durch die Anteilseigner. Ist der Aufsichtsrat auch mit Arbeitnehmervertretern zu besetzen, so richtet sich deren Wahl nach den §§ 9 bis 24 MitbestG, § 6 MontanMitbestG, § 76 BetrVG sowie nach weiteren besonderen Wahlordnungen.

a. Qualifikation der Aufsichtsratsmitglieder

Unbestritten ist wohl, dass ein Aufsichtsrat seine Aufgaben nur dann erfolgreich wird lösen können, wenn die ihm angehörigen Mitglieder die hierfür notwendige Qualifikation besitzen. Zwar würde es sicherlich zu weit gehen, wenn man verlangen würde, dass nur derjenige Mitglied eines Aufsichtsrats werden kann, der über detaillierte Kenntnisse zur Lösung jedes nur erdenklichen Problems verfügt, mit dem das Unternehmen konfrontiert werden könnte. Keine festen Voraussetzungen für die Qualifikation der Aufsichtsratsmitglieder festzulegen, erscheint aber ebenso unbefriedigend[618]. Dies gilt umso mehr, wenn man die Rolle des Aufsichtsrats als Berater des Vorstands stärken will. Diese Rolle kann nur ein Aufsichtsrat erfüllen, dessen Mitglieder ein hohes Maß an Kompetenz besitzen, wobei es dann zweifelhaft erscheint, ob es ausreicht, sich nur auf eine gute Auswahl seitens der Arbeitnehmer und der Aktionäre – auf Vorschlag des Aufsichtsrats[619] – zu verlassen, oder ob es nicht vielmehr notwendig wäre, einige feste Mindestanforderungen an die Qualifikation des Aufsichtsratsmitgliedes zu konstituieren, welche die notwendige Kompetenz innerhalb des Aufsichtsrats garantieren. Dies könnte z. B. durch eine Änderung der Vorschrift des

---

617 Bericht der Regierungskommission Corporate Governance Rz. 49 ff.

618 So auch *Bihr/Blättchen* BB 2007 S. 1285 (1289) und *von Werder/Wieczorek* DB 2007 S. 297 (298).

619 *Peltzer* NZG 2002 S. 10 (12) weist mit Recht darauf hin, dass der Vorschlag zur Wahl der entscheidende Vorgang bei der Besetzung des Aufsichtsrats ist, da von diesem Vorschlag in der Regel nicht abgewichen wird.

§ 100 Abs. 4 AktG versucht werden[620], der die persönlichen Voraussetzungen für die Eignung zum Aufsichtsratsmitglied behandelt.

Angesichts der Tatsache, dass im Bereich der Publikumsgesellschaften in den Aufsichtsräten erfahrungsgemäß eine große Zahl erfahrener Unternehmensleiter sitzt, scheint das Problem der fachlichen Qualifikation – zumindest für diesen Bereich – allerdings weniger dringlich zu sein. Zieht man die Tatsache hinzu, dass die Normierung einer Mindestqualifikation schwierig sein würde[621], scheint hier kein unmittelbarer Handlungsbedarf zu liegen. Dennoch unterstreicht auch der Corporate Governance Kodex in Punkt 5.4.1. zu Recht, dass jederzeit dafür gesorgt werden muss, dass die Mitglieder des Aufsichtsrats über die zur Wahrnehmung ihrer Aufgaben erforderlichen Kenntnisse verfügen müssen. In der Praxis wird dies wohl am ehesten durch eine Mischung von Aufsichtsratsmitgliedern mit unterschiedlichen Fachqualifikationen erreicht werden[622]. Eine solche Kombination von Fachqualifikationen wird seit dem Sarbanes-Oxley Act auch für die unabhängigen Mitglieder des Board of Directors im US-amerikanischen Recht angestrebt[623]. Eine gewisse Absicherung hinsichtlich der Qualifikation der Aufsichtsratsmitglieder wird dadurch erreicht, dass denjenigen Mitgliedern des Aufsichtsrats, die nicht dafür Sorge tragen, dass sie die für ihre Tätigkeit notwendigen Fähigkeiten besitzen, bereits ein Übernahmeverschulden anzulasten ist[624]. Diese Bestimmungen sind geeignete Schritte, um eine ausreichende Qualitätssicherung hinsichtlich der Mitglieder von Aufsichtsräten zu gewährleisten.

b. Höchstzahl der Mandate

Für die Publikumsgesellschaften scheint aufgrund der bereits angesprochenen Praxis der Aufsichtsratsbesetzung die Frage nach der Konzentration der Aufsichtsratsmitglieder auf das einzelne Mandat wichtiger als die Frage nach der persönlichen Qualifikation. So sitzen zwar gerade in den größeren Publikumsgesellschaften hochqualifizierte und sehr erfahrene Unternehmer. Problematisch erscheint jedoch die Tatsache, dass viele dieser Personen eine sehr große Zahl von Aufsichtsratsmandaten wahrnehmen. Es stellt sich somit die Frage, wie vie-

---

620 Für eine entsprechende Änderung dieser Vorschrift spricht sich *Henn* im Hdb. der Aktiengesellschaft Rz. 614 aus.

621 *Claussen* AG 1996 S. 481 (485) hält eine diesbezügliche Normierung für unmöglich, während *Henn* im Hdb. der Aktiengesellschaft Rz. 614 sowie *Lutter* AG 1994 S. 176 (177) zumindest eine teilweise Festlegung von Qualifikationen sehr wohl für möglich halten. *Säcker*, AG 2004 S. 180 (182), hält zumindest die Erstellung konkreter Anforderungsprofile für die einzelnen Aufsichtsratsposten für möglich.

622 Vgl. hierzu auch *Peltzer* NZG 2002 S. 10 (12).

623 Siehe unten § 6 II.

624 Hierauf verweist zu Recht *Götz* AG 1995 S. 337 (345).

le Aufsichtsratsmandate eine Person maximal wahrnehmen können sollte. Diese Fragestellung resultiert aus der Überlegung, dass es für eine gute Kontrolle nicht nur wichtig ist, wie qualifiziert jemand ist, sondern auch, wie sehr er die ihm durch seine Qualifikation zur Verfügung stehenden Fähigkeiten zum Wohle der Gesellschaft einsetzt. Hier spielt vor allem die Befürchtung eine Rolle, dass viele Aufsichtsratsmitglieder aufgrund einer Vielzahl von Aufsichtsratsmandaten eben nicht in der Lage sind, sich intensiv genug im Rahmen des einzelnen Mandats einzubringen.

Der Gesetzgeber hat dieses Problem erkannt und im Rahmen der Änderung des AktG durch das KonTraG entsprechend reagiert. § 100 Abs. 2 Nr. 1 AktG begrenzt die Zahl der Aufsichtsratsmandate auf zehn pro Person. Es wurde bereits damals gefordert, die maximal zulässige Zahl von Aufsichtsratsmandaten auf fünf zu begrenzen[625], weil eine Bewältigung des Arbeitsaufwands, der aus der ernstgenommenen Tätigkeit in bis zu zehn Aufsichtsräten resultiert, praktisch unmöglich scheint[626]. Diese Forderung wurde damals jedoch vom Gesetzgeber unter Hinweis auf die Vielgestaltigkeit der Verhältnisse zurückgewiesen[627]. Der Corporate Governance Kodex nimmt diese Anregung jedoch zumindest teilweise auf und sieht eine Begrenzung der Aufsichtsratsmandate zumindest für Vorstandsmitglieder von börsennotierten Gesellschaften auf höchstens fünf vor[628]. Dies ist sehr zu begrüßen. Unabdingbare Voraussetzung für eine professionelle Arbeit des Aufsichtsrats ist die hinreichende Konzentration der Aufsichtsratsmitglieder auf das einzelne Mandat. Liegt diese nicht vor, wird der Aufsichtsrat die ihm zugedachten Aufgaben nicht ordentlich erfüllen können. Festzuhalten ist jedoch auch insoweit, dass ein Aufsichtsratsmandat nur übernommen werden darf, wenn auch die Zeit zur Verfügung steht, dieses Mandat mit der entsprechenden Sorgfalt auszufüllen[629]. Insbesondere vor dem Hintergrund, dass der Aufsichtsrat dem Vorstand laufend in der Geschäftsführung beratend zur Seite stehen soll, ist eine Konzentration auf das einzelne Mandat unabdingbar erforderlich. Eine Beratung, die ohne die hinreichende Auseinandersetzung mit der Geschäftsentwicklung stattfindet, wird nämlich im Ergebnis nicht nur nicht hilfreich, sondern im Gegenteil vielmehr schädlich sein. Es wird

---

625 Vgl. nur *Baums* AG 1997 Sonderheft zur Aktienrechtsreform 1997 (August 1997) S. 26; *Lutter* ZHR 159 S. 287 (302); Wenger AG 1997 Sonderheft zur Aktienrechtsreform 1997 (August 1997) S. 57 (58).

626 Wenger AG 1997 Sonderheft zur Aktienrechtsreform 1997 (August 1997) S. 57 (58) weist zudem mit Recht darauf hin, dass hier auch noch die durch § 100 Abs. 2 Satz 2 AktG von der Zählung ausgenommenen Konzernaufsichtsratsmandate hinzukommen können.

627 Begründung zum KonTraG BT Drucksache 13/9712 S. 15.

628 Deutscher Corporate Governance Kodex Punkt 5.4.5.

629 *Semler* in Münch-Komm zum AktG § 100 Rz. 22.

deswegen in der Zukunft darüber nachzudenken sein, ob nicht eine weitere Einschränkung der Zahl der höchstens zulässigen Aufsichtsratsmandate anzuraten ist[630].

c. Sitzungshäufigkeit des Aufsichtsrats

Untrennbar mit der Frage nach der Zahl der Aufsichtsratsmandate ist außerdem das Problem der Sitzungshäufigkeit der Aufsichtsräte verknüpft. Es liegt auf der Hand, dass zwischen der Sitzungshäufigkeit eines Aufsichtsrats und der Anzahl der Aufsichtsratsmandate der ihm zugehörigen Mitglieder eine gewisse Korrelation besteht. So wäre es schlicht unrealistisch, eine Erhöhung der Zahl der Sitzungen der einzelnen Aufsichtsräte zu verlangen, ohne gleichzeitig eine Verringerung der Mandate der einzelnen Aufsichtsratsmitglieder vorzunehmen. Ausgangspunkt für die Frage der Sitzungshäufigkeit ist die Vorschrift des § 110 AktG. Die Norm sieht, neben der Regelung der Modalitäten der Einberufung des Aufsichtsrats, in Abs. 3 vor, dass sich der Aufsichtsrat einmal im Kalenderhalbjahr treffen muss, sich aber zweimal treffen sollte. Tatsächlich wurde diese Sollvorschrift aber nur von ca. 50% der Unternehmen eingehalten[631].

Da bei der Frage nach der Sitzungsfrequenz des Aufsichtsrats für die Publikumsgesellschaft die Besonderheit zu berücksichtigen ist, dass hier die Überwachung eben auch tatsächlich fast ausschließlich beim Aufsichtsrat liegt[632], ließ das KonTraG das fakultative Element in § 110 Abs. 3 AktG zunächst für den Fall der Börsennotierung wegfallen und legte fest, dass sich der Aufsichtsrat einer Aktiengesellschaft mindestens zweimal pro Kalenderhalbjahr treffen muss. Die Unterscheidung nach der Börsennotierung ist durch das TransPuG aufgehoben worden, so dass nunmehr auch Aufsichtsräte von nicht an der Börse notierten Gesellschaften in der Regel zweimal pro Halbjahr zusammentreffen müssen[633]. Auch hier wäre eine über das gesetzliche Mindestmaß hinausgehende, höhere Sitzungsfrequenz wünschenswert[634]. Insofern ist das bereits oben zur Zahl der Aufsichtsratsmandate Gesagte zu unterstreichen. Je weniger Aufsichtsratsmandate ein Aufsichtsratsmitglied zu betreuen hat, umso eher wird es ihm möglich sein, das einzelne Mandat mit größerem Einsatz wahrzunehmen.

---

630 In diesem Sinne auch *Baums,* AG 1997 Sonderheft zur Aktienrechtsreform 1997 (August 1997) S. 26 f., der auch eine Differenzierung zwischen neben- und hauptberuflichen Aufsichtsratsmitgliedern für sinnvoll hält.

631 *Hoffmann-Becking* in Münchener Hdb. des GesR § 31 Rz. 30.

632 Begründung zum KonTraG BT Drucksache 13/9712 S. 16.

633 Es besteht aber für nicht börsennotierte Gesellschaften die Möglichkeit, eine abweichende Regelung hinsichtlich ihrer Sitzungsfrequenz zu beschließen, siehe auch *Semler* in Münch-Komm zum AktG § 110 Rz. 17.

634 Der „German Code of Corporate Governance" des Berliner Initiativkreises geht insoweit weiter und sieht vor, dass der Aufsichtsrat sechsmal im Jahr zusammentreffen soll.

Der deutsche Corporate Governance Kodex unterstützt diese Konzentration auf das einzelne Mandat in diesem Zusammenhang durch die in Punkt 5.4.8. getroffene Regelung, die festlegt, dass für den Fall, dass ein Aufsichtsratsmitglied mehr als die Hälfte der in einem bestimmten Geschäftsjahr durchgeführten Aufsichtsratssitzungen verpasst, dies durch einen entsprechenden Vermerk im Bericht des Aufsichtsrats eingefügt wird. Es wird also ein gewisser Druck auf die Mitglieder des Aufsichtsrats ausgeübt, der sie zur regelmäßigen Teilnahme, die Mindestvoraussetzung für eine effektive Aufsichtsratstätigkeit ist, anhalten soll. Zu beachten ist in diesem Zusammenhang noch, dass die gerade gemachten Aussagen nur für eine Gesellschaft gelten, deren geschäftliche Entwicklung normal verläuft. Treten außergewöhnliche Probleme auf oder gerät die Gesellschaft gar in die Krise, so kann und muss sich die Sitzungsfrequenz des Aufsichtsrats ohnehin über das eben besprochene Maß weiter erhöhen[635].

d. Größe des Aufsichtsrats

Die Mindestzahl der Aufsichtsratsmitglieder beträgt gemäß § 95 Satz 1 AktG drei Mitglieder. Diese Zahl kann je nach der Höhe des Grundkapitals der Gesellschaft durch eine entsprechende Regelung in der Satzung bis auf maximal 21 Mitglieder erhöht werden. Will man die richtige Größe des Aufsichtsrats im Sinne einer optimalen Kontrolle bestimmen, so sind verschiedene Punkte zu beachten. Diese wurden auch von der Regierungskommission Corporate Governance zusammengestellt und gegeneinander abgewogen[636]. Gerade vor dem Hintergrund der immer komplexeren Vorgänge, die vom Aufsichtsrat zu begleiten sind, erscheint eine eher größere Zahl von Aufsichtsratsmitgliedern gerechtfertigt, weil so die Arbeitsbelastung zur Vorbereitung einzelner Vorgänge auf mehrere Aufsichtsräte verteilt werden kann. Bei einer Bewertung der Größe von deutschen Aufsichtsräten darf auch nicht die Tatsache unberücksichtigt bleiben, dass hier vielfach neben den von den Anteilseignern entsandten Aufsichtsräten auch von den Arbeitnehmern gewählte Aufsichtsräte vertreten sind.

Letzteres bestimmt sich nach den Regelungen über die paritätischen Mitbestimmung und die Montanmitbestimmung, die im Geltungsbereich des MitbestG 1976[637] bzw. des MontanMitbestG[638] zu berücksichtigen sind. Dies wird häufig als deswegen vertretbar eingestuft, weil mit den Arbeitnehmervertretern oftmals die Leute in den Aufsichtsrat gelangen, welche die tatsächlichen Verhältnisse in

---

635 Scheffler ZGR 1993 S. 63 (70).

636 Bericht der Regierungskommission Corporate Governance Rz. 49.

637 Vgl. hierzu *Ulmer/Habersack* in *Ulmer/Habersack/Henssler* § 1 MitbestG Rz. 4 ff.; *Raiser* § 1 MitbestG Rz. 1 ff.

638 Vgl. hierzu auch *Hoffmann-Becking* in Münchener Hdb. des GesR § 28 Rz. 26 ff.

dem betreffenden Unternehmen sehr gut und besser als externe Aufsichtsratsmitglieder kennen[639].

Gegen Aufsichtsratsgrößen von bis zu einundzwanzig Mitgliedern spricht dagegen die Überlegung, dass hierdurch keine homogene Gruppe mehr besteht. Die Regierungskommission Corporate Governance zitiert in diesem Zusammenhang eine Untersuchung, der zufolge die Leistungsfähigkeit eines Gremiums bei einer Zahl von mehr als vierzehn Mitgliedern abnimmt[640]. In den USA hat das durchschnittliche Board of Directors ca. 13 Mitglieder, wobei bei der Bewertung dieser Zahl natürlich einerseits zu berücksichtigen ist, dass es sich hierbei um ein einstufiges Board handelt und andererseits darauf hinzuweisen ist, dass die Aufnahme von Arbeitnehmervertretern dem US-amerikanischen Recht fremd ist[641].

Als zusätzlicher Grund, der für eine Verkleinerung der Aufsichtsräte spricht, werden die terminlichen Probleme genannt, die regelmäßig verhindern, dass eine große Zahl von Aufsichtsratmitgliedern in der notwendigen Häufigkeit zusammenkommen kann. Da sich der Aufsichtsrat mehr zu einem Beratergremium entwickeln soll, das tatsächlich nur dann erfolgreich sein kann, wenn es in ständiger Kommunikation sowohl untereinander als auch mit den Vorstandsmitgliedern steht, muss dieser Entwicklung auch bei der Frage nach einer entsprechenden Besetzung des Aufsichtsrats Rechnung getragen werden[642]. Hierzu gehört im Rahmen der inneren Ordnung des Aufsichtsrats, dass dieser von seiner Größe her so strukturiert ist, dass ein konzentriertes und effizientes Arbeiten bestmöglich gefördert wird. Auf den erhöhten Arbeitsaufwand sollte meiner Einschätzung nach nicht mit einer Erhöhung der Zahl der Mandatsträger geantwortet werden. Idealerweise sollte es das Ziel sein, dass das einzelne Aufsichtsratmitglied sich eher mit vielen Vorgängen innerhalb eines Unternehmens intensiv beschäftigt, als dass es sich mit wenigen Vorgängen in vielen Unternehmen weniger intensiv beschäftigt. Die damit verbundenen nachteiligen Konsequenzen in finanzieller Hinsicht, könnten für das einzelne Aufsichtsratsmitglied durch eine entsprechend verbesserte Tantiemenzahlung ausgeglichen werden, die ja auch

---

639 Bericht der Regierungskommission Corporate Governance Rz. 49.

640 *Semler* in Münch-Komm zum AktG § 95 Rz. 8; siehe auch den Bericht der Regierungskommission Corporate Governance Rz. 49.

641 Zu Größe und Besetzung des Board of Directors im US-amerikanischen Recht siehe die ausführliche Darstellung unter § 6 II.

642 Die besondere Bedeutung der ausreichenden Kommunikation für eine gute Corporate Governance streicht auch die EU-Kommission in ihren Empfehlungen zum Thema heraus, siehe Nachweise bei *Maul* DB 2004 S. 2407 (2408).

für das Unternehmen aufgrund der geringeren Zahl der Aufsichtsratsmitglieder tragbar wäre[643].

Nur diese Maßnahmen zur Professionalisierung und zur Konzentration der Aufsichtsratsmitglieder auf das einzelne Aufsichtsratsmandat können es dem Aufsichtsrat meiner Meinung nach ermöglichen, eine sinnvolle und wirksame Beratungsposition in der Unternehmensstruktur einzunehmen[644]. Würde man die so eingeschlagene Linie konsequent verfolgen, könnte man auch die Größe der einzelnen Aufsichtsräte entsprechend verringern[645]. Während sich der 61. DJT noch für eine Verkleinerung des Aufsichtsrats auf 12 Mitglieder ausgesprochen hatte, ließ sich dieser Vorschlag weder im Gesetzgebungsverfahren des KonTraG, noch im Rahmen des TransPuG politisch durchsetzen[646], was vor allem daran lag, dass eine Verkleinerung des Aufsichtsrats nur über Einschränkungen im Bereich der Mitbestimmung möglich wäre. Auch die Regierungskommission Corporate Governance entschied sich nach der Abwägung aller Umstände gegen einen Vorschlag für eine Verkleinerung. Dementsprechend sieht auch der Corporate Governance Kodex keine diesbezüglichen Regelungen vor.

e. Mitbestimmung und Corporate Governance

Während der Besonderheit der Existenz des Aufsichtsrats im deutschen Recht in der Corporate Governance Debatte erhebliche Aufmerksamkeit zuteil wurde, blieb mit den Regelungen zur Mitbestimmung eine weitere Besonderheit lange Zeit weitgehend unbeachtet. In jüngster Zeit ist die Diskussion über die Kompatibilität von Mitbestimmungsgrundsätzen und guter Corporate Governance aber stärker in das Blickfeld gerückt[647]. Für diese – im Vergleich zur allgemeinen Corporate Governance Diskussion – erhebliche Verspätung scheinen insbesondere zwei Gesichtspunkte ausschlaggebend gewesen zu sein. Zunächst ist der positive oder negative Einfluss der Mitbestimmung auf die Überwachungseffizienz des Aufsichtsrats nur sehr schwer nachzuprüfen, weil für den Unternehmenserfolg oder -misserfolg immer mehrere Faktoren ausschlaggebend sind[648]. Zweitens, und das war wohl der wichtigere Grund, ist die Diskussion um Reformansätze, die die Interessen von Arbeitnehmern betreffen, in Deutschland immer besonders schwierig. Deutlich wurde dies besonders bei der Frage nach

643 Zur Vergütung der Aufsichtsratsmitglieder und insbesondere des Aufsichtsratsvorsitzenden, siehe *Lutter* ZHR 159 S. 287 (308).

644 So letztlich auch *von Werder/Wieczorek* DB 2007 S. 297 (303).

645 Für eine Verkleinerung der Aufsichtsräte auf 12 Mitglieder hat sich auch der 61. DJT, Beschluss IV, 15 ausgesprochen.

646 Siehe *Peltzer* NZG 2002 S. 593 (597).

647 Siehe hierzu insbesondere die 12 Thesen zur Modernisierung der Mitbestimmung des Berliner Netzwerk Corporate Governance, AG 2004 S. 200 f.

648 Siehe *v. Werder* AG 2004 S. 166 (167).

der Größe der Aufsichtsräte. So sprachen sich fast alle Diskussionsbeiträge zu einer Verbesserung der Aufsichtsratstätigkeit für eine Verkleinerung des Organs auf eine Größe von ca. 12 Mitgliedern aus[649]. Da aber eine solche Verkleinerung ohne Einschränkungen bei den Mitbestimmungsrechten unmöglich wäre, finden sich zu diesem Punkt keine konkreten Anhaltspunkte in dem Bericht der Regierungskommission Corporate Governance oder dem Corporate Governance Kodex. Nunmehr scheint aber auch in diesen Bereich der Diskussion neue Bewegung zu kommen.

Die Einräumung der Mitbestimmungsrechte erfolgte ursprünglich aus zwei Gründen. Erstens soll die Einbindung von Arbeitnehmervertretern in den Aufsichtsrat dem Informationsaustausch zwischen dem Management und den Anteilseignervertretern einerseits und den Arbeitnehmern andererseits verbessern[650]. Dies ist ein nicht zu unterschätzender, positiver Aspekt der Mitbestimmung, da die Erhaltung bzw. Verbesserung des Informationsflusses im Unternehmen, wie bereits mehrfach angesprochen, von besonderer Bedeutung ist, so dass insofern ist eine differenzierte Beurteilung der Mitbestimmung erforderlich ist. Der zweite wichtige Grund für die Einführung der Mitbestimmung war die stärkere Einbeziehung der Arbeitnehmerinteressen, was zu einer erhöhten Motivation innerhalb der Arbeitnehmerschaft führen sollte[651]. Aus diesen Gründen, die für sich genommen durchaus überzeugend sind, resultieren jedoch gleichzeitig potentielle Probleme, da die Bemühungen der Arbeitnehmervertreter um eine Partizipationseffizienz, also die Verwirklichung derjenigen Zielvorgaben, die zur Einführung der Mitbestimmung geführt haben, teilweise mit dem Interesse der Gesellschaft auf Überwachungseffizienz kollidieren können[652].

Wenn man die Anforderungen sieht, die an die Mitglieder des Aufsichtsrats gestellt werden, entstehen erste Bedenken, ob die Arbeitnehmervertreter als Gruppe vor dem Hintergrund dieses Anforderungsprofils bestehen können. Die Bedenken beruhen nicht auf generellen Zweifeln an den Fähigkeiten der Arbeitnehmervertreter, sondern eher auf der Überlegung, dass sie nach anderen Gesichtspunkten ausgewählt werden, als die Anteilseignervertreter. Bei ihrer Wahl dürfte im Mittelpunkt stehen, wie sehr dem betreffenden Kandidaten zugetraut wird, die Interessen der Arbeitnehmer zu repräsentieren und im Zweifel auch gegen den Widerstand der Anteilseignervertreter durchzusetzen. Eine Garantie, dass dieselben Personen auch über diejenigen Qualifikationen verfügen, die sie

---

649 Siehe oben § 5 III. 1.

650 *Windbichler* AG 2004 S. 190 (192); *v. Werder* AG 2004 S. 166 (168).

651 So *v. Werder* AG 2004 S. 166 (168).

652 Siehe hierzu auch ausführlich die Darstellung dieses Problems bei *v. Werder* AG 2004 S. 166 (168 ff.).

benötigen, um einen Beitrag zur Überwachungsaufgabe des Aufsichtsrats zu leisten, gibt es aber nicht[653].

Aus der unterschiedlichen Zielrichtung, mit der die Arbeitnehmervertreter in den Aufsichtsrat gewählt werden, ergibt sich noch ein weiteres Problem. So werden die Arbeitnehmervertreter sich in erster Linie der Vertretung der Interessen desjenigen Personenkreises verpflichtet fühlen, der sie in den Aufsichtsrat gewählt hat[654]. Dass das Interesse der Arbeitnehmer in vielen Fällen mit dem Interesse der Anleger übereinstimmt, liegt auf der Hand. So haben beide Seiten generell ein Interesse an einem erfolgreichen Unternehmensfortgang. Ebenso unbestritten dürfte aber sein, dass es eine Reihe von Konstellationen gibt, in denen sich die Belange der Arbeitnehmer und des Unternehmens entgegengesetzt gegenüberstehen. In all diesen Situationen bestehen Zweifel an der Unabhängigkeit der Arbeitnehmervertreter. Aber selbst wenn wie eben beschrieben durchaus gemeinsame Interessen bei den Arbeitnehmervertretern und den sonstigen Aufsichtsratsmitgliedern existieren, besteht die Gefahr, dass sich die Arbeitnehmervertreter aus allen Entscheidungen heraushalten, die nicht direkt mit den Belangen der Arbeitnehmer in Verbindung stehen[655].

Es ergeben sich also Bedenken im Hinblick auf die Qualifikation und die Unabhängigkeit der Arbeitnehmervertreter. Hinzu kommen Zweifel an den Anstrengungen, die sie bereit sind, im Hinblick auf die allgemeine Überwachung des Vorstands zu unternehmen. Angesichts der sonstigen Bemühungen im Bereich des Aufsichtsrats lässt diese Erkenntnis viele Fragen offen. Dies gilt insbesondere deswegen, weil die Mitbestimmungsregeln zusätzlich zu den gerade erwähnten Problemen außerdem noch als Haupthindernis der Verkleinerung der Aufsichtsräte identifiziert wurde, die aber von allen Diskussionsbeiträgen einhellig als positiv für eine Verbesserung der Überwachungsleistung des Aufsichtsrats gesehen wird[656].

f. Interessenkollision bzw. Unabhängigkeit der Aufsichtsratsmitglieder

In der deutschen Unternehmenslandschaft – die auch gerne als „Deutschland AG" beschrieben wird – ist ein hohes Maß an Verflechtungen zwischen den einzelnen Unternehmen zu konstatieren[657]. Dies wird besonders häufig im Zusam-

---

653 Zweifel an der Qualifikation der Arbeitnehmervertreter für die allgemeine Überwachung äußert etwa *Säcker* AG 2004 S. 180 (185).

654 *Schiessl* AG 2002 S. 593 (595); *Ulmer* ZHR 166 S. 271 (276).

655 *Windbichler* AG 2004 S. 190 (193).

656 Siehe oben § 5 III. 1.

657 Zu dem Einfluss den das verstärkte Engagement internationaler Finanzinvestoren auf die sogenannte „Deutschland AG" hat, siehe *Schäfer*, S. 157 ff.

menhang mit der Besetzung von Aufsichtsräten deutlich[658]. Problematisch ist hier vor allem die Besetzung des Aufsichtsrats mit einer Person, die schon im Aufsichtsrat eines Konkurrenzunternehmens sitzt. Teilweise wird diese Konstruktion schlicht unter dem Hinweis auf ein mangelndes gesetzliches Verbot als zulässig erachtet[659]. Weiterhin wird darauf verwiesen, dass ein generelles Verbot außerdem nicht so geeignet sei wie die anderen zur Verfügung stehenden Sanktionsinstrumente, die flexibler und damit auch zweckdienlicher seien, das betroffene Unternehmen zu schützen. Genannt werden hier in erster Linie die Möglichkeiten der Abberufung des betroffenen Aufsichtsratsmitglieds nach § 103 Abs. 1 Satz 1 AktG und die Möglichkeit, Ausschüsse so zu bilden, dass das sich in einem Interessenkonflikt befindliche Aufsichtsratsmitglied an der zu treffenden Entscheidung nicht beteiligt wird[660]. Schließlich wird noch auf die mögliche Haftung des betroffenen Aufsichtsratsmitgliedes – sowie die Haftung des Aufsichtsrats insgesamt – für den Fall verwiesen, dass jemand zur Wahl in den Aufsichtsrat vorgeschlagen wird, obwohl ein (permanenter) Interessenkonflikt besteht[661].

Diese Argumente wissen aber letztlich nicht zu überzeugen. Zwar ist nicht eindeutig festzustellen, inwieweit Versäumnisse der Vergangenheit auf das Problem der Interessenkollision zurückzuführen sind. Wenn es aber darum geht, Strukturen zu schaffen, die tatsächlich zu einer Verbesserung der Tätigkeit der Aufsichtsräte führen sollen, so muss man von vornherein Situationen verhindern, in denen aufgrund etwaiger Interessenkollisionen Nachlässigkeiten drohen können. Eine Inkompatibilität von Aufsichtsratsmandaten in Unternehmen, die in zentralen Bereichen konkurrieren, ist deswegen zu befürworten[662]. Diese Argumentation steht auch in Kongruenz mit der hier geforderten Konzentration des Aufsichtsratsmitglieds auf das einzelne Mandat. Abgesehen von der Tatsache, dass bei einer in diesem Zusammenhang ebenfalls geforderten Begrenzung der höchstens zulässigen Zahl von Aufsichtsratsmandaten das behandelte Problem von vornherein weniger häufig auftreten dürfte, kann auch die grundsätzliche Ablehnung einer Aufsichtsratstätigkeit in konkurrierenden Unternehmen einen

---

658 Verwiesen sei hier nur auf die Nachweise bei *Wiedemann*, ZIP 1997 S. 1565, der darauf hinweist, dass auf nur 38 Vorstandsmitglieder der drei deutschen Großbanken 273 Aufsichtsratsmandate in anderen Unternehmen entfallen, und dass die 800 Aufsichtsratsmandate der 100 größten deutschen Unternehmen auf nur 100 Personen verteilt sind.

659 *Hoffmann-Becking* in Münchener Hdb. des GesR § 30 Rz. 3; *Götz* AG 1995 S. 337 (346); KölnKomm-*Mertens* § 100 AktG Rz. 11.

660 *Götz* AG 1995 S. 337 (346); *Hoffmann-Becking* in Münchener Hdb. des GesR § 30 Rz. 3.

661 *Hoffmann-Becking* in Münchener Hdb. des GesR § 30 Rz. 3; *Götz* AG 1995 S. 337 (346).

662 So auch *Lutter/Krieger* Rz. 21; *Lutter* ZHR 159 S. 287 (303); *Reichert/Schlitt* AG 1995 S. 241 (254).

Beitrag dazu leisten, den Mitgliedern des Aufsichtsrats die Konzentration und die damit verbundene Verbesserung der Kontrolltätigkeit des Aufsichtsrats zu erleichtern. Der Corporate Governance Kodex begegnet dem Problem, indem er in Punkt 5.5.2 eine Pflicht zur Offenlegung von Interessenkonflikten[663] vorsieht und darüber hinaus in Punkt 5.5.3 festlegt, dass wesentliche und andauernde Interessenkonflikte zur Mandatsbeendigung führen sollen.

Eine Thematik, die mit dem Problem des Interessenkonflikts aufgrund eines Aufsichtsratsmandats in einem konkurrierenden Unternehmen in Zusammenhang steht, weil auch sie die Fähigkeit des Aufsichtsratsmitgliedes betrifft, unbelastet und frei zu entscheiden, ist die Frage der Unabhängigkeit eines Mandatsträgers im Aufsichtsrat von der eigenen Gesellschaft. Gemeint ist hier der Fall, dass ein Mitglied des Aufsichtsrats aufgrund einer wie auch immer gearteten Geschäftsbeziehung zu dem betreffenden Unternehmen selbst ein wirtschaftliches Interesse an dessen Geschäftsführung hat. Hier ist dann die Frage zu diskutieren, ob es dem Betroffenen in solchen Fällen dennoch möglich sein soll, ein Aufsichtsratsmandat wahrzunehmen. Diese Problematik ist im US-amerikanischen Gesellschaftsrecht von ganz besonderer Bedeutung, da es dort lange Zeit üblich war, dass die maßgeblich an der Geschäftsführung beteiligten Personen, im US-amerikanischen Modell die Officers, im Board of Directors vertreten waren. Diese "Inside Directors" kontrollierten regelmäßig den Board of Directors, während die "Outside Directors" vielfach ohne größeren Einfluss blieben. Diese Situation zu ändern ist eines der Anliegen des Sarbanes-Oxley Act, der eine Besetzung von wichtigen Ausschüssen ausschließlich mit unabhängigen Directors anordnet und gleichzeitig die Voraussetzungen verschärft, die ein Director erfüllen muss, um als unabhängig zu gelten.

Der Bericht der Regierungskommission Corporate Governance weist zu Recht darauf hin, dass diese wirtschaftliche Interessenkollision aufgrund des zweistufigen Modells im deutschen Recht nicht in dieser Form vorliegt[664]. Das Fehlen der Unabhängigkeit ist jedoch auch in Deutschland nicht undenkbar, wofür mehrere Faktoren ausschlaggebend sein können[665]. Zunächst ist hier an die Arbeitnehmervertreter zu denken, die bereits durch den Abschluss des Arbeitsvertrages ihre Interessen mit denen der Gesellschaft verquicken. Zu berücksichtigen ist jedoch, dass diese Art der Interessenvermischung nicht notwendiger-

---

663 Die offengelegten Interessenkonflikte sollen darüber hinaus auch in den Bericht an die Hauptversammlung aufgenommen werden. Insoweit stellt sich jedoch die Frage, ob sich eine solche Regelung nicht eher kontraproduktiv auf die Bereitschaft der Aufsichtsratsmitglieder auswirken könnte, eventuelle Interessenkonflikte tatsächlich offenzulegen. Siehe hierzu auch *Peltzer* NZG 2002 S. 593 (598).

664 Bericht der Regierungskommission Corporate Governance Rz. 55.

665 Bericht der Regierungskommission Corporate Governance Rz. 55.

weise schlecht ist, da die Arbeitnehmer letztlich vom wirtschaftlichen Erfolg des Unternehmens abhängig sind, so dass bis zu einem gewissen Grad von einer Interessenkongruenz zwischen ihnen und dem Unternehmen auszugehen ist. Anders liegt der Fall auf der Seite der Anteilseignervertreter im Aufsichtsrat. Genannt sei hier nur die Praxis, Vertreter der Großbanken in den Aufsichtsräten zu platzieren. Hier können die Interessen, gerade im Fall einer Krise des Unternehmens, erheblich auseinandergehen. Auch hier gelten die Vorschriften des Corporate Governance Kodex, nach denen von den Aufsichtsratsmitgliedern in Punkt 5.5.3 im Falle eines dauerhaften und nicht nur unwesentlichen Interessenkonfliktes die Niederlegung des Mandats verlangt wird.

Nur dieser letzte Teil der Regelung kann eine ausreichende Maßnahme zur Interessenwahrung für die Unternehmen sein, da die Kenntnis der anderweitigen Verpflichtungen meistens sowieso vorliegen dürfte. Angesichts der üblichen Praxis war wahrscheinlich keine weitergehende Lösung möglich. Es bleibt zu hoffen, dass gerade an dieser Stelle die Soll-Vorschriften ernst genommen werden und außerdem nicht durch eine zu enge Auslegung des Begriffs des Interessenskonflikts entschärft werden, damit langfristig eine gewisse Entflechtung erreicht werden kann, so dass die Mitglieder der Aufsichtsräte eine größtmögliches Maß an Unabhängigkeit erlangen.

g. Die Funktion der Aufsichtsratsausschüsse

aa. Aufgaben und Besetzung

Gemäß § 107 Abs. 3 AktG ist es möglich, die Arbeit des Aufsichtsrats so zu organisieren, dass Teilkomplexe des vom Aufsichtsrat zu behandelnden Stoffs auf Aufsichtsratsausschüsse übertragen werden[666]. Für bestimmte Materien, die der Gesetzgeber als besonders wichtig erachtet hat, schließt § 107 Abs. 3 Satz 2 AktG die Delegation an einen Ausschuss aus[667]. Neben den in der Vorschrift genannten Kompetenzen ist auch die eigentliche Kernaufgabe des Aufsichtsrats, also die Überwachung des Vorstands, von der Übertragung auf einen Ausschuss ausgeschlossen[668]. Die Gefahr, die aus überwachungstechnischer Sicht dem Verfahren der Ausschussbildung anhängt, liegt darin, dass erstens die einzelnen

---

666 Zur Frage inwieweit die Besetzung der Aufsichtsratsausschüsse den Verhältnissen der Mitbestimmung Rechnung tragen muss, siehe *K. Schmidt* GesR S. 844; *Hommelhoff* ZHR 151 S. 493 (504); *Martens* ZGR 1983 S. 237 (239), *Semler* in Münch-Komm zum AktG § 107 Rz. 242 ff.

667 Zur Unterscheidung zwischen Ausschüssen, denen bestimmte Aufgaben zur endgültigen Erledigung und Entscheidung übertragen werden und solchen, die einen bestimmten Sachverhalt nur für die Diskussion im Plenum des Aufsichtsrats vorbereiten sollen, vgl. *Rellermeyer* S. 269; *Semler* AG 1988 S. 60 (61).

668 *Semler* AG 1988 S. 60 (61); KölnKomm-*Mertens* § 107 Rz. 88; *Rellermeyer* S. 26 ff.

Ausschüsse nicht in ausreichendem Maße gegenüber dem Aufsichtsrat über ihre Arbeit berichten könnten, dass zweitens die Arbeit des Aufsichtsrats als Gesamtorgan ausgehöhlt wird und das schließlich im schlechtesten Fall sogar drittens einzelne Entwicklungen aufgrund von Abstimmungsschwierigkeiten bei der Aufgabenverteilung nicht ausreichend behandelt werden. Es ist also genau darauf zu achten, dass durch die grundsätzlich hilfreiche Delegation bestimmter Aufgaben keine Lücken in der Aufsicht des Aufsichtsrats entstehen.

Soweit die Besetzung der Ausschüsse betroffen ist, sollte zunächst darauf geachtet werden, dass in dem jeweiligen Ausschuss diejenigen Aufsichtsratsmitglieder vertreten sind, die in dem entsprechenden Bereich die besten Fähigkeiten mitbringen. Die größte Unsicherheit in diesem Bereich bestand lange Zeit darin, dass fraglich war, inwieweit sich die Grundsätze der Mitbestimmung in der Ausschussbesetzung widerspiegeln müssen. Insoweit ist auf eine Entscheidung des Bundesgerichtshofs aus dem Jahr 1993 hinzuweisen. Damals entschied das Gericht, dass eine paritätische Besetzung der Ausschüsse nicht zwingend notwendig sei[669]. Das Gericht hielt fest, dass die Beurteilung einer Ausschussbesetzung stets danach durchzuführen sei, ob Grundlage für eine bestimmte Besetzung sachliche Erwägungen waren oder ob die Entscheidung einen diskriminierenden Hintergrund hat[670]. Damit hat die Ausschussbesetzung also nicht zwingend paritätisch zu erfolgen[671]; wenn sachliche Gründe dies gebieten, kann ein Ausschuss somit überproportional mit Anteilseignervertretern besetzt werden[672].

bb. Das Audit Committee

Die Beurteilung der Ausschussbildung innerhalb von Aufsichtsräten hat aufgrund der verschiedenen Vor- und Nachteile nach dem Zweck differenzierend zu erfolgen. Soweit Aufsichtsratsausschüsse als Arbeitserleichterung und als Mittel zur Steigerung der Effizienz der Aufsichtsratsarbeit eingesetzt werden, haben sie eine berechtigte Funktion. Insoweit wäre sogar ein weiterer Ausbau der Aufsichtsratsausschüsse wünschenswert. Insbesondere die Schaffung von Audit Committees, die sich nach US-amerikanischem Vorbild[673] mit der Prüfung der Rechnungslegung und des allgemeinen Risikomanagements beschäftigen, ist positiv zu bewerten[674]. Diese Forderung der Literatur[675] wurde vom

---

669 BGHZ 122 S. 342 (357 f.).

670 BGHZ 122 S. 342 (358).

671 So zu Recht die h. M., siehe *Hüffer* AktG § 107 Rz. 21; *Hoffmann-Becking* in Münchener Hdb. des GesR § 32 Rz. 20.

672 Siehe hierzu auch *Schiessl* AG 2002 S. 593 (601); *Gruson/Kubicek* AG 2003 S. 337 (351).

673 Zum Audit Committee im US-amerikanischen Recht, siehe unten § 6 II. 6.

674 Die Schaffung von Audit Committees ist heute in nahezu allen Rechtsordnungen vorgesehen, *Förster* ZIP 2006 S. 162 (166).

deutschen Corporate Governance Kodex aufgenommen. Entsprechend sieht der Kodex in Punkt 5.3.2 die Schaffung eines speziellen Audit Committees vor, dessen Vorsitzender darüber hinaus kein früheres Vorstandsmitglied sein sollte. Im amerikanischen Recht stellt das Audit Committee die zentrale Instanz der Kontrolle innerhalb des Board of Directors, und damit der gesamten Gesellschaft, dar[676].

Die Schaffung eines solchen Committees ist zu begrüßen, auch wenn darauf hinzuweisen ist, dass gerade auch im Zusammenhang mit den Audit Committees im Rahmen der jüngsten Skandale in den USA erhebliche Unzulänglichkeiten zu verzeichnen waren. In vielen Fällen war dies auf die Abhängigkeit der Bezahlung der Mitglieder des Audit Committees vom Aktienkurs der Gesellschaft zurückzuführen, die dazu führte, dass die Mitglieder aus finanziellen Gründen nicht bereit waren, negative Entwicklungen aufzudecken[677]. Dieses Problem ist nunmehr durch den Sarbanes-Oxley Act gelöst worden, der vorsieht, dass das Audit Committee einer Gesellschaft ausschließlich von unabhängigen Directors besetzt werden darf, also von Personen, die außer durch ihre Funktion als Directors in keiner finanziellen Beziehung zu der Gesellschaft stehen[678]. Bei der Zusammensetzung des Ausschusses ist darauf zu achten, dass er nach Größe und Qualifikation seiner Mitglieder geeignet ist, ein möglichst effektives Arbeiten zu gewährleisten. Der deutsche Corporate Governance Kodex sieht – anders als der Sarbanes-Oxley Act – in der Regelung zur Schaffung des Audit Committees lediglich vor, dass der Vorsitzende des Ausschusses kein ehemaliges Vorstandsmitglied sein soll. Hier wäre eventuell auch eine Regelung nach dem US-amerikanischen Vorbild empfehlenswert gewesen, die ein noch klareres Bekenntnis zur Unabhängigkeit der Mitglieder des Audit Committees bedeutet hätte.

Vor dem Hintergrund der Parallelen zum US-amerikanischen Recht ist aber auch an dieser Stelle die Feststellung zu wiederholen, dass die fachliche Qualifikation und die theoretische Unabhängigkeit eines Aufsichtsratsmitgliedes nur ein Teil der Voraussetzungen ist. Wichtig ist auch das Bewusstsein der Aufsichtsratsmitglieder, dass sie unabhängig handeln müssen, anstatt sich auf die Urteilskraft des Vorstands zu verlassen. Hingewiesen sei nur auf den mittlerweile berühmten Fall des Directors von *Enron*, der als emeritierter Professor für

---

675 Vgl. nur *Hopt* in FS Mestmäcker S. 909 (928).

676 *Gordon* 69 U. Chi. L. Rev. S. 1233 (1243).

677 *Gordon* 69 U. Chi. L. Rev. S. 1233 (1243).

678 Vgl. zum Audit Committee und den entsprechenden Änderungen durch den Sarbanes-Oxley Act, die ausführliche Diskussion unten unter § 6 VI. 1.

Rechnungslegung an der Stanford Business School unabhängiger Director und Mitglied des Audit Committees von *Enron* war[679].

Auch in diesem Zusammenhang ergibt sich wieder eine Besonderheit aufgrund der Mitbestimmungsregelungen. So stellte sich zunächst die Frage, ob für den Fall, dass eine deutsche AG im Anwendungsbereich des Sarbanes-Oxley Acts tätig wird, eine Nichtberücksichtigung der unternehmensinternen Arbeitnehmervertreter bei der Besetzung des Bilanzausschusses möglich oder sogar geboten ist, da diese ja aufgrund ihrer entgeltlichen Tätigkeit für die Gesellschaft nach den Kriterien des Sarbanes-Oxley Acts nicht unabhängig wären. Inzwischen ist dieses Problem dadurch gelöst, dass die SEC anerkannt hat, dass auch Arbeitnehmervertreter grundsätzlich unabhängig sein können[680]. Insbesondere wenn man die besonderen Anforderungen an die Fachkenntnisse der Mitglieder des Bilanzausschusses berücksichtigt und gleichzeitig bedenkt, dass in diesem Ausschuss spezifische Arbeitnehmerinteressen nur eine sehr untergeordnete Rolle spielen, erscheint es meiner Meinung nach immer noch möglich, dass sich eine Besetzung ausschließlich mit Anteilseignervertretern aus sachlichen Erwägungen heraus ergeben kann[681].

Schließlich bleibt die Frage, ob Aufsichtsratsausschüsse tatsächlich nur eingerichtet werden, um die Effizienz des Aufsichtsrats zu steigern, oder ob dieses Argument nur vorgeschoben wird, während die Ausschüsse letztlich nur dazu dienen, die Arbeit in den – zu großen – Aufsichtsräten überhaupt handhabbar zu machen. Dies wäre, auch wenn es unbewusst erfolgen sollte, nicht akzeptabel. Es müsste dann vielmehr darauf hingearbeitet werden, die Ausschüsse, soweit sie nur die letztgenannte Funktion erfüllen, durch eine Verkleinerung der Aufsichtsräte[682] überflüssig zu machen[683]. Vor dem Hintergrund des gerade Gesagten erscheint es zweifelhaft, ob die Behandlung der Ausschussproblematik durch den deutschen Corporate Governance Kodex ausreichend ist. Neben der bereits genannten Forderung zur Gründung eines Audit Committees konstituiert der Kodex lediglich in Punkt 5.3.1 eine erweiterte Berichtspflicht der Ausschüsse. Es werden jedoch keine weiteren Regelungen getroffen, um auf die eben dargestellten Probleme zu reagieren. Zurückzuführen ist das Fehlen weiterer Regelungen wohl auf die schwierige Kodifizierbarkeit in diesem Bereich. Letztlich erscheint auch der beste Weg zu einer sinnvollen Ausschussbildung nur über

---

679 Siehe auch die Auflistung des gesamten *Enron* Board of Directors bei *Elson* 89 Cornell Law Rev. S. 496 (505).

680 Rule 10 A-3 (b) (1) (iv) (C) zum Securities Exchange Act.

681 So auch *Schiessl* AG 2002 S. 593 (601); siehe auch *Hüffer* AktG § 107 Rz. 21; *Hoffmann-Becking* in Münchener Hdb. des GesR § 32 Rz. 20.

682 Zu der Diskussion um die Größe des Aufsichtsrats, siehe oben § 5 III. 1.

683 In diesem Sinne auch *Sünner* AG 2000 S. 492 (496).

eine Verkleinerung der Aufsichtsräte erreichbar zu sein. Reduziert sich die Zahl der Aufsichtsratsmitglieder, so werden Ausschüsse automatisch nur für bestimmte, besonders komplizierte Materien gebildet werden, so dass die meisten der oben dargestellten Probleme erst gar nicht entstehen sollten.

h. Die Berichtspflicht hinsichtlich der Überwachung des Vorstands

Gemäß § 171 Abs. 2 Satz 2 1. Hs. AktG hat der Aufsichtsrat gegenüber der Hauptversammlung in einem Bericht darüber Rechenschaft abzulegen, wie er seine Überwachungsaufgabe wahrgenommen hat. Diese Pflicht hatte lange Zeit eine nur untergeordnete Bedeutung. Vielfach wurden jedes Jahr Berichte mit ähnlichem Inhalt und vagen Formulierungen übermittelt, die nur eine geringe Aussagekraft hatten. In diesem Bereich hat aber nunmehr in jüngerer Zeit vielfach eine Änderung der Berichtspraxis stattgefunden, so dass inzwischen die Berichte zahlreicher Aufsichtsräte den tatsächlich zu stellenden Anforderungen entsprechen[684].

Konkretisiert wurden die Anforderungen zur Aufsichtsratsberichterstattung auch durch die Rechtsprechung. So hat das OLG München 2006 entschieden, dass es nicht ausreicht, dass der Aufsichtsrat in dem Bericht an die Hauptversammlung die Zahl der Aufsichtsratssitzungen nennt und zusätzlich versichert, es habe eine laufende Überwachung des Vorstands anhand der Vorstandsberichte und gemeinsamer Sitzungen von Vorstand und Aufsichtsrat stattgefunden[685]. Das Gericht sieht den Bericht nach § 171 Abs. 2 Satz 2 1. Hs AktG als Kernstück der Informationen die der Hauptversammlung bei ihrer Entscheidung über die Entlastung des Aufsichtsrats nach § 120 AktG zur Verfügung stehen. Insofern sei es geboten, dass hinreichende Informationen zur Verfügung stünden[686]. Dem ist zuzustimmen. Insbesondere wird zu Recht darauf hingewiesen, dass der Aufsichtsratsbericht an die Hauptversammlung auch als ein Rechenschaftsbericht des Aufsichtsrats hinsichtlich der von ihm durchgeführten Überwachung des Vorstands anzusehen ist[687].

Einigkeit besteht in Rechtsprechung und Literatur insoweit, als es jedenfalls als nicht ausreichend angesehen wird, wenn sich der Bericht in formelhaften

---

684 Bei *Kropff* in Münch-Komm zum AktG § 171 Rz. 155 sind einige Beispiele für Unternehmen aufgelistet, in denen der Aufsichtsrat seine Berichtspflicht hinreichend erfüllt hat.

685 AG 2006 S. 592.

686 OLG München AG 2006 S. 592.

687 *Vetter* ZIP 2006 S. 257 (258); *Maser/Bäumker* AG 2005 S. 906 (908); *Kropff* in Münch-Komm zum AktG § 171 Rz. 144.

Aussagen erschöpft, die keinen wirklichen Informationsgehalt haben[688]. Wenn – wie oben bereits festgestellt[689] – die Berichtspflichten des Vorstands an den Aufsichtsrat nach § 90 AktG ein Mindestprogramm der Prüfung darstellen, so wird man konsequenterweise damit rechnen dürfen, dass sich diese Berichte auch im Katalog derjenigen Überwachungsmaßnahmen wiederfinden, die der Aufsichtsrat in seinem Bericht an die Hauptversammlung auflistet. Außerdem sollte in jedem Fall zu genutzten Rechten auf Einsichtnahme in die Bücher und evtl. Beauftragungen von Sachverständigen nach § 111 Abs. 2 AktG sowie existierenden Zustimmungsvorbehalten nach § 111 Abs. 4 Satz 2 AktG Stellung genommen werden[690]. Diese Maßnahmen betreffen ebenso wie der Gegenstand der Vorstandsberichte den Kernbereich der Kontrolle des Aufsichtsrats und gehören somit zu einer vollständigen Rechenschaft.

Streit herrscht dagegen über den einzuhaltenden Umfang der Berichterstattung. Insoweit hat das bereits erwähnte Urteil des OLG München festgehalten, dass stets, also unabhängig von der Unternehmenssituation, eine detaillierte, die konkreten Überwachungsmaßnahmen auflistende, Berichterstattung erforderlich sei[691]. Insofern steht das Urteil im Widerspruch zu einer Entscheidung des OLG Hamburg aus dem Jahr 2002. Das Gericht hatte dort festgehalten, dass der Umfang der Berichtspflicht mit der wirtschaftlichen Situation des Unternehmens zusammenhänge[692]. Diese Auffassung herrscht auch in der Literatur vor[693]. Ihr ist auch zuzustimmen: Die Berichtspflicht ist als Annex zur Überwachungsaufgabe zu sehen. Es ist daher folgerichtig, dass sich der Umfang der Berichtspflicht nach dem Umfang der Überwachung richtet, der seinerseits wiederum von der konkreten Situation des Unternehmens abhängig ist.

Der Bericht des Aufsichtsrats an die Hauptversammlung kann dazu beitragen, die Qualität der Arbeit der Aufsichtsräte transparent zu machen. Sie müssen über ihre Berichte gleichzeitig auch Rechenschaft in Bezug auf ihre eigene Tätigkeit ablegen. Dies dürfte mittelbar auch zu einer Qualitätssteigerung bei der Überwachung selbst führen.

---

688 OLG München AG 2006 S. 592; *Drygala* AG 2007 S. 381; *Maser/Bäumker* AG 2005 S. 906 (908); *Vetter* ZIP 2006 S. 257 (259).

689 Siehe oben § 5 I. 1.

690 So auch *Vetter* ZIP 2006 S. 257 (259); *Maser/Bäumker* AG 2005 S. 906 (909).

691 OLG München AG 2006 S. 592.

692 OLG Hamburg NZG 2001 S. 513 (516).

693 *Maser/Bäumker* AG 2005 S. 906 (909); *Hüffer* AktG § 171 Rz. 13; *Vetter* ZIP 2006 S. 257 (262).

i. Bewertung und Schlussfolgerung

Insgesamt lässt sich festhalten, dass zur Verbesserung des Beitrags des Aufsichtsrats zur Kontrolle von Publikumsgesellschaften die Konzentration auf das einzelne Aufsichtsratsmandat angestrebt werden sollte. Wollte man die Situation überspitzt darstellen, so könnte man behaupten, dass die Aufsichtsräte in deutschen Unternehmen zu groß sind, mit Mitgliedern besetzt sind, die zu viele Mandate innehaben, sich deswegen im Rahmen des einzelnen Mandats zu selten mit ihren Aufsichtsratskollegen treffen und, im Falle des Zusammentreffens, aufgrund der Größe der Aufsichtsräte die meiste Zeit in Aufsichtsratsausschüssen verbringen, die jeweils nur einen Ausschnitt der das Unternehmen betreffenden Probleme behandeln können.

Auch wenn das gerade gezeichnete Bild in der Tat eine Überspitzung darstellen dürfte, die denjenigen Aufsichtsratsmitgliedern, die ihre Aufgabe mit großer Sorgfalt und Aufmerksamkeit erledigen, Unrecht tut, ist sie doch geeignet, die in den vorherigen Punkten aufgezeichneten Probleme, die, wie dargestellt, in unterschiedlichem Ausmaß und mit unterschiedlichen Konsequenzen bestehen, zusammenfassend zu verdeutlichen. In der Konsequenz muss es das Ziel sein, auf besser qualifizierte Aufsichtsratsmitglieder, die weniger Mandate zu betreuen haben, sich deswegen häufiger treffen können und dabei Aufsichtsräten angehören, die aufgrund einer im Vergleich zur aktuellen Situation verkleinerten Mitgliederzahl effektiver arbeiten können, hinzuarbeiten.

Die zuvor dargestellten Prärogativen lassen sich dabei alle unter dem Stichwort der Konzentration der Aufsichtsratstätigkeit zusammenfassen. Die Tendenz, diesen Weg zu beschreiten, lässt sich sowohl im KonTraG[694], als auch im Bericht der Regierungskommission Corporate Governance und zuletzt auch im deutschen Corporate Governance Kodex erkennen[695]. Soweit das der Fall ist, sind diese Bemühungen zu begrüßen und verdienen Unterstützung. Mehr noch als der Ausbau bestehender oder die Schaffung neuer Kontrollinstrumente, kann die bessere Wahrnehmung und Ausübung der bestehenden Kontrollmittel zu einer Verbesserung im Bereich der Unternehmenskontrolle führen. Insoweit ist die Konzentration der Aufsichtsratsmitglieder auf das einzelne Mandat eine wichtige Grundvoraussetzung, deren Erfüllung das Ziel ernsthafter Bemühungen im Bereich der Verbesserung der deutschen Corporate Governance sein sollte.

---

694 Wenn auch hier wichtige Ansätze nicht hinreichend gewürdigt wurden, vgl. zur Kritik am KonTraG das AG - Sonderheft August 1997 mit zahlreichen kritischen Äußerungen.

695 Auch *Schwalbach*, AG 2004 S. 186 (188), weist darauf hin, dass keine theoretischen Voraussetzungen eine engagierte Wahrnehmung der Überwachungsaufgabe ersetzen kann.

2. Interne Revision und Selbstevaluierung des Aufsichtsrats

Ein wichtiger Baustein für eine effektive und sinnvolle Tätigkeit des Aufsichtsrats ist die Selbstkontrolle. So stellt auch die Regierungskommission Corporate Governance in ihrem Bericht fest, dass die Frage der Selbstevaluierung und der internen Revision für eine gute Corporate Governance von großer Bedeutung sind[696]. Die Selbstevaluierung des Aufsichtsrats ist deswegen unverzichtbar, weil die Mitglieder des Aufsichtsrats, aufgrund der besonderen Kenntnisse der Arbeitsabläufe aus eigener Erfahrung, am besten beurteilen können, wo im Rahmen ihrer Tätigkeit Defizite bestehen. Einen gleichmäßig hohen Standard bei der Qualität der Selbstevaluierung zu sichern ist aber gleichzeitig deswegen so schwierig, weil der Erfolg und die Effektivität derselben stark von der persönlichen Bereitschaft der Aufsichtsratsmitglieder abhängig ist, sich an einem Prozess der konstruktiven Selbstkritik zu beteiligen. Erfolgt diese Beteiligung nicht freiwillig, ergeben sich offensichtliche Schwierigkeiten, die der Selbstevaluierung aufgrund der mangelnden Unabhängigkeit der Kontrolleure immanent sind. Aufgrund dieser Abhängigkeit von der Bereitschaft der Aufsichtsratsmitglieder, sich an der Selbstevaluierung zu beteiligen und der sich daraus ergebenden Unsicherheit, ergeben sich in diesem Bereich besondere Schwierigkeiten bei der Schaffung allgemeiner Regeln für die Selbstkontrolle.

Die Regierungskommission Corporate Governance hat keine konkreten Vorschriften gemacht, wie diese Selbstevaluierung durchgeführt werden soll, sondern überließ diese Frage der Kodex-Kommission[697]. Der deutsche Corporate Governance Kodex ist jedoch in diesem Punkt ebenfalls sehr allgemein gehalten. In Punkt 5.6 findet sich lediglich der Hinweis darauf, dass der Aufsichtsrat die Effizienz seiner Tätigkeit regelmäßig überprüfen soll. Eine ähnliche Formulierung enthält der Punkt 2.6 des IV. Abschnitts des „German Code of Corporate Governance“ des Berliner Initiativkreises, der vorsieht, dass der Aufsichtsrat seine Tätigkeit ständig überwachen und den Erkenntnissen dieser Überwachung entsprechend verbessern soll. Trotz dieses Mangels konkreter Regelungen bleibt der Aufsichtsrat aufgefordert, seine Strukturen und Arbeitsweise zunächst selbst dahingehend zu überprüfen, ob sie einer optimalen Überwachungstätigkeit förderlich sind.

Anregungen für eine Verbesserung der Aufsichtsratstätigkeit können sich die Mitglieder des Aufsichtsrats auch außerhalb des Unternehmens bei den Abschlussprüfern holen. Seit der Änderung des AktG durch das KonTraG ist der Aufsichtsrat dafür verantwortlich, der Hauptversammlung einen Abschlussprüfer vorzuschlagen und nachfolgend mit diesem das Honorar zu verhandeln.

---

696 Bericht der Regierungskommission Corporate Governance Rz. 62.
697 Bericht der Regierungskommission Corporate Governance Rz. 62.

Sinnvollerweise wird der Aufsichtsrat über die bloße Honorarvereinbarung hinaus aber auch – soweit dies zulässig ist - einen gewissen Einfluss auf das Prüfungsprogramm des Abschlussprüfers nehmen[698]. In diesem Zusammenhang kann er die Abschlussprüfer auffordern, die Überwachungstätigkeit des Aufsichtsrats zu begutachten. Zwar handelt es sich dann wieder um externe Erkenntnisse, die eine Mitarbeit der Aufsichtsratsmitglieder nur teilweise ersetzen können, sie sind aber dennoch geeignet, eine sinnvolle Ergänzung zu den vom Aufsichtsrat selbst zusammengetragenen Informationen zu bilden. Auf diese Weise kann eine Aufnahme des Ist-Zustands erlangt werden, ohne dass man auf die Hilfe der nicht objektiven Aufsichtsratsmitglieder angewiesen zu sein. Anschließend können die so gewonnenen Ergebnisse dieser Prüfung in den Selbstevaluierungsprozess des Aufsichtsrats miteinbezogen werden. Diese Sammlung von Tatsachen von außen hat aufgrund der größeren Unabhängigkeit im Vergleich zur Selbstprüfung gewisse Vorteile und sollte deswegen als weiteres Element in den Prozess der Selbstevaluierung aufgenommen werden. Diese Kombination der vom Aufsichtsrat selber gesammelten Erkenntnisse und der Ergänzungen durch die Abschlussprüfer sollte eine gute Grundlage für eine erfolgreiche und ergebnisreiche Selbstevaluierung sein.

3. Haftung der Aufsichtsratsmitglieder

Neben der vertraglichen Haftung kommt für die Aufsichtsratsmitglieder vor allem eine Haftung aus § 93 Abs. 2 AktG i. V. m. § 116 AktG in Betracht. Die Mitglieder des Aufsichtsrats müssen bei der Wahrnehmung ihrer Überwachungsaufgabe die Sorgfalt eines ordentlichen Aufsichtsratsmitglieds anwenden. Diese Pflicht besteht korrespondierend zu den Pflichten der Mitglieder des Vorstands, gemäß § 93 Abs. 1 AktG, der über § 116 AktG sinngemäß auf den Aufsichtsrat anzuwenden ist. Ebenso wie sich Geschäftsleitung und Überwachung unterscheiden, unterscheiden sich die aus der jeweiligen Aufgabe resultierenden Pflichten, so dass der anzulegende Sorgfaltsmaßstab für ein Aufsichtsratsmitglied von dem durch die Mitglieder des Vorstands einzuhaltenden Sorgfaltsmaßstab für die Geschäftsleitung abweicht[699]. Leitlinie für die Aufsichtsratsmitglieder ist jedoch ebenso wie für den Vorstand das Unternehmensinteresse[700]. Dies bedeutet mindestens die Verpflichtung zur Erhaltung und Förderung des Unternehmens[701]. Eventuell ist darüber hinaus das Kriterium des Gemeinwohls bzw. des „öffentlichen Interesses“, worunter auch die Interessen der Arbeitnehmer

---

698 *Peltzer* NZG 2002 S. 10 (14).

699 H. M., vgl. *Hoffmann-Becking* in Münchener Hdb. des GesR § 33 Rz. 45; *Hopt* in FS für Mestmäcker S. 909 (916); KölnKomm-*Mertens* § 116 AktG Rz. 2; *Semler* in Münch-Komm zum AktG § 116 Rz. 3.

700 *Semler* in Münch-Komm zum AktG § 116 Rz. 4; *Mertens* ZGR 1977 S. 270 (275 ff.); *Grunewald* GesR 2. C. Rz. 87.

701 *Hoffmann-Becking* in Münchener Hdb. des GesR § 29 Rz. 27; *Eisenhardt* GesR Rz. 570.

des Unternehmens fallen, zu berücksichtigen[702]. Erfüllen die Aufsichtsratsmitglieder diese Aufgabe nicht ordnungsgemäß, so haften sie der Gesellschaft aus § 93 Abs. 2 AktG i. V. m. § 116 AktG auf Schadensersatz[703]. Im Zusammenhang mit der Kontrollfunktion des Aufsichtsrats relevante Pflichtverletzungen könnten etwa die nicht ordnungsgemäße Kontrolle der Arbeit der Aufsichtsratsausschüsse, die den Aufsichtsratsmitgliedern obliegt, oder das Nichtvereiteln besonders riskanter Geschäfte durch den Vorstand sein[704].

Zusätzliche Fragen der Aufsichtsratshaftung haben sich durch die Corporate Governance Debatte der letzten Jahre ergeben. Bereits vor der Einführung des deutschen Corporate Governance Kodex stellte sich die Frage, ob die selbständige Einführung solcher Maßnahmen, wie sie sich jetzt im Kodex finden und die ohne Gesetzesänderung möglich gewesen wären, für den Aufsichtsrat nicht bereits durch die Sorgfaltspflicht des § 93 Abs. 1 AktG geboten waren[705]. Nach der Einführung des deutschen Corporate Governance Kodex stellt sich für den Aufsichtsrat nunmehr die Frage, ob ein Fehlverhalten im Zusammenhang mit dem Kodex zu einer Haftung führen kann. Wie bereits im Rahmen der Vorstandshaftung dargestellt, kann die Nichtbeachtung der Regelungen des Corporate Governance Kodex oder ein Fehlverhalten bei der Abgabe der Entsprechenserklärung gemäß § 161 AktG nur in einigen Ausnahmefällen eine Haftung begründen. Dies kann dann der Fall sein, wenn die Entsprechenserklärung bewusst falsch abgegeben wird oder eine Erklärung, die sich im Nachhinein als falsch herausstellt, nicht umgehend korrigiert wird[706]. Eine weitergehende Haftung scheitert in den meisten Fällen entweder an der Schwierigkeit, eine Pflichtverletzung festzustellen, was in erster Linie an der Ausgestaltung des Kodex als „soft law" liegt, oder an dem Problem des Nachweises eines kausal auf der Pflichtverletzung beruhenden Schadens. Da davon auszugehen ist, dass der Gesetzgeber diese Konsequenzen erkannt hat, sind sie so zu akzeptieren.

---

702 Vgl. hierzu *Grunewald* GesR 2. C. Rz. 87; sowie *Eisenhardt* GesR Rz. 570.

703 Zu berücksichtigen ist dabei, dass unabhängig von der Qualifikation des einzelnen Aufsichtsratsmitgliedes innerhalb eines Aufsichtsrats ein für alle identischer Sorgfaltsmaßstab gilt, vgl. BGHZ 85 S. 293 (295 f.); *Hüffer* AktG § 116 Rz. 2; *Edenfeld/Neufang* AG 1999 S. 49 (50 f.).

704 Vgl. hierzu und zu weiteren möglichen Pflichtverletzungen *Hüffer* AktG § 116 Rz. 9.

705 Vgl. dazu insbesondere *Hopt* in FS für Mestmäcker S. 909 (929).

706 Vgl. hierzu die Ausführungen oben unter § 1 III. Ausführlich zu der Problematik der Haftung im Zusammenhang mit dem Corporate Governance Kodex auch *Semler* in Münch-Komm zum AktG § 161 Rz. 187 ff.; *Ulmer* ZHR 166 S. 150 (165 ff.); *Seibt* AG 2002 S. 249 (254 ff.); *Lutter* ZHR 166 S. 523 (525 ff.).

IV. Personalauswahl und Ermessen bei der Vorstandsernennung

Die Auswahl und Bestellung der Mitglieder des Vorstands ist gemäß § 84 AktG – ausschließlich[707] – Aufgabe des Aufsichtsrats[708]. Wie bedeutsam diese Kompetenz ist, ergibt sich aus dem Umstand, dass der Erfolg eines Unternehmens zum allergrößten Teil von den Leistungen des Vorstands und seiner Fähigkeit, das Unternehmen aufzustellen, abhängig ist[709]. Auch für die Tätigkeit des Aufsichtsrats ist die Kompetenz zur Vorstandsbestellung von ganz erheblicher Bedeutung, weil sie auf die Kernaufgabe des Aufsichtsrats, nämlich die Überwachung des Vorstands, einen großen Einfluss hat[710]. Da die Überwachungsintensität stets mit der Situation des Unternehmens korrespondiert, hängt von der Fähigkeit des Aufsichtsrats, einen kompetenten und erfolgreichen Vorstand zu installieren, in erheblichem Maß der Umfang und die Schwierigkeit der anschließend von ihm zu erfüllenden Überwachungsaufgabe ab[711].

Die Auswahl der zu ernennenden Vorstandsmitglieder erfolgt in völliger Unabhängigkeit seitens des Aufsichtsrats. Jegliche Art der Einflussnahme von außen, die über das Maß einer bloßen Empfehlung hinausgeht, ist deswegen unzulässig[712], so dass etwa eine massive Einflussnahme des Großaktionärs auf die Personalentscheidungen des Aufsichtsrats nicht akzeptabel ist[713]. Diese Unabhängigkeit des Aufsichtsrats spiegelt sich auch in der aus einer unsachgemäßen Durchführung des Auswahlverfahrens resultierenden Haftung der Aufsichtsratsmitglieder aus §§ 93, 116 AktG wieder. Eine Beteiligung des Vorstands an der Auswahl des geeigneten Kandidaten ist schon deswegen sinnvoll und fast unerlässlich, weil die verbleibenden Mitglieder des Vorstands erstens am besten wissen, welche Qualitäten das neue Mitglied in den Vorstand einbringen sollte und weil sie zweitens auch mit ihm zusammenarbeiten müssen, so dass ein gewisses Maß an persönlicher Übereinstimmung zwischen dem neuen Vorstandsmitglied und seinen Kollegen bestehen sollte.

---

707 *Hüffer* AktG § 84 Rz. 1; *Wiesner* in Münchener Hdb. des GesR § 20 Rz. 5.

708 Zu den Einzelheiten des Wahlverfahrens, auch im Falle der Anwendbarkeit der mitbestimmungsrechtlichen Vorschriften, vgl. *Wiesner* in Münchener Hdb. des GesR § 20 Rz. 18 ff.; sowie *Henn* in Hdb. des Aktienrechts Rz. 538 ff.

709 Siehe auch *Thümmel* AG 2004 S. 83 (87).

710 Teilt man die Überwachungsaufgabe des Aufsichtsrats in drei Kategorien ein, so ist das Einleiten von personalrechtlichen Konsequenzen, wie dem Austausch von Vorstandsmitgliedern oder der Verstärkung des Vorstands, als gestaltende Überwachung zu bezeichnen, *Henze* BB 2000 S. 209 (214).

711 Vgl. hierzu auch *Götz* AG 2002 S. 305.

712 *Lutter/Krieger* Rz. 333; *Hefermehl/Spindler* in Münch-Komm zum AktG § 84 AktG Rz. 11; *Ulmer/Habersack* in *Ulmer/Habersack/Henssler* § 31 MitbestG Rz. 17 ff.

713 *Peltzer* NZG 2002 S. 10 (12), der außerdem darauf hinweist, dass es praktisch gesehen schwierig ist, mit 20 Aufsichtsratsmitgliedern mehrere Kandidaten gegeneinander abzuwägen.

Zu berücksichtigen ist jedoch, dass trotz dieser Beteiligung des Vorstands die letztendliche Entscheidung über die Ernennung des neuen Vorstandsmitgliedes stets und unverrückbar beim Aufsichtsrat liegt[714], so dass die „Zusammenarbeit" nicht etwa dazu führen darf, dass in Wirklichkeit der Vorstandsvorsitzende mit dem Aufsichtsratsvorsitzenden die Entscheidung hinsichtlich der Besetzung von Vorstandspositionen vornimmt und der Beschluss des Aufsichtsrats eine reine Formalität darstellt[715].

1. Anforderungen an die Auswahl des geeigneten Bewerbers

Ziel der Suche nach Vorstandsmitgliedern muss es stets sein, solche Kandidaten zu finden, die sowohl aufgrund ihrer allgemeinen Qualifikation als auch in Bezug auf die konkret zu besetzende Stelle geeignet sind, die an sie gestellten Anforderungen zu erfüllen. Idealerweise wird dieser schwierig zu erfüllenden Anforderung dadurch begegnet, dass man versucht, soweit dies überhaupt möglich ist, zukünftige Entwicklungen bei der Vorstandsbesetzung zu antizipieren. Das bedeutet, dass einerseits mögliche personelle Veränderungen innerhalb des Vorstands frühestmöglich erkannt und bedacht werden und dass andererseits der Markt der potentiellen Kandidaten – sowohl innerhalb als auch außerhalb des Unternehmens – stets zu beobachten ist[716]. Dies kann innerhalb des Aufsichtsrats von einem zu bildenden Personalausschuss[717] übernommen werden, der gleichzeitig dafür zuständig sein sollte, die einzelnen Mitglieder des Vorstands regelmäßig zu evaluieren[718]. Diese regelmäßige Evaluierung kann auch dafür genutzt werden, bei einer eventuell anstehenden Verlängerung des Vorstandsmandates eine bessere Entscheidungsbasis zur Verfügung zu haben[719].

Neben gesetzlichen Ausschlussgründen bzgl. der Vorstandstätigkeit, die sich z. B. aus § 76 Abs. 3 Satz 3 AktG oder § 76 Abs. 3 Satz 4 AktG ergeben können, sind vor allem die statuarischen Voraussetzungen der Gesellschaft bei der Auswahl von potentiellen Vorstandsmitgliedern zu berücksichtigen. Die Satzung

---

714 Dies betonen auch *Lutter/Krieger* Rz. 336, die zudem darauf hinweisen, dass es dem Vorstand keinesfalls gestattet ist, selbständig auf Kandidatensuche zu gehen oder gar mit ihrer Meinung nach potentiellen Kandidaten zu verhandeln.

715 Auf diese – teilweise praktizierte und zweifellos nicht mit dem im Gesetz vorgesehenen Verfahren in Einklang zu bringende – Praxis weist zu Recht *Peltzer*, NZG 2002 S. 10 (12) sowie *Peltzer* in FS für Semler S. 261 ff. hin.

716 *Krieger* Personalentscheidungen S. 22 ff.

717 Zur Arbeit und Ausgestaltung von Aufsichtsratsausschüssen sowie der Frage, inwieweit Aufgaben des Aufsichtsrats an diese delegiert werden können, siehe oben § 5 III. 1.

718 Vgl. hierzu auch *Götz* AG 2002 S. 305; *Peltzer*, NZG 2002 S. 10 (13) schlägt etwa eine Evaluierung im jährlichen Rhythmus vor.

719 Die Idee der regelmäßigen Evaluierung des Vorstands durch den Aufsichtsrat hat der Berliner Corporate Governance Kodex im Punkt II 1.7 aufgenommen. Im deutschen Corporate Governance Kodex wurde sie dagegen nicht aufgegriffen.

der Gesellschaft kann – nach vorzugswürdiger Ansicht auch im Falle der Anwendbarkeit von Vorschriften der Mitbestimmung – bestimmte Eignungsvoraussetzungen in persönlicher oder sachlicher Hinsicht aufstellen[720]. Prinzipiell ist es empfehlenswert, dort solche Voraussetzungen festzuschreiben, die geeignet scheinen, typischen Verfehlungen von Unternehmensleitern vorzubeugen. In erster Linie kommen hier fachliche Qualifikationen wie z. B. bestimmte Studienabschlüsse entsprechend den einzelnen Ressorts in Frage. Erfüllt der Vorstandskandidat die von der Satzung vorgegebenen Eignungsvoraussetzungen nicht, so bleibt die Bestellung bis zum dann möglichen Widerruf der Bestellung aus wichtigem Grund gemäß § 84 Abs. 3 Satz 1 AktG wirksam.

2. Kontrollrelevante Gestaltungsmöglichkeiten bei der Bestellung

Bei der Bestimmung der Möglichkeiten, die bei der individuellen Gestaltung der konkreten Berufung eines Vorstandsmitgliedes bestehen, ist zunächst eine Unterscheidung zwischen der Bestellung als Organ einerseits und dem neben diesem korporationsrechtlichen Element bestehenden schuldrechtlichen Anstellungsvertrag andererseits zu unterscheiden. Zwischen diesen Ebenen ist nach der wohl herrschenden Trennungstheorie[721] streng zu unterscheiden[722], so dass die Bestellung zum Organmitglied und der Abschluss des Anstellungsvertrages völlig unabhängig voneinander zu beurteilen sind. Aus dieser Trennung ergibt sich aber gleichzeitig auch eine Gestaltungsmöglichkeit. So ist es möglich und aus Sicht der Gesellschaft wohl auch empfehlenswert, durch eine Junktimklausel die Beendigung des Arbeitsvertrages für den Fall vorzusehen, dass die Organstellung des Vorstandsmitgliedes durch einen Widerruf der Bestellung erlischt[723].

Die Möglichkeiten des Aufsichtsrats, eine möglichst erfolgreiche Arbeitsleistung eines Vorstandsmitglied zu begünstigen, können, soweit der Anstellungsvertrag betroffen ist, durch entsprechende individuelle Regelungen bei dessen Ausgestaltung erreicht werden. Hier können insbesondere entsprechende Regelungen hinsichtlich der Bezüge des Vorstandsmitglieds, der Abgrenzung seines Arbeitsbereiches und der entsprechenden Abreden bzgl. eventueller Nebentätigkeiten oder Ehrenämter des Vorstandsmitglieds vorgesehen werden. Hinsichtlich des Organverhältnisses des Vorstandsmitglieds ist dagegen eine so erhebliche

---

720 Vgl. nur *Wiesner* in Münchener Hdb. des GesR § 20 Rz. 5; *Krieger* Personalentscheidungen S. 12 f; für den Fall der Anwendbarkeit von mitbestimmungsrechtlichen Vorschriften vgl. einerseits *Ulmer/Habersack* in *Ulmer/Habersack/Henssler* § 31 MitbestG Rz. 10; *Hüffer* AktG § 76 Rz. 26 und andererseits *Säcker* DB 1977 S. 1791 (1792).

721 BGHZ 89 S. 48 (52); BGH NJW 1989 S. 2683; OLG Schleswig AG 2001 S. 651; *Wiesner* in Münchener Hdb. des GesR § 20 Rz. 12; *Hüffer* AktG § 84 Rz. 2.

722 Vgl. zur Gegenauffassung, welche die sog. Einheitstheorie vertritt, *Baums* Geschäftsleitervertrag S. 451; sowie differenzierend *Henssler* RdA 1992. S. 289 (290 ff.).

723 *Grunewald* GesR 2. C. Rz. 49; *Henn*, Hdb. des Aktienrechts Rz. 550.

Regelungsdichte zu konstatieren, dass neben den sehr detaillierten gesetzlichen Regelungen die Möglichkeiten des Unternehmens, Sonderabsprachen mit einem Vorstandsmitglied zu treffen, begrenzt sind[724].

Es gibt aber dennoch einige Fragen, die einer entsprechenden individuellen Regelung zugänglich sind. Dies betrifft z. B. Fragen der Vertretungsmacht. Diese können jedoch nicht ohne weiteres durch den Aufsichtsrat bestimmt werden. Möglich ist dies nur dann, wenn die Satzung diese Möglichkeit für den Aufsichtsrat vorsieht. Im Zusammenhang mit der Gestaltung der Vertretungsmöglichkeiten erscheint es geboten, besondere Vorsicht walten zu lassen. Die in diesem Bereich gegebenen Gestaltungsmöglichkeiten sollten so eingesetzt werden, dass bei einer Abweichung vom gesetzlichen Grundsatz der Gesamtvertretung, wie er in § 78 Abs. 1 AktG vorgesehen ist, dem Sicherheits- und Kontrollbedürfnis der Gesellschaft ausreichend Rechnung getragen wird. Hierfür stehen die mit unterschiedlich hohem Risiko behafteten verschiedenen Modelle der Vertretungsmacht, wie die Einrichtung einer unechten Gesamtvertretung oder die – allerdings entsprechend risikoreiche – Einräumung einer Einzelvertretungsbefugnis, die nur in Ausnahmefällen vorgesehen werden sollte, zur Verfügung.

Eine wichtige Frage ist auch die Dauer der Bestellung. Dies ist gleichzeitig auch der einzige Punkt, den der deutsche Corporate Governance Kodex behandelt[725]. Ging man früher davon aus, dass die Bestellung eines Vorstandsmitglieds für die Dauer von fünf Jahren die Norm sei[726], so hat sich nunmehr die Überzeugung durchgesetzt, dass eine Ernennung für fünf Jahre – gerade bei der ersten Ernennung – unter normalen Umständen nicht die Regel sein sollte. Problematisch an der kürzeren Bestellungsdauer aufgrund einer Empfehlung aus dem deutschen Corporate Governance Kodex ist jedoch, dass potentielle Vorstandsmitglieder häufig nicht bereit sind, sich für eine Zeit von weniger als fünf Jahren zur Verfügung zu stellen[727]. Dies betrifft aufgrund ihrer günstigen Verhandlungsposition gerade auch die besonders erfolgreichen Manager.

Weiterhin stellt sich hier – ähnlich der Frage nach der Gewährung eines Ermessensspielraums bei der Vorstandshaftung[728] – das Problem, dass eine zu restriktive Regelung, also in diesem Zusammenhang eine zu kurze Amtsdauer der

---

724 *Baums* Geschäftsleitervertrag S. 70.

725 Punkt 5.1.2 des deutschen Corporate Governance Kodex.

726 *Steinbeck*, S. 139, bezeichnet die Zeitdauer von fünf Jahren als „Regelamtszeit“.

727 Dies merkt *Peltzer*, NZG 2002 S. 10 (13), an, der zugleich die Frage aufwirft, ob das Vorsehen einer kürzeren Bestelldauer durch den deutschen Corporate Governance Kodex ausreicht, weil von diesem ja abgewichen werden kann, so dass sich die Frage stellt, ob in diesem Punkt nicht eine bindende Regelung durch das Gesetz vorzuziehen gewesen wäre.

728 Vgl. hierzu oben § 1 II.

Vorstandsmitglieder, die Unabhängigkeit des Vorstands als Leitungsorgan zu sehr beeinträchtigt[729]. Ein Ausweg könnte hier z. B. eine Bestellung auf zunächst drei Jahre mit einer eventuellen automatischen Verlängerung auf fünf Jahre sein, die entweder unter vorher bestimmten Voraussetzungen oder auch automatisch eintritt, falls der Aufsichtsrat nicht widerspricht[730]. Diese Regelung kann geeignet sein, sowohl dem Unternehmen als auch dem potentiellen Vorstandsmitglied die nötige Sicherheit zu geben, indem das Risiko für das Unternehmen reduziert wird, ohne dass die Regelung aufgrund von Kurzfristigkeit dazu führt, dass dem Vorstand die zweifellos nötige Unabhängigkeit genommen würde.

Eine automatische Verlängerung der Amtszeit ohne neuerlichen Beschluss ist immer dann zulässig, wenn dadurch keine Berufungsdauer von insgesamt mehr als fünf Jahren zustande kommen kann, ohne dass eine neuerliche Entscheidung seitens des Aufsichtsrats getroffen werden muss[731]. Diese Betrachtungsweise stellt auch im Zusammenhang mit dem Kontrollanspruch im Unternehmen einen wichtigen Beitrag dar, weil der Aufsichtsrat so dazu ermuntert wird, eine eventuelle Amtszeitverlängerung nicht routinemäßig, sondern nur nach vorheriger gründlicher Evaluierung der Leistungen des betreffenden Vorstandsmitglieds durchzuführen[732]. Diesem Anspruch wird auch die Praxis gerecht, nach der eine Verlängerung des Vorstandsmandates bereits vor dem letzten Jahr der Amtszeit dadurch erreicht wird, dass eine vorzeitige Aufhebung der Vorstandsstellung unter gleichzeitiger Wiederbestellung des Vorstandsmitglieds durchgeführt wird[733].

3. Die Abberufung eines Vorstandsmitgliedes als „ultima ratio"

a. Widerruf der Bestellung

Als Gegenstück zum Recht, den Vorstand zu besetzen, das dem Aufsichtsrat durch § 84 Abs. 1 AktG gewährt wird, kann dieser unter den Voraussetzungen des § 84 Abs. 3 AktG die Bestellung des Vorstandsmitgliedes zum Organmitglied des Unternehmens rückgängig machen. Folge ist die Beseitigung der korporationsrechtlichen Organstellung[734]. Aufgrund der einschneidenden Konsequenzen, die mit dieser Maßnahme verbunden sind, handelt es sich beim Widerruf der Bestellung zum Vorstandsmitglied um ein Mittel, dass dem Aufsichtsrat

---

729 *Steinbeck* S. 139.

730 *Henn* in Hdb. des Aktienrechts Rz. 548, bezeichnet diese Konstellation als einen Fall der „unechten Wiederbestellung".

731 *Bauer* DB 1992 S. 1413; *Hüffer* AktG § 84 Rz. 6.

732 *Baums* Geschäftsleitervertrag S. 68.

733 Siehe hierzu auch *Seibt* AG 2003 S. 465 (474); *Götz* AG 2002 S. 305 (306).

734 *Hüffer* AktG § 84 Rz. 24.

eine Handlungsmöglichkeit mit erheblicher Durchschlagskraft gewährt. Es ist jedoch gleichzeitig zu berücksichtigen, dass der Widerruf der Organstellung, ebenfalls aufgrund seiner Wirkungskraft, eine Maßnahme ist, die aus Sicht des Aufsichtsrats und des Unternehmens nicht unproblematisch ist. Als Steuerungsinstrument sollte diese Maßnahme deswegen auch nur eingesetzt werden, wenn andere Kontrollmittel keinen Erfolg mehr versprechen. Idealerweise gelingt es dem Vorstand, die Situation innerhalb des Unternehmens so zu kontrollieren, dass der Einsatz des Widerrufs der Bestellung nicht notwendig wird.

Bei den Gründen, die den Einsatz dieses Mittels rechtfertigen können, wird es sich aufgrund der besonderen Tragweite der vorzeitigen Abberufung regelmäßig um Konstellationen mit besonders schwerwiegenden Verfehlungen handeln[735]. Zu beachten ist auch hier wieder, dass der Widerruf der Bestellung des Vorstandsmitgliedes aufgrund der Trennung von Organsstellung und Anstellungsverhältnis für sich noch keine Auswirkungen auf das Fortbestehen des Anstellungsvertrags hat[736]. Wie bereits dargestellt, wird es aber regelmäßig im Sinne des Unternehmens sein, dass die Organstellung des Vorstandsmitgliedes und der entsprechende Anstellungsvertrag miteinander verknüpft werden.

Die Wirkung des Widerrufs der Bestellung zum Vorstandsmitglied ist die Beendigung der Organstellung, die eintritt, sobald der entsprechende Aufsichtsratsbeschluss vorliegt[737]. Da § 84 Abs. 3 Satz 4 AktG vorschreibt, dass der Widerruf der Bestellung bis zur Feststellung seiner Unwirksamkeit wirksam bleibt, endet die Organstellung des Vorstandsmitgliedes auch dann wenn der wichtige Grund als Voraussetzung des Widerrufs fehlt[738].

aa. Das Erfordernis des wichtigen Grundes

Als Voraussetzung für die Abberufung nennt § 84 Abs. 3 Satz 1 AktG das Vorliegen eines wichtigen Grundes. Eine Abberufung ohne das Vorliegen eines solchen wichtigen Grundes kann weder durch Regelungen in der Satzung noch durch andere Vereinbarungen – etwa mit dem Vorstandsmitglied selbst – ermöglicht werden[739]. Insofern unterscheidet sich das deutsche Recht erheblich vom

---

735 Für eine Aufzählung von möglichen Verfehlungen, die einen wichtigen Grund i. S. d. § 84 Abs. 3 AktG darstellen können, siehe *Grumann/Gillmann* DB 2003 S. 770 (771).

736 *Grunewald* GesR 2. C. Rz. 49; KölnKomm-*Mertens* § 84 Rz. 94; als Konsequenz aus der Einheitstheorie a. A. *Baums* Geschäftsleitervertrag S. 290 ff.

737 *Hüffer* AktG § 84 Rz. 31.

738 Zu berücksichtigen ist in diesem Zusammenhang, dass der Widerruf nur dann wirksam bleibt, wenn Erfordernis des wichtigen Grundes streitig ist. Andere Wirksamkeitsvoraussetzungen des Widerrufs können hierdurch nicht überwunden werden, *Hüffer* AktG § 84 Rz. 31; *Wiesner* in Münchener Hdb. des GesR § 20 Rz. 51.

739 KölnKomm-*Mertens* § 84 Rz. 102; *Lutter/Krieger* § 4 Rz. 139; *Grunewald* GesR 2. C. Rz. 49.

US-amerikanischen Recht, in dem ein Director jederzeit ohne wichtigen Grund – also „without cause“ – entlassen werden kann[740]. Sinn und Zweck des Erfordernisses des wichtigen Grundes ist es, den Handlungsspielraum und die Unabhängigkeit der Aktiengesellschaft zu sichern, um so die sich aus § 76 Abs. 1 AktG ergebende Eigenverantwortlichkeit der Leitung der Aktiengesellschaft zu schützen[741]. Hierdurch wird ein Ausgleich zu der Möglichkeit der vorzeitigen Abberufung geschaffen, die wiederum dem Kontrollinteresse des Aufsichtsrats bzw. des Unternehmens Rechnung trägt. Die Voraussetzungen des wichtigen Grundes für die Abberufung sind erfüllt, wenn die Fortsetzung des Organverhältnisses bis zum regulären Ende der Amtszeit für die Aktiengesellschaft unzumutbar wäre[742]. Nach h. M. ist bei der Ermittlung der Unzumutbarkeit eine Abwägung der Interessen des Vorstandsmitgliedes gegen die Interessen der Gesellschaft vorzunehmen[743].

Aus kontrolltechnischer Sicht ist jedoch diejenige Ansicht vorzuziehen, welche die Individualinteressen des Vorstandsmitgliedes nicht in die Abwägung bei der Frage nach dem Vorliegen eines wichtigen Grundes einstellt, sondern diese Belange erst im Zusammenhang mit dem Schicksal des Anstellungsvertrages berücksichtigen will[744]. Die verantwortliche Position der Vorstandsmitglieder innerhalb der Gesellschaft, die ja auch dementsprechend vergütet wird, gebietet es, hier den Interessen der Gesellschaft den Vorrang zu geben; das betroffene Vorstandsmitglied ist durch das Erfordernis des wichtigen Grundes auch bei einem ausschließlichen Abstellen auf das Interesse der Gesellschaft durch das Erfordernis des wichtigen Grundes, der ihm zur Verfügung stehenden Rechtsschutzmöglichkeiten[745] sowie der Berücksichtigung seiner persönlichen Interessen bei der Begründung der Kündigung des Anstellungsvertrages gemäß § 626 BGB ausreichend in seinen Belangen geschützt.

---

740 Siehe die Regelungen in MBCA in den §§ 8.08, 8.09.

741 *Lutter/Krieger* Rz. 364; *Hüffer* AktG § 84 Rz. 26 m. w. N.

742 *Hüffer* AktG § 84 Rz. 26.

743 Ein bloßes Abstellen auf die Interessen der Gesellschaft bei Berücksichtigung der Interessen des Vorstandsmitgliedes erst auf der Ebene des Anstellungsvertrages schätzt die h. M. als zu einseitig ein, vgl. *Meyer-Landrut* in Großkommentar zum AktG § 84 Rz. 32 sowie *Hüffer* AktG § 84 Rz. 26.

744 Vgl. die Darstellungen bei *Lutter/Krieger* Rz. 365; *Krieger* Personalentscheidungen S. 132 und bei *Wiesner* in Münchener Hdb. des GesR § 20 Rz. 43, der außerdem zu Recht auf die Situation bei einem Widerruf der Bestellung aufgrund eines Vertrauensentzuges durch die Hauptversammlung verweist. Dieser Vertrauensentzug reicht zwar für einen Widerruf der Bestellung, nicht aber automatisch für eine Kündigung des Anstellungsvertrages aus.

745 Zu den Rechtsschutzmöglichkeiten des abberufenen Vorstandsmitglieds, vgl. *Wiesner* in Münchener Hdb. des GesR § 20 Rz. 52 ff.

bb. Einzelfälle

Eine Präzisierung erfährt die Voraussetzung des wichtigen Grundes durch § 84 Abs. 3 Satz 2 AktG. Dort sind als Beispiele die grobe Pflichtverletzung, die Unfähigkeit des Vorstandsmitglieds und der Entzug des Vertrauens genannt[746]. Die dort genannten Fälle des wichtigen Grundes sind jedoch nur Beispiele, die keinen abschließenden Charakter haben. Zu berücksichtigen ist weiterhin, dass weder ein Verschulden, noch eine Pflichtverletzung des Vorstandsmitgliedes Voraussetzung für das Vorliegen eines wichtigen Grundes ist[747].

Aus kontrollrechtlicher Sicht ist die Problematik des Widerrufs der Bestellung aufgrund unüberbrückbarer Differenzen zwischen Aufsichtsrat und Vorstand von besonderem Interesse[748]. Treten zwischen diesen beiden Organen Differenzen über grundsätzliche Fragen der Unternehmensstrategie auf, die sich nicht beheben lassen, entsteht das Problem, dass der Aufsichtsrat aufgrund seiner abweichenden Überzeugung in der Theorie jede Maßnahme, die der Vorstand aufgrund der betreffenden grundsätzlichen Auffassung trifft, beanstanden muss. Es tritt insoweit bei Maßnahmen, die sich in den Grenzen des Ermessenspielraums des Vorstands aus § 76 AktG bewegen, ein Konflikt zu der dem Vorstand eingeräumten grundsätzlichen Freiheit bei der Leitung der Gesellschaft auf, die vom Aufsichtsrat, wie § 111 Abs. 4 AktG klarstellt, trotz der inzwischen vom BGH[749] geforderten laufenden Beratung im Wege der ständigen Diskussion zwischen Aufsichtsrat und Vorstand, zu respektieren ist.

Der Vorschlag, dieses Problem könne nur von der Hauptversammlung gelöst werden, die entscheiden solle, ob den betroffenen Mitgliedern des Vorstands das Misstrauen ausgesprochen werden sollte[750], kann nicht überzeugen. Gerade für die Untersuchung dieses Problems im Hinblick auf die Situation bei der Publikumsgesellschaft wird zu Recht darauf hingewiesen, dass diese Lösung schon aus praktischen Überlegungen nicht befriedigen kann[751]. Da ein fortdauernder Grundsatzdisput zwischen Aufsichtsrat und Vorstand – gerade im Hinblick auf die Diskussionspartnerschaft zwischen diesen beiden Organen – keinesfalls hinnehmbar ist, sprechen die besseren Argumente dafür, unüberbrückbare Differen-

---

746 Weitere Beispiele nennen *Hüffer* AktG § 84 Rz. 28 sowie *Wiesner* in Münchener Hdb. des GesR § 20 Rz. 45 f.

747 Unstr. vgl. nur BGH ZIP 1992 S. 760 (761); KölnKomm-*Mertens* § 84 Rz. 103.

748 Vgl. hierzu *Wiesner* in Münchener Hdb. des GesR § 20 Rz. 47.

749 BGHZ 114 S. 127 (130); siehe hierzu auch oben § 5 I. 1.

750 Jedoch für diese Lösung KölnKomm-*Mertens* § 111 Rz. 27; *Krieger* Personalentscheidungen S. 133 f.

751 Vgl. *Wiesner* in Münchener Hdb. des GesR § 20 Rz. 47.

zen zwischen Aufsichtsrat und Vorstand in Grundsatzfragen als wichtigen Grund für eine Abberufung gemäß § 84 Abs. 3 AktG anzuerkennen[752].

b. Sonstige Beendigungsmöglichkeiten

Die sonstigen Beendigungsmöglichkeiten, die neben der Abberufung zur Beendigung der Organzugehörigkeit des Vorstandsmitgliedes führen können, sind in der Praxis die häufiger verwendeten Varianten. Die wichtigsten sonstigen Beendigungsmöglichkeiten sind die einvernehmliche Beendigung der Bestellung, die Befristung und die Amtsniederlegung[753] durch das Vorstandsmitglied selbst[754].

aa. Einvernehmliche Beendigung der Bestellung

Die einvernehmliche Beendigung der Organstellung spielt unter den Alternativen zur Trennung von Vorstandmitgliedern eine wichtige Rolle, weil durch sie dasselbe Resultat wie bei der Abberufung erzielt wird und gleichzeitig eine – gerade von Publikumsgesellschaften stets angestrebte – positivere Außendarstellung als bei einer Abberufung erreicht werden kann[755]. In technischer Hinsicht wird meistens so vorgegangen, dass das Vorstandsmitglied und der Aufsichtsrat gemeinsam die Beendigung der Zugehörigkeit des betroffenen Vorstandsmitglieds zum Vorstand erklären. Das Anstellungsverhältnis endet daraufhin entweder automatisch, wenn die Gültigkeit des Anstellungsvertrages an die Organmitgliedschaft geknüpft ist oder wird im Wege eines Aufhebungsvertrags beendet[756]. Ein Aufhebungsvertrag kann auch dann erforderlich sein, wenn zwar das Anstellungsverhältnis durch eine Junktimklausel an die Vorstandszugehörigkeit geknüpft ist, das Vorstandsmitglied an eine einvernehmliche Beendigung der Organzugehörigkeit jedoch Forderungen knüpft, die über das hinaus gehen, was ihm im Falle der automatischen Beendigung des Anstellungsverhältnisses zustehen würde[757]. Aufgrund der genannten Vorteile der einvernehmlichen

---

752 *Semler* S. 125; *Wiesner* in Münchener Hdb. des GesR § 20 Rz. 47; *Hoffmann-Becking* in FS Stimpel S. 589.

753 Vgl. hierzu *Hüffer* AktG § 84 Rz. 36; *Wiesner* in Münchener Hdb. des GesR § 20 Rz. 55.

754 Zu den außerdem in Betracht kommenden Beendigungsmöglichkeiten wie der Beendigung durch den Tod des Vorstandsmitgliedes oder den Verlust seiner unbeschränkten Geschäftsfähigkeit, die Umwandlung der AG (Formwechsel, Verschmelzung) oder des Erlöschens der Gesellschaft nach der Abwicklung vgl. *Wiesner* in Münchener Hdb. des GesR § 20 Rz. 58.

755 Dies wird auch durch den Hinweis von *Bauer*, DB 1992 S. 1413, unterstrichen, der darauf verweist, dass einvernehmliche Trennungen umso wahrscheinlicher sind, je prominenter das betroffene Unternehmen bzw. das abzulösende Vorstandsmitglied ist.

756 Vgl. zu den möglichen Ausgestaltungen des Aufhebungsvertrages die Erläuterungen bei *Bauer* DB 1992 S. 1413 (1415).

757 Die Kompetenz, diese Frage auf Seite des Aufsichtsrats zu entscheiden, ist dabei dem Plenum des Aufsichtsrats vorbehalten und kann nicht an einen Aufsichtsratsausschuss –

Trennung von einem Vorstandsmitglied ist diese Variante, soweit zwischen dem betroffenen Vorstandsmitglied und der Gesellschaft das hierfür nötige Mindestmaß an Kommunikation noch möglich ist, der einseitigen Maßnahme der Abberufung vorzuziehen.

bb. Suspendierung

Die Rechtsnatur des Instituts der Suspendierung und seine rechtliche Einordnung sind nicht abschließend geklärt. Unter den drei vertretenen Ansichten zur Suspendierung lässt nur eine Betrachtungsweise ein sinnvolles und eigenständiges Institut entstehen[758]. Dabei handelt es sich um diejenige Auffassung[759], die eine Suspendierung im Sinne eines Ausübungsverbots hinsichtlich der Vorstandsrechte und –pflichten[760] dann zulassen will, wenn ein begründeter und starker Verdacht besteht, dass ein wichtiger Grund für die Abberufung des Vorstandsmitgliedes i. S. d. § 84 Abs. 3 AktG vorliegt, die genaueren Umstände aber noch geklärt werden müssen[761].

---

in der Regel den Personalausschuss – delegiert werden, *Hoffmann-Becking* in FS Stimpel S 589 (591); *Wiesner* in Münchener Hdb. des GesR § 20 Rz. 56.

758 Von den beiden anderen Ansichten nimmt die eine das Vorliegen eines zeitlich befristeten Widerrufs an, für den alle Voraussetzungen des § 84 Abs. 3 AktG vorliegen müssen, LG München I AG 1986 S. 142; *Hefermehl/Spindler* § 84 Rz. 122. Die andere Ansicht nimmt eine Amtsenthebung an, für die allerdings ebenfalls alle Voraussetzungen des § 84 Abs. 3 AktG vorliegen müssen, OLG München AG 1986 S. 234 (235); *Krieger* Personalentscheidungen S. 149 ff.

759 KölnKomm-*Mertens* § 84 Rz. 152; *Wiesner* in Münchener Hdb. des GesR § 20 Rz. 60.

760 Vgl. hierzu *Wiesner* in Münchener Hdb. des GesR § 20 Rz. 60.

761 Dem wird teilweise entgegengehalten, eine solche Betrachtungsweise gehe vor dem Hintergrund der in § 84 Abs. 3 AktG aufgestellten Voraussetzungen zu weit, *Hüffer* AktG § 84 Rz. 35. Ließe man eine Suspendierung trotzdem zu, so eröffnete sie die Möglichkeit, in Fällen eines unklaren Sachverhaltes, für eine befristete Zeit genauere Nachforschungen über die eventuellen Verfehlungen des Vorstandsmitgliedes durchzuführen. Dies kann in eben diesen komplizierteren Fällen sinnvoll sein, da der Aufsichtsrat sonst leicht in die Gefahr gerät, sich hinterher vorwerfen lassen zu müssen, er habe entweder nicht schnell genug reagiert oder er habe nicht rechtzeitig eingegriffen. In der Praxis und bei der Einordnung der verschiedenen Kontrollmittel ist die Bedeutung der Suspendierung aufgrund ihrer unsicheren rechtlichen Einordnung als nicht sehr groß einzuschätzen. Solange nicht größere Sicherheit darüber besteht, unter welchen Voraussetzungen eine Suspendierung möglich ist, kann sie kaum ein wirksames Instrument für den Aufsichtsrat sein.

§ 6 Der Board of Directors im US-amerikanischen System der Kontrolle

I. Der Sarbanes-Oxley Act

Am 30. Juli 2002 unterzeichnete Präsident Bush den "Public Company Accounting Reform and Investor Protection Act of 2002"[762], der in der Öffentlichkeit jedoch hauptsächlich unter dem Namen Sarbanes-Oxley Act bekannt wurde und damit nach den beiden Senatoren benannt ist, die federführend an seiner Ausarbeitung beteiligt waren. Nach dem fast 150 Jahre langen "race to the bottom", dass die kontinuierliche Deregulierung im Bereich des Gesellschaftsrechts in den Einzelstaaten zweifellos war[763], stellte die neue Gesetzgebung eine Trendwende dar, die durch die vielbeachteten "corporate scandals" bei Unternehmen wie *Tyco* und *Global Crossing*, besonders aber durch die Insolvenz von zunächst *Enron* und dann *WorldCom* bedingt war[764].

1. Die Renaissance des Gesellschaftsrechts

Bemerkenswert war der Sarbanes-Oxley Act besonders in zweierlei Hinsicht. Zunächst war das Gesetz der seit langem erste Versuch, im US-amerikanischen Recht eine Verbesserung der Corporate Governance – neben Neuerungen im Bilanzrecht und im Bereich der Offenlegungspflichten – auch durch Änderungen im Gesellschaftsrecht zu erzielen. Spätestens seit dem Securities Act `33 und dem Securities Exchange Act `34 hatten sich Regelungen im Bereich der Corporate Governance fast ausschließlich auf das Kapitalmarktrecht beschränkt. Damals wurde unter Präsident Franklin D. Roosevelt und seiner Politik des "New Deal" als Reaktion auf den Börsencrash von 1929 und die folgende Weltwirtschaftskrise die Erkenntnis gewonnen, dass das freie Spiel der Kräfte des Marktes nur funktionieren kann, wenn der Markt Zugang zu notwendigen Informationen hat. Als zweiter Schritt in diesem Prozess wurde dann 1943 von der SEC im Rahmen der ihr durch § 10 des Securities Exchange Act `34 gewährten Kompetenzen die berühmte Rule 10b-5 erlassen, die ergänzend sicherstellen sollte, dass die in den Markt gebrachten Informationen auch der Wahrheit entsprechen.

---

762 Präsident Bush bezeichnete das Gesetz als "the most far-reaching reforms of American business practices since the time of Franklin Delano Roosevelt", in dessen Präsidentschaft der Erlass sowohl des Securities Act `33 als auch des Securities Exchange Act `34 fiel.

763 Zu einer ausführlichen Geschichte des "race to the bottom", dass bereits 1868 durch das Urteil des US Supreme Courts im Fall *Paul v. Virginia*, 75 U.S. 168, gestartet wurde, vgl. die ausführliche Darstellung bei *Merkt/Göthel*, US GesR S. 18 ff.

764 Nach dem *Enron*-Skandal sollten zunächst nur einige punktuelle Änderungen durchgeführt werden, die sich in einer Verbesserung der Offenlegungsvorschriften und Reformen im Bereich des Bilanzrechts erschöpft hätten. Erst das *WorldCom*-Desaster brachte den Gesetzgeber zu der Entscheidung, eine umfassende Reform zu verabschieden.

Zu Recht wurde bemerkt, dass die kapitalmarktrechtliche Tradition der Corporate Governance auch dadurch begünstigt wurde, dass in den USA die Finanzierung der Unternehmen durch Eigenkapital traditionell eine viel größere Rolle als in Deutschland spielt[765]. Dementsprechend lag eine Ausrichtung der Kontrollvorschriften auf den Schutz der Aktionäre nahe. In Deutschland war dagegen historisch gesehen die Finanzierung der Unternehmen eher durch Fremdkapital erfolgt, was zu einem erhöhten Schutzbedürfnis der Gläubiger führt, einer Tatsache, der im deutschen Gesellschaftsrecht ja auch durch umfangreiche Regelungen zu Kapitalaufbringung und –erhaltung Rechnung getragen wurde[766].

In der Frage nach den durch Corporate Governance zu schützenden Interessen ist schließlich noch auf die unterschiedlichen Impulse einzugehen, die von der Gesellschaftspolitik auf das Wirtschaftsrecht einwirken. Hier spielt vor allem die Diskussion um die Berücksichtigung von Stakeholderinteressen eine Rolle. Während die Frage nach der Einbeziehung von Stakeholder Interessen in der US-amerikanischen Gesellschaftsrechtsliteratur seit langem diskutiert wird[767], ist zu konstatieren, dass sich von wenigen Ausnahmen abgesehen weder aus Gerichtsentscheidungen[768] noch aus gesetzlichen Regelungen eine Berücksichtigung der Stakeholderinteressen ableiten lässt. Damit bleibt festzuhalten, dass sich die Schutzrichtung der gesetzlichen Regelungen und gerichtlichen Entscheidungen in den USA weitestgehend auf die Kapitalgeber beschränkt[769]. Im Gegensatz dazu spielen im deutschen Recht anerkanntermaßen auch die Belange

---

765 *Merkt* AG 2003 S. 126 (127).

766 Vgl. hierzu auch *Merkt* AG 2003 S. 126 (127), der außerdem darauf hinweist, dass der Gläubigerschutz im Bilanzrecht sogar dem Anlegerschutz vorgeht.

767 Die überwiegende Meinung geht dabei davon aus, dass die Unternehmensführung in erster Linie den Aktionären verantwortlich ist. "A manager told to serve two masters has been freed of both and is answerable to neither. Faced with a demand from either group, the manager can appeal to the interests of the other.", *Easterbrook/Fischel* The Economic Structure of Corporate Law S. 38. Ähnlich äußern sich *Hansmann/Kraakman,* 89 Georgetown Law Journal S. 439: "There is today a broad normative consensus that shareholders alone are the parties to whom corporate managers should be accountable, resulting from widespread disenchantment with a privileged role for managers, employees, or the state in corporate affairs."

768 In dem berühmten Fall *Dodge v. Ford Motor Co., 204 Mich. 459, 170 N. W. 668,* ging es um die Zahlung von Dividenden. Henry Ford, der Unternehmensgründer und "President" der Ford Motor Co., lehnte in diesem Fall die Zahlung von Sonderdividenden trotz außergewöhnlich hoher Gewinne mit folgender Begründung ab: "My ambition is to employ still more men, to spread the benefits of this industrial system to the greatest possible number, to help them build up their lives and their homes." Dagegen wandte sich der Supreme Court des Staates Michigan mit folgender Aussage: "A business corporation is organized and carried on primarily for the profit of the stockholders. The powers of the Directors are to be employed for that end."

769 So auch *Merkt* AG 2003 S. 126 (127).

der Stakeholder eine Rolle. Viele der Regelungen im Wirtschaftsrecht dienen dem Schutz von Nicht-Kapitalgebern, was besonders an den gesetzlichen Regelungen zur Wahrung der Interessen der Arbeitnehmer deutlich wird. Diese Diskrepanz der Schutzinteressen schlägt sich in der Diskussion um die Angleichung oder "Convergence" der Corporate Governance in Deutschland und den USA an mehreren Stellen nieder.

2. Überwindung der mangelnden Gesetzgebungskompetenz

Ein zweiter Grund für die traditionelle Fokussierung des Gesetzgebers auf den Bereich des Kapitalmarktrechtes anstelle einer Reaktion auf dem Gebiet des Gesellschaftsrechts lag darin, dass die Gesetzgebungskompetenz für das Gesellschaftsrecht im US-amerikanischen Recht bei den Bundesstaaten liegt, die aber im Wettbewerb um die Inkorporation der Unternehmen – dem bereits erwähnten "race to the bottom" – an einer effektiven Corporate Governance nur zweitrangig interessiert waren. Dass der Bundesgesetzgeber überhaupt im Bereich des Gesellschaftsrechts tätig wird, ist damit neben einer Rückverlagerung der Corporate Governance in das Gesellschaftsrecht die zweite besondere Auffälligkeit des Sarbanes-Oxley Acts. Um trotz der eindeutigen Kompetenzverteilung tätig werden zu können, wurden die das Gesellschaftsrecht betreffenden Passagen des Sarbanes-Oxley Act so formuliert, dass nicht eine direkte Regelung der gesellschaftsrechtlichen Probleme vorgenommen wurde, sondern die Änderungen vielmehr mittelbar über den Umweg der Gesetzgebungskompetenz für das Kapitalmarktrecht erzielt wurden. Erreicht wurde dies dadurch, dass das Gesetz dem Kapitalmarkt vorschreibt, nur Unternehmen zum Listing zuzulassen, die den gesellschaftsrechtlichen Anforderungen des Sarbanes-Oxley Act entsprechen[770]. Das heißt gleichzeitig, dass sich die Regelungen des Sarbanes-Oxley Acts nur auf "public audit companies" beziehen, also solche Unternehmen, die entweder an einer "National Stock Exchange"[771] oder durch eine "National Securities Association"[772] gehandelt werden.

Mit der überragend wichtigen Rolle, die im deutschen Recht für den Aufsichtsrat herausgearbeitet wurde, ist die Rolle des Board of Directors im US-amerikanischen Recht der Corporations aufgrund der strukturellen Unterschiede zur deutschen Aktiengesellschaft bisher nicht vergleichbar gewesen. Die grundlegenden Veränderungen, die der Sarbanes-Oxley Act im amerikanischen Gesellschaftsrecht gebracht hat, zielten zum einem sehr großen Teil darauf ab,

---

770 Vgl. § 301 (1) (A) Sarbanes-Oxley Act.

771 Die zwei nationalen Stock Exchanges sind die New York Stock Exchange (NYSE) und die American Stock Exchange (AMEX).

772 Dies bezieht sich auf die "National Association of Securities Dealers", welche die NASDAQ betreibt, die gesondert erwähnt werden muss, weil es sich bei ihr um einen "stock market", aber nicht um eine "stock exchange" handelt.

die Funktionsfähigkeit und die Effektivität des Board of Directors zu verbessern. Inwieweit der Board of Directors dadurch in der Lage sein wird, eine ähnliche Kontrollleistung zu erbringen, wie dies vom Aufsichtsrat im deutschen Recht verlangt wird, wird zu analysieren sein. Grundsätzlich geht man im US-amerikanischen Gesellschaftsrecht davon aus, dass der Board of Directors ein gut informierter und unabhängiger Kontrolleur der Geschäftsführung sein sollte[773], so dass die Directors zu "guardians of the corporate welfare" erhoben werden[774]. Nach diesem Ziel werden auch die Regelungen zur Struktur des Board of Directors, inklusive der Bestimmungen zur Qualifikation und Unabhängigkeit der Directors ausgerichtet.

II. Zusammensetzung und Kompetenzen des Board of Directors

1. Größe des Board of Directors

Ähnlich wie im deutschen Recht die Besetzung des Aufsichtsrats, ist die Zusammensetzung des Board of Directors im US-amerikanischen Recht ein stark diskutiertes Thema. Ein Problempunkt ist auch hier die Frage nach der richtigen Größe des Aufsichtsrats. Hier spielen dieselben Überlegungen eine Rolle, die auch im deutschen Recht relevant sind. Eine größere Zahl von Directors bedeutet in der Regel eine größere Konzentration derjenigen Fähigkeiten, die für die Erfüllung der an den Board gestellten Aufgaben relevant sind, während ein kleineres Gremium handlungsfähiger ist. Die meisten Bundesstaaten haben Regelungen getroffen, die denen des Model Business Corporation Acts (MBCA) gleichen. In § 8.03 (a) MBCA 1984 ist festgelegt, dass auch ein Board mit einer Mitgliederzahl von einem oder zwei Directors möglich wäre. Diese Regelung ist jedoch vor dem Hintergrund zu sehen, dass die Rechtsform der Corporation – besonders bis zur Einführung der Limited Liability Company (LLC) vor wenigen Jahren – auch von Kleinunternehmen genutzt wurde. Diese "close corporations" sind solche Unternehmen, die in Deutschland regelmäßig in der Rechtsform der GmbH organisiert sind. Für Publikumsgesellschaften kommen solche kleinen Boards jedoch nicht in Frage, da sonst eine Gewährleistung der notwendigen Sorgfalt bei der Überwachung der Geschäftsführung unmöglich wäre.

Neben der Komplexität der Geschäftsabläufe in einem Unternehmen können jedoch auch weitere Überlegungen hinzutreten, die eine größere Anzahl von Directors erfordern. Dies hat mit dem Problem der "Inside Directors" und "Outside

---

773 "The board should be an informed and independent monitor of the corporation's management.", ABA Section of Business Law, Committee on Corporate Laws: Corporate Director's Guidebook S. 19.

774 *Leibert v. Clapp*, 13 N.Y.2d 313.

Directors" zu tun[775], das aus der Einstufigkeit des Boards resultiert. Auch im amerikanischen Recht spielt das Problem des Ausgleichs zwischen der Notwendigkeit der Nähe der Directors zum Geschäftsablauf und der gleichzeitigen ausreichenden Unabhängigkeit von der Geschäftsführung eine Rolle. Während sich dieser Konflikt im deutschen Recht darin zeigt, dass es schwer ist, das richtige Verhältnis zwischen Vorstand und Aufsichtsrat zu finden, findet er im US-amerikanischen Recht seinen Ausdruck in dem Problem der Besetzung des einstufigen Boards. Während einige Stimmen in der amerikanischen Literatur schon länger fordern, dass alle Directors eines Boards unabhängig sein sollen[776], geht die überwiegende Meinung davon aus, dass es notwendig sei, einige "Inside Directors", also an der Geschäftsführung beteiligte Personen, im Board zu haben. So soll die notwendige Kenntnis des Unternehmens bzw. der Branche, in dem es tätig ist, gewährleistet werden. Dies ist der Parallelgedanke zur „laufenden Beratung und Kontrolle", wo ebenfalls ein Teil der Unabhängigkeit des Überwachungskörpers zugunsten einer besseren Kenntnis der Geschäftsabläufe aufgegeben wird.

Zu diesen "Inside Directors", die aufgrund ihrer Expertise hinsichtlich des Geschäfts der Gesellschaft berufen werden, sind regelmäßig noch weitere Directors zu berufen, um Geschäftspartner wie Banken oder Versicherungen zufrieden zu stellen. Hinzu kommt dann noch eine bestimmte Zahl von "Outside Directors", die notwendig sind, um die Unabhängigkeit des Board of Directors zu gewährleisten. Die Besetzung des Board of Directors mit unabhängigen "Outside Directors" war bereits seit langem Voraussetzung für ein Listing an den wichtigsten Börsenplätzen. Seit kurzem verlangen sowohl die NASDAQ als auch die New York Stock Exchange (NYSE), dass die Mehrzahl der Directors unabhängig ist. Die Notwendigkeit der Berufung von unabhängigen Directors hat auch durch die Neuerungen des Sarbanes-Oxley Acts eine gesteigerte Bedeutung erlangt, da hier der Verantwortungsbereich der unabhängigen Directors erheblich erweitert wurde. Zumindest das Audit Committee des Board of Directors muss ausschließlich mit unabhängigen Directors besetzt werden[777]. Aufgrund dieser Überlegungen haben die Unternehmen je nach individuellen Anforderungen und der jeweiligen Größe ihre Board of Directors mit acht bis siebzehn Directors besetzt, wobei der Durchschnitt bei ca. dreizehn Directors liegt[778].

---

775 Anstelle des Begriffspaares "Inside Director" und "Outside Director" werden teilweise auch die Begriffe "Non-Independent Director" und "Independent Director" verwendet.

776 *Bebchuk/Coates IV/Subramanian* 55 Stan. L. Rev. S. 885 (901).

777 § 301 Sarbanes-Oxley Act.

778 *Klein* 41 J. Law & Econ. S. 275 (284); *Yermack* 40 J. Fin. Econ. S. 185.

2. Trennung der Positionen des CEO und des Chairman of the Board

Aufgrund der im Vergleich zur deutschen Aktiengesellschaft unterschiedlichen Struktur der Corporation, besteht hier noch ein prominentes Sonderproblem. In vielen Unternehmen herrscht zwischen dem Chairman of the Board und dem Chief Executive Officer (CEO), also dem Leiter der Geschäftsführung, Personenidentität. Diese Konstellation bringt das Problem der Abwägung zwischen den Vorteilen der Unabhängigkeit des Überwachungsorgans einerseits und den Vorteilen der Informiertheit desselben andererseits auf den Punkt. Schließlich besteht die Gefahr, dass der traditionell sehr starke Chairman und CEO den Board of Directors dominiert, so dass eine unabhängige Kontrolltätigkeit praktisch unmöglich ist[779]. Andererseits garantiert die Besetzung des Board of Directors mit den führenden Köpfen der Geschäftsleitung, dass der Board jederzeit über alle wesentlichen Vorgänge, die das Unternehmen betreffen, informiert ist.

Ein Interessenskonflikt besteht aber auch noch aufgrund folgender Überlegung: Theoretisch soll der Chairman den Board of Directors bei eventuellen Vertragsverlängerungen, Evaluierungsfragen und Fragen der Kompensation beraten und leiten. Dieser Aufgabe kann der Chairman aber dann nicht ohne massiven Interessenkonflikt gerecht werden, wenn er zugleich die Rolle des CEO ausfüllt. Aufgrund dieser Bedenken wurde die grundsätzliche Trennung der Positionen des CEO und Chairman of the Board bereits seit längerer Zeit diskutiert[780]. Der weitreichendste der zahlreichen Vorschläge[781] sieht vor, die beiden Positionen nicht nur zu trennen, sondern darüber hinaus noch die Vorgabe zu machen, dass der Posten des Chairman des Board of Directors mit einem unabhängigen Director zu besetzen ist. Sollte dies nicht möglich sein, weil die fähigsten Kandidaten die Unabhängigkeitsvoraussetzungen nicht erfüllen, so sollte nach diesem Vorschlag zumindest ein "lead independent director" ernannt werden. Dieser kann dann die Arbeit der unabhängigen Directors organisieren, wodurch gewährleistet werden würde, dass ihnen Raum zum unabhängigen Arbeiten bleibt, ohne dass sie ständig dem Zugriff des Chairman ausgeliefert sind[782].

Bisher haben sich jedoch erst 20 % der Unternehmen in den USA entschieden, die Positionen des CEO und des Chairman of the Board voneinander zu trennen. Lediglich 5 % sind noch weiter gegangen und haben einen unabhängi-

---

779 *Jensen* 48 J. Fin. S. 831 (850); *Smith* 74 N.C.L. Rev. S. 1037 (1084).

780 *Smith* 74 N.C.L. Rev. S. 1037 (1084).

781 Siehe die Übersicht in ABA Section of Business Law, Committee on Corporate Laws: Corporate Director's Guidebook S. 22.

782 The Conference Board, Commission on Public Trust and Private Enterprise, Findings and Recommendations; Part 2: Corporate Governance S. 8.

gen Director zum Chairman des Boards ernannt[783]. Viele Unternehmen haben Schwierigkeiten, Spitzenmanager für sich zu gewinnen, wenn diesen zusätzlich zur CEO Position nicht auch der Vorsitz im Board of Directors gewährt wird. Diese Machtkonzentration wird natürlich angestrebt, um eine stärkere Position zu haben, da ein CEO seine Vorstellungen leichter durchsetzen kann, wenn er den Board of Directors kontrolliert. Dass gerade in dieser ausgesprochenen Position der Stärke erhebliche Risiken liegen, ist offensichtlich.

Da der Gesetzgeber bei der Ausarbeitung des Sarbanes-Oxley Act davor zurückgeschreckt ist, in diesem Bereich eine Änderung durchzusetzen, ist nicht zu erwarten, dass sich wesentlich mehr Unternehmen zu einer Umstellung entschließen werden. Falls sich das Unternehmen ganz gegen die Trennung der Chairman und CEO Positionen entscheidet, sollte aber wenigstens ein "presiding director" ernannt werden. Ähnlich wie bei dem Vorschlag zu einem "lead independent director" steht auch hier der Gedanke im Vordergrund, die Gefahr der Dominierung des Board of Directors durch den CEO so gering wie möglich zu halten, um eine unabhängige Arbeit des Board of Directors zu gewährleisten[784]. Jedenfalls fällt der Arbeit der unabhängigen Directors trotz der erschwerten Umstände eine besondere Rolle zu, wenn der CEO auch der Chairman des Boards ist.

3. Qualifikation der Mitglieder des Board of Directors

Es gibt im US-amerikanischen Recht keine direkten Vorgaben darüber, welche Qualifikationen eine Person besitzen muss, um den Posten eines Directors zu besetzen. Grundsätzlich gilt hier aber ebenso wie im deutschen Recht, dass eine Gesellschaft darauf achten muss, dass die Directors als Gruppe alle Fähigkeiten mitbringen, die notwendig sind, um die Interessen des Unternehmens optimal zu vertreten. Dies wurde teilweise als "director's mix of qualifications" bezeichnet, der insbesondere Expertise in den Bereichen Marketing, Finance und Rechnungslegung beinhaltet[785]. Trotz der fehlenden gesetzlichen Vorgaben empfiehlt es sich für ein Unternehmen, die notwendigen Qualifikationen, die im Board of Directors vertreten sein sollen, in den Corporate Governance Richtlinien der Ge-

---

783 *Varallo, Dreisbach* Fundamentals of Corporate Governance, A Guide for Directors and Corporate Counsel S. 16.

784 ABA Section of Business Law, Committee on Corporate Laws: Corporate Director's Guidebook S. 22; The Conference Board, Commission on Public Trust and Private Enterprise, Findings and Recommendations; Part 2: Corporate Governance S. 8.

785 The Conference Board, Commission on Public Trust and Private Enterprise, Findings and Recommendations; Part 2: Corporate Governance S. 23.

sellschaft festzulegen[786], die vom Corporate Governance Ausschuss oder vom Nominating Ausschuss erstellt werden.

Bei den individuellen Fähigkeiten des einzelnen Directors gibt es zwei Aspekte, die zu beachten sind. Zunächst ist die rein fachliche Seite zu berücksichtigen, zu der zu sagen ist, das der Director eine der Qualifikationen besitzen sollte, die zu dem oben beschriebenen "director's mix of qualifications" gehören. Diese Voraussetzung ist deswegen relativ einfach zu erfüllen, weil sich fachliche Qualifikationen einfacher feststellen lassen als persönliche. Hierauf bezieht sich dann der zweite Aspekt, der im Zusammenhang mit den Qualifikationen eines Directors zu beachten ist. Neben den fachlichen Qualifikationen eines Directors ist nämlich auch entscheidend, ob die Person die notwendige Integrität besitzt, um seine Position auszufüllen. Ob sich ein Director in Krisenzeiten die Unabhängigkeit bewahrt, kritische und schwierige Fragen zu stellen, lässt sich aber nicht anhand von Zeugnissen feststellen. Hier ist es von Vorteil, wenn eine Person in einer vergleichbaren Position in einem anderen Unternehmen bewiesen hat, dass sie die notwendige persönliche Integrität besitzt, um ein guter Director zu sein. Indikatoren für eine entsprechende Beurteilung können sein, ob der Director regelmäßig an den Sitzungen des Board of Directors teilgenommen hat, ob er gut vorbereitet war und ob er in der Lage war, die Sitzungen und Entscheidungsprozesse mit kritischen Fragen zu begleiten[787]. Ist dies der Fall gewesen, kann von der Zuverlässigkeit des Directors ausgegangen werden, was wohl in diesem Zusammenhang der beste Parameter für Integrität ist.

In den Bereich der Qualifikationen eines Directors gehört auch, dass die Gesellschaft dafür sorgt, dass die Directors jederzeit über die rechtlichen Rahmenbedingungen informiert werden, die ihrer Arbeit und der Arbeit des Unternehmens zugrunde liegen[788]. Wenn ein Director seine Position antritt, sollte er, wenn er zuvor noch keine Directors Position besetzt hat, über seine Rechte und Pflichten aufgeklärt werden. Dies ist keine Selbstverständlichkeit, da es in vielen Unternehmen üblich ist, dass sich die neueren Directors an ihren erfahreneren Kollegen orientieren. Diese Praxis birgt aber das Risiko in sich, dass die nachrückenden Directors im Zweifel zu häufig untätig bleiben, weil sie sich einfach auf die Expertise ihrer erfahrenen Kollegen verlassen. Diese Unterrichtung zu Beginn der Arbeit als Director sollte zusätzlich durch eine fortgesetzte Unterrich-

---

786 *Ide* 54 Mercer L. Rev. S. 829 (852).

787 The Conference Board, Commission on Public Trust and Private Enterprise, Findings and Recommendations; Part 2: Corporate Governance S. 23.

788 The Conference Board, Commission on Public Trust and Private Enterprise, Findings and Recommendations; Part 2: Corporate Governance S. 23.

tung über Veränderungen in rechtlicher Hinsicht, die das Unternehmen oder die Directors betreffen, ergänzt werden[789].

4. Die Unabhängigkeit des Board of Directors und seiner Mitglieder

Die Frage der Unabhängigkeit von Directors ist eine der am heftigsten diskutierten Fragen in der aktuellen Corporate Governance Diskussion in den USA. Aufgrund der mangelnden Fähigkeit der Board of Directors, die spektakulären Unternehmensskandale durch ein früheres Aufdecken von Fehlentwicklungen zu verhindern, wurden die Forderungen lauter, die Board of Directors unabhängiger vom Management des Unternehmens zu machen, als das bisher regelmäßig der Fall war. Dieser Einschätzung liegt die Annahme zugrunde, dass ein enges Verhältnis bzw. eine Abhängigkeit der Mitglieder des Board of Directors von der Gesellschaft und seiner Geschäftsführung dazu geführt haben, dass die notwendige Kritikbereitschaft nicht mehr ausreichend vorhanden war.

Als erste Reaktion haben die NASDAQ und die New York Stock Exchange (NYSE) die Voraussetzungen für ein Listing dahingehend geändert, dass die Mehrzahl der Mitglieder des Board of Directors unabhängig sein muss. Aufgrund der dominanten Position von NASDAQ und NYSE sind viele der größten und prominentesten Unternehmen von dieser Änderung unmittelbar betroffen. Parallel zu dieser Umgestaltung verlangt der Sarbanes-Oxley Act in § 301, dass das Audit Committee einer Gesellschaft ausschließlich mit unabhängigen Directors besetzt werden darf. Diese Neuerungen dokumentieren eindrucksvoll, dass der Unabhängigkeit von Directors in dem Bestreben, das System der Corporate Governance zu verbessern, eine besondere Bedeutung zukommt.

a. Verschärfung der Unabhängigkeitsvoraussetzungen

Die Erfahrung hat jedoch gezeigt, dass nominelle Unabhängigkeit nicht ausreicht, um sicherzustellen, dass ein Director auch tatsächlich unabhängig handelt. Einige der Board of Directors in den jüngsten Unternehmenszusammenbrüchen waren auf dem Papier als unabhängige Boards einzustufen. Der Board of Directors von *Enron* hatte beispielsweise 14 Mitglieder, von denen nur zwei als Insider und somit als abhängig zu klassifizieren waren[790]. Trotzdem war dieses unabhängige Board of Directors offensichtlich nicht in der Lage, eine wirklich unabhängige Kontrolle des Managements durchzuführen. Diese Beobachtung gilt aber nicht nur für *Enron*, sondern lässt sich auch auf die anderen Unternehmenszusammenbrüche übertragen. Diese Erkenntnis hat im US-amerikanischen Recht zu zwei Reaktionen geführt. Zunächst wurden im Sarbanes-Oxley Act die Voraussetzungen verschärft, die ein Director erfüllen muss, um als unabhängig

---

789 *K. Johnson* 76 St. John's L. Rev. S. 787 (795).

790 *Gordon* 69 U. Chi. L. Rev. S. 1233 (1241).

zu gelten. § 301 (3) des Sarbanes-Oxley Act sieht vor, dass ein Director nur dann unabhängig im Sinne des Sarbanes-Oxley Act ist, wenn er, außer durch seine Tätigkeit als Mitglied des Board of Directors, keinerlei Verbindung zur Gesellschaft unterhält. Das bedeutet, dass ein Director außer den Zahlungen, die er als Director erhält, keinerlei Kompensation von der Gesellschaft erhalten darf. Auch darf die fragliche Person in keiner sonstigen Beziehung zur Gesellschaft oder einem Tochterunternehmen stehen.

Die zweite wichtige Überlegung zur Stärkung der tatsächlichen Unabhängigkeit der Directors betrifft das Verfahren der Entscheidungsfindung der unabhängigen Directors als Gruppe. Neue Maßstäbe setzen auch hier wieder die Voraussetzungen für ein Listing an der NASDAQ und der NYSE. Dort ist nunmehr vorgesehen, dass sich die unabhängigen Mitglieder des Board of Directors in sogenannten "executive sessions" treffen müssen, an denen keine Insider der Gesellschaft teilnehmen dürfen. Durch diese Maßnahme soll das Diskussionsklima positiv beeinflusst werden, damit die unabhängigen Directors eine offene Diskussion führen können, ohne dass von abhängigen Directors oder Mitglieder des Managements Einfluss genommen wird[791].

b. Ausgleich zwischen Information und Unabhängigkeit

Diese Bemühungen, eine größere Unabhängigkeit der Directors zu erzielen, steht in einem gewissen Kontrast zu den Bestrebungen im deutschen Recht, den Aufsichtsrat, dessen Aufgabenstellung ja mit derjenigen der unabhängigen Directors in der US-amerikanischen Gesellschaft vergleichbar ist, näher an den Vorstand als das mit der Geschäftsleitung beauftragte Organ heranzurücken. Geht es im US-amerikanischen Recht um den Ausgleich von Informiertheit und Unabhängigkeit, so geht es im deutschen Recht um den Ausgleich zwischen einer aktiven Beratung durch ständige Diskussion und der nachträglichen Kontrolle aus der hierfür nötigen Distanz[792]. Diese Diskrepanz der Entwicklungen ist bemerkenswert, obwohl natürlich die Ausgangspositionen des deutschen Aufsichtsrats einerseits und der unabhängigen Directors als Teil des Board of Directors im US-amerikanischen Recht andererseits sehr unterschiedlich waren. Der Vergleich lohnt sich aber dennoch, wenn man die Bemühungen beidseits des Atlantiks auf das Dilemma reduziert, den mit der Kontrolle der Geschäftsleitung beauftragten Personen mit den notwendigen Informationen auszustatten, ohne dass sie die Unabhängigkeit verlieren, die notwendig ist, um in den wirklich schweren Fällen zu handeln.

---

791 The Conference Board Global Corporate Governance Research Center, Corporate Governance Best Practices: Blueprint for the Post-*Enron* Era S. 20.

792 Zur Rolle des Aufsichtsrats im deutschen Recht und der durch die Rechtsprechung des Bundesgerichtshofs eingeführten Konstruktion der beratenden Kontrolle, siehe oben § 5 I. 1.

Man könnte also die Frage formulieren, was wichtiger ist: die Versorgung der Directors/Aufsichtsratsmitglieder mit den notwendigen Informationen oder die Unabhängigkeit, im Falle von Unregelmäßigkeiten tätig zu werden? Zielführend wäre eine solche Überspitzung aber sicherlich nicht, da die Antwort nur sein kann, dass Unabhängigkeit und Informiertheit der Directors beide unverzichtbar sind, da die eine Eigenschaft ohne die andere praktisch wertlos ist. Das Ziel muss es also sein, einen Ausgleich zwischen den beiden Extremen zu finden. Deutlich wird hier aber auch, wie wichtig es ist, den Directors außerhalb ihrer Tätigkeit im Board of Directors ausreichenden Zugang zu Informationen zu gewähren. Je mehr die unabhängigen Directors außerhalb ihrer Tätigkeit im Board of Directors Zugang zu Informationen haben, umso eher können sie sich ihre Distanz zu den abhängigen Directors und dem Management bewahren. Der Schaffung eines funktionierenden Informationssystems kommt damit eine besondere Priorität zu. Für die deutsche Diskussion zur Verbesserung der Corporate Governance bleibt jedenfalls festzuhalten, dass der Blick auf Amerika zeigt, dass mit einer aktiven Beratung durch ständige Diskussion auch Risiken verbunden sind, die nicht zu unterschätzen sind.

5. Der Zugang der Directors zu Informationen

Wie gerade dargestellt, ist der Zugang der Mitglieder des Board of Directors zu den für ihre Tätigkeit relevanten Informationen für ein gutes System der Corporate Governance von großer Bedeutung[793]. Eine Aufsicht des Managements ist nur insoweit möglich, wie vor allem die unabhängigen Mitglieder des Board of Directors über die Vorgänge in der Gesellschaft informiert sind. Da sich durch die jüngeren Entwicklungen der Anteil der unabhängigen Directors an der Gesamtzahl der Mitglieder des Board of Directors erhöht hat, rückt das Problem der Informationsversorgung auch im US-amerikanischen Recht stärker in den Blickpunkt. Unabhängige Directors haben es schwerer, aktuelle Informationen über den Geschäftsablauf einer Gesellschaft zu erlangen, da sie, anders als die abhängigen Directors, nicht am Tagesgeschäft beteiligt sind. Die Problematik des Umgangs mit den Informationen teilt sich in zwei Teilaspekte auf. Zunächst stellt sich die Frage, durch welche Kanäle die Directors an die Informationen gelangen sollen. Ebenso in den Bereich des Informationsmanagements gehört die Frage des Umgangs mit Informationen, sobald diese einmal zu den Directors gelangen.

a. Informationsakquise und Whistleblower

Die wichtigste Quelle für Informationen über die Gesellschaft ist das Management. Ein vollständiges Bild über die aktuellen Geschäftsabläufe kann nur die Geschäftsleitung selbst liefern. Dementsprechend ist das gesamte Management,

---

793 Siehe die Diskussion für das deutsche Recht oben unter § 5 I. 1.

aber insbesondere der CEO dazu verpflichtet, dem gesamten Board of Directors alle Informationen zukommen zu lassen, die zur Überwachung der Tätigkeit der verantwortlich Handelnden notwendig sind. Grundlage des Informationsflusses sind im US-amerikanischen Recht alle Finanzdokumente und sonstige Berichte, so dass sich insofern eine Parallele zur Berichtspflicht des Vorstands gemäß § 90 Abs. 1 Nr. 1-4 AktG ergibt, die im deutschen Recht die Grundlage der Versorgung des Aufsichtsrats mit Informationen bildet[794].

Dass sich die Mitglieder des Board of Directors jedoch nicht auf die Informationspflicht des Managements verlassen dürfen, liegt auf der Hand, da zu befürchten steht, dass wahrheitsgetreue Informationen im Falle von Unregelmäßigkeiten unterbleiben würden. Schließlich ist es auch in dieser Konstellation unrealistisch, von den Mitgliedern des Managements zu erwarten, dass sie auf eigenes Fehlverhalten aufmerksam machen. Eine Möglichkeit diesem Problem zu begegnen hat der Sarbanes-Oxley Act durch die Aufnahme zahlreicher Schutzmaßnahmen für sogenannte Whistleblower aufgegriffen[795]. Dies sind meist Angestellte in leitenden Positionen, die entgegen der allgemeinen Erfahrung doch dazu bereit sind, auf Unregelmäßigkeiten in der Führung der Geschäfte der Gesellschaft hinweisen. Diese Whistleblower waren in der Vergangenheit selten, weil diese Personen meistens trotz ihres persönlichen Einsatzes für die Gesellschaft Repressalien seitens des Managements befürchten mussten. Erst nachdem der Fall *Enron* durch einen, inzwischen berühmt gewordenen, anonymen Brief ihrer Angestellten *Sherron Watkins* aufgedeckt wurde[796], räumte man

---

794 Zur Berichtspflicht im deutschen Recht siehe die obigen Ausführungen unter § 5 I. 1.

795 Siehe hierzu auch *von Zimmermann* WM 2007 S. 1060 ff.

796 Es handelt sich um eine Email der Angestellten Sherron Watkins, die insbesondere Fragen hinsichtlich der Rechnungslegungspraktiken von *Enron* aufwarf:
"Dear Mr. Lay,
Has Enron become a risky place to work? For those of us who didn't get rich over the last few years, can we afford to stay? Skilling's abrupt departure will raise suspicions of accounting improprieties and valuation issues. Enron has been very aggressive in its accounting--most notably the Raptor transactions and the Condor vehicle. We do have valuation issues with our international assets and possibly some of our EES MTM positions.
I am incredibly nervous that we will implode in a wave of accounting scandals. My eight years of Enron work history will be worth nothing on my resume, the business world will consider the past successes as nothing but an elaborate accounting hoax. Skilling is resigning now for "personal reasons" but I would think he wasn't having fun, looked down the road and knew this stuff was unfixable and would rather abandon ship now than resign in shame in two years.
Is there a way our accounting guru's can unwind these deals now? I have thought and thought about a way to do this, but I keep bumping into one big problem--we booked the Condor and Raptor deals in 1999 and 2000, we enjoyed wonderfully high stock price, many executives sold stock, we then try and reverse or fix the deals in 2001, and it's a

der Funktion der Whistleblower eine besondere Bedeutung ein und gewährte ihnen im Rahmen des Sarbanes-Oxley Act besonderen Schutz. § 806 Sarbanes-Oxley Act spricht nunmehr ein Verbot aus, in irgendeiner Weise gegen einen Angestellten vorzugehen, der den Board of Directors auf Gesetzesverstöße im Zusammenhang mit der Rechnungslegung oder sonstiger finanzieller Berichte hinweist. Erfährt ein Angestellter in dem geschilderten Fall dennoch eine Schlechterbehandlung, steht ihm gemäß § 806 (c) Sarbanes-Oxley Act ein Schadensersatzanspruch zu.

b. Informationsmanagement

Ebenso wichtig wie die Frage der Beschaffung der Informationen ist die Frage des richtigen Umgangs mit den erhaltenen Informationen. Hier sind die Mitglieder des Board of Directors vor allem gefordert, ein angemessenes Maß an Kommunikation untereinander herzustellen, so dass eine entsprechende Verbreitung von Informationen gewährleistet ist. Im Gegensatz zu dem Problem der Beschaffung von Informationen besteht hier allerdings kein Reformbedarf. Wenn die bereits bestehenden Kanäle des Corporate Governance Prozesses gewissenhaft genutzt werden, müsste dies ausreichen. Wenn die Mitglieder des Board of Directors regelmäßig und gut vorbereitet an ihren Sitzungen teilnehmen, wird nicht nur gewährleistet, dass die bekannten Informationen allen Directors zugänglich gemacht werden, sondern es werden auch die Chancen erhöht, dass zusätzliche Probleme entdeckt werden, die sonst der Aufmerksamkeit der Directors entgangen wären.

6. Die Bedeutung der Ausschüsse des Board of Directors

Die Ausschüsse oder Committees sind auch in den USA schon seit längerer Zeit Teil der Diskussion um ein gutes System der Corporate Governance. Besondere Bedeutung erlangte zunächst nur das Audit Committee, das besonders im Zusammenhang mit dem "monitoring model" in den 70er Jahren besondere Aufmerksamkeit erfuhr[797]. Spätere Entwicklungen brachten dann weitere Neuerungen, in deren Zuge "nominating committees" und "compensation committees" eingeführt wurden. Diese Entwicklung wurde durch den Sarbanes-Oxley Act

---

bit like robbing the bank in one year and trying to pay it back two years later. Nice try, but investors were hurt, they bought at $70 and $80 a share looking for $120 a share and now they're at $38 or worse. We are under too much scrutiny and there are probably one or two disgruntled "redeployed" employees who know enough about the "funny" accounting to get us in trouble."

797 *Branson* Corporate Governance S. 234. Das "monitoring model" sah vor, das Audit Committee praktisch wie einen deutschen Aufsichtsrat völlig von der Geschäftsführung zu lösen. Im Ergebnis hätte dies die Aufgabe des einstufigen Systems bedeutet. Die Verfechter dieses Modells, die unter anderem auch auf das deutsche Recht verwiesen, konnte sich aber letztlich nicht durchsetzen.

noch verstärkt, der sich in zahlreichen Vorschriften auf verschiedene Ausschüsse bezieht.

a. Audit Committee

Das Audit Committee erschien erstmals in den 30er Jahren in den Empfehlungen der NYSE. Die entscheidende Verbreitung der Audit Committees erfolgte jedoch erst in den 70er Jahren, als die NYSE die Schaffung eines Audit Committees in die Voraussetzungen für ein Listing aufnahm[798]. Eine erneute erhebliche Aufwertung hat das Audit Committee nunmehr durch die Vorschrift des § 301 Sarbanes-Oxley Act erfahren, der als eine Zentralnorm des Gesetzes alle Stock Exchanges in den USA verpflichtet, in ihren Voraussetzungen für ein Listing die Existenz eines Audit Committees zu verlangen, das darüber hinaus ausschließlich mit unabhängigen Directors besetzt sein muss. Außerdem wird das Audit Committee dadurch erheblich aufgewertet, dass der Sarbanes-Oxley Act die alleinige Verantwortung für die Organisation und die Überwachung des Audit Process, also der Abschlussprüfung, auf das Audit Committee überträgt[799].

aa. Die Zusammensetzung des Audit Committees

Die Besetzung des Audit Committees richtet sich in erster Linie nach der Aufgabe, die dieser Ausschuss des Board of Directors zu erfüllen hat. Wie bereits erwähnt, ist die wesentliche Neuerung, die der Sarbanes-Oxley Act gebracht hat, dass die Directors aller Gesellschaften, deren Aktien an einer US-amerikanischen Stock Exchange gehandelt werden, ihr Audit Committee ausschließlich mit unabhängigen Directors besetzen dürfen. Inzwischen hat auch die SEC die Umsetzung der Regelungen vorgenommen, die nunmehr als § 10A (m) (1) in den Securities Exchange Act '34 aufgenommen wurden. Da die NYSE[800] eine entsprechende Regelung aber schon seit den 70er Jahren hatte, sind viele der größten Gesellschaften nicht von der Änderung betroffen[801]. Auch die Größe des Audit Committees richtet sich nach dem erweiterten Verantwortungsbereich, der aus der Übertragung der Zuständigkeit für die Begleitung und Aufsicht über den Audit Process herrührt. Vor der Neuregelung hatten die meisten Audit Committees zwischen drei und fünf Mitgliedern von denen erwartet wurde, dass sie Erfahrung im Umgang mit den relevanten Finanzdokumenten

798 New York Stock Exchange Company Manual § A2, Part V.

799 § 301 (2) Sarbanes-Oxley Act.

800 Die NASDAQ sah bis zur Neuregelung durch den Sarbanes-Oxley Act vor, dass die Mehrheit der Mitglieder des Audit Committees unabhängig sein musste.

801 Die entsprechende Regelung sieht vor, wie das Audit Committee besetzt werden muss: "solely of Directors of independent management and free from any relationship that would interfere with the exercise of independent judgement as a committee member.", New York Stock Exchange Listed Company Manual § 303.00.

hatten[802]. Diese Zahl dürfte, trotz des allgemeinen Trends zu kleineren Board of Directors, zumindest konstant bleiben, wenn nicht sogar steigen, damit die Directors ihren nunmehr umfangreicheren Aufgaben gerecht werden können.

Eine weitere Vorschrift, die einen erheblichen Einfluss auf die Zusammensetzung des Audit Committees haben wird, findet sich interessanterweise nicht in den Regelungen über die Besetzung des Audit Committees, sondern in den Bestimmungen über die Offenlegungspflichten, die der Sarbanes-Oxley Act ebenfalls verändert. So sieht § 407 (a) Sarbanes-Oxley Act vor, dass jede Gesellschaft einen "financial expert" als Mitglied in den Board of Directors aufnehmen muss. Welche Voraussetzungen eine Person erfüllen muss, um als ein solcher "financial expert" zu gelten, lässt der Sarbanes-Oxley Act selbst offen und überlässt die Definition der SEC[803], die bei der Umsetzung der Regelung entsprechende Voraussetzungen aufstellen muss. In den Vorschriften über die Offenlegungspflichten ist die Regelung deswegen aufgenommen worden, da ein Unternehmen, das sich gegen die Aufnahme eines "financial expert" in den Board of Directors entscheidet, verpflichtet ist, die Gründe für diese Entscheidung offenzulegen. Durch die Regelung soll Druck auf die Unternehmen ausgeübt werden, zur Verbesserung der unabhängigen Fachkenntnisse im Board of Directors beizutragen, die notwendig ist, um die erweiterten Aufgaben des Audit Committees zu bewältigen.

bb. Aufgaben des Audit Committees

Wie bereits angedeutet, kommt dem Audit Committee nach den Reformen des Sarbanes-Oxley Acts eine besonders herausgehobene Stellung im System der Corporate Governance nach US-amerikanischen Recht zu. Aufgrund der besonderen Unabhängigkeit werden diesem Ausschuss besonders sensible Bereiche wie die Überprüfung der Erstellung aller relevanten finanziellen Dokumente übertragen. Ursprünglich sollte das Audit Committee dabei lediglich die Abschlussprüfer bei ihrer Arbeit unterstützen und dabei als eine Art Mediator zwischen dem Management und den Auditors, also den Abschlussprüfern, fungieren[804]. Die zweite wichtige Funktion des Audit Committees war die Kontrolle

---

802 Es wurde von den Directors erwartet, dass sie "financially literate" sind, ABA Section of Business Law, Committee on Corporate Laws: Corporate Director's Guidebook S. 19.

803 Inzwischen hat die SEC diese Konkretisierung vorgenommen, Securities and Exchange Commission Release NO. 33-8177.

804 *Varallo, Dreisbach* Fundamentals of Corporate Governance, A Guide for Directors and Corporate Counsel S. 19.

über die ordnungsgemäße Erfüllung der umfangreichen Offenlegungspflichten durch die verantwortlich Handelnden[805].

Durch den Sarbanes-Oxley Act ist der Verantwortungsbereich des Audit Committees jedoch entscheidend erweitert worden. Anstatt den Audit Process nur assistierend zu begleiten, hat das Audit Committee nunmehr die volle Verantwortung in diesem Bereich. Das bedeutet, dass das Audit Committee die Auditors auswählt, ihnen den Prüfungsauftrag erteilt und die Ergebnisse des Audit Process überprüft[806]. Zusätzlich sind die Mitglieder des Audit Committees gemäß § 301 (5) Sarbanes-Oxley Act dazu berechtigt, sich auf Kosten der Gesellschaft Hilfe von externen Beratern zu holen, die sie bei der Bewältigung dieser Aufgabe unterstützen. Sinn und Zweck der Regelung ist die Sicherstellung der Objektivität und der Verlässlichkeit des gesamten Prozesses, um das grundsätzliche Vertrauen in die Dokumente, die Teil des "financial reporting" Systems sind, das durch zahlreiche Skandale in diesem Bereich erschüttert wurde, wiederherzustellen[807].

Die Übertragung der Verantwortung für den Audit Process auf das Audit Committee hat aber noch einen weiteren Vorteil, da die Mitglieder des Audit Committee sich so zwangsläufig in aller Ausführlichkeit mit allen relevanten finanziellen Dokumenten der Gesellschaft auseinandersetzen müssen, um ihre Aufgabe angemessen erfüllen zu können. So wird als Nebenprodukt der Bemühungen, die vollständige Unabhängigkeit des Audit Process zu erzielen, bewirkt, dass zumindest die Mitglieder des Audit Committees bestmöglich über den Zustand der Gesellschaft informiert sind, was zu einer Verbesserung der Überwachungsleistung des Audit Committees und mittelbar auch zu einer Verbesserung der Überwachungsleistung des gesamten Board of Directors führen dürfte. Es muss allerdings auch an dieser Stelle der *Enron* Skandal erwähnt werden, der gezeigt hat, dass die bloße Besetzung des Board of Directors und insbesondere des Audit Committees mit Fachleuten nicht ausreicht; entscheidend ist vielmehr, dass die einzelnen Directors ihre Aufgaben sorgfältig wahrnehmen und sich ihrer Unabhängigkeit bewusst sind und entsprechend handeln. Das Audit Committee von *Enron* war mit erfahrenen Directors besetzt, die vom Management des Unternehmens unabhängig waren. Einer von ihnen war sogar emeritierter Professor für Accounting an der Stanford Business School. Dennoch wurden die Praktiken des Managements nicht moniert, weil die Mitglieder des Board of Directors dem Management vertrauten, weil es solange so erfolgreich gewesen

805 *Greene/Falk* 34 Bus. Law. S. 1229 (1240).

806 § 301 (2) Sarbanes-Oxley Act.

807 The Conference Board Global Corporate Governance Research Center, Corporate Governance Best Practices: Blueprint for the Post-*Enron* Era S. 32.

war[808]. Diese Tatsache zeigt, dass es nur begrenzt möglich ist, durch theoretische Voraussetzungen für die Unabhängigkeit der überwachenden Directors zu sorgen. Letztlich besteht immer eine Abhängigkeit von der Pflichterfüllung der einzelnen Directors.

Eine weitere wichtige Neuerung, die der Sarbanes-Oxley Act gebracht hat, betrifft nicht die Fragen der Besetzung und der unmittelbaren Aufgaben des Audit Committees, muss aber dennoch an dieser Stelle erwähnt werden. So schreibt § 301 (4) Sarbanes-Oxley Act vor, dass das Audit Committee ein System installieren muss, dass es sogenannten Whistleblowern leichter macht, vom Management gedeckte Unregelmäßigkeiten ins Bewusstsein der Mitglieder des Board of Directors zu rücken. Wie bereits im Zusammenhang mit den Möglichkeiten der Informationsbeschaffung erwähnt, sind Angestellte, die bereit sind, anonym auf Unregelmäßigkeiten in Zusammenhang mit der Rechnungslegung des Unternehmens hinzuweisen, eine wichtige ergänzende Informationsquelle für den Board of Directors allgemein und das Audit Committee im Besonderen.

cc. Analyse der Änderungen

Die Maßnahmen, die der Sarbanes-Oxley Act vorsieht, um die Unabhängigkeit des Audit Committees zu stärken, sind geeignet, die unabhängige Kontrolle der Geschäftsführung zu stärken. So sehr es auch wünschenswert ist, Insider der Gesellschaft als Mitglieder des Board of Directors zu gewinnen, um den Zugang der unabhängigen Directors zu Informationen über den Geschäftsbetrieb zu verbessern, so sehr ist es auch notwendig, Bereiche, zu schaffen, in denen die unabhängigen Directors unbeeinflusst von Insidern über die Entwicklung der Gesellschaft beraten können. An dieser Stelle sind wohl die größten Nachteile des US-amerikanischen Systems gegenüber dem deutschen System zu verzeichnen, das durch die klare strukturelle Trennung von Aufsichtsrat und Vorstand besser geeignet ist, einen Bereich zu garantieren, in dem eine wirklich unabhängige Diskussion möglich ist. Der Kompromiss, einerseits Insider im Board of Directors zu haben, sie aber gleichzeitig aus bestimmten Bereichen der Arbeit des Board of Directors auszuschließen, erscheint jedoch geeignet, zur Lösung des übergeordneten Problems der Positionierung der unabhängigen Directors im Verhältnis zum Management beizutragen.

Auch soweit es um die Übertragung der Kompetenzen zur Durchführung des Audit Process auf das Audit Committee geht, sind die Reformen als gelungen zu bezeichnen. Es ist an dieser Stelle auch eine weitere Parallele zwischen US-amerikanischen und deutschen Recht erkennbar. Im deutschen Recht wurde im Rahmen des KonTraG festgelegt, dass die Abschlussprüfer, über deren Be-

---

808 *Macey* 89 Cornell Law Rev. S. 394 (403).

stellung gemäß § 119 Abs. 1 Nr. 4 AktG die Hauptversammlung entscheidet, ihren Prüfungsauftrag nicht wie bisher vom Vorstand, sondern gemäß § 111 Abs. 2 Satz 3 AktG vom Aufsichtsrat der Gesellschaft erhalten. Ratio der Neuregelung im deutschen Recht war genau wie im US-amerikanischen Recht die Sicherstellung der Unabhängigkeit der Prüfung von der Geschäftsführung der Gesellschaft[809]. In beiden Rechtsordnungen soll nunmehr die Abschlussprüfung als Gehilfe des Aufsichtsrats bzw. der Mitglieder des Audit Committees dafür sorgen, dass die mit der Überwachung beauftragten Personen die nötigen Informationen haben, um ihre Aufgabe zu erfüllen.

Analysiert man also die Bewegung der Systeme aufeinander zu, so ist zu konstatieren, dass vor allem die jüngeren Entwicklungen im amerikanischen Recht, die auf die strikte Unabhängigkeit der Mitglieder des Audit Committee hinwirken und diesem Instrument die vollständige Hoheit über den Audit Process überlassen, aus dem Audit Committee fast eine Art Aufsichtsrat machen. Jedenfalls lässt sich an dieser Stelle ein eindeutiges Element der Annäherung bzw. der Konvergenz der Systeme der Corporate Governance in einem besonders wichtigen Bereich erkennen.

b. Compensation Committee

Neben das Audit Committee als zweifellos wichtigstem Ausschuss, treten mit dem Compensation Committee und dem Corporate Governance Committee zwei weitere Ausschüsse, die näherer Betrachtung bedürfen. Das Compensation Committee ist von Bedeutung, weil hier die problematische Frage der Kompensation der Directors und führenden Officers der Gesellschaft behandelt wird. Traditionell wurde dieses Problem im Rahmen der Duty of Loyalty diskutiert, weil in einer Konstellation, in der ein Director oder ein Officer Einfluss auf die Festsetzung seiner eigenen Kompensation nehmen kann, ein ähnlicher Interessenkonflikt wie bei einer "self-dealing transaction" vorliegt[810]. Dementsprechend wurden ähnliche Maßstäbe für die Überprüfung einer Gehaltsvereinbarung getroffen. So wurde das festgesetzte Gehalt als zulässig erachtet, wenn die Mehrheit der unabhängigen Directors zugestimmt hatte[811]. Die erhöhte Bedeutung der Compensation Committees geht nicht auf den Sarbanes-Oxley Act zu-

---

809 *Hüffer* AktG § 111 Rz. 12 a.

810 Zur Behandlung von "self-dealing transactions" vgl. die obigen Ausführungen unter § 3 III. 4.

811 Wenn die Directors darlegen konnten, dass die entsprechenden Voraussetzungen erfüllt waren, wurde den Directors der Schutz der Business Judgement Rule gewährt. Der wichtigste Fall auf diesem Gebiet war der Fall *Brehm v. Eisner* 746 A. 2d S. 244. Zum Sachverhalt siehe die Diskussion der Duty of Good Faith unter § 3 III. 6.

rück, der insoweit keine Regelungen enthält[812]. Auch hier sind die Voraussetzungen für ein Listing an der NYSE ausschlaggebend, die relativ detaillierte Vorschriften hinsichtlich der Committees enthalten, die ergänzend zum Audit Committee an der Überwachung er Geschäftsführung teilnehmen sollen.

Die Regeln für ein Listing an der NYSE schreiben nunmehr auch vor, dass jedes gelistete Unternehmen ein Compensation Committee haben muss, das ausschließlich mit unabhängigen Directors besetzt sein muss[813]. Auch hier geht es wieder darum, Fragen der Corporate Governance, also der Überwachung des Managements, dessen Einflussbereich zu entziehen. Im Bereich der Kompensation der Directors und der hochrangigen Officers soll durch die Einrichtung eines entsprechenden Committees erreicht werden, dass eine faire und angemessene Gehaltsstruktur gefunden wird, wobei der letztlich geschlossene Vertrag immer so konstruiert sein muss, dass niemals ein Anreiz für den Director oder Officer besteht, gegen die Interessen der Gesellschaft zu handeln[814]. Um festzulegen, welche Höhe die Kompensation haben muss, damit sie angemessen ist, nehmen die Directors der Compensation Committees in der Regel externe Expertise in Anspruch. Entsprechend der Zielsetzung des Verfahrens, unabhängige Directors über die Höhe der Gehälter entscheiden zu lassen, sollten außenstehende Berater jedoch nur mit den Mitgliedern des Compensation Committees in Kontakt stehen, um zu vermeiden, dass eine Einflussnahme der betroffenen Directors und Officers erfolgt. Um eine Umgehung dieses Verfahrens zu verhindern, hat das Compensation Committee auch Zugriff auf jegliche Vereinbarun-

---

812 Während die Einführung der Compensation Committees selbst also nicht auf den Sarbanes-Oxley Act zurückzuführen ist, behandelt das Gesetz aber die Frage der Gewährung von Darlehen an Directors oder Officers. Hierbei handelt es sich um die sogenannten "executive loans", die in der Vergangenheit regelmäßig als Ergänzung zu der normalen Kompensation gewährt wurden. Da hier oftmals verdeckte Zuwendungen an Directors oder Officers vorgenommen wurden, indem auf die Rückzahlung gewährter Darlehen verzichtet wurde, verbietet der Sarbanes-Oxley Act in § 402 jegliche Gewährung von Darlehen an Directors und führende Officers. Inzwischen ist die Regelung als § 13 (k) in den Securities Exchange Act aufgenommen. Was für eine wichtige Rolle diese "executive loans" in der Vergangenheit gespielt haben, lässt sich daran ablesen, dass § 402 Sarbanes-Oxley Act als die umstrittenste Vorschrift des gesamten Gesetzes galt, *Coffee, Jr.* in *Jennings/Marsh, Jr./Coffee, Jr.,/Seligman* Federal Securities Laws, Sarbanes-Oxley Act Special Supplement S. 9. Problematisch war dabei vor allem, dass nach dem Gesetzeswortlaut jegliche Form der Unterstützung beim Abschluss eines Darlehens untersagt zu sein scheint. Da die Formulierung im Sarbanes-Oxley Act selbst aber relativ weit gefasst ist, wird die Reichweite der Vorschrift stark von der Auslegung durch die SEC abhängen, *Coffee, Jr.* in *Jennings/Marsh, Jr./Coffee, Jr.,/Seligman* Federal Securities Laws, Sarbanes-Oxley Act Special Supplement S. 14.

813 § 303A.05 New York Stock Exchange Listed Company Manual.

814 Genau das war der Vorwurf in dem vielbeachteten Fall *Brehm v. Eisner* 746 A. 2d S. 244.

gen, die ein Director oder Officer mit einem Tochterunternehmen der Gesellschaft schließt.

c. Corporate Governance Committee

Das Nominating/Corporate Governance Committee tritt nicht in jeder Gesellschaft in derselben Form auf. Wie schon die Bezeichnung sagt, werden hier eigentlich zwei Bereiche zusammengefasst, die in einigen Gesellschaften auch getrennt behandelt werden. Einerseits ist die Aufgabe dieses Ausschusses die Besetzung von Positionen im Board of Directors, andererseits ist hier auch die Zuständigkeit dafür angesiedelt, das gesamte System der Corporate Governance zu steuern. Auch hier findet schließlich die Überlegung ihren Niederschlag, eine Verbesserung der Corporate Governance dadurch zu erreichen, dass die Unabhängigkeit der mit der Überwachung der Geschäftsleitung betrauten Personen gestärkt wird.

Gemäß den Regeln der NYSE muss das Nominating Committee die Kompetenz dazu haben, mögliche Kandidaten für Director Positionen zu sichten und nachfolgend entsprechende Empfehlungen in dieser Frage auszusprechen[815]. Zusätzlich ist es aber in den meisten Fällen so, dass das Nominating Committee auch losgelöst von einer konkreten Personalie Regeln für die Suche und die Auswahl von Personen aufstellt, die Mitglieder des Board of Directors werden sollen. Zusätzlich ist es auch denkbar, dass das Nominating Committee sogar in die Besetzung der einzelnen Ausschüsse eingreifen kann. Gerade in diesem Bereich werden schließlich spätestens nach dem Sarbanes-Oxley Act wichtige Personalentscheidungen getroffen.

Soweit die Eigenschaft des Ausschusses als Corporate Governance Committee betroffen ist, geht es in erster Linie darum, zu kontrollieren, ob alle Mechanismen der Corporate Governance funktionieren[816]. Es wird also nicht direkt die Arbeit des Managements überprüft, sondern vielmehr überwacht, ob das Audit Committee seiner Überwachungsfunktion hinreichend gerecht wird und ob die zahlreichen weiteren Vorschriften, die der Überwachung dienen, eingehalten werden. Auch im Bereich der Distribution von Informationen innerhalb des Board of Directors kann das Corporate Governance Committee eine entscheidende Bedeutung erlangen, indem es darauf hinwirkt, dass die Directors regelmäßig und gut vorbereitet an den Sitzungen des gesamten Boards und der Ausschüsse teilnehmen, deren Mitglieder sie sind. Auf diesem Weg kann auch das Corporate Governance Committee zu der Lösung des Problems der Versorgung der Directors mit den relevanten Informationen beitragen. Dieser Aspekt ist vor dem Hintergrund der durch die jüngsten Reformen geförderten, größeren Unab-

815 § 303A.04 (b) New York Stock Exchange Listed Company Manual.
816 § 303A.04 (b) New York Stock Exchange Listed Company Manual.

hängigkeit der Mitglieder des Board of Directors von der Geschäftsführung aktueller denn je.

§ 7 Die Gegenüberstellung von Aufsichtsrat und Board of Directors

Im Bereich der Überwachung der Geschäftsführung durch den Aufsichtsrat bzw. den Board of Directors bestanden bis zum Erlass des Sarbanes-Oxley Act im Jahre 2002 besonders große Gegensätze zwischen dem deutschen und dem US-amerikanischen Recht. Grund hierfür waren vor allem die unterschiedlichen Grundstrukturen von Corporation und Aktiengesellschaft in den beiden Rechtssystemen.

Aufgrund des einstufigen Board of Directors war das Hauptproblem in den USA, dass eine Vielzahl der Directors eine Funktion im Management der Gesellschaft innehatte oder zumindest der Board von solchen Insidern dominiert wurde. Die Folge dieser Situation war, dass die Mitglieder des Board of Directors, als wichtigstem Kontrollorgan des Managements, zwar über ausreichende Informationen hinsichtlich der Geschäftsentwicklung des Unternehmens verfügten, aber oftmals nicht die Unabhängigkeit besaßen, um im Falle von Fehlentwicklungen tätig zu werden. Im deutschen Recht ist die Gewährleistung der Unabhängigkeit der Mitglieder des Aufsichtsrats aufgrund der Trennung von Aufsichtsrat und Vorstand grundsätzlich leichter zu gewährleisten. Der Nachteil gegenüber dem US-amerikanischen System besteht aber darin, dass aufgrund der fehlenden Beteiligung an der Geschäftsführung der Zugang zu den Informationen über den Geschäftsverlauf erschwert ist.

Setzt man nun diese Unterschiede in Beziehung zueinander, so ist zu erkennen, dass es einen Zielkonflikt zwischen der Gewährleistung der Unabhängigkeit der Kontrolleure und ihrer ausreichenden Versorgung mit den relevanten Informationen gibt. Diese Erkenntnis zeigt, wie schwierig es ist, das richtige Verhältnis zwischen dem Management und den Überwachern zu finden. Da ein unabhängiger Überwacher ohne die notwendigen Informationen ebenso unfähig ist, die ausreichende Kontrolle des Unternehmens sicherzustellen, wie eine Person, die als Insider zwar hinreichende Kenntnisse über die Unternehmensabläufe hat, aufgrund der persönlichen Abhängigkeit von der Gesellschaft aber nicht auf entsprechende Fehlentwicklungen hinweist, kann nur ein Mittelweg zwischen diesen beiden Extremen die richtige Lösung sein.

Die gerade aufgezeigten Unterschiede im Hinblick auf das Verständnis der Funktion des Aufsichtsrats/Board of Directors haben sich aber seit den spektakulären Unternehmenszusammenbrüchen der letzten Jahre relativiert. Die tiefgreifenden Reformen im Gesellschaftsrecht, die der Sarbanes-Oxley Act gebracht hat, haben die Rolle des Board of Directors im US-amerikanischen System der Kontrolle in einem kaum zu überschätzenden Maße aufgewertet. Gerade die Durchbrechung der Kontrolle der Officers über den Board of Directors, die so häufig durch die Stellung des CEO als Chairman des Board of Directors exemplifiziert wurde, hat das Kräfteverhältnis innerhalb des Boards grundlegend verändert. Durch die Übertragung von vielen wichtigen Themenbereichen in die Ausschüsse wird fast eine zweite, vom eigentlichen Board of Directors losgelöste Ebene geschaffen. In der Praxis verbringen die unabhängigen Directors nun so viel Zeit in Ausschüssen, in denen keine Insider der Gesellschaft sitzen, dass der ehemals dramatische Unterschied zwischen dem monistischen und dem dualistischen System in erheblichem Maße nivelliert wurde. Eine Angleichung hat auch im Bereich der Anforderungen an das einzelne Mitglied des Board of Directors bzw. des Aufsichtsrats stattgefunden. Die Betonung der Qualifikation der an der Überwachung Beteiligten spielt dabei ebenso eine Rolle wie die Betonung der Unabhängigkeit.

Auch wenn eine abschließende Beurteilung der Neuerungen im US-amerikanischen Recht selbst fünf Jahre nach Erlass des Sarbanes-Oxley Act nur schwer möglich ist und auch die Wirkungen der jüngsten Reformen im deutschen Recht noch keiner endgültigen Beurteilung zugänglich sind, lässt sich damit doch bereits feststellen, dass im Bereich der Kontrolle durch den Aufsichtsrat bzw. den Board of Directors ein deutlicher Prozess der „Convergence" stattgefunden hat. Diese Erkenntnis muss auch bei der Frage nach der Notwendigkeit des Ausbaus der Klagerechte der Aktionäre eine Rolle spielen. So könnte die Angleichung der Systeme im Bereich des Aufsichtsrats bzw. des Board of Directors auch eine Angleichung im Bereich der Aktionärsklagerechte nahelegen.

§ 8 Die Abschlussprüfung im deutschen Recht

So wie das Gesetz dem Vorstand in § 76 Abs. 1 AktG die Leitung der Aktiengesellschaft zuweist und dem Aufsichtsrat in § 111 Abs. 1 AktG die Überwachung des Vorstands überträgt, so legt es in den §§ 316 Abs. 1, 321 HGB, § 170 Abs. 1 AktG die Unterstützungsfunktion der Abschlussprüfung fest. Die Unterstützung des Aufsichtsrats durch die Abschlussprüfer, die primär dem Schutz der Aktionäre und der Gläubiger dient[817], erfolgt dabei in erster Linie durch den Prüfungsbericht. Dieses Dokument versorgt den Aufsichtsrat mit den Informationen, die er braucht, um seiner Überwachungsaufgabe gerecht werden zu können. Im Rahmen der vorliegenden Untersuchung ist bereits an mehreren Stellen deutlich geworden, dass der limitierende Faktor guter Corporate Governance oftmals die Versorgung mit ausreichenden Informationen ist. Die Aktionäre waren vor der Reform durch das UMAG noch verpflichtet, einen „dringenden Verdacht“ darzulegen, § 147 Abs. 3 AktG a. F., und müssen nunmehr nach § 148 Abs. 1 Satz 2 Nr. 3 AktG Tatsachen nachweisen, die den Verdacht einer Unredlichkeit bzw. einer groben Gesetzesverletzung stützen können. Dies ist vor dem Hintergrund der nach wie vor unzureichenden Möglichkeiten der Sonderprüfung in § 142 AktG bzw. in § 315 AktG zu sehen[818]. Auch die Schwierigkeiten des Aufsichtsrats, ausreichende Informationen zu erlangen, wurden bereits dokumentiert[819].

Gerade im Bereich der Informationsversorgung ist die Relevanz der Abschlussprüfung daher kaum zu überschätzen, da diese das Gebaren der Geschäftsführung gründlicher und mit mehr Fachkompetenz begutachtet, als es für Aufsichtsrat oder Aktionäre jemals möglich wäre. Die Abschlussprüfer sind die einzigen Beteiligten am Prozess der Corporate Governance, die sich mit eigenen Mitteln ein vollständiges Bild vom Zustand der Gesellschaft machen können, ohne auf die Mithilfe der Geschäftsleitung angewiesen zu sein. Die Abschlussprüfer haben aber neben dem Zugang zu Informationen noch einen weiteren Vorteil gegenüber den anderen Kontrolleuren: Neben dem Problem der fachlichen Kenntnisse wurde als zweites großes Problem bei der Überwachung der Geschäftsleitung die Frage der Unabhängigkeit der Kontrolleure identifiziert.

---

817 *Mattheus* ZGR 1999 S. 682 (684).

818 Siehe oben § 1 I. 1.

819 Siehe oben § 5 I. 1.

Auch hier haben die Abschlussprüfer einen Vorteil, da sie als Außenstehende zumindest grundsätzlich unabhängig sind[820].

Es ist daher nicht übertrieben, wenn man die Abschlussprüfer neben dem Aufsichtsrat als „Eckpfeiler" der Überwachung einordnet[821]. Trotz oder gerade aufgrund dieser theoretisch guten Voraussetzungen ist auch die Prüfungsbranche in der Zeit der Unternehmensskandale besonders stark in die Kritik geraten. In Deutschland wurde das Verhalten der Wirtschaftsprüfer im Fall *Flowtex* gerügt[822], während die Prüfungsbranche in den USA[823] durch die Fälle *WorldCom*, *Tyco* und *Enron* in die Kritik geriet, wobei der letztgenannte Skandal sogar zum Untergang eines der „fünf Großen" der Prüfungsindustrie führte. Als Reaktion auf dieses Problem haben sowohl der deutsche als auch der US-amerikanische Gesetzgeber das Recht der Abschlussprüfung grundlegend reformiert. Während für das US-amerikanische Recht vor allem die Schaffung einer unabhängigen Aufsichtsbehörde durch den Sarbanes-Oxley Act zu nennen ist[824], wurde das deutsche Recht durch das KonTraG, das TransPuG und zuletzt durch das Bilanzrechtsreformgesetz[825] und das TUG[826] reformiert.

I. Regelung und Funktion der Abschlussprüfung

1. Erteilung des Prüfungsauftrags

Die Pflicht zur Durchführung einer Abschlussprüfung ergibt sich aus § 316 Abs. 1 HGB, der eine Prüfung für alle Kapitalgesellschaften anordnet, die nicht als kleine Kapitalgesellschaften im Sinne des § 267 Abs. 1 HGB einzuordnen sind. Bei Publikumsgesellschaften kann damit praktisch von einer generellen Pflicht zur Durchführung einer Abschlussprüfung gesprochen werden. Die Abschlussprüfer werden gemäß § 119 Abs. 1 Nr. 4 AktG von der Hauptversammlung auf Vorschlag des Aufsichtsrats bestellt. Im Vergleich dazu wurde im

---

820 Zu der Frage der Unabhängigkeit der Abschlussprüfer und hier insbesondere dem Problem der gleichzeitigen Beratung und Prüfung siehe die ausführlichen Ausführungen unten unter § 8 II.

821 Diese Bezeichnung wählt *Mattheus* ZGR 1999 S. 682 (712).

822 Die Besonderheit in diesem Fall war allerdings, dass es hier nicht um kleinere Unregelmäßigkeiten innerhalb eines geregelten Geschäftsbetriebs ging, sondern dass die Organe der Flowtex AG alle externen Beteiligten systematisch getäuscht und so von der Erkenntnis der wahren Lage des Unternehmens abgehalten haben.

823 Vgl. hierzu auch den Aufsatz, der bereits vor dem Zusammenbruch von *Enron* in der Zeitschrift „The Commercial Lawyer" September 2001 S. 22 ff. erschien: „See no evil" – The scandal of the Big Five Audits.

824 Siehe unten § 9 II. 2.

825 Gesetz zur Einführung internationaler Rechnungslegungsstandards und zur Sicherung der Qualität der Abschlussprüfung BGBl. I 2004 S. 3166.

826 Transparenzrichtlinie-Umsetzungsgesetz BGBl. I 2007 S. 10.

US-amerikanischen Recht die Bestellung der Abschlussprüfer direkt auf das Audit Committee des Board of Directors übertragen[827]. Da der Zweck der Regelung darin besteht, die Unabhängigkeit der Abschlussprüfer von der Geschäftsführung zu sichern, ist jedoch inzwischen von der SEC anerkannt, dass auch eine Bestellung durch die Hauptversammlung akzeptabel ist[828].

Den schuldrechtlichen Vertrag mit dem Prüfungsunternehmen schließt gemäß § 111 Abs. 2 Satz 3 AktG der Aufsichtsrat mit den Prüfern ab. Im Rahmen dieser Vereinbarung werden auch die Vergütung der Prüfer sowie die Schwerpunkte der Prüfung festgelegt. Dieses Verfahren ist durch das KonTraG neu eingeführt worden und ist nunmehr auch im Deutschen Corporate Governance Kodex aufgegriffen worden[829]. Bis zu der genannten Reform war der Vorstand dafür zuständig, die Gesellschaft gegenüber dem Abschlussprüfer zu vertreten. Die Neuregelung zeigt das Bestreben des Gesetzgebers, einerseits die Unabhängigkeit der Prüfer von der Geschäftsleitung zu fördern, und andererseits die Zusammenarbeit der Prüfer mit dem Aufsichtsrat zu verbessern, um die vorstandsunabhängige Informationsbeschaffung des Aufsichtsrats zu stärken[830]. Letzterem Zweck dient auch die Neuregelung des § 171 Abs. 1 Satz 2 AktG. Im Anschluss an die Prüfung stellen die Prüfer nämlich nunmehr den Prüfungsbericht im Plenum des Aufsichtsrats oder im Audit Committee vor[831]. Auch diese Regelung zielt darauf ab, den Dialog zwischen den Prüfern und dem Aufsichtsrat zu forcieren[832], was wiederum den Nutzen, den der Aufsichtsrat bei der Wahrnehmung seiner Überwachungsaufgabe aus dem Prüfungsbericht ziehen kann, maximieren soll[833].

2. Gegenstand und Umfang der Prüfung

Die Abschlussprüfer haben die Prüfung gemäß § 317 HGB durchzuführen, durch den Gegenstand und Umfang der Prüfung festlegt werden. Wichtig an dieser Vorschrift, die ebenfalls durch das KonTraG reformiert wurde[834], ist insbesondere, dass auch hier das Ziel des Gesetzgebers deutlich wird, die Abschlussprüfer im Rahmen des gesamten Systems der Unternehmenskontrolle an die Sei-

---

827 Siehe auch *Gruson/Kubicek* AG 2003 S. 337 (340).

828 *Lanfermann/Maul* DB 2003 S. 349 (351).

829 Siehe Punkt 7.2.1 Deutscher Corporate Governance Kodex.

830 Siehe hierzu auch *Roth* AG 2004 S. 1 (7 ff.).

831 Zu der Frage, ob der Abschlussprüfer seinen Bericht im Plenum vorstellen muss, wenn er dies schon im Bilanzausschuss getan hat, siehe *Hommelhoff* BB 1998 S. 2625 (2627); *Kropff* in Münch-Komm zum AktG § 171 Rz. 108 ff.

832 *Kropff* in Münch-Komm zum AktG § 171 Rz. 100.

833 *Hommelhoff* BB 1998 S. 2625 (2626).

834 Die Vorschrift wurde auch durch das Bilanzrechtsreformgesetz leicht verändert, ohne dass sich hieraus aber größere inhaltliche Änderungen ergeben hätten.

te des Aufsichtsrats zu stellen[835]. Zu diesem Zweck wurde nicht nur der Umfang der Prüfung erweitert, sondern gleichzeitig auf eine größere Problemorientierung der Prüfung hingearbeitet, die dem Aufsichtsrat helfen soll, bei unklaren Vorgängen zu einer besseren Beurteilung zu gelangen[836]. Gegenstand der Prüfung sind vor allem der Jahresabschluss und der Lagebericht. Diese Dokumente sind auf ihre Vereinbarkeit mit den gesetzlichen Vorschriften und der Satzung der Gesellschaft zu prüfen. Im Gegensatz zum Umfang der Prüfung ist jedoch der Maßstab im Wesentlichen unverändert geblieben; insbesondere die Prüfung der Zweckmäßigkeit der Arbeit des Vorstands bleibt nach wie vor dem Aufsichtsrat vorbehalten[837].

Die wesentliche Änderung durch das KonTraG stellte demnach, wie bereits angesprochen, die größere Problemorientierung der Prüfung dar. So beschränkt sich die Abschlussprüfung nicht wie bisher auf eine rein vergangenheitsorientierte Rechtmäßigkeitsprüfung, sondern bezieht nunmehr die systematische Risikoerfassung in den Prüfungsumfang mit ein. Dies geschieht vor allem durch die Vorschriften der §§ 317 Abs. 1 Satz 3, 317 Abs. 2 Satz 2, 321 Abs. 1 HGB[838], die den Abschlussprüfer zwingen, sich ausführlich mit eventuellen Bilanzrisiken und der Risikoprognose der Geschäftsleitung auseinander zu setzen. Dieser problemorientierte Prüfungsansatz verlangt dem Abschlussprüfer ab, systematisch nach Fehlern zu suchen, anstatt, wie bei dem vorherigen System der Krisenwarnung gemäß § 321 Abs. 2 HGB a. F., nur dann zu berichten, wenn er schwerwiegende Mängel bei Gelegenheit der Prüfung entdeckt hatte. Durch diese neue Ausrichtung sollen Zukunftsrisiken schneller erfasst werden und Fehlentwicklungen im Management schneller aufgedeckt bzw. vermieden werden. Insbesondere die Stellungnahme des Prüfers zur Risikobewertung im Lagebericht des Vorstands, die gemäß § 317 Abs. 2 Satz 2 HGB zu untersuchen ist, und dessen Ergebnis gemäß § 321 Abs. 1 Satz 2 HGB dem Prüfungsbericht des Abschlussprüfers voranzustellen ist, dienen diesem Zweck. Diese Stellungnahme, die vor allem eine Objektivierung des Dokuments für den Aufsichtsrat bewirken soll[839], zwingt die Abschlussprüfer zu einer umfassenden und detaillierten Prüfung.

Eine genauere Prüfung wird auch durch die ebenfalls geänderte Vorschrift des § 289 Abs. 1 Satz 4 HGB gefördert. Diese Vorschrift wurde bereits durch das KonTraG umgestaltet, indem die Reichweite des Lageberichts ausdrücklich auf

---

835 *Mattheus* ZGR 1999 S. 682 (684); *Hommelhoff* BB 1998 S. 2567 (2568).

836 *Hopt/Merkt* in Baumbach/Hopt § 317 HGB Rz. 1.

837 *Hoffmann-Becking* in Münchener Hdb. des GesR § 44 Rz. 14; *Hüffer* AktG § 171 Rz. 6.

838 In § 317 Abs. 2 Satz 2 HGB wurde durch das Bilanzrechtsreformgesetz die Überprüfung der Darstellung auch auf die Chancen der zukünftigen Entwicklung ausgeweitet.

839 *Hommelhoff* BB 1998 S. 2567 (2571).

die Darstellung der zukünftigen Entwicklung ausgedehnt wurde. Nunmehr wurde die Vorschrift im Rahmen des Bilanzrechtsreformgesetzes nochmals überarbeitet. Die Anforderungen wurden entsprechend den europarechtlichen Vorgaben weiter aufgefächert. Nach dem Willen des Gesetzgebers soll die Änderung „den Gehalt des Lageberichts an entscheidungsrelevanten Informationen erhöhen und dem Investor dadurch Soll-Ist-Vergleiche ermöglichen“[840].

Dieses Erfordernis lässt sich nicht mit einem generellen Hinweis auf die Unwägbarkeiten des Geschäfts erfüllen, sondern verlangt, dass konkrete Risiken benannt werden[841]. Diese Erweiterung der Anforderungen an den Lagebericht des Vorstands wirkt sich dann mittelbar bei der Pflicht zur Stellungnahme durch den Abschlussprüfer zum Lagebericht des Vorstands aus, der dem Prüfungsbericht gemäß § 321 Abs. 1 Satz 2 HGB voranzustellen ist. Für diese Stellungnahme ist es nämlich nicht ausreichend, wenn der Abschlussprüfer den Lagebericht des Vorstands einer bloßen Plausibilitätsprüfung unterzieht[842]. Ist der Prüfer aber somit gezwungen, sich mit einzelnen konkreten Sachverhalten auseinander zu setzen, so muss dies zwangsläufig auch zu einer Steigerung der Prüfungsintensität führen. Der Vorstand kann mit seiner Einschätzung nur insofern eine Richtung vorgeben, als die Prüfer gehalten sind, sich in erster Linie an der ursprünglichen Erklärung des Vorstands zu orientieren. Diese soll zunächst auf ihre Stichhaltigkeit untersucht werden. Die Prüfer stellen also nicht etwa eine eigene Prognose auf und kontrastieren diese dann mit derjenigen des Vorstands[843]. Da die Prüfer aber nicht nur die Risikoeinschätzung des Vorstands überprüfen müssen, sondern ebenfalls verpflichtet sind zu prüfen, ob die Unternehmensrisiken vollständig erkannt und genannt sind, wird trotz dieser Einschränkung zwangsläufig die Durchführung einer eigenen detaillierten Risikoanalyse erforderlich werden[844]. Sind die Prüfer aber somit zumindest mittelbar dazu verpflichtet, eine eigene umfassende Risikoanalyse vorzunehmen, erhöht dies zwangsläufig die Chancen, dass eventuelle Unregelmäßigkeiten in Jahresabschluss bzw. Lagebericht entdeckt werden.

3. Der Prüfungsbericht des Abschlussprüfers

Neben der größeren Problemorientierung der Prüfung, die zusätzlich zu den Regelungen der §§ 317 Abs. 1 Satz 3, 317 Abs. 2 Satz 2 HGB auch auf die geän-

---

840 Begründung zum Regierungsentwurf des Bilanzrechtsreformgesetz, BT-Drucksache 15/3419 S. 30.

841 *Lange* in Münch-Komm zum HGB § 289 Rz. 55; *Gelhausen* AG 1997 Sonderheft zur Aktienrechtsreform 1997 S. 73 (74).

842 *Mattheus* ZGR 1999 S. 682 (700).

843 *Wiedmann* in Ebenroth/Boujong/Joost § 317 HGB Rz. 14; *Hopt/Merkt* in Baumbach/Hopt § 317 HGB Rz. 7.

844 *Mattheus* ZGR 1999 S. 682 (701).

derte Vorschrift zum Prüfungsbericht zurückzuführen ist, ist auch ein weiterer Ansatz zur Verbesserung der Effektivität der Abschlussprüfung eng mit dem Lagebericht verbunden. § 321 HGB ist im Rahmen des KonTraG völlig reformiert worden und wurde durch das TransPuG nochmals überarbeitet. Insgesamt wird die Berichtspflicht durch die Änderungen deutlich detaillierter und differenzierter. Zusätzlich zu der Stellungnahme zum Lagebericht muss der Bericht nach neuem Recht nicht nur das Ergebnis der Prüfung darstellen, sondern auch klarstellen, was genau Gegenstand der Prüfung war und auf welche Weise geprüft wurde. So verlangen sowohl § 321 Abs. 1 Satz 1 HGB, als auch § 321 Abs. 3 HGB genaue Auskunft über Art und Umfang der Prüfung. Weitere Regelungen des § 321 HGB behandeln Aufbau und Gliederung des Prüfungsberichts[845], um insgesamt eine bestmögliche Verständlichkeit für die Mitglieder des Aufsichtsrats zu gewährleisten und so deren Ausstattung mit den relevanten Informationen zu verbessern[846]. Diesem Ziel dient auch das neueingeführte Klarheitsgebot, dass die Einzelregelungen ergänzt und die Prüfer dazu verpflichtet, ihren Bericht so abzufassen, dass er auch für Adressaten verständlich ist, die lediglich über Grundkenntnisse im Bereich der Rechnungslegung verfügen[847].

Inwieweit das Gebot zur Klarheit, das sowohl hinsichtlich des Aufbaus, als auch des Inhalts des Prüfungsberichts gilt, aber tatsächlich umsetzbar sein wird, ist fraglich. Angesichts der Tatsache, dass nun auch der Corporate Governance Kodex vorsieht[848], dass die Gesellschaften ein Audit Committee bilden sollen, stellt sich neben dem Problem der tatsächlichen Möglichkeit einer extremen inhaltlichen Simplifizierung des Prüfungsberichts die Frage nach der Notwendigkeit einer solchen Maßnahme. Dies gilt insbesondere deswegen, weil der Gesetzgeber sich für die Aufnahme der „großen Redepflicht“ durch § 321 Abs. 1 Satz 3 HGB entschieden hat. Hiernach ist der Prüfer verpflichtet, in dem Teil des Prüfungsberichts, den er dem Hauptteil voranstellt, auch über Verstöße gegen das Gesetz oder die Satzung der Gesellschaft zu berichten und Angaben über Anhaltspunkte zu machen, die den Bestand des Unternehmens gefährden oder seine Entwicklung wesentlich beeinträchtigen. Die gleiche Pflicht gilt für eventuell festgestellte schwerwiegende Verstöße von gesetzlichen Vertretern oder Arbeitnehmern gegen das Gesetz oder den Gesellschaftsvertrag oder die Satzung der Gesellschaft. So soll möglichst frühzeitig im Prüfungsbericht auf die gravierendsten Probleme des Unternehmens hingewiesen werden,

---

845 Zu Lagebeurteilung des Vorstands ist gemäß § 321 Abs. 1 Satz 2 HGB „vorweg“ Stellung zu nehmen, dann folgt der Hauptteil und schließlich folgt noch der besondere Teil, der in § 321 Abs. 3 HGB beschrieben ist.

846 *Ebke* in Münch-Komm zum HGB § 321 Rz. 2.

847 *Hopt/Merkt* in Baumbach/Hopt § 321 HGB Rz. 1; *Ebke* in Münch-Komm zum HGB § 321 Rz. 16.

848 Punkt 5.3.2 des Deutschen Corporate Governance Kodexes.

damit solche Hinweise nicht in der Masse der anderen Daten verloren gehen, sondern für jedes Aufsichtsratsmitglied sofort erkennbar sind[849]. Diese Gliederung erscheint eigentlich als ausreichend, die Dokumentation für alle Adressaten benutzerfreundlich zu machen. Bedeutend ist auch, dass dies der einzige Zweck der Vorschrift ist, sie also nicht etwa zu einer Ausweitung des Prüfungsumfangs führen soll, wie ihn § 317 HGB vorgibt. Solange kein begründeter Verdacht besteht, muss die Prüfung also nicht auf die in § 321 Abs. 1 Satz 3 HGB aufgeführten Verstöße angelegt sein[850].

II. Das Verhältnis von Prüfung und Beratung und die Unabhängigkeit des Prüfers

Außer von Umfang und Inhalt der Prüfung hängt die Qualität der Abschlussprüfung auch von der Unabhängigkeit der Prüfer ab. Kernstück des Sarbanes-Oxley Act, der die Antwort des US-amerikanischen Gesetzgebers auf die Unternehmenszusammenbrüche der Jahre 2001 und 2002 war, ist die Einführung des Public Company Accounting Oversight Board, das die Aufsicht über die Prüfungsindustrie in den USA übernehmen soll[851]. Diese Maßnahme war darauf zurückzuführen, dass bei vielen der Unternehmensskandale die externen Prüfer prominent an den Versäumnissen beteiligt waren, die letztlich zum Zusammenbruch des jeweiligen Unternehmens führten. Um der Beteiligung der Prüfungsgesellschaften an den zweifelhaften Bilanzierungspraktiken entgegenzutreten, wurde nach Möglichkeiten gesucht, diejenigen Anreize zu eliminieren, die die Prüfer typischerweise veranlasst hatten, sich an den fragwürdigen bzw. rechtswidrigen Methoden der Rechnungslegung zu beteiligen. Dieser Anreiz lag in der Regel darin, dass die Prüfungsgesellschaft nicht nur den Audit, also die Abschlussprüfung für eine Gesellschaft durchführte, sondern in der Regel ebenfalls Beratungsdienstsleistungen in erheblichem Umfang erbrachte. Da die Honorare für die Beratung diejenigen für die Prüfung oftmals um ein Vielfaches überstiegen, standen die Prüfer unter einem besonderen Druck, den Unternehmen bei der Prüfung ein gutes Zeugnis auszustellen[852].

Zusätzlich stellte der Gesetzgeber fest, dass es unwahrscheinlich ist, dass ein Prüfer Praktiken moniert, die er dem Unternehmen zuvor selbst empfohlen hatte[853]. Insofern zeigt sich hier eine Parallele zu den Problemen beim Modell der

---

849 *Morck* in Koller/Roth/Morck § 321 Rz. 3; *Hopt/Merkt* in Baumbach/Hopt § 321 HGB Rz. 2; *Budde/Kunz* in Beck'scher Bilanz-Kommentar § 321 Rz. 22.

850 *Hopt/Merkt* in Baumbach/Hopt § 321 HGB Rz. 6; *Morck* in Koller/Roth/Morck § 321 Rz. 3.

851 Siehe hierzu ausführlich unten § 9 II. 2.

852 *Keatinge* 44 Ariz. L. Rev. S. 717 (719); *Gordon* 69 U. Chi. L. Rev. S. 1233 (1235).

853 Siehe die Darstellung bei *Cox, Hillman, Langevoort* – Securities Regulation, Cases and Materials S. 682.

beratenden Überwachung im deutschen Recht. Hier hat, wie bereits beschrieben[854], in den letzten Jahren eine Entwicklung zu einer bewussten Vermischung von Beratung und Prüfung bzw. Überwachung stattgefunden, um die Ausstattung des Aufsichtsrats mit Informationen zu verbessern. Die Entwicklung in den USA zeigt jedoch im Zusammenhang mit der Abschlussprüfung ebenso wie bei der Diskussion um die neuen Unabhängigkeitsvoraussetzungen für die Directors der US-amerikanischen Boards, dass bei einer zu großen Nähe zwischen Überwacher und Überwachtem auch große Gefahren für eine effektive Überwachungstätigkeit bestehen. In den USA hat man jedenfalls als Teil eines generellen Bestrebens, die Unabhängigkeit der Kontrollinstitutionen zu stärken, die Möglichkeiten der Beratung von Unternehmen durch die jeweilige Prüfungsgesellschaft durch den Sarbanes-Oxley Act massiv eingeschränkt[855].

1. Stand der Gesetzgebung nach dem Bilanzrechtsreformgesetz

Der deutsche Gesetzgeber hatte bisher auf eine kategorische Trennung von Beratung und Prüfung verzichtet, wie sich aus dem Umkehrschluss der Regelung des § 319 Abs. 2 Nr. 8 HGB a. F. ergab[856]. Im Zuge der Änderungen des HGB durch das Bilanzrechtsreformgesetz wurde der Bereich der Unabhängigkeit der Abschlussprüfung – auch als Reaktion auf den Erlass des Sarbanes-Oxley Acts[857] in den USA – als einer der Kernbereiche der Reformbemühungen überarbeitet, nachdem Prüfungsumfang und Prüfungsinhalt erst durch das KonTraG neu geordnet worden waren.

Erste Neuerung ist die Vorschrift des § 319 Abs. 1 Satz 3 HGB n. F., der festlegt, dass nur solche Prüfer zugelassen sind, die an der Qualitätskontrolle der Wirtschaftsprüferkammer gemäß § 57 a Wirtschaftsprüferordnung teilnehmen. Hier wird, ähnlich wie in den USA, auf die Selbstregulierung der Prüfungsbranche gesetzt[858]. Ebenfalls neu in die Vorschrift des § 319 HGB ist Abs. 2, der ge-

---

854 Siehe hierzu ausführlich die Diskussion oben unter § 5 I. 2.

855 Siehe hierzu ausführlich unten § 9 I.

856 Diese Vorschrift legte lediglich eine Grenze für die Einnahmen von Beratung und Prüfung eines Unternehmens fest. Die Schranken der zulässigen Beratung waren in § 319 Abs. 2 Nr. 5 HGB a. F. festgelegt. Hier war das Verbot der Selbstprüfung normiert, nach dem ein Prüfer dann von der Abschlussprüfung einer Gesellschaft ausgeschlossen war, wenn er zuvor bei der Führung der Bücher oder der Erstellung des Jahresabschlusses über die Prüfungstätigkeit hinaus mitgewirkt hatte. Von einer Selbstprüfung war aber erst dann auszugehen, wenn die Beratung so weit über die bloße Vorstellung von Alternativen als Entscheidungshilfe hinausging, dass die letztendliche Entscheidung vorweggenommen wurde und die Entscheidungskompetenz praktisch nicht mehr bei dem Beratenen verblieb.

857 Eine Übersicht über die Auswirkungen auf das europäische Recht, siehe *Henssler* ZHR 2007 S. 10 (12).

858 *Peemöller/Oehler* BB 2004 S. 539 (540).

neralklauselartig[859] die Sperrung solcher Personen als Prüfer festlegt[860], die geschäftliche, persönliche oder finanzielle Beziehungen zur Gesellschaft haben, die die Besorgnis der Befangenheit begründen.

In Abs. 3 und Abs. 4 des § 319 HGB n. F. finden sich dann zunächst die Ausschlussgründe aus der Altfassung wieder. Sind diese Tatbestände erfüllt, so begründet dies die unwiderlegbare Vermutung, dass eine Besorgnis der Befangenheit besteht[861]. Neben einer Zusammenfassung einiger Tatbestände aus § 319 HGB a. F.[862] enthält die Neufassung aber auch einige inhaltliche Erweiterungen. So führt nunmehr jede Form der Beteiligung an der zu prüfenden Gesellschaft zur Besorgnis der Befangenheit[863]. Neben dieser Neuordnung mit einigen Änderungen gibt es aber auch einige ganz neue Ausschlusstatbestände. Diese sind in § 319 Abs. 3 Nr. 3 b)-d) HGB n. F. enthalten. Hier werden Personen als Prüfer ausgeschlossen, die entweder in verantwortlicher Position an der internen Revision[864] der Gesellschaft mitgewirkt haben oder Unternehmensleitungs- und Finanzdienstleistungen erbracht haben[865]. Diese Ausschlussgründe sind bereits aus dem US-amerikanischen Recht bekannt, wo sie durch den Sarbanes-Oxley Act eingeführt wurden[866]. Die Neuerungen sind als Reaktion auf die Erfahrung zu sehen, dass die beschriebenen Tätigkeiten oftmals zu einer nachlässigen Prüfung geführt haben, da es sich um Fallkonstellationen der Selbstprüfung handelt. Damit ist geklärt, dass die Beratung einer Gesellschaft grundsätzlich zur Inhabilität eines Prüfers führt[867]. Insoweit ist damit wohl auch die *Allweiler*-Entscheidung[868] des BGH überholt, die diesen Schluss in einer so

---

859 *Henssler* ZHR 2007 S. 10 (12).

860 Kritik an der generalklauselartigen Ausgestaltung der Regelung äußert *Lenz,* BB 2004 S. 707 (711), da die Regelung sehr viele Fragen ungeklärt lasse.

861 *Henssler* ZHR 2007 S. 10 (13); *Peemöller/Oehler* BB 2004 S. 539 (540).

862 § 319 Abs. 3 Nr. 1 und 2 HGB n. F. enthalten die Tatbestände des alten § 319 Abs. 2 Nr. 1-4 HGB a. F., § 319 Abs. 3 Nr. 3 a) HGB n. F. übernimmt den Tatbestand des § 319 Abs. 2 Nr. 5 HGB a. F. An diesen Regelungen wollte der Gesetzgeber inhaltlich nichts ändern, Begründung zum Regierungsentwurf des Bilanzrechtsreformgesetz, BT-Drucksache 15/3419 S. 38 f.

863 *Peemöller/Oehler* BB 2004 S. 539 (541).

864 Hier hat der Gesetzgeber die Vorschläge nicht übernommen, nach denen eine Beteiligung an der Revision der Gesellschaft nur dann zur Inhabilität führen sollten, wenn die Revision vollständig von dem fraglichen Prüfer vorgenommen worden war, *Peemöller/Oehler* BB 2004 S. 539 (541).

865 Zu Begriff der Finanzdienstleistungen siehe *Henssler* ZHR 2007 S. 10 (13 ff.).

866 Siehe § 201 Sarbanes-Oxley Act, der nunmehr § 10A des Securities Exchange Act '34 ergänzt hat.

867 *Veltins* DB 2004 S. 445 (449).

868 Der Bundesgerichtshof hatte in seiner *Allweiler*-Entscheidung festgehalten, dass die Abgabe von Empfehlungen solange als zulässige Beratung zu klassifizieren ist, wie nur eine Darstellung der Handlungsmöglichkeiten und ihrer Konsequenzen erfolgt, während

absoluten Form noch abgelehnt hatte, ohne allerdings eine klare Abgrenzung zwischen zulässiger und unzulässiger Beratung vorzunehmen[869]. Festzuhalten ist noch, dass die Liste des § 319 Abs. 3 HGB nicht abschließend ist, wie sich aus der Grundregel des § 319 Abs. 2 HGB ergibt[870].

Eine zusätzliche Verschärfung der Ausschlusskriterien enthält der neue § 319 a HGB. In dieser Vorschrift werden für „Unternehmen von öffentlichem Interesse"[871] Prüfer aus weiteren Gründen für die Abschlussprüfung gesperrt. In Bezug auf die Beratung der Gesellschaft durch Abschlussprüfer ist die Norm des § 319 a Abs. 1 Nr. 2 HGB herauszugreifen. Dort ist der Gesetzgeber noch über das hinausgegangen, was der Sarbanes-Oxley Act für das US-amerikanische Recht eingeführt hat[872], da Beratungsleistungen im Bereich Recht und Steuern unter Umständen zu einer Sperre als Abschlussprüfer führen können[873]. Der Gesetzgeber ging bei der Neufassung davon aus, dass sich durch die Umgestaltung nicht viel ändern würde, wollte dass Verbot der Selbstprüfung aber in umfassender Form in das Gesetz aufnehmen[874].

2. Die interne Rotation der Prüfer

Ein weiteres Thema, das im Zusammenhang mit der Abschlussprüfung sowohl im deutschen Recht als auch im US-amerikanischen Recht diskutiert wird, ist die Rotation der Prüfungsgesellschaften. Wechselt die Prüfungsgesellschaft nicht in regelmäßigen Abständen, so besteht die Gefahr, dass die Prüfung nicht

---

die Entscheidung letztlich beim Beratenen verbleibt, BGHZ 135 S. 260 (264). Damit hatte der BGH das Modell der „funktionalen Entscheidungszuständigkeit" aufgegriffen; bestätigt in der Entscheidung BGH NJW 2003 S. 970 (972) (Hypo-Vereinsbank). So zum alten Recht auch *Hopt/Merkt* in Baumbach/Hopt § 319 HGB Rz. 7.

869 Die Aussagekraft der Entscheidung im Hinblick auf die Frage der Grenzen der zulässigen Beratung wurde insbesondere deswegen angezweifelt, weil in dem konkreten Fall nur eine steuerliche Beratung erfolgt war, *Ebke* in Münch-Komm zum HGB § 319 Rz. 31. Auch der neue Corporate Governance Kodex half insofern nicht weiter, da hier nur in Punkt 7.2.1 verlangt wird, dass eine Erklärung eingeholt wird, in der der Prüfer darlegen muss, welche Verbindungen zwischen ihm und der Gesellschaft bestehen und in welchem Umfang bisher andere Leistungen seitens des Prüfer für das Unternehmen erbracht wurden oder für die Zukunft vereinbart sind.

870 *Henssler* ZHR 2007 S. 10 (13).

871 Dies sind solche Unternehmen, die einen organisierten Kapitalmarkt i.S.d. § 2 Abs. 5 WpHG in Anspruch nehmen.

872 Siehe hierzu unten § 9 I.

873 Laut Gesetzeswortlaut ist dies immer dann der Fall, wenn die Tätigkeit über das Aufzeigen bloßer Gestaltungsalternativen hinausgeht und sich die Beratung unmittelbar und nicht nur unwesentlich auf die Darstellung der Vermögens- Finanz- und Ertragslage auswirkt, § 319 a Abs. 1 Nr. 2 HGB.

874 Begründung zum Regierungsentwurf des Bilanzrechtsreformgesetz, BT-Drucksache 15/3419 S. 41.

jedes Jahr mit derselben Intensität und Gründlichkeit durchgeführt wird, sondern dass sich die Prüfer auf die Ergebnisse der vorangegangen Prüfungen verlassen. Das Problem einer Rotation der Prüfungsgesellschaften, also der externen Rotation, ist die Einarbeitungszeit, die neue Prüfer brauchen, um sich mit den Eigenheiten eines Unternehmens vertraut zu machen. Aus diesem Grund sind in der Einarbeitungszeit Mängel in der Prüfungsqualität zu befürchten[875]. Aus diesem Grund sah sowohl der deutsche Gesetzgeber als auch der US-amerikanische Gesetzgeber von einer entsprechenden Regelung ab[876]. Um aber trotzdem noch einen positiven Effekt zur Stärkung der Unabhängigkeit der Prüfer zu erreichen, wurde durch das KonTraG die sogenannte interne Rotation in § 319 Abs. 3 Nr. 6 HGB eingeführt, die in der Praxis allerdings ohnehin schon regelmäßig durchgeführt wurde[877].

Durch das Bilanzrechtsreformgesetz hat der Gesetzgeber die Frage der internen Rotation der Prüfer neu geregelt[878]. § 319 a Abs. 1 Nr. 4 HGB schließt einen Prüfer dann von der Abschlussprüfung aus, wenn er mehr als sieben Mal den Bestätigungsvermerk gemäß § 322 HGB gezeichnet hat. Etwas anderes gilt nur dann, wenn seit der letzten Prüfung mehr als drei Jahre vergangen sind. Insofern hat der Gesetzgeber den Rotationszeitraum von zehn auf sieben Jahre verkürzt, was eine Verschärfung der Regelung darstellt, auch wenn der praktische Unterschied relativ gering sein dürfte[879]. Wichtiger ist, dass der Kreis der von der Neuregelung betroffenen Unternehmen erweitert wurde. Die Vorschriften zur internen Rotation der Prüfer sind nämlich nunmehr von allen Gesellschaften von öffentlichem Interesse zu erfüllen, während vorher nur Aktiengesellschaften betroffen waren, deren Aktien zum Handel im amtlichen Markt zugelassen sind,

---

875 *Gelhausen* AG 1997 Sonderheft zur Aktienrechtsreform 1997 S. 73 (75); *Seibert* WM 1997 S. 1 (6); *Hopt/Merkt* in Baumbach/Hopt § 319 a HGB Rz. 13.

876 In den USA wurde durch den Sarbanes-Oxley Act allerdings der Auftrag erteilt, eine Studie über den Sinn einer externen Rotation durchzuführen, die zu dem Ergebnis kam, dass eine externe Rotation mehr negative als positive Effekte haben würde. Die Kosten, die durch die erhöhte Einarbeitungszeit des neuen Auditors entstünden, sowie der Verlust der besonderen Kenntnisse der langjährigen Prüfungsgesellschaft, sind nach dem Ergebnis der Studie nicht durch entsprechende Vorteile zu rechtfertigen. Es wird jedoch auch darauf hingewiesen, dass eventuelle negative Erfahrungen mit den neuen Vorschriften des Sarbanes-Oxley Act eine erneute Prüfung dieser Frage erfordern könnten; *United States General Accounting Office:* Public Accounting Firms – Required Study on the Potential Effects of Mandatory Audit Firm Rotation; siehe auch die Ausführungen zum Audit Process nach US-amerikanischen Recht unten § 9 I.

877 *Forster* AG 1995 S. 1 (3).

878 Die alte Regelung schloss Prüfungsgesellschaften von der Abschlussprüfung aus, wenn eine Person an der Prüfung beteiligt war, die innerhalb von zehn Jahren bereits mehr als sechsmal den Bestätigungsvermerk gemäß § 322 HGB gesetzt hatte.

879 *Peemöller/Oehler* BB 2004 S. 539 (544).

§ 319 Abs. 3 Nr. 6 HGB a. F. Das klare Bekenntnis des Gesetzgebers zur internen Rotation ist zu begrüßen. Seit Erlass des Sarbanes-Oxley Act und der Einführung der Rotation durch das KonTraG haben sich keine Anhaltspunkte dafür ergeben, dass eine externe Rotation die bessere Lösung wäre. Daher war es meiner Ansicht nach richtig, sich auch bei der jüngsten Überarbeitung des Gesetzes durch das Bilanzrechtsreformgesetz auf eine Verbesserung der vorhandenen Regelung zu beschränken.

3. Das Kriterium der Umsatzabhängigkeit

Neben der Einführung der Prüferrotation war die Einführung der Regelung des § 319 Abs. 2 Nr. 8 HGB a. F. die wichtigste Maßnahme zur Stärkung der Unabhängigkeit der Abschlussprüfung im KonTraG. Bei der letztgenannten Regelung soll die Unabhängigkeit der Prüfer durch die Festlegung einer Grenze gesichert werden, die die finanzielle Abhängigkeit eines Prüfers von einem einzelnen Mandanten erreichen darf. Betrug das zulässige Limit der Gesamteinnahmen aus der Prüfung und Beratung eines Unternehmens vor der Änderung durch das KonTraG noch 50 % bezogen auf einen Zeitraum von fünf Jahren, so liegt es nunmehr bei 30 %. An dieser Grenze ändert sich grundsätzlich auch durch das Bilanzrechtsreformgesetz nicht, da § 319 Abs. 3 Nr. 5 HGB n. F. die alte Regelung unverändert übernimmt. Eine Verschärfung der Voraussetzung erfolgt aber in der Frage der Umsatzabhängigkeit für Unternehmen von öffentlichem Interesse. Für diese werden die Grenzwerte durch § 319 a Abs. 1 Nr. 1 HGB näher an internationale Standards angepasst. Ein Ausschluss erfolgt in diesen Fällen immer dann, wenn ein Prüfer in den letzten fünf Jahren jeweils mehr als 15 % der Gesamteinnahmen aus seiner beruflichen Tätigkeit von einer Gesellschaft erhalten hat. Mitgerechnet werden dabei auch Einnahmen aus der Prüfung solcher Unternehmen, an denen die Gesellschaft mehr als 20 % der Anteile hält[880].

Auch der weitere Ausbau dieser Unabhängigkeitssicherung ist zu begrüßen. Der wirtschaftliche Druck, der auf dem Prüfer lastet, soll nicht die Dimension der Existenzangst erreichen, die zu einer zu großzügigen Prüfungspraxis führen könnte. Dass ein Prüfer in die Abhängigkeit eines Unternehmens geraten kann, ist eine weitere Lehre, die aus dem *Enron*-Zusammenbruch gezogen werden kann. Im Jahr 2001 zahlte *Enron* über USD 52 Millionen an Arthur Andersen und war damit einer der wichtigsten Mandanten dieser Prüfungsgesellschaft[881].

---

880 § 319 a Abs. 1 Nr. 1 HGB.

881 Die Summe bezieht sich auf Einkünfte für Beratung und Prüfung. Noch wichtiger als die Feststellung, dass *Enron* einer der wichtigsten Mandanten von Arthur Andersen insgesamt war, ist die Erkenntnis, dass die Kompensation der Partner von Arthur Andersen aus den Einnahmen der jeweiligen Büros erfolgte. Aus diesem Grund hatte *Enron* für die in Houston ansässigen Partner einen ungleich höheren Stellenwert, da ihre persönlichen Einnahmen stark mit den Einnahmen aus dem *Enron*-Mandat abhingen, da der E-

Eine hieraus evtl. entstehende Abhängigkeit wollte der Gesetzgeber vermeiden, ohne dass es auch kleineren Prüfungsgesellschaften unmöglich wird, große Mandate zu bearbeiten[882].

4. Konsequenz eines Verstoßes gegen die Ausschlusskriterien

Der Referentenentwurf des Bilanzrechtsreformgesetzes sah vor, dass in § 319 Abs. 5 HGB n. F. explizit geregelt werden sollte, dass im Falle der Beteiligung eines gesperrten Prüfers der Vergütungsanspruch entfällt, der Bestätigungsvermerk aber nicht nichtig ist. Im Regierungsentwurf fehlt eine entsprechende Regelung, da der Gesetzgeber es als selbstverständlich ansah, dass der Vergütungsanspruch in einem solchen Fall entfällt, da der Prüfungsauftrag gemäß § 134 BGB nichtig ist. Die Regelung, dass der testierte und festgestellte Jahresabschlusses auch bei Beteiligung eines gesperrten Prüfers nicht nichtig ist, hat der Gesetzgeber in § 256 Abs. 1 Nr. 3 AktG eingeführt. Insofern orientierte man sich in beiden bisher umstrittenen Fragen an den in der Rechtsprechung bereits bis dahin gefunden Lösungen[883].

5. Analyse

Die umfangreichen gesetzgeberischen Aktivitäten im Bereich der Abschlussprüfung machen vor allem zwei gesetzgeberische Ziele deutlich. Zunächst war der Gesetzgeber mit dem KonTraG bemüht, die Abschlussprüfung so zu organisieren und zu strukturieren, das die durch sie erzielten Ergebnisse den für den Aufsichtsrat bestmöglich handhabbar sind; dies wird durch die verstärkte Problemorientierung der Prüfung und durch die Bemühung erreicht, die im Rahmen der Prüfung gewonnenen Informationen so aufzubereiten, dass sie für den Aufsichtsrat den größtmöglichen Nutzen haben. Durch diese Neuorganisation der Prüfung erreicht der Gesetzgeber mittelbar auch das zweite Ziel der Reformen. Die detaillierte Strukturierung der Prüfung führt auch dazu, dass die Prüfungsgenauigkeit der Abschlussprüfer erhöht wird, da die Pflicht zu den einzelnen Bereichen Stellung zu nehmen, eine ausführliche Beschäftigung mit den einzelnen Prüfungsthemen erfordert und die Gefahr verringert wird, dass einzelne Prüfungsabschnitte routinemäßig und ohne Untersuchung abgehakt werden. Zusätzlich zu der Stärkung der Abschlussprüfung an sich wird aber auch das Bestreben

---

nergiedienstleister der mit Abstand wichtigste Mandant des Houstoner Büros war. Zu der persönlichen Abhängigkeit der Partner von *Enron* siehe auch *Macey* 89 Cornell Law Rev. S. 394 (408).

882 Begründung zum Regierungsentwurf des Bilanzrechtsreformgesetz, BT-Drucksache 15/3419 S. 41.

883 Begründung zum Regierungsentwurf des Bilanzrechtsreformgesetz, BT-Drucksache 15/3419 S. 37.

des Gesetzgebers deutlich, den Wechsel der Stellung des Abschlussprüfers vom Berater des Vorstands zum Gehilfen des Aufsichtsrats zu realisieren.

Aufgrund der internationalen Entwicklungen, auf die sich der Gesetzgeber in seiner Begründung des Bilanzrechtsreformgesetzes immer wieder bezieht, wurde in der kurzen Zeit seit Erlass des KonTraG erneut ein Handlungsbedarf für den Bereich der Abschlussprüfung gesehen. So wurden in diesem zweiten Schritt vor allem die Unabhängigkeitsvoraussetzungen für die Prüfer erneut erhöht. Dies war notwendig geworden, da sich herausgestellt hatte, dass auch im Bereich der Abschlussprüfung die Gefahr besteht, dass eine gründliche Kontrolle aufgrund von Interessenkollisionen unterbleibt. Insgesamt erscheinen die nunmehr getroffenen Regelungen geeignet, zu einer Entwicklung beizutragen, an deren Ende die Abschlussprüfung zu einem unabhängigen Gehilfen des Aufsichtsrats wird, der vor allem in der Beschaffung und der Aufbereitung der Informationen nützlich sein wird, die der Aufsichtsrat braucht, um seiner Kontrollfunktion in angemessener Weise gerecht zu werden. Aufgrund des Umfangs der Änderungen bleibt eine abschließende Bewertung der Reformen aber einer späteren Betrachtung vorbehalten.

III. Die Abschlussprüfung des Aufsichtsrats

1. Prüfungsprogramm des Aufsichtsrats und der Abschlussprüfer

Die Prüfung des Abschlusses durch den Aufsichtsrat ist Teil der allgemeinen Überwachungspflicht dieses Organs. Da die Rechnungslegung ein Teil der Geschäftsführung ist, hat der Aufsichtsrat bei dieser Aufgabe denselben Prüfungsmaßstab anzulegen, den er auch im Rahmen seiner allgemeinen Überwachungstätigkeit anwendet[884]. Damit ergibt sich bei der Prüfung durch den Aufsichtsrat gegenüber der Prüfung durch den Abschlussprüfer die Besonderheit, dass der Aufsichtsrat zusätzlich zu der Ordnungs- und Rechtmäßigkeitsprüfung eine Zweckmäßigkeitsprüfung durchzuführen hat[885]. Eine solche Zweckmäßigkeitsprüfung ist von den Abschlussprüfern trotz ihrer inzwischen erweiterten Rolle nicht durchzuführen[886]. Dass sich bei der Rechtmäßigkeitsprüfung Überschneidungen zwischen der Prüfung durch die Abschlussprüfer einerseits und den Aufsichtsrat andererseits ergeben, lässt sich nicht vermeiden. Der Aufsichtsrat kann und soll aber bei seiner Prüfung ohnehin den Bericht der Abschlussprüfer als Vorlage nehmen, damit eventuelle Defizite bei den Bilanzrechtskenntnissen der Aufsichtsratsmitglieder ausgeglichen werden[887], die grundsätzlich nicht über

---

[884] *Hüffer* AktG § 171 Rz. 3.
[885] *Hüffer* AktG § 171 Rz. 6.
[886] *Mattheus* ZGR 1999 S. 682 (706); *Kropff* in Münch-Komm zum AktG § 171 Rz. 37.
[887] *Hoffmann-Becking* in Münchener Hdb. des GesR § 44 Rz. 13.

besondere Kenntnisse auf diesem Gebiet verfügen müssen[888]. Das bedeutet gleichzeitig, dass eine vollständige Doppelprüfung nicht erforderlich ist[889], auch wenn das nicht heißt, dass der Aufsichtsrat die Ergebnisse der Abschlussprüfung einfach übernehmen kann, da eine eigene verantwortliche Stellungnahme, wie sie § 171 Abs. 2 Satz 3 AktG verlangt, ganz ohne eine eigene Prüfung nicht möglich ist. Dennoch ist festzuhalten, dass die Prüfung des Aufsichtsrats in erster Linie bei der Zweckmäßigkeitsprüfung eine eigene Bedeutung erlangt[890].

2. Zweckmäßigkeitsprüfung und bilanzpolitische Ermessensentscheidungen

Die Zweckmäßigkeitsprüfung umfasst insbesondere die Prüfung der bilanzpolitischen Ermessensentscheidungen[891]. Insoweit hat der Aufsichtsrat die exklusive Prüfungskompetenz. Besonders in den USA wurde die Rechnungslegung teilweise in einer Art und Weise betrieben, die ausschließlich auf eine kurzfristige Steigerung des Aktienkurses abzielte, auch wenn dies eine Entstellung der tatsächlichen Lage des Unternehmens bedeutete. Auf die unterschiedlichen Anreize, die das Management zu einer derartigen Politik veranlassen, wird noch im Zusammenhang mit dem Audit Process im US-amerikanischen Recht einzugehen sein[892]. Gemeint ist hier nicht die Fokussierung der Geschäftsleitung auf den „shareholder value" in Abgrenzung zum „stakeholder value", sondern die kurzfristige Steigerung des Aktienkurses auch unter Inkaufnahme langfristiger negativer Konsequenzen für das Unternehmen, also ein Verhalten, dass auch gegen die Interessen der Gesellschafter ist. Festzuhalten ist, dass es auch im deutschen Recht zahlreiche Spielräume bei der Rechnungslegung gibt, deren Ausnutzung unter Berücksichtigung der Interessen der Gesellschaft nicht nur erlaubt ist, sondern sogar geboten sein kann; das in § 264 Abs. 2 Satz 1 HGB festgelegte „true and fair view-Prinzip" des deutschen Bilanzrechts verlangt aber, dass insgesamt ein realistisches Bild der Vermögens- Finanz- und Ertragslage gezeichnet wird[893]. Dass der Jahresabschluss diese Voraussetzungen erfüllt, müssen nach dem neuen, durch das TUG eingeführten, § 264 Abs. 2 Satz 3 HGB, die Vorstandsmitglieder einer notierten Aktiengesellschaft[894] durch das Ablegen des

---

888 *Kropff* in Münch-Komm zum AktG § 171 Rz. 78; *Gelhausen* AG 1997 Sonderheft zur Aktienrechtsreform 1997 S. 73 (80); *Hoffmann-Becking* in Münchener Hdb. des GesR § 44 Rz. 16.

889 *Hoffmann-Becking* in Münchener Hdb. des GesR § 44 Rz. 15; *Kropff* in Münch-Komm zum AktG § 171 Rz. 27.

890 *Hüffer* AktG § 171 Rz. 5 f.

891 Eine Auflistung aller wichtigen bilanzpolitischen Ermessensentscheidungen findet sich bei *Hüffer* AktG § 171 Rz. 7.

892 Siehe unten § 9 I.

893 *Merkt* in Baumbach/Hopt § 264 HGB Rz. 9; *Kropff* in Münch-Komm zum AktG § 171 Rz. 28.

894 Inlandsemittenten gemäß § 2 Abs. 7 WpHG.

sog. Bilanzeids bestätigen. Diese Regelung orientiert sich an § 302 Sarbanes-Oxley Act, der allerdings die Abgabe der Versicherung nur durch den CEO und den CFO verlangt, während in Deutschland der gesamte Vorstand verpflichtet wird[895].

Der Aufsichtsrat muss zunächst prüfen, welche grundsätzlichen Tendenzen der Vorstand bei der Rechnungslegung verfolgt. Dann muss er kontrollieren, ob diese Tendenz mit der bisherigen Praxis kongruent ist oder ob Abweichungen von der bisherigen Praxis zu verzeichnen sind[896]. Ist dies der Fall, muss der Aufsichtsrat nach den Gründen für diese Änderung fragen und sich von deren Stichhaltigkeit überzeugen. Es ist also z. B. Aufgabe des Aufsichtsrats zu prüfen, ob etwa eine Ergebnisverschlechterung „geschönt" dargestellt wird, um das Ansehen des Unternehmens bzw. die Fähigkeit des Unternehmens zur Fremdfinanzierung zu bewahren oder um die Vergütung des Vorstands – zu denken ist hier insbesondere an Aktienoptionen – positiv zu beeinflussen[897].

Soweit die Arbeitsweise des Aufsichtsrats betroffen ist, kann die Prüfung der bilanzrechtlichen Entscheidungsfindung des Vorstands durch das Audit Committee vorbereitet werden, auch wenn die letztendliche Entscheidung selbst dem Plenum des Aufsichtsrats vorbehalten ist[898]. Die Prüfung des Jahresabschlusses war ursprünglich der Grund für die Schaffung der ersten Audit Committees, wie sie nun ja auch der deutsche Corporate Governance Kodex in Punkt 5.3.2 vorsieht. Im Prinzip gelten auch für die Audit Committees die allgemeinen Überlegungen zu den Ausschüssen[899]. Beim Audit Committee spielt allerdings die fachliche Qualifikation der Ausschussmitglieder deswegen eine besondere Rolle, weil, wie bereits erwähnt, besondere Kenntnisse im Bilanzrecht keine zwingende Voraussetzung für die Übernahme eines Aufsichtsratsmandats sind. Für die Mitgliedschaft im Audit Committee werden solche Sonderkenntnisse aber wohl unter normalen Umständen zu verlangen sein.

Besondere Voraussetzungen für die Unabhängigkeit der Mitglieder des Audit Committees, so wie sie der Sarbanes-Oxley Act für das amerikanische Recht gebracht hat, hat der deutsche Gesetzgeber nicht eingeführt[900]. Für diese Rege-

---

895 *Fleischer*, ZIP 2007, S. 97 (100), spricht insoweit von einer „Emanzipation" des deutschen Rechts.

896 *Kropff* in Münch-Komm zum AktG § 171 Rz. 29.

897 Hierauf verweist auch *Kropff* in Münch-Komm zum AktG § 171 Rz. 30.

898 *Kropff* in Münch-Komm zum AktG § 171 Rz. 76.

899 Siehe dazu oben § 5 III. 1.

900 Es wurde in diesem Zusammenhang zu Recht darauf verwiesen, dass die strikten Regelungen des Sarbanes-Oxley Act bereits manche deutschen Unternehmen betreffen, die an einer US-amerikanischen Börse zugelassen sind, siehe *Kropff* in Münch-Komm zum AktG § 171 Rz. 75.

lung findet sich bisher im deutschen Recht kein Äquivalent, was den Schluss zulässt, dass insofern auf die größere strukturelle Unabhängigkeit der Aufsichtsratsmitglieder im Vergleich zu den Mitgliedern des Board of Directors vertraut wird.

Die Ergebnisse seiner Prüfung hat der Aufsichtsrat gemäß § 171 Abs. 2 Satz 1 AktG in einem Bericht darzulegen. Die genannte Vorschrift verlangt vom Aufsichtsrat Auskunft über einzelne Themenbereiche, die im Rahmen der Prüfung der Abschlussunterlagen zu behandeln sind. Hierdurch wird gleichzeitig sichergestellt, dass der Aufsichtsrat alle relevanten Punkte tatsächlich behandelt und auch seine Prüfung dementsprechend angelegt hat. Diesem Interesse dient auch die durch das KonTraG neueingeführte Regelung des § 171 Abs. 2 Satz 2, 2. HS AktG, die verlangt, dass der Aufsichtsrat darüber Auskunft gibt, welche Ausschüsse er gebildet hat und wie viele Sitzungen der Aufsichtsratsausschüsse bzw. des Plenums stattgefunden haben[901].

§ 9 Der Auditing Process im US-amerikanischen Recht

I. Die Krise der Prüfungsindustrie in den USA

Ein wichtiges Anliegen des Sarbanes-Oxley Act war die Reform des Auditing Process. Kein anderer Teil des Systems der Corporate Governance ist in den USA so unter Druck geraten, wie die Prüfungsindustrie. Dies liegt vor allem daran, dass viele der spektakulären Unternehmenszusammenbrüche der letzten Jahre primär "Accounting Scandals" waren. Diese Skandale werden als Konsequenz einer Entwicklung gesehen, die dazu geführt hat, dass bedeutende Anreize für das Management entstanden sind, den Aktienkurs des Unternehmens um jeden Preis – auch durch unlautere Rechnungslegung – auf einem möglichst hohen Niveau zu halten.

1. "Corporate Raiders" und feindliche Übernahmen

Zunächst ist hier der Boom der feindlichen Übernahmen in den 80er Jahren zu nennen[902]. Obwohl auch vor dieser Zeit bereits feindliche Übernahmen stattfanden, änderte sich das Umfeld für Übernahmen in den frühen 80er Jahren radikal, als sich sogenannte "Corporate Raiders" wie *T. Boone Pickens* und Firmen wie *Kohlberg Kravis Roberts & Co. (KKR)*[903], die sich auf LBOs spezialisiert hatten,

---

901 *Kropff* in Münch-Komm zum AktG § 171 Rz. 146.

902 *Coffee, Jr.* 89 Cornell Law Rev. S. 269 (273).

903 *KKR* ist gerade in jüngerer Vergangenheit massiv auf dem deutschen Markt tätig geworden. In Deutschland hält das Unternehmen (Stand April 2007) u.a. Beteiligungen an den Unternehmen Pro Sieben Sat 1 Media, Kion (ehemaliges Gabelstaplergeschäft von

mit Investment Banken wie *Drexel Burnham Lambert* zusammentaten, bei denen Financiers wie *Michael Milken* innerhalb von wenigen Stunden in der Lage waren, Übernahmeangebote auch für große Blue Chip Unternehmen mittels „junk bonds“ zu finanzieren[904]. Das Paradebeispiel für diese Zeit war die „Übernahmeschlacht“ um *RJR Nabisco*, die schlussendlich mit einer Übernahme durch *KKR* für ca. USD 25 Mrd. im Jahre 1988 endete[905]. Die einzige Möglichkeit für Manager, sich wirksam vor solchen Übernahmeversuchen zu schützen, bestand im Hochhalten des Aktienkurses, so dass eine Übernahme nicht lohnenswert war.

2. Verknüpfung von Aktienkurs und Managementkompensation

Der zweite Faktor, der einen Anreiz für das Management darstellte, den Aktienkurs, des Unternehmens möglichst hoch zu halten, war die verstärkte Verknüpfung von Aktienkurs und Managementkompensation durch den Gebrauch von Aktienoptionen[906]. Dieser wurde in den USA dadurch herbeigeführt, dass der Gesetzgeber durch die drastische steuerliche Schlechterstellung von direkten Managervergütungen in einer bestimmten Höhe bewirkt hatte, dass die Unternehmen immer mehr zu einer auf Aktienoptionen basierenden Vergütung kamen. Unterstützt wurde diese Entwicklung auch durch den Druck der institutionellen Anleger, die durch den vermehrten Einsatz von Aktienoptionen für eine verstärkte Konzentration des Managements auf den Aktienkurs sorgen wollten, um die eigenen Investitionen zu schützen[907].

3. “Earnings Management” und “Cooking the Books” als Konsequenz

Das Resultat dieser veränderten Anreize ist bekannt. Anstatt wie früher darauf bedacht zu sein, das “Earnings Management” so zu gestalten, dass die Volatilität möglichst gering ist, war es spätestens seit den früher 90er Jahren üblich, die Ergebnisse stets so schnell wie möglich so gut wie möglich aussehen zu lassen[908]. Der steigende Druck, den Aktienkurs in die Höhe steigen zu lassen, führte dazu, dass einige Unternehmen zunächst zu Methoden griffen, die in der Grauzone zwischen noch zulässigem Accounting Management und illegalem “Cooking the Books” lagen, um dieses Ziel zu erreichen. Schließlich wurde die-

---

Linde), Autoteile Unger (ATU) und Duales System Deutschland GmbH (Gründer Punkt).

904 *Coffee, Jr.* 89 Cornell Law Rev. S. 269 (273).

905 Bis zum Jahr 2007 war dies die größte Übernahme durch einen Finanzinvestor. Der Rekord wurde von *KKR* (gemeinsam mit *Texas Pacific* und *Goldman Sachs*) bei der Übernahme von *Texas Utility TXU* für ca. USD 31,8 Mrd. gebrochen.

906 Vg. die ausführliche Darstellung der äußeren Umstände und der gesamten Entwicklung der Vergütung mit Aktienoptionen bei *Coffee, Jr.* 89 Cornell Law Rev. S. 269 (274).

907 *Coffee, Jr.* 89 Cornell Law Rev. S. 269 (274).

908 *Miller* 89 Cornell Law Rev. S. 423 (427).

se Grenze von einigen Unternehmen überschritten. Das prominenteste Beispiel hierfür ist sicher der Fall *Enron*, in dem mit Hilfe einiger hundert sogenannter Special Purpose Entities (SPEs) Verluste einfach auf rechtswidrige Weise aus der eigenen Bilanz auf Tochtergesellschaften verlagert wurden[909].

Aufgrund der Tatsache, dass so viele Unternehmen die Grenzen des legalen Rechnungslegungsmanagements überschritten haben und stattdessen bei der Rechnungslegung gegen das Gesetz verstoßen haben, zog der Gesetzgeber die Konsequenzen mit dem Sarbanes-Oxley Act. Neben den indirekten Änderungen, die daraus resultieren, dass nunmehr das Audit Committee alleine für die Abwicklung des Audits zuständig ist, gibt es auch einige gesetzliche Neuerungen, die sich direkt mit dem Prozess der Rechnungslegung beschäftigen. Die wichtigste Änderung, die hier zu nennen ist, betrifft die Dienstleistungen, die eine Beratungsgesellschaft für ein Unternehmen übernehmen kann, von dem es mit der Durchführung des Audits beauftragt worden ist. Schließlich wurde noch der Public Company Accounting Oversight Board geschaffen, das darüber wachen soll, dass die einzelnen Beratungsfirmen ihre Unabhängigkeit bewahren und nicht – wie etwa im Fall *Enron* – Hilfestellung bei der Umgehung von Grundsätzen der Rechnungslegung geben.

II. Die Unabhängigkeit der Prüfung

1. Negative Anreize für den Audit Process

Eine wichtige Voraussetzung für die wirksame Durchführung des Audits ist die Unabhängigkeit der Prüfungsgesellschaft von dem Unternehmen, dessen Dokumente es prüft. Dass eine effektive Kontrolle von der Unabhängigkeit der Prüfer abhängt, wurde bereits im Zusammenhang mit der Diskussion um das Verhältnis von Vorstand und Aufsichtsrat einerseits und der Rolle der unabhängigen Directors im Board of Directors andererseits dargestellt. Anders als bei der Parallel-

---

909 Der Gebrauch von Special Purpose Entities ermöglicht es, die Ergebnisse von Teilen des Geschäftsbetriebs aus der Gesamtbilanz herauszulösen. Gemäß GAAP (Generally Accepted Accounting Principles) konnten solche SPEs als von dem beteiligten Unternehmen unabhängig angesehen werden, wenn ein von dem Hauptunternehmen unabhängiger Dritter mit mindestens 3% an dem SPE beteiligt ist und die Kontrolle über das SPE von dem unabhängigen Dritten und nicht dem Hauptunternehmen ausgeübt wird. Im Fall von *Enron* wurde die Rolle des unabhängigen Dritten vom Finanzchef (CFO) von *Enron*, *Andrew Fastow*, bzw. dessen Stellvertreter übernommen. Diese waren natürlich nicht unabhängig von *Enron*, so dass die Voraussetzungen für die Sonderregelung der SPEs nicht erfüllt waren. Im Ergebnis hat *Enron* dennoch Verbindlichkeiten in Höhe von mehr als USD 1 Milliarde, die auf die SPEs übertragen wurden, aus der eigenen Bilanz entfernt und so das Gesamtergebnis massiv aufgebessert bzw. verzerrt, siehe auch die Darstellung bei *Miller* 89 Cornell Law Rev. S. 423 (427); aus deutscher Perspektive *Schwarz/Holland* ZIP 2002 S. 1661 (1664).

problematik beim Board of Directors gibt es aber beim Audit Process keine Rechtfertigung für die Verquickung von beratender Tätigkeit und Kontrolle. Der Prozess der Rechnungslegung mit seinen umfangreichen Grundsätzen und Vorschriften sorgt ja gerade dafür, dass das Finanzgebaren der Gesellschaft in eine Form gebracht wird, die für die Fachleute der Audit Industrie verständlich ist. Die Unabhängigkeit der Prüfung durch eine gleichzeitige Beratungstätigkeit zu gefährden, lässt sich deshalb in diesem Zusammenhang keinesfalls durch ein evtl. Informationsbedürfnis rechtfertigen.

Diese Erkenntnis steht im scharfen Kontrast zu der gängigen Praxis, dass die Beratungsgesellschaften, die die Unternehmen für die externe Prüfung bestellten, gleichzeitig Beratungsaufgaben übernahmen. Wenn man berücksichtigt, dass die Honorare für die Beratungstätigkeit in der Regel ein Vielfaches der Kosten für den Audit betrugen, wird der Interessenkonflikt besonders deutlich. Es besteht die Gefahr, dass die externe Prüfung nicht mit demselben kritischen Standard durchgeführt wird, wie er angelegt würde, wenn keine parallele Beratung stattfinden würde. Diese Bedenken stützen sich insbesondere auf zwei Überlegungen. Zunächst erscheint es unwahrscheinlich, dass eine Prüfungsgesellschaft eben jene Praktiken bei der Rechnungslegung kritisieren würde, die sie zuvor selber empfohlen hat[910].

Zweitens wird das Machtgefüge zwischen der Gesellschaft und der Beratungsgesellschaft durch die Übernahme einer Beratungstätigkeit zusätzlich zur Prüfungstätigkeit verschoben. Um die Unabhängigkeit der Prüfer zu sichern ist die Entlassung eines Prüfers während des Prüfungsverfahrens ein besonderes Vorkommnis, das mit einer Erklärung durch ein 8-K Formular offengelegt werden muss. Das stellt sicher, dass ein Unternehmen nicht einfach so oft die Prüfungsgesellschaft wechseln kann, bis sie Prüfer findet, die alle noch so zweifelhaften Praktiken bestätigen. Diese Vorschriften gewähren den Prüfern eine starke Position, da die Gesellschaften ein Interesse daran haben, sich nicht von ihren Prüfern zu trennen, da sonst besondere Aufmerksamkeit auf ihre Rechnungslegung gelenkt würde. Diese Situation verkehrt sich jedoch dann ins Gegenteil, wenn die Prüfungsgesellschaft gleichzeitig zur Beratungsgesellschaft wird. Aufgrund der deutlich höheren Honorare für die Beratung als für die Prüfung ist nun die Beratungsgesellschaft besonders daran interessiert, die Geschäftsbeziehung zu ihrem Prüfungs- und Beratungskunden zu erhalten[911]. Diese Konstellation könnte damit potentiell einen Anreiz dafür setzen, die Prüfung besonders nachsichtig durchzuführen oder sogar bei der Durchführung fraglicher Praktiken bei der Rechnungslegung behilflich zu sein. Ähnlich wie der Wettbewerb der Bundesstaaten um die Inkorporierung nach dem jeweiligen Gesellschaftsrecht zu

---

910 *Cox, Hillman, Langevoort* Securities Regulation, Cases and Materials S. 682.
911 *Gordon* 69 U. Chi. L. Rev. S. 1233 (1235).

einem “race to the bottom” bei den Gesellschafsrechtsstandards geführt hat, hat aufgrund der eben beschriebenen Situation unter den Prüfungsfirmen ein “race to the bottom” eingesetzt, was die Prüfungsstandards angeht[912]. Angesichts dieser Sachlage, die insbesondere durch den Fall *Enron* offensichtlich wurde, sah der Gesetzgeber Handlungsbedarf, um die Qualität des Auditing Process zu verbessern.

2. Die Reformen des Sarbanes-Oxley Act

a. Verbot der Kombination von Prüfung und Beratung

Der Sarbanes-Oxley Act begegnete dem Problem der Kombination von Prüfung und Beratung mit einer Begrenzung derjenigen Dienste, die eine Beratungsgesellschaft für ein Unternehmen übernehmen darf, für dessen Audit es zuständig ist. § 201 Sarbanes-Oxley Act untersagt insgesamt acht Dienstleistungen, die bisher regelmäßig von den Prüfern parallel zu ihrem Prüfungsauftrag durchgeführt werden. Hierzu gehören insbesondere Buchhaltungsdienste, die Installation von Systemen zur Sammlung der relevanten finanziellen Daten, aber auch die Rechtsberatung, soweit sie nicht mit dem Audit in direktem Zusammenhang steht[913]. Die Vorschrift sieht aber auch vor, dass der Board of Directors weitere Dienstleistungen zu dieser Ausschlussliste hinzufügen kann. Die Regelungen sollen den Prüfern einen sogenannten “bright line test” bieten, der ihnen eine Orientierung gibt, welche Dienste sie erbringen dürfen und welche untersagt sind[914]. Wie bereits dargestellt, hat sich nunmehr auch der deutsche Gesetzgeber bei der Erarbeitung des Bilanzrechtsreformgesetzes an dieser Regelung orientiert.

Zusätzlich zu diesen Vorkehrungen sieht § 202 Sarbanes-Oxley Act vor, dass jede Form der Beratung, die nicht im Zusammenhang mit dem Audit steht und nicht durch § 201 Sarbanes-Oxley Act ausgeschlossen ist, vom Audit Committee genehmigt werden muss. Insbesondere diese Vorschrift macht deutlich, wie sehr der Gesetzgeber nunmehr bedacht ist, die Unabhängigkeit der Prüfmechanismen zu gewährleisten. Die einzigen Beratungsdienste, die nicht ausdrücklich

---

912 *Gordon* 69 U. Chi. L. Rev. S. 1233 (1238).

913 Im Wortlaut verbietet § 201 Sarbanes-Oxley Act folgende Dienstleistungen: (1) bookkeeping or other services related to the accounting records or financial statements of the audit client; (2) financial information systems design and implementation; (3) appraisal or valuation services, fairness opinions, or contribution-in-kind reports; (4) actuarial services; (5) internal audit outsourcing services; (6) management functions or human resources; (7) broker or dealer, investment adviser, or investment banking services; (8) legal services and expert services unrelated to the audit.

914 *Worden* 55 Okla. L. Rev. S. 513 (529).

ausgeschlossen werden, sind steuerberatende Tätigkeiten[915]. Insgesamt sollten die getroffenen Maßnahmen aber dazu beitragen, die strukturellen Interessenkonflikte zu beseitigen, die entstehen, wenn die Prüfer einer Gesellschaft gleichzeitig deren Berater sind.

b. Die Rotation der Prüfer

Ein noch drastischerer und aggressiverer Reformvorschlag, der ebenfalls diskutiert wurde, ist die obligatorische externe Rotation der Prüfer. Nach diesem Konzept hätten die Unternehmen nach einer bestimmten Anzahl von Jahren ihren Auditor wechseln müssen, um so dessen Abhängigkeit von einzelnen Unternehmen zu vermindern. Auch dieser Vorschlag lässt sich direkt mit dem Zusammenbruch von *Enron* in Verbindung bringen, nachdem bekannt wurde, dass *Enron* nicht nur insgesamt einer der größten Kunden von Arthur Andersen war, sondern insbesondere für die Partner im Houstoner Büro von so großer Bedeutung war, dass ein Verlust dieses Klienten praktisch nicht zu verkraften gewesen wäre. Mehrere Partner von Arthur Andersen arbeiteten ausschließlich auf dem *Enron*-Mandat. Damit hing ihr persönlicher Erfolg in großem Maße davon ab, wie gut sie mit dem Management von *Enron* zurecht kamen. Dies musste zwangsläufig dazu führen, dass die Prüfer von Überwachern zu Gehilfen wurden[916].

Schreibt man einen turnusmäßigen Wechsel der Prüfer vor, könnte man die Herausbildung solcher extremen Abhängigkeiten, mit allen negativen Konsequenzen, vermeiden. Außerdem würde der Wechsel des Auditors bedeuten, dass die neuen Prüfer ihren Auftrag mit einem unvoreingenommenen Blick beginnen könnten. Gegen eine turnusmäßige Rotation des Auditors spricht jedoch, dass es, besonders bei größeren Unternehmen, aufgrund der Komplexität der Geschäftsvorgänge eine gewisse Zeit braucht, bis die Prüfer die Unterlagen einer Gesellschaft vollständig durchdrungen haben. In der somit zwangsläufig entstehenden Übergangszeit könnte die Qualität der Prüfung leiden und die Kosten für die Prüfung könnten aufgrund des erheblich größeren Aufwands, der betrieben werden muss, enorm ansteigen. Weiterhin besteht die Gefahr, dass der fortgesetzte Konkurrenzkampf der Prüfer um die Mandanten dazu führen könnte, dass letztlich nicht beste, sondern der billigste Prüfer ausgewählt wird, was ange-

---

915 Diese machen jedoch ca. ein Drittel der gesamten Einnahmen der Prüfungsgesellschaften aus, *Coffee, Jr.* in *Jennings/Marsh, Jr./Coffee, Jr.,/Seligman* Federal Securities Laws, Sarbanes-Oxley Act Special Supplement S. 6.

916 So auch *Macey* 89 Cornell Law Rev. S. 394 (408).

sichts des allgemeinen Interesses an einem sorgfältigen Prüfverfahren auch eine unerfreuliche Konsequenz darstellen würde[917].

Aus diesen Gründen hat man im Sarbanes-Oxley Act von einer Durchsetzung dieses Vorschlags abgesehen und stattdessen die Durchführung einer Untersuchung in Auftrag gegeben, die die potentiellen Vor- und Nachteile einer Rotationspflicht der Auditors binnen eines Jahres näher untersuchen sollte[918]. Das Ergebnis dieser Studie liegt inzwischen vor, und die Gutachter haben sich gegen eine Rotation der Prüfungsgesellschaften entschieden. Grund für diese Bewertung, die auch vom deutschen Gesetzgeber geteilt wird[919], war, dass nach Einschätzung der Gutachter den negativen Folgen eines solchen zwangsläufigen Wechsels keine entsprechenden positiven Konsequenzen in vergleichbarem Umfang gegenüber stehen. Die Reibungsverluste beim Prüferwechsel, die höhere Kosten durch die Einarbeitung bei der gleichzeitigen Gefahr des Sinkens des Prüfungsstandards aufgrund fehlender Kenntnisse über eine Gesellschaft bedeuten, können durch den Gewinn der Unabhängigkeit und des „frischen Blicks" der neuen Prüfer nicht gerechtfertigt werden. Die Studie hielt aber auch fest, dass eventuelle negative Erfahrungen mit den Regelungen des Sarbanes-Oxley Act zu einer neuen Prüfung dieser Frage Anlass geben könnten[920]. Die Gutachter scheinen vor der einschneidenden Maßnahme der externen Rotation zurückzuschrecken, solange nicht feststeht, ob die neuen Regelungen des Sarbanes-Oxley Act nicht ausreichend sind, um die angesprochenen Probleme zu beheben.

Als Kompromiss zwischen den Gegnern und Befürwortern der externen Rotation des Auditors, ist die Regelung des § 203 Sarbanes-Oxley Act zu sehen, die bereits jetzt anordnet, dass der Partner der Prüfungsgesellschaft, der primär für eine Gesellschaft zuständig ist, alle fünf Jahre wechseln muss. Auf diese Weise sollte bereits eine teilweise Stärkung der Unabhängigkeit der Prüfung erreicht werden, während die potentiellen Probleme der Rotation ausgeblendet sind.

c. Der Public Company Accounting Oversight Board

aa. Funktion, Organisation und Regelungsumfeld

Die neuen Vorschriften über die Vereinbarkeit von Beratungs- und Prüfungstätigkeit betreffen das Verhältnis der Prüfungsgesellschaft zu dem Unternehmen,

---

917 So ja auch die Debatte im deutschen Recht, die sich sehr stark an der Diskussion in den USA orientierte.

918 § 207 (a) Sarbanes-Oxley Act übertrug die Pflicht zur Durchführung dieser Untersuchung dem Comptroller der USA.

919 Auch der deutsche Gesetzgeber hat sich bei der Bilanzrechtsreform für die interne Rotation der Prüfer entschieden, § 319 a Abs. 1 Nr. 4 HGB

920 *United States General Accounting Office:* Public Accounting Firms – Required Study on the Potential Effects of Mandatory Audit Firm Rotation.

das geprüft werden soll. Die Neuerungen des Sarbanes-Oxley Act beschränken sich aber nicht auf dieses Verhältnis. Durch § 101 des Gesetzes wird der neue Public Company Accounting Oversight Board geschaffen, das die Industrie der Beratungs- und Prüfungsgesellschaften insgesamt betrifft. Der gesetzliche Auftrag für den Public Company Accounting Oversight Board ist die Überwachung der Audit Verfahren von Publikumsgesellschaften, zum Schutz der Investoren[921]. Es erhält die Rechtsform der non-public corporation, unterliegt aber trotz des Status als private Einrichtung der Regulierung durch die SEC[922] und hat damit einen Status, der dem der National Association of Securities Dealers (NASD) vergleichbar ist[923].

Der Public Company Accounting Oversight Board hat fünf Mitglieder, die von der SEC zu benennen sind[924]. Um die Expertise des Aufsichtsgremiums zu sichern, müssen zwei der fünf Mitglieder den Titel des "certified public accountant" (CPA) führen. Auch an dieser Stelle zeigt sich wieder, wie großen Wert der Gesetzgeber bei den Reformen auf die Stärkung der Unabhängigkeit bei allen Aspekten der Überwachung gelegt hat, da die Mehrzahl der Mitglieder des nunmehr wichtigsten Aufsichtsorgans für die Accounting Industrie selbst keine "certified public accountants" sind. Insoweit zeigt sich eine Parallele zu der Problematik der Besetzung des Board of Directors mit unabhängigen Directors, wo ebenfalls versucht wurde, einen Ausgleich zwischen der Expertise der Insider und der Unabhängigkeit der außenstehenden Directors zu schaffen[925].

bb. Registrierungs- und Offenlegungspflichten

Nachdem sich der Public Company Accounting Oversight Board konstituiert hatte, und von der SEC für funktionstüchtig erklärt wurde, müssen sich nun alle Prüfungsgesellschaften registrieren, die den Audit für Gesellschaften durchführen wollen, die entweder gemäß § 12 Securities Exchange Act '34 registriert sind oder den Berichtspflichten des § 15 (d) Securities Exchange Act '34 unterliegen.

---

921 § 101 (a) des Sarbanes-Oxley Act gibt dem Public Company Accounting Oversight Board auf "to oversee the audit of public companies that are subject to the securities laws, and related matters, in order to protect the interests of investors and further the public interest in the preparation of informative, accurate, and independent audit reports."

922 § 107 Sarbanes-Oxley Act, der festlegt, dass der Public Company Accounting Oversight Board bestimmte Regelungen nur nach vorheriger Genehmigung der SEC verabschieden darf.

923 *Coffee, Jr.* in *Jennings/Marsh, Jr./Coffee, Jr.,/Seligman* Federal Securities Laws, Sarbanes-Oxley Act Special Supplement S. 7.

924 §§ 101 (b), 101 (b) Sarbanes-Oxley Act.

925 Vgl. zu dieser Frage die Diskussion oben unter § 6 IV.

Lange Zeit war fraglich, ob sich auch ausländische Prüfungsgesellschaften in vollem Umfang registrieren müssen[926]. Zunächst hatte der Public Company Accounting Oversight Board eine Regelung angenommen, die entsprechend dem Wortlaut des Sarbanes-Oxley Acts keine Ausnahmen für ausländische Prüfungsgesellschaften vorsah. Es wurde dann aber inzwischen eine verlängerte Registrierungsfrist bis zum 19. Juli 2004 eingeräumt[927]. Seit diesem Zeitpunkt besteht die Registrierungspflicht grundsätzlich auch für ausländische Prüfungsgesellschaften. Das PCAOB hat jedoch festgelegt, dass Prüfungsgesellschaften beantragen können, dass die Prüfung der Gesellschaften in ihren jeweiligen Ländern vom PCAOB anerkannt wird[928]. Das PCAOB hat außerdem eine Regelung getroffen[929], in der Kriterien aufgezählt sind, die dazu führen, dass eine fremde Prüfung anerkannt wird. Diese beziehen sich insbesondere auf die Qualität und Unabhängigkeit des Systems und auf seine Finanzierung[930]. Weiterhin gibt es eine Sonderregelung, die den Prüfungsgesellschaften die Verweigerung von Auskünften bei der Registrierung für den Fall erlaubt, dass eine Offenlegung gegen geltendes Recht des Heimatlandes der Prüfungsgesellschaft verstößt[931].

Mit der Registrierung müssen die Prüfungsgesellschaften einen Bericht einreichen, in dem darzulegen ist, für welche Gesellschaften in der Vergangenheit Audits durchgeführt wurden, in welcher Höhe Gebühren für diese Leistungen

---

926 Unmittelbar nach dem Erlass des Sarbanes-Oxley Acts machte der damalige Kommissar für Binnenmarkt, Steuern und Zollunion, Frits Bolkestein, auf die Problematik aufmerksam, Pressemitteilung IP/03/571. Er regte an, solchen Unternehmen, die innerhalb der EU registriert sind, die Registrierung beim PCAOB zu erlassen. Gleichzeitig kündigte er an, dass andernfalls darüber nachgedacht werden müsste, eine Registrierung von in den USA registrierten Prüfungsgesellschaften einzuführen, um gleiche Wettbewerbsbedingungen zu schaffen. Dies wäre deswegen nachteilig für alle Beteiligten, weil die zusätzlichen Registrierungskosten letztlich von den Investoren getragen werden müssten. Das PCAOB hat mittlerweile angekündigt, eine Kommission einzusetzen, die die Registrierung ausländischer Prüfungsgesellschaften ausloten soll, PCAOB Release 2003-1 vom 7. März 2003.

927 Die Möglichkeit der verspäteten Registrierung war ursprünglich bis zum 19. April 2004 gewährt worden, wurde dann aber noch einmal verlängert. Siehe zu diesem Problem auch *Hilber/Hartung* BB 2003 S. 1054 ff., die auf die Probleme bei der Umsetzung hinweisen, die insbesondere im Bereich der Verschwiegenheitspflicht liegen.

928 Public Company Accounting Oversight Board Rule 4011.

929 Public Company Accounting Oversight Board Rule 4012.

930 The PCAOB will evaluate information concerning the home country oversight system's level of independence and rigor, including (1) the adequacy and integrity of the oversight system, (2) the independence of the system's operation from the auditing profession, (3) the nature of the system's source of funding, (4) the transparency of the system, and (5) the system's historical performance.

931 Public Company Accounting Oversight Board Rule 2105.

und für sonstige Beratungsleistungen eingenommen wurden und welche Mechanismen zur Qualitätskontrolle die Prüfungsgesellschaft vorsieht[932]. Für diese Berichte besteht eine ständige Aktualisierungspflicht[933]. Seine Handlungsfähigkeit ergibt sich für das PCAOB aus der Befugnis zum Erlass von Regeln hinsichtlich des Audit Process, die in § 103 Sarbanes-Oxley Act festgeschrieben ist. Um die Einhaltung der Regeln zu kontrollieren ist das PCAOB befugt[934], Prüfungen durchzuführen, in deren Rahmen Strafen oder Suspendierungen gegen Prüfungsgesellschaften oder Personen verhängt werden können, die ihre Mitarbeit verweigern[935]; die sogenannte "subpoena power", die noch umfangreichere Befugnisse enthält und eines der wichtigsten und wirksamsten Ermittlungswerkzeuge der SEC ist[936], bleibt dem Public Company Accounting Oversight Board dagegen vorenthalten. Will sich das PCAOB dennoch der Maßnahmen bedienen, die dieses Verfahren einräumt, muss es einen entsprechenden Antrag bei der SEC stellen[937].

---

932 Ein Überblick über die einzelnen Registrierungskriterien aus der Sicht deutscher Abschlussprüfer findet sich bei *Lanfermann/Maul* DB 2003 S. 1237 ff.

933 §§ 102 (b), 102 (d) Sarbanes-Oxley Act.

934 Die einzelnen Disziplinierungsinstrumente des PCAOB sind in den §§ 104, 105 Sarbanes-Oxley Act festgelegt.

935 Die einzelnen Regelungen, die das PCAOB erlassen hat, kann man auf der Website der Institution unter www.pcaob.com nachlesen.

936 Die "subpoena power" gibt umfangreichen Möglichkeiten, an Informationen zu gelangen, da sie der SEC umfangreiche Einsichts- und Fragerechte gewährt.

937 *Coffee, Jr.* in *Jennings/Marsh, Jr./Coffee, Jr.,/Seligman* Federal Securities Laws, Sarbanes-Oxley Act Special Supplement S. 4.

Viertes Kapitel: Schlussfolgerung und mögliche Reformansätze

§ 10 Stärkung und Ausbau der Rechte des Aufsichtsrats

Ähnlich wie in der Debatte um die Arbeitnehmermitbestimmung wird bei jeder Diskussion um den Aufsichtsrat immer sogleich die Feststellung getroffen, dass diese Einrichtung eine Besonderheit des deutschen Rechts ist. Im Gegensatz zur Mitbestimmung, die überwiegend als Hindernis auf der Suche nach einem System der guten Corporate Governance gesehen wird, erscheint das Aufsichtsratsmodell in der jüngsten Diskussion in einem deutlich positiveren Licht, als das noch vor einiger Zeit der Fall war. Während es teilweise schon so schien, als sei die mittel- bis langfristige Aufgabe des dualistischen zugunsten des monistischen Systems eine Zwangsläufigkeit im Prozess der Angleichung des internationalen Gesellschaftsrechts, hat sich diese Perspektive nunmehr gewandelt.

Besonders der Blick auf das US-amerikanische Recht und die dortigen Bemühungen um die Sicherung bzw. die Herstellung der Unabhängigkeit der Überwachung macht die Vorzüge des Aufsichtsratsmodells deutlich. Die Bemühungen, die im Sarbanes-Oxley Act durch neue Unabhängigkeitsvoraussetzungen und den noch stärkeren Einsatz von Ausschüssen, die mit unabhängigen Directors besetzt sind, ihren Niederschlag finden, erscheinen gegenüber der klaren Trennung zwischen Management und Überwachung in Vorstand und Aufsichtsrat eine Notlösung zu sein. Eine Abschaffung des Aufsichtsratsmodells ist dementsprechend meiner Meinung nach in jedem Fall abzulehnen. Das Instrument des Aufsichtsrats ist am besten geeignet, die größten Probleme, die im Rahmen der Überwachung der Geschäftsführung auftreten, zu lösen. Dies gilt auch und insbesondere im Vergleich mit den Aktionären. Für letztere gibt es keine Standards und nur begrenzte Möglichkeiten, professionelles Verhalten in ähnlicher Art und Weise für alle Gesellschaften herbeizuführen[938].

Die Untersuchung hat gezeigt, dass die Schwierigkeit bei der Suche nach einem guten System der Corporate Governance im Bereich des Aufsichtsrats/Board of Directors darin besteht, einen Ausgleich zwischen dem Zugang zu Informationen einerseits und der Notwendigkeit der Unabhängigkeit der Überwachung andererseits zu schaffen. In den USA war der Board of Directors aufgrund der großen Zahl von Insidern ausreichend mit Informationen versorgt, es fehlte aber in den entscheidenden Momenten aufgrund der engen Verbindung

938 Zu dieser Erkenntnis ist inzwischen auch der Gesetzgeber gelangt, der in der Begründung des KonTraG im Jahr 1998 im Zusammenhang mit der Frage nach der Sitzungsfrequenz des Aufsichtsrats festhielt, dass die Überwachung in der Publikumsgesellschaft in erster Linie auf den Schultern des Aufsichtsrats liegt: „Der (Klein-) Anleger in der Publikumsgesellschaft kann und will sich typischerweise mit der Überwachung der Gesellschaft kaum befassen.“, Begründung zum KonTraG BT Drucksache 13/9712 S. 16.

zum Management oftmals die Unabhängigkeit, im Falle eines Fehlverhaltens der Geschäftsleitung in der Überwachungsfunktion tätig zu werden. Im deutschen Recht stand aufgrund der Trennung von Vorstand und Aufsichtsrat dagegen die Versorgung des Aufsichtsrats als Überwachungsorgan mit den zur Durchführung einer hinreichenden Kontrolle notwendigen Informationen im Mittelpunkt der Betrachtung. Aufgrund der Entwicklungen der letzten Jahre – insbesondere durch die Weiterentwicklung des US-amerikanischen Gesellschaftsrechts durch den Sarbanes-Oxley Act – nähern sich die Systeme einander an, so dass das vielzitierte Wort der „Convergence" in Bezug auf beide Systeme durchaus angebracht ist.

Damit eine Verbesserung der Corporate Governance im Rahmen des zweistufigen Systems besser verwirklicht werden kann, müssen zukünftige Reformbemühungen darauf abzielen, die festgestellten Schwächen dieses Systems zu beheben. Hierzu gehört zunächst die Fortsetzung der Professionalisierungsentwicklung der letzten Jahre. Neben der inneren Struktur des Aufsichtsrats und dem Problem der Versorgung des Aufsichtsrats mit Informationen rückt hier die Frage nach der Vereinbarkeit der Mitbestimmungsregeln mit guter Corporate Governance ins Blickfeld.

I. Die weitere Professionalisierung der Aufsichtsratsarbeit

1. Die maximale Zahl der Aufsichtsratsmandate und die Sitzungshäufigkeit

Wenn die Stärke des Aufsichtsratsmodells der Überwachung darin besteht, dass es ein professionelles und unabhängiges Kontrollorgan bereitstellt, sollten sich auch die weiteren Bemühungen darauf konzentrieren, diesen Vorteil so weitgehend wie möglich nutzbar zu machen. Aus meiner Sicht hat die Untersuchung des Regelungsumfeldes des Aufsichtsrats in erster Linie die Erkenntnis gebracht, dass vor allem eine verstärkte Konzentration jedes Aufsichtsratsmitglieds auf das einzelne Mandat eine wirkliche Verbesserung der Aufsichtsratsarbeit bringen kann. Die wichtigsten Verbesserungsmöglichkeiten, die eine solche Konzentration fördern können, sollen noch einmal rekapituliert werden.

Zunächst ist hier die Begrenzung der Zahl der zulässigen Mandate pro Person und die Sitzungsfrequenz des Aufsichtsrats zu nennen. Das Problem der Mandatshäufung ist seit langem erkannt, was den Gesetzgeber auch bereits im Rahmen des KonTraG veranlasst hat, die Zahl der zulässigen Aufsichtsratsmandate durch § 100 Abs. 2 Nr. 1 AktG auf zehn pro Person zu begrenzen. Gleichzeitig wurde die Mindestzahl der Sitzungen auf zwei pro Halbjahr erhöht. Dass die beiden Fragen zusammenhängen, ist offensichtlich. Eine erhöhte Sitzungsfrequenz macht das einzelne Mandat zeitintensiver, so dass nur noch eine geringere Anzahl von Mandaten wahrgenommen werden kann. An dieser Stelle kann das

Vorgehen des Gesetzgebers aber nicht als vollständig zufriedenstellend bezeichnet werden, da die Untersuchung ergeben hat, dass insbesondere die Begrenzung der Mandate nicht entschlossen genug durchgeführt wurde. An dieser Einschätzung kann auch die nachträgliche Begrenzung der Höchstzahl der Mandate für Vorstandsmitglieder von börsennotierten Aktiengesellschaften durch den Corporate Governance Kodex[939] kaum etwas ändern. An dieser Stelle wäre eine weitergehende Einschränkung in Gesetzesform wünschenswert. Angesichts der Tatsache, dass Aufsichtsratsmandate immer zeitintensiver werden, erscheint die Bewältigung von zehn (konzernunabhängigen) Mandaten mit dem Grundsatz der Professionalisierung nicht gut vereinbar[940].

2. Das Problem der Interessenkollision

Eine Beschränkung der Zahl der möglichen Mandate hätte auch positive Auswirkungen auf einen weiteren Bereich, der im Zusammenhang mit der Verbesserung der Aufsichtsratsarbeit von enormer Bedeutung ist. Je weniger Mandate eine Person auf sich vereinigt, umso geringer ist auch die Gefahr von Interessenkollisionen. Welche Bedeutung diesem Problem zugemessen wird, lässt sich daran ablesen, dass ihm im Corporate Governance Kodex ein eigener Abschnitt gewidmet ist. Das ist umso bemerkenswerter, als einige Aspekte dieses Bereiches im deutschen Recht durch die Struktur des dualistischen Systems nur in abgeschwächter Form auftreten. Hinzu kommt als Absicherung noch das Haftungsrisiko, das mit der Übernahme eines Aufsichtsratsmandats trotz des Bestehens eines permanenten Interessenkonflikts verbunden ist. Trotz dieser negativen Anreize würde es sich meiner Meinung nach empfehlen, aufgrund der großen Mandatshäufung in der deutschen Aufsichtsratslandschaft zusätzlich zu den genannten Maßnahmen zumindest die generelle Inkompatibilität von Aufsichtsratsmandaten in Unternehmen, die in Kernbereichen ihrer Geschäftsfelder konkurrieren, gesetzlich klarzustellen. Gemeinsam mit einer Verringerung der Höchstzahl von Aufsichtsratsmandaten wäre dann in diesem Bereich ein wichtiger Beitrag zu der Konzentration auf das einzelne Aufsichtsratsmandat geschaffen.

3. Die Ausschussbildung und die Größe des Aufsichtsrats

Ein weiteres Problemfeld, das für die Schaffung eines guten Überwachungssystems von entscheidender Bedeutung ist, betrifft die Bildung von Aufsichtsratsausschüssen. Die Bedeutung dieses Instruments hat auch im deutschen Recht in der jüngeren Entwicklung erheblich zugenommen. Dies liegt auch an der prominenten Rolle, die die Empfehlung der Einrichtung eines Bilanzausschusses

---

939 Corporate Governance Kodex Punkt 5.4.3.

940 So auch *Baums* AG 1997 Sonderheft zur Aktienrechtsreform 1997 (August 1997) S. 26; *Lutter* ZHR 159 S. 287 (302).

im Corporate Governance Kodex spielt. Zu diesem Bereich hat die Analyse ergeben, dass die Entwicklung prinzipiell zu begrüßen ist. Die Bildung von Ausschüssen ermöglicht das Arbeiten in einer überschaubaren Gruppe von Aufsichtsratsmitgliedern, die, je nach ihrer persönlichen Eignung, bestimmten Ausschüssen zugeordnet werden können. Trotz dieser eindeutig positiven Aspekte sollte aber meiner Meinung nach auch eine genaue Prüfung der Ursachen für den Bedarf der vermehrten Ausschusstätigkeit nicht unterbleiben. Im US-amerikanischen Recht werden die Ausschüsse und insbesondere das Audit Committee vor allem deswegen geschaffen, damit die unabhängigen Mitglieder des Board of Directors ohne den Einfluss der Insider des Boards arbeiten können. Dies ist aber ja gerade ein Problem, das durch die Struktur des dualistischen Systems von vornherein ausgeschlossen wird. Dies lenkt die Aufmerksamkeit auf einen anderen Aspekt der Ausschussbildung. Im deutschen Recht ist diese nämlich auch ein Mittel, um ein effektives Arbeiten in den großen Aufsichtsräten überhaupt erst zu ermöglichen. Insoweit ist die Bildung von Ausschüssen eine Notlösung, die erforderlich wird, weil in einem Gremium mit bis zu 21 Mitgliedern eine Diskussion aller Mitglieder im Plenum des Aufsichtsrats unnötig erschwert ist.

Letztlich führt der Weg zu einer optimalen Nutzung der Ausschüsse damit über die Lösung eines anderen Problems, nämlich der Größe der deutschen Aufsichtsräte. Wie die Analyse gezeigt hat, liegt die Mitgliederzahl in vielen deutschen Aufsichtsräten jenseits der Marke von 15 Mitgliedern, die allgemein als Grenze für eine optimale Zusammenarbeit im Aufsichtsrat angesehen wird, da eine größere Zahl von Mitgliedern einfach eine effektive und konzentrierte Arbeitsweise erschwert[941]. Aufgrund der rechtspolitischen Besonderheiten des deutschen Systems der Mitbestimmung ist eine Diskussion über die Größe der Aufsichtsräte bisher nicht so in den Mittelpunkt der Diskussion gerückt, wie dies eigentlich angezeigt wäre, wenn man sich die Schlüsselrolle vor Augen hält, die die Frage der Aufsichtsratsgröße für die fortgesetzte Professionalisierung der Aufsichtsratsarbeit hat. So hat die Untersuchung ergeben, dass die Verkleinerung des Aufsichtsrats, in Kombination mit den eher gestiegenen Anforderungen an die Aufsichtsräte, eine Entwicklung begünstigen würde, in der das durchschnittliche Aufsichtsratsmitglied weniger Mandate hat, diese aber dafür in einer dadurch möglich werdenden größeren Zahl von Sitzungen, und im Rahmen eines effektiveren, weil kleineren, Kontrollgremiums intensiver betreut. Durch eine Verkleinerung des Aufsichtsrats wäre das einzelne Mitglied praktisch zu einer Konzentration auf das einzelne Mandat gezwungen, was unter der Voraussetzung der Anpassung aller Rahmenbedingungen aber auch unproblematisch möglich wäre. Aus diesem Grund ist es bedauerlich, dass es bisher nur so weni-

941 So auch der Bericht der Regierungskommission Corporate Governance Rz. 49.

ge Bemühungen gab, Möglichkeiten auszuloten, die zu einer Verkleinerung des Aufsichtsrats führen könnten.

II. Die Zukunft der Mitbestimmung

Wenn die Verkleinerung des Aufsichtsrats sowie die Besetzung dieses Gremiums mit besser qualifizierten Mitgliedern als wichtige Punkte der Verbesserung identifiziert sind, wirft das automatisch die Frage nach der Zukunft der Mitbestimmung auf. Hier hatte die Untersuchung ergeben, dass erhebliche Zweifel an der Möglichkeit bestehen, die Vorgaben für die Mitglieder des Aufsichtsrats mit der Mitbestimmung zu vereinbaren. Neben der Tatsache, dass die aktuellen Regelungen eine Verkleinerung des Aufsichtsrats praktisch unmöglich machen, ergibt sich das Problem der nicht vollständigen Interessenkongruenz zwischen Arbeitnehmern und reinen Überwachern des Managements. Dies zeigt sich sowohl bei der Auswahl der Arbeitnehmervertreter als auch bei deren Wahrnehmung ihres Mandats.

So spielt bei der Auswahl der Arbeitnehmervertreter oftmals deren Fähigkeit, die Interessen der Belegschaft zu vertreten, eine größere Rolle, als das Interesse, ein Aufsichtsratsmitglied zu finden, dass einen möglichst wertvollen Beitrag zur Überwachungsaufgabe des Aufsichtsrats beitragen kann[942]. Weiterhin wurde herausgearbeitet, dass die Arbeitnehmervertreter sich oftmals nur insoweit als Aufsichtsratsmitglieder verstehen, als es um spezielle Arbeitnehmerprobleme geht und ihren eigenen Tätigkeitsbereich auch dementsprechend anlegen[943]. Fraglich ist nun deswegen, wie die Bestrebungen nach einer Professionalisierung des Aufsichtsrats von den mit der Mitbestimmung verbundenen Problemen entlastet werden können.

Eine einfache Abschaffung des Mitbestimmungsrechts erscheint meiner Meinung nach zum jetzigen Zeitpunkt unrealistisch, auch wenn dadurch natürlich eine Reihe von Bedenken auf einen Schlag ausgeräumt werden könnten. Der zurückhaltende Umgang mit dieser Problematik in der bisherigen Corporate Governance Diskussion sowie die Aussparung des Themas sowohl durch die Regierungskommission Corporate Governance als auch den Corporate Governance Kodex signalisiert ja bereits die Schwierigkeiten von Reformbestrebungen in diesem Bereich. So wird die Problematik dadurch erschwert, dass es nur sehr schwer möglich erscheint, eine Kompromisslösung zu finden, die zu einer deutlichen Verbesserung der Überwachungstätigkeit des Aufsichtsrats führen könnte, ohne dass wesentliche Elemente der Mitbestimmung preisgegeben werden müssten. Dementsprechend sieht die vom Berliner Netzwerk Corporate Gover-

---

942 So auch *Säcker* AG 2004 S. 180 (185).

943 *Schiessl* AG 2002 S. 593 (595); *Ulmer* ZHR 166 S. 271 (276).

nance vorgeschlagene Lösung die Einführung eines Konsultationsrates vor, der im Vorfeld von Aufsichtsratssitzungen zu solchen Fragen konsultiert werden soll, die die Interessen der Arbeitnehmer berühren[944].

Damit wäre der Komplex der Mitbestimmung aus dem Aufgabenbereich des Aufsichtsrats vollständig losgelöst. Für eine solche Lösung spricht, dass die positiven Aspekte der Mitbestimmung, die insbesondere in der Verbesserung des Informationsflusses liegen, erhalten bleiben würden, während gleichzeitig die mit der Mitbestimmung verbundenen Schwierigkeiten aus kontrollrechtlicher Sicht ausgeräumt würden. Neben der Frage der politischen Durchsetzbarkeit eines solchen Planes[945] ist jedoch kritisch anzumerken, dass die Schaffung eines weiteren zusätzlichen Gremiums einen erneuten Sonderweg des deutschen Gesellschaftsrechts bedeuten würde, mit allen negativen Konsequenzen, die angesichts der sich abzeichnenden Angleichung der Rechtssysteme damit verbunden wären.

III. Der verbesserte Informationszugang für den Aufsichtsrat

1. Die Berichtspflichten

Die Versorgung des Aufsichtsrats mit Informationen ist einer der Kernpunkte für das Funktionieren des Corporate Governance Systems nach deutschem Recht. Wenn die Stärke des deutschen Systems – insbesondere im Vergleich zum US-amerikanischen Recht – in der Unabhängigkeit der Mitglieder des Aufsichtsrats besteht, ist die Kehrseite dieser Unabhängigkeit, dass die Kontrolleure in einem größeren Maße auf die Versorgung mit Informationen angewiesen sind, als das in einem monistischen System der Fall wäre. Eine zentrale Bedeutung bei der Zuführung von Informationen haben die Berichtspflichten des Vorstands, die dem Management auferlegen, den Aufsichtsrat über besonders wichtige Bereiche der Geschäftsführung zu informieren und dadurch gleichzeitig einen Mindeststandard hinsichtlich des Überwachungsumfangs etablieren. Der Gesetzgeber hat gerade im Bereich der Berichtspflichten im Rahmen der letzten Gesellschaftsrechtsreformen durch KonTraG und TransPuG einige wichtige Veränderungen herbeigeführt, die der wichtigen Rolle der Berichtspflichten Rechnung tragen. Zu nennen ist hier in erster Linie die Klarstellung zur Rechenschaftspflicht hinsichtlich der Unternehmensplanung. Die eindeutige Verankerung dieses Aspekts der Berichtspflicht im Gesetz ist ein wichtiger Beitrag zur Stärkung der präventiven Kontrolle des Aufsichtsrats. Die Berichte zur Unter-

---

944 12 Thesen zur Modernisierung der Mitbestimmung des Berliner Netzwerk Corporate Governance, AG 2004 S. 200 f.; siehe insbesondere auch die Beiträge von *Kirchner* AG 2004 S. 197 (199) und *Säcker* AG 2004 S. 180 (185).

945 Auch *Ulmer*, ZHR 166 S. 271 (277), wirft die Frage auf, unter welchen politischen Voraussetzungen ein Umdenken in der Frage der Mitbestimmung möglich sein könnte.

nehmensplanung erleichtern dem Aufsichtsrat die Beurteilung der grundlegenden Richtungsvorgaben des Vorstands, da die Unternehmensplanung so wichtige Gegenstände wie die Budgetplanung und die Mehrjahresplanung umfasst[946].

Ergänzt wurde diese Stärkung des Informationszugangs für den Aufsichtsrat durch die im Rahmen des TransPuG eingeführte follow-up-Berichterstattung[947]. Danach hat der Vorstand auf Abweichungen der tatsächlichen Geschäftsentwicklung von den ursprünglichen Planungen des Unternehmens hinzuweisen und zu diesen eine entsprechende Stellungnahme abzugeben. Diese Pflicht hat in erster Linie den positiven Effekt, dass die Erfolge bzw. die Misserfolge des Vorstands bei seiner Geschäftsführung transparent gemacht werden. Die Kontrolle des Vorstands wird dadurch für den Aufsichtsrat einfacher und dadurch letztlich auch effektiver gemacht. Die Analyse der gesetzlichen Neuerungen im Bereich der Berichtspflicht hat erstens gezeigt, dass der Gesetzgeber die besondere Bedeutung der Informationsversorgung des Aufsichtsrats für das gute Funktionieren des Überwachungssystems erkannt hat und zweitens erbracht, dass die Maßnahmen geeignet sind, tatsächlich eine Verbesserung des Informationsflusses zu bewirken.

2. Abschlussprüfung und Aufsichtsrat

Neben den Berichtspflichten ist als wichtigste Informationsquelle des Aufsichtsrats die Abschlussprüfung zu nennen. Die Abschlussprüfung übernimmt mit der Prüfung und Feststellung des Jahresabschlusses sowie der Prüfung des Lageberichts des Vorstands einerseits eine Garantiefunktion gegenüber dem Kapitalmarkt, ist aber andererseits ebenso dazu berufen, als Berater und Gehilfe des Aufsichtsrats mit dafür zu sorgen, dass die Überwacher die notwendige Basis zur Beurteilung der Vorstandsarbeit haben[948]. Die Stärke der Abschlussprüfung ist zweifellos ihre vollständige Unabhängigkeit vom Vorstand. Dieser Umstand ist auch ein entscheidender Vorteil der Abschlussprüfung gegenüber den Berichten des Vorstands.

Nachdem lange Zeit vor allem in den USA eine Entwicklung vorgeherrscht hatte, in der die Abschlussprüfer einen Teil ihrer Unabhängigkeit gegenüber dem Vorstand eingebüßt hatten, haben die Unternehmensskandale des letzten Jahrzehnts zu einer Rückbesinnung auf die Rolle des Abschlussprüfers als As-

---

946 Zu der Frage, ob der Vorstand zu einer Unternehmensplanung verpflichtet ist, siehe *Hüffer* AktG § 90 Rz. 4 a.

947 Auch hier wurde – ähnlich wie bei der Kodifizierung der Berichtspflicht hinsichtlich der Unternehmensplanung – teilweise angenommen, dass die nunmehr ausdrücklich erwähnte Pflicht ohnehin bereits bestanden habe, siehe hierzu auch *Hüffer* AktG § 90 Rz. 4 a.

948 *Lutter/Krieger* Rz. 171 f.

sistent der Überwachung in der Gesellschaft geführt. Zu nennen ist hier in erster Linie die Erteilung des Prüfungsauftrags. In den USA wurde diese Erteilung auf das Audit Committee des Board of Directors übertragen. In Deutschland verblieb die Kompetenz zur Bestellung zwar bei der Hauptversammlung, die aber in der Regel dem Vorschlag des Aufsichtsrats folgt, der dann auch den schuldrechtlichen Vertrag mit den Prüfern schließt und über deren Kompensation verhandelt. Noch wichtiger als die bloße Kompetenz zur Erteilung des Prüfungsauftrags dürfte aber die Möglichkeit des Aufsichtsrats sein, den Prüfern über den gesetzlichen Prüfungsumfang hinausgehende, konkrete Vorgaben hinsichtlich der Prüfung zu machen. Komplementiert werden diese Reformen bei der Einleitung der Abschlussprüfung durch die Vorgabe des Gesetzes in § 171 Abs. 1 Satz 2 AktG, nach der die Abschlussprüfer an den Verhandlungen des Aufsichtsrats über die von ihm zu prüfenden Unterlagen teilnehmen müssen.

Neben dieser Rückbesinnung bei der Positionierung der Abschlussprüfung als Gehilfen des Aufsichtsrats haben die Gesetzesänderungen der letzten Jahre noch einige weitere Verbesserungen der Abschlussprüfung gebracht. Zunächst wurde die Prüfung selbst stärker als unabhängige und objektive Informationsquelle ausgebaut. Dies geschah einerseits inhaltlich durch die Neuerungen im Bereich des Prüfungsumfangs und andererseits durch Änderungen im Bereich derjenigen Ausschlusskriterien, die einen Prüfer bzw. eine Prüfungsgesellschaft für eine bestimmte Prüfung disqualifizieren können. Inhaltlich ist nicht nur die Problemorientierung der Prüfung verbessert worden, sondern auch die systematische Risikoerfassung mehr in den Vordergrund gerückt worden. Die Beurteilung der Bilanzrisiken und die Analyse der Risikoprognose des Vorstands, die an die Stelle des alten Systems der Krisenwarnung getreten ist und die vor allem durch die Überarbeitung der Vorschriften der §§ 317 Abs. 1 Satz 3, 317 Abs. 2 Satz 2, 321 Abs. 1 HGB erreicht wurde, geben dem Prüfer nunmehr auf, gezielt nach Risiken für das Unternehmen zu suchen, anstatt sie nur zu prüfen, wenn sie anlässlich der Prüfung entdeckt werden. Diese Neuerung dient, ähnlich wie die Erweiterung der Berichtspflicht zur Unternehmensplanung, dazu, die Leistungen des Vorstands für die Überwacher transparenter zu machen, um so deren Beurteilung zu erleichtern.

Zusätzlich zu diesen Änderungen beim Inhalt der Prüfung hat der Gesetzgeber außerdem noch Maßnahmen ergriffen, die die Unabhängigkeit der Abschlussprüfung garantieren sollen[949]. Besonders mit Blick auf die massiven Änderungen, die der US-Gesetzgeber in diesem Bereich vorgenommen hat, indem er einen Katalog von Tätigkeiten eingeführt hat, die sich mit der Prüfungstätigkeit ausschließen, ist festzustellen, dass der deutsche Gesetzgeber bei seinen Refor-

949 Der vollständige Überblick über die Neuerungen in diesem Bereich findet sich oben unter § 8 II.

men durch das KonTraG zögerlicher gehandelt hat. Als Begründung ist hier wohl neben dem Zeitpunkt der Änderungen der massive Verlust des Vertrauens in die Prüfungsindustrie in den USA im Anschluss an die Zusammenbrüche von *Enron* und *WorldCom* zu nennen, die beide ohne das vollständige Versagen der Prüfer nicht in diesem Umfang möglich gewesen wären. Aus diesem Grund kam es in den USA schließlich auch zur Einführung des Public Company Accounting Oversight Boards, dass als Aufsichtsbehörde für die Prüfungsindustrie fungieren soll.

Das deutsche Recht regelt die Ausschlusskriterien für Prüfer in § 319 HGB. Zu erwähnen ist hier insbesondere die interne Rotation der Prüfer gemäß § 319 Abs. 3 Nr. 6 HGB. Dieses Vorgehen, das in der Praxis allerdings ohnehin schon regelmäßig durchgeführt wurde, ist eine Kompromisslösung, da sich weder der deutsche noch der US-amerikanische Gesetzgeber dazu entschließen konnte, eine externe Rotation der Prüfer zu normieren. Angesichts der in der Analyse festgestellten Probleme mit diesem extremen Modell des Prüferwechsels ist diese Entscheidung aber eindeutig als richtig zu bewerten[950]. Etwas anders fällt die Beurteilung im Zusammenhang mit der Lösung des Konflikts zwischen der Prüfung und der Beratung eines Unternehmens durch die gleiche Prüfungsgesellschaft aus. Während der Sarbanes-Oxley Act hier für das US-amerikanische Recht eine relativ strikte Trennung vorsieht, war der deutsche Gesetzgeber auch in dieser Frage zurückhaltender. Er hat auf die kategorische Trennung von Beratung und Prüfung verzichtet, wie sich aus dem Umkehrschluss aus der Regelung des § 319 Abs. 2 Nr. 8 HGB ergibt. Die Schranken der zulässigen Beratung sind in § 319 Abs. 2 Nr. 5 HGB geregelt, der aber nicht besonders deutlich formuliert ist. Auch die Kriterien des Bundesgerichtshofs aus der *Allweiler*-Entscheidung[951], wonach lediglich die funktionale Entscheidungskompetenz bei der Gesellschaft verbleiben muss, die Aufzeigung von Alternativen aber möglich ist, bleiben hinter dem wünschenswerten Maß an Eindeutigkeit zurück. Angesichts des finanziellen Drucks, mit dem die Prüfungstätigkeit im Falle der parallelen Beratung belastet wird[952], wäre eine klarere Trennlinie zur unerlaubten Beratung meiner Einschätzung nach erstrebenswert.

3. Die Auswertung von Informationen als besondere Stärke des Aufsichtsrats

Auch der Umgang mit Informationen, die als so wertvolles Gut identifiziert wurden, ist als eine besondere Stärke des Aufsichtsrats festzuhalten. Bei einer

---

950 Siehe die Diskussion um die negativen Konsequenzen des externen Prüferwechsels und die Auswertung der durch den Sarbanes-Oxley Act aufgegebenen Studie oben unter § 9 II.

951 BGHZ 135 S. 260 ff.

952 Siehe zu den vielgestaltigen Problemen in diesem Bereich oben § 8 II.

entsprechenden Besetzung mit Fachleuten ergibt sich auch hier ein entscheidender Vorteil gegenüber der Kontrollinstitution Aktionär. Neben die rein rechtliche Problematik des Zugangs der Aktionäre zu Informationen tritt hier vielfach das tatsächliche Problem, dass einzelne Aktionäre Unregelmäßigkeiten unter Umständen nicht aufdecken können, weil ihnen schlicht die relevanten Kenntnisse fehlen, mit den erlangten Informationen entsprechend umzugehen[953]. Das bedeutet gleichzeitig aber auch, dass eine Verbesserung der Überwachung durch verbesserte Informationsrechte nur teilweise zu erreichen ist.

Gerade im Hinblick auf die vielbeachteten Unternehmenszusammenbrüche von Unternehmen wie *Enron* oder *WorldCom* wurde besonders in den USA die Erfahrung gemacht, dass bei bestimmten Sachverhalten gerade bei der Informationsverarbeitung die Kontrollinstanz Aktionär an ihre Grenzen stößt. Anders als bei Mitgliedern des Aufsichtsrats bzw. des Board of Directors gibt es weder besondere Qualifikationen oder Verhaltensstandards, die zu erfüllen sind. Zwar ist in der Regel davon auszugehen, dass an den meisten Gesellschaften – hier ist insbesondere an die institutionellen Anleger zu denken – immer auch Aktionäre beteiligt sind, die in der Lage sind, vorhandene Informationen entsprechend zu verarbeiten; diese Erkenntnis kann aber nur Bedenken an der grundsätzlichen Eignung der Aktionäre als Kontrollorgan ausräumen. Die Tatsache, dass es von Gesellschaft zu Gesellschaft erhebliche Unterschiede in der Fachkompetenz der Aktionäre als Gruppe geben kann, unterstreicht im Gegenschluss erneut die Stärken des Aufsichtsratsmodells und ist gleichzeitig bei der Beurteilung der Effektivität des Minderheitenrechts mit zu berücksichtigen.

§ 11 Die Reform der Minderheitenrechte gemäß §§ 147 ff. AktG

Die Analyse hat gezeigt, dass als Reaktion auf die erwähnten Unternehmensskandale vor allem ein Prozess der „Convergence“ im Bereich des Aufsichtsrats bzw. des Board of Directors stattgefunden hat. Diese Erkenntnis ist natürlich auch bei der Frage nach der Notwendigkeit der Stärkung von Aktionärsklagerechten von Bedeutung. Wenn eine Begründung für die Ablehnung einer Aktionärsklage bisher die Tatsache war, dass dieses Instrument nur dann benötigt wird, wenn keine anderen adäquaten Kontrollmechanismen die Überwachung der Geschäftsführung gewährleisten können, so fällt diese Erklärung nun weitgehend weg[954]. Schließlich hat der US-amerikanische Gesetzgeber nicht eine Verlagerung der Überwachungsaufgabe von den Aktionärsklagerechten auf den Board of Directors durchgeführt, sondern ausschließlich eine Aufwertung der

---

953 So auch *Brandner* in FS Lutter S. 317 (321).
954 So auch *K. Schmidt* NZG 2005 S. 796 (798).

Kontrollfunktion des Boards herbeigeführt. Allein die Sorge, dass der Aufsichtsrat eine Durchsetzung von Ansprüchen aus Furcht vor der Offenbarung eigener Aufsichtsfehler unterlassen könnte, kann die rechtspolitische Notwendigkeit für eine Aktionärsklage begründen[955].

I. Stärkung der Aktionärsklagerechte

Setzt man diese Erkenntnis mit dem Vergleich der Klagerechte in Deutschland und den USA in Zusammenhang, bleibt die Erkenntnis, dass eine wesentliche Stärkung der Aktionärsklagerechte im deutschen Recht rechtspolitisch wünschenswert ist. Die Klagerechte spielen insbesondere im Bereich der ex-post Kontrolle eine wichtige Rolle. Seine Antwort hat der deutsche Gesetzgeber mit dem UMAG gegeben. Die Untersuchung hat gezeigt, dass die meisten Änderungen als sehr positiv zu bewerten sind. Die Einführung des Klagezulassungsverfahrens unter Aufgabe der Figur des besonderen Vertreters ist ähnlich wie die weiteren Reformen des Verfahrens, die eine Vielzahl der Vorschläge aus der Literatur aufgreifen, aus meiner Sicht als gelungen zu bezeichnen. Aufgrund der grundlegenden Reformen ist nunmehr wieder eine Situation eingetreten, in der es grundsätzlich angezeigt ist, praktische Erfahrungen mit den Neuregelungen abzuwarten, bevor neue Reformen gefordert werden. Zumindest dürfte wieder ein „erhöhter Rechtfertigungszwang" bestehen[956], wenn in diesem Bereich erneute Reformen gefordert werden. Aus meiner Sicht ist zum Abschluss der Untersuchung dennoch ein Punkt herauszugreifen, für die der Versuch unternommen werden soll, dem gerade festgestellten erhöhten Rechtfertigungszwang gerecht zu werden.

II. Plädoyer für eine Einzelklagebefugnis

Die Analyse hat ergeben, dass für die Annahme der generellen Untauglichkeit der Quorumsregelung als Instrument des Missbrauchsschutzes und damit für eine Aufgabe dieses Instruments spricht, dass das Quorum entweder zu hoch ist, um einen effektiven Missbrauchsschutz zuzulassen oder zu niedrig ist, um gleichzeitig einen adäquaten Missbrauchsschutz zu gewährleisten. Aufgrund dieser Erkenntnis soll in der Folge der Versuch unternommen werden, den prohibitiven Charakter der Quorumsregelung, unter Berücksichtigung der Motivation des Gesetzgebers, einen effektiven Missbrauchsschutz zu gewährleisten, noch detaillierter herauszuarbeiten.

---

955 *K. Schmidt* NZG 2005 S. 796 (798).

956 So wie ihn *Ulmer* im Jahre 1999 aufgrund der Kürze der seit dem KonTraG verstrichenen Zeit feststellte, ZHR 163 S. 290 (291).

1. Entkräftung der Argumente gegen eine Einzelklagebefugnis

a. Fehleinschätzung der Missbrauchsgefahren

Wenn der Grund für die Ausgestaltung des alten Klageerzwingungsverfahrens nach § 147 Abs. 3 AktG a. F. mit seinen zahlreichen Hürden die Gefahr des Missbrauchs der Regelung war, könnte man annehmen, dass die praktische Erfahrung zuvor gezeigt hätte, dass die Missbrauchsgefahr im Zusammenhang mit den Klageerzwingungsverfahren ein erhebliches Problem dargestellt hätte. Dies ist jedoch keineswegs der Fall. Im Gegenteil war die einzig sichere Erkenntnis, die der Gesetzgeber gewonnen hatte, dass die Möglichkeiten des § 147 AktG a. F. weniger genutzt wurden, als dies rechtspolitisch wünschenswert gewesen wäre. Missbrauchsgefahren sind in der generellen Diskussion um die Aktionärsklagerechte vor allem in zwei Kontexten hervorgetreten. Die besondere Furcht vor dem Missbrauch der Aktionärsklagerechte rührte zunächst aus den negativen Erfahrungen mit der Derivative Suit, insbesondere den sog. „strike suits“[957] im US-amerikanischen Recht[958] und zum anderen aus Einsichten aus dem Umgang mit der aktienrechtlichen Anfechtungsklage[959] im deutschen Recht her, spiegelt aber die tatsächlichen Gefahren des Missbrauchs einer Einzelklagebefugnis zur Geltendmachung von Schadensersatzansprüchen der Gesellschaft nicht realistisch wider.

Die bei den genannten Klagearten aufgetretenen Missbrauchsgefahren ließen sich schon nicht auf das Klageerzwingungsverfahren gemäß § 147 AktG a. F. übertragen. Soweit Rückschlüsse auf eine Missbrauchsgefahr auf Erfahrungen mit der Derivative Suit im US-amerikanischen Recht gestützt sind, ist festzustellen, dass diese Probleme aus einer Zeit datieren, in der das US-amerikanische Recht praktisch keinerlei Sicherungen gegen den Missbrauch von Klagerechten vorsah. Diese Probleme sind aber nicht nur behoben, die Hürden für die Klageerhebung sind mittlerweile sogar so hoch angesetzt, dass inzwischen die Securities Class Action Suit ein viel wirkungsvolleres Druckmittel für die Aktionäre darstellt. Gerade die Frage der weiteren Missbrauchssicherungen war bei § 147 AktG a. F. aber stets anders zu beurteilen, da hier mit dem Quorum, der gerichtlichen Vorprüfung und der Einschaltung des besonderen Vertreters gleich mehrere zusätzliche Sicherungen gegen den Missbrauch eingebaut waren. Zu-

---

957 Unter „strike suits“ versteht man missbräuchliche Klagen, die angestrengt werden, um einen finanziellen Gewinn zu erzielen, der außerhalb des eigentlichen Klagebegehrens liegt. Am bekanntesten ist wohl die Konstellation, in der sich der Kläger bzw. sein Anwalt eine Abfindungszahlung für die Rücknahme der Klage erhofft.

958 Siehe hierzu § 3 I.

959 Siehe hierzu im Detail § 2 I.

sätzlich wurde und wird auch noch die Kostenregelung als weiteres Instrument eingesetzt, mit dem der Missbrauch von Klagerechten verhindert werden soll[960].

Setzt man die Missbrauchsprobleme bei der aktienrechtlichen Anfechtungsklage zu den Minderheitsrechten des § 147 AktG a. F. in Relation, so ist zu bedenken, dass die Möglichkeiten eines Aktionärs, Druck auf die Gesellschaft bzw. den Beklagten auszuüben, in einem Klageerzwingungsverfahren viel geringer waren. Zunächst ist, wenn man die Anfechtungsklage den Rechten aus § 147 AktG a. F. gegenüberstellt, festzuhalten, dass jeder einzelne Aktionär, der bei der Hauptversammlung anwesend war, bei der Anfechtungsklage klagebefugt ist, weil es sich hierbei um ein Individualrecht handelt, das aus der Mitgliedschaft folgt. Hier hat also tatsächlich jeder Einzelaktionär die Chance, selbständig zu handeln, was, wie das obige Rechenbeispiel zeigt, angesichts der Höhe des Quorums in der Tat einen großen Unterschied zu den Rechten aus § 147 AktG a. F. darstellte.

Das Problem bei der Anfechtungsklage ist aber auch, dass hier die Erhebung einer solchen Klage für die Gesellschaft in vielen Fällen erhebliche Probleme mit sich bringt, die sich aus der Handelsregistersperre ergeben, die Konsequenz der Erhebung einer Anfechtungsklage gegen einen eintragungspflichtigen Hauptversammlungsbeschluss ist. Hier gelangt die Gesellschaft in eine Situation, in der ihr automatisch hohe Kosten in Form eines Verzögerungsschadens drohen, der aus der Registersperre resultiert. Damit gibt es aber folgerichtig auch immer einen Preis, den das Unternehmen bereit sein wird, für die Abwendung der Klage zu bezahlen, selbst wenn sie keine Grundlage hat. Dieser Preis kann jede Summe sein, die unter der eventuell immens hohen Summe des Verzögerungsschadens durch die Registersperre bleibt. Die Missbrauchsgefahr beruht also hier auf einer besonderen Zwangslage der Gesellschaft. Aus diesem Grund hat der Gesetzgeber im Rahmen des UMAG auch das aus dem UmwG bekannte Freigabeverfahren für die Anfechtungsklage eingeführt, § 246 a AktG.

Insofern zeigen sich übrigens weitere Parallelen zu der Situation des Beklagten bei der Derivative Suit im US-amerikanischen Recht, der ebenfalls im Fall der Erhebung der Klage zu hohen Aufwendungen gezwungen wird – in diesem Fall sind das die selbständig zu tragenden Kosten des Verfahrens – und deswegen einen Anreiz hat, die Klage durch Zahlung einer Geldsumme unterhalb seiner Verfahrensaufwendungen abzuwenden. Im Vergleich zwischen Anfechtungsklage und Minderheitsrecht ist also festzuhalten, dass die Missbrauchsgefahr bei der Anfechtungsklage von vornherein viel größer ist, weil erstens einzelne Aktionäre tätig werden können und zweitens im Gegensatz zu § 147 AktG a. F. nicht die ex-post Kontrolle betroffen ist, die geringere Auswir-

[960] Siehe § 1 I. 2 und § 1 II. 2.

kungen auf den laufenden Geschäftsbetrieb hat, sondern aufgrund der Registersperre massive Behinderungen für die laufende Geschäftsführung die Folge sind, die mit hohen Kosten für das Unternehmen verbunden sind. Im Vergleich zur amerikanischen Derivative Suit ist der entscheidende Unterschied, dass dort die für die Kläger besonders günstige Kostenregelung als Hebel benutzt wird, was aber bei den Rechten aus § 147 AktG a. F. aufgrund der besonders strengen Kostenregelung zu keinem Zeitpunkt möglich war. Das Problem der Registersperre stellt sich außerhalb des Bereichs der Anfechtungsklage nicht.

b. Die mangelnde Legitimation der Einzelkläger

Ein Problem, das allen Minderheits- oder Einzelklagerechten anhaftet und das auch immer gegen die Zulässigkeit einer Einzelklagebefugnis angeführt wird, ist die Tatsache, dass durch diese Rechte eine Minderheit ihren Willen durchsetzen kann, obwohl dieser Wille unter Umständen nicht den Vorstellungen der Mehrheit der Aktionäre entspricht[961]. Wer jedoch verlangt, dass Ersatzansprüche nur geltend gemacht werden, wenn dies dem Willen der Mehrheit der Aktionäre entspricht, müsste konsequenterweise gegen jede Form des Minderheitenrechts sein. Minderheitenrechte werden deswegen eingeräumt, damit die Minderheitsaktionäre, die sich regelmäßig den Entscheidungen der Mehrheit unterwerfen müssen, nicht schutzlos sind, falls ihre Rechte verletzt werden.

Minderheitsrechte erreichen ihre gesamtgesellschaftliche Legitimation damit gerade nicht durch die Summe der Anteile, die durch sie vertreten werden, sondern durch das Ziel, die Interessen einer zahlenmäßig unterrepräsentierten Gruppe zu schützen. Hinzu kommt, dass selbst bei den Schwellen, wie sie § 147 Abs. 3 AktG a. F. vorsah, unter Umständen eine prozentual gesehen verschwindend geringe Minderheit handeln konnte. Nach dem bereits durchgeführten Rechenbeispiel[962], das die Schwellenwerte exemplarisch für *Siemens* berechnete, wären für die Erfüllung des anteiligen Betrages von € 500.000 am Grundkapital 166.675 Aktien notwendig gewesen. Würde eine solche Minderheit tätig – was immerhin einem Aktienpaket im Wert von € 11.433.905 bzw. fast 12.000 Kleinanlegern mit Aktienpaketen von je € 1.000 entspräche – handelten trotzdem nur ca. 0,02 % aller Siemensaktionäre bezogen auf das Grundkapital[963]. Nach der Regelung des neuen § 148 AktG ist demnach das Zusammenwirken von ca. 0,004 % der Aktionäre ausreichend. Noch geringer wäre dieser Wert, wenn man die Summe von € 100.000 gemessen am Börsenwert zu-

---

961 *Sünner* ZHR 163 S. 364 (371); ähnliche Bedenken klingen auch in der Gesetzesbegründung zum KonTraG an, Begründung zum KonTraG BT Drucksache 13/9712 S. 22

962 Siehe oben unter § 1 II. 1.

963 Vor der Einführung des § 147 Abs. 3 AktG war somit die Zustimmung von 0,04 % der Aktionäre notwendig. Auch dann kann wohl keine Rede davon sein, dass die Minderheit aufgrund ihres Gewichts in der Gesellschaft legitimiert gewesen wäre.

grunde legt, wie dies in einigen Regelungsvorschlägen diskutiert wurde. In dem *Siemens*-Beispiel wären am Stichtag für die Erfüllung der Schwelle von € 100.000 des Börsenwerts 1.458 Aktien erforderlich gewesen. Gemessen an der Gesamtzahl von über 890 Millionen *Siemens* Aktien wären damit 0,00016 % der Aktionäre befugt, eine Klage durchzusetzen.

Hält man sich diese Werte vor Augen, so ist es bereits jetzt unmöglich, eine Legitimation der tätigwerdenden Aktionäre, für alle Aktionäre zu sprechen, aufgrund ihres Anteils an der Gesellschaft anzunehmen. Solange aber durch andere Maßnahmen gewährleistet ist, dass die Gefahr missbräuchlicher Klagen ausgeschlossen ist, hat die Mehrheit der Aktionäre ohnehin kein legitimes Interesse daran, vor dem Engagement eines Einzelaktionärs geschützt zu werden. Dies gilt umso mehr, als in allen Regelungsvorschlägen zur Reform des § 147 AktG a. F. und im UMAG die Grundsätze des *ARAG/Garmenbeck*-Urteils aufgenommen worden sind, nach denen auch eventuell bestehende besondere Interessen der Gesellschaft an der Nichtgeltendmachung eines eigentlich bestehenden Anspruchs berücksichtigt werden können. Durch das UMAG ist ja nun sogar die Übernahme der Business Judgement Rule in den § 93 Abs. 1 AktG vorgenommen worden und gewährt dem Management die wohl insofern größtmögliche Sicherheit.

Insbesondere ist es aber unmöglich, angesichts der oben ausgerechneten Werte die Legitimation eines einzelnen Aktionärs, für alle Aktionäre zu sprechen, als Argument gegen eine Einzelklagebefugnis ins Feld zu führen, da man dann diese Legitimation auch einer Minderheit von 0,02 % der Aktionäre und erst recht einer Minderheit von 0,00016 % der Aktionäre absprechen muss.

Die gleiche Argumentation kann auch einem ähnlichen Einwand gegen ein Einzelklagerecht entgegengehalten werden, der darauf abzielt, dass mit dem prozentualen Anteil des Aktienbesitzes an einer Gesellschaft auch das wirtschaftliche Interesse an der Durchsetzung eines Anspruchs sinkt. Je weiter man also das Quorum bis hin zu einer Einzelklagebefugnis absenke, umso größer sei die Gefahr, dass die tätigwerdenden Aktionäre aus persönlichem Interesse, also aufgrund missbräuchlicher Überlegungen handelten[964]. Auch dieser Einwand kann aber aufgrund der oben gemachten Überlegungen nicht überzeugen. Bei den errechneten geringen Minderheiten ist das Risiko nicht geringer, dass diese aufgrund von privaten Sondervorteilen tätig werden, anstatt ausschließlich im wirtschaftlichen Interesse der Gesellschaft zu handeln, als dies bei einem einzelnen Aktionär sein würde. Würde man diese Gefahr wirklich ernst nehmen, dürfte man jedenfalls keine Konstellationen zulassen, in denen 0,02 % der Aktionäre klagen können.

---

[964] *Baums* Gutachten F für den DJT 2000 S. 258.

c. Die vermeintliche Systemwidrigkeit einer Einzelklage

Schließlich könnte man gegen eine Einzelklagebefugnis noch anführen, dass eine Aktionärsklage nicht in das System des deutschen Gesellschaftsrechts passt, da es hier einen Aufsichtsrat gibt[965]. Es wird insofern häufig auf die besondere Konstellation hingewiesen, die in der Kontrolle der Geschäftsführung durch ein eigenständiges Organ besteht. Aufgrund dieses besonderen Überwachungsorgans könnte man nun davon ausgehen, dass eine eigenständige Klagebefugnis der Aktionäre nicht zusätzlich benötigt wird. Abgesehen von der Tatsache, dass auch das deutsche Aktienrecht im Konzernrecht eine Einzelklage trotz der Existenz des Aufsichtsrats zulässt, wäre diese Begründung nur ausreichend, wenn der Aufsichtsrat seine Kontrollfunktion stets ausreichend wahrnehmen würde. Der Gesetzgeber scheint aber der Ansicht zu sein, dass aufgrund der bereits beschriebenen Gefahr der Interessenkollisionen eine zusätzliche Absicherung der Überwachung der Geschäftsführung erforderlich ist, wie ja bereits die Existenz des alten § 147 AktG zeigte[966].

Wenn man sich aber für eine solche zusätzliche Stufe der Überwachung entscheidet, muss man auch eine Lösung wählen, die in der Praxis funktioniert, anstatt als eine Art Kompromiss eine Regelung zu finden, die ineffektiv ist. Das Argument, dass in Deutschland der Aufsichtsrat die Aktionärsklage vollständig ersetzen kann, ist auch insofern nicht mehr überzeugend, als spätestens die Reform des US-amerikanischen Gesellschaftsrechts durch den Sarbanes-Oxley Act eine deutliche Angleichung der Rechtssysteme im Hinblick auf den Board of Directors einerseits und den Vorstand/Aufsichtsrat andererseits gebracht hat, ohne dass dies dazu geführt hätte, dass in den USA die Abschaffung der Derivative Suit gefordert worden wäre. Mit den neuen Kriterien zur Unabhängigkeit der Directors und der Besetzung wesentlicher Ausschüsse ausschließlich mit unabhängigen Directors ist es fraglich, wie groß im Hinblick auf die Unabhängigkeit der Kontrolleure der Geschäftsführung überhaupt noch die Unterschiede zum deutschen Aufsichtsrat und seiner Aufgabendefinition der Kontrolle durch laufende Beratung sind. Jedenfalls sind die Unterschiede zwischen dem US-amerikanischen und dem deutschen Recht gerade im Hinblick auf die Überwachung des Managements trotz der strukturellen Unterschiede so weit verwischt, dass sie sich meiner Meinung nach nur noch schwerlich als Argument gegen ein Einzelklagerecht im deutschen Recht anführen lassen.

---

965 *Marsch-Barner* Referat für den DJT 2000 S. O 55 (O 66).

966 Das besondere Bedürfnis für diese zusätzliche Sicherung unterstreicht auch die Begründung zum Referentenentwurf des UMAG auf S. 31.

2. Die Ablehnung der Einzelklage in der Begründung zum UMAG

Der Regierungsentwurf zum UMAG lehnte die Einführung einer Einzelklagebefugnis mit der Begründung ab, dass zwischen unternehmerisch beteiligten Aktionären einerseits und Anlegeraktionären andererseits zu unterscheiden sei[967]. So sehr die Verbesserung der Kapitalmarktkultur in Deutschland gewünscht sei und die Verbreitung der Aktie als Anlageinstrument in breiten Bevölkerungsschichten befürwortet werde, sei auch festzuhalten, dass Anlegeraktionäre oftmals keine unternehmerischen Ziele verfolgen wollten und könnten. Aus diesem Grund sei eine Differenzierung aufgrund des ökonomischen Gewichts ihrer Beteiligung angemessen; dies bedeute schließlich nicht, dass ein Zusammenschluss mehrerer Anlegeraktionäre dadurch ausgeschlossen werde[968].

Diese Begründung kann meiner Meinung nach nicht überzeugen. Neben den grundsätzlichen Zweifeln an der Tauglichkeit eines Quorums als Missbrauchsschutz ist die „typisierende Betrachtung" der unterschiedlichen Arten von Aktionären nicht zufriedenstellend. Zwar ist es unstreitig richtig, dass das Interesse des Aktionärs an den Vorgängen in der Gesellschaft mit dem Anteil seiner finanziellen Beteiligung steigt; hieraus aber zu folgern, dass auch das Engagement für die Kontrolle der Gesellschaft immer parallel zum finanziellen Umfang der Beteiligung verläuft, ist meiner Auffassung nach zu weit gegriffen. Letztlich bleibt es damit meiner Einschätzung nach dabei, dass der Nutzen der Quorumsregelung nicht groß genug ist, um die damit verbundene Erschwerung des Zugangs zu den Verfolgungsrechten für – eventuell sehr wohl mit unternehmerischem Interesse handelnden – Kleinaktionäre zu rechtfertigen.

§ 12 Zusammenfassung

Untersuchung und Vergleich der Aktionärsklagerechte in Deutschland und den USA haben gezeigt, dass die Klagerechte in Deutschland bis zum Erlass des UMAG unzureichend ausgestaltet waren. Die Regelung des § 147 AktG a. F. musste auch nach der Reform durch das KonTraG als misslungen bezeichnet werden. Hinzu kam, dass die Klagerechte in Deutschland im Vergleich zum US-amerikanischen Recht den Aktionären deutlich weniger Einflussmöglichkeiten einräumten. Diese Diskrepanz war durch die strukturellen Unterschiede im monistischen bzw. dualistischen System und die historischen Unterschiede bei der Unternehmensfinanzierung zu erklären. Um die mangelhafte Ausgestaltung der Aktionärsklagerechte im deutschen Recht zu rechtfertigen, reichte diese Erkenntnis aber nicht aus.

---

[967] Begründung zum Entwurf des UMAG S. 34.

[968] Begründung zum Entwurf des UMAG S. 34.

Aufgrund der Rechtsentwicklung in den USA in jüngerer Zeit lässt sich die schwache Ausprägung der Klagerechte im deutschen Recht auch nicht mehr überzeugend mit strukturellen Unterschieden zum US-amerikanischen Recht erklären. Durch den Sarbanes-Oxley Act wurde der Board of Directors grundlegend reformiert. Kernstück der Neuerungen war die Betonung der Unabhängigkeit der mit der Prüfung der Geschäftsleitung beauftragten Institution. Die Analyse hat gezeigt, dass die unabhängigen Directors in allen wichtigen Ausschüssen ohne den Einfluss der Geschäftsleitung arbeiten, so dass sie eine vom Management losgelöste Einheit bilden, die dem deutschen Aufsichtsrat sehr stark angenähert ist. Diese Entwicklung ist auch auf die Erkenntnis zurückzuführen, dass ein unabhängiges Aufsichtsgremium für ein funktionierendes System der Corporate Governance unerlässlich ist, was gleichzeitig für das deutsche Aufsichtsratsmodell spricht.

Diese systematische Veränderung fällt mit Professionalisierungsbemühungen in Bezug auf die Prüfer in beiden Rechtssystemen zusammen, die ebenfalls eine Angleichung der Systeme gebracht haben und für eine funktionierende Überwachung unerlässlich sind. Auch bei zukünftigen Reformen sollte eine Konzentration der Aufsichtsratsmitglieder auf das einzelne Mandat angestrebt werden, um die Kontrolltätigkeit der Aufsichtsräte weiter zu verbessern. Im deutschen Recht wirft diese Erkenntnis zwangsläufig die Frage nach der Zukunft der Mitbestimmung auf.

Eine Thematik, die sowohl klagewillige Aktionäre als auch Aufsichtsräte betrifft, ist die Frage nach dem Zugang zu Informationen über die Gesellschaft. Ohne ausreichende Informationen kann keine Kontrollinstitution ihre Aufgabe hinreichend wahrnehmen. Hier hat sich gezeigt, dass der Gesetzgeber sowohl in den USA als auch in Deutschland umfangreiche Änderungen im Bereich der Abschlussprüfung vorgenommen hat. Dort liegt, aufgrund der strukturellen Unabhängigkeit der Abschlussprüfung von der Geschäftsleitung, der Schlüssel für das Zusammentragen der wichtigen Informationen. Um diese Unabhängigkeit wiederherzustellen bzw. zu stärken, haben der Sarbanes-Oxley Act und das Bilanzrechtsreformgesetz umfangreiche Neuregelungen getroffen.

Durch die Angleichung bei der Kontrolle der Geschäftsleitung durch Board of Directors und Aufsichtsrat fiel dann ein weiteres Argument gegen den Ausbau der Aktionärsklagerechte im deutschen Recht weg. Schließlich hat der US-Gesetzgeber die Aufgabe der Kontrolle nicht von den Aktionären auf den Board of Directors transferiert, sondern letzteres nur stärker in die Kontrolle einbezogen. Gerade die jüngsten Entwicklungen mit der Betonung der Duty of Good Faith zeigen, dass die Aktionärsklagerechte in den USA weiter eine wichtige Rolle spielen.

Im deutschen Recht hat der Gesetzgeber mit dem UMAG nunmehr einen neuerlichen Versuch unternommen, die Aktionärsklagerechte zu reformieren. Viele der getroffenen Regelungen berücksichtigen die unbefriedigenden Erfahrungen mit den Regelungen des KonTraG in überzeugender Weise. Zu kritisieren ist allerdings, dass der Gesetzgeber die Möglichkeit, Ansprüche der Gesellschaft gegen Vorstandsmitglieder durchzusetzen, weiterhin als Minderheitenrecht ausgestaltet. Hier wäre die Entscheidung für ein Einzelklagerecht wünschenswert gewesen. Die Analyse hat ergeben, dass Quorumslösungen keine geeigneten Missbrauchssicherungen sind, weil sie inhaltsunabhängig funktionieren.

Ein Einzelklagerecht würde auch nicht die Gefahr von missbräuchlichen Klagen unverhältnismäßig erhöhen, da mit dem Klagezulassungsverfahren einschließlich sachgerechter Kostenregelung eine gelungene Missbrauchssicherung gefunden wurde, die sich ausschließlich gegen missbräuchliche Klagen wendet. Schließlich schützt auch die Inkorporation der Business Judgement Rule in das Aktiengesetz die Geschäftsleiter vor unberechtigten Klagen.

Literaturverzeichnis

I. Deutsche Literatur

Altmeppen, Holger: Anmerkungen zum Urteil BGH ZIP 2004, S. 993 ff. *„Gelatine"*, ZIP 2004 S. 999 ff.

Bastuck, Burkard: Enthaftung des Managements, Köln 1986.

Bauer, Jobst-Hubertus: Rechtliche und taktische Probleme bei der Beendigung von Vorstandsverhältnissen, DB 1992 S. 1413 ff.

Baumbach, Adolf/Hueck, Alfred: Kommentar zum GmbH-Gesetz, 18. Auflage, München 2006.

Ders./Hopt, Klaus: Handelsgesetzbuch, 32. Auflage, München 2006.

Ders./Lauterbach, Wolfgang/Albers, Jan/Hartmann, Peter: Zivilprozessordnung, 64. Auflage, München 2006.

Baums, Theodor: Der Geschäftsleitervertrag – Begründung, Inhalt und Beendigung der Rechtsstellung der Vorstandsmitglieder und Geschäftsführer in Kapitalgesellschaften und Genossenschaften, Köln 1987.

Ders. (Hrsg.): Bericht der Regierungskommission Corporate Governance, Köln 2001.

Ders.: Der Aufsichtsrat – Aufgaben und Reformfragen, ZIP 1995 S. 11 ff.

Ders.: Stellungnahme zur Aktienrechtsreform 1997 von Prof. Dr. Theodor Baums, AG 1997 Sonderheft zur Aktienrechtsreform 1997 (August 1997), S. 26 ff.

Ders./Vogel, Hans-Gert/Tacheva, Maja: Rechtstatsachen zur Beschlusskontrolle im Aktienrecht, ZIP 2000 S. 1649 ff.

Ders.: Gutachten zum 63. Deutschen Juristentag: Empfiehlt sich eine Neuregelung des aktienrechtlichen Anfechtungs- und Organhaftungsrechts, insbesondere der Klagemöglichkeiten von Aktionären?, München 2000.

Bea, Franz Xaver/Scheurer, Steffen: Die Kontrollfunktion des Aufsichtsrats, DB 1994 S. 2145 ff.

Beck'scher Bilanz-Kommentar: Handels- und Steuerrecht - §§ 238 bis 339 HGB – 6. Auflage, München 2006.

Becker, Michael: Verwaltungskontrolle durch Gesellschafterrechte, Eine vergleichende Studie nach deutschem Verbandsrecht und dem amerikanischen Recht der Corporation, Tübingen 1997.

Berger, Christian: Die actio pro socio im GmbH-Recht, ZHR 149 (1985) S. 599 ff.

Bihr, Dietrich/Blättchen, Wolfgang: Aufsichtsräte in der Kritik: Ziele und Grenzen einer ordnungsgemäßen Aufsichtsratstätigkeit – Ein Plädoyer für den „Profi-Aufsichtsrat", BB 2007 S. 1285 ff.

Bork, Reinhard/Oepen, Klaus: Einzelklagebefugnisse des Personengesellschafters, ZGR 2001 S. 515 ff.

Boujong, Karlheinz: Rechtliche Mindestanforderungen an eine ordnungsgemäße Vorstandskontrolle und- beratung, AG 1995 S. 203 ff.

Brandner, Hans Erich: Minderheitenrechte bei der Geltendmachung von Ersatzansprüchen aus der Geschäftsführung, FS für Marcus Lutter zum 70. Geburtstag, S. 317 ff., Köln 2000.

Brondics, Klaus: Die Aktionärsklage, Berlin 1988.

Bungert, Hartwin: Festschreibung der ungeschriebenen „Holzmüller"-Hauptversammlungszuständigkeiten bei der Aktiengesellschaft, BB 2004 S. 1345 ff.

Claussen, Carsten P.: Aktienrechtsreform 1997, AG 1996 S. 481 ff.

Ders.: Wie ändert das KonTraG das Aktiengesetz?, DB 1998 S. 177 ff.

Deutsch, Erwin: Allgemeines Haftungsrecht, 2. Auflage, Köln Berlin Bonn München 1996.

Drygala, Tim: Aufsichtsratsbericht und Vertraulichkeit im System der Corporate Governance, AG 2007 S. 381 ff.

Duve, Christian/Basak, Denis: Ungeahnte Unterstützung für aktive Aktionäre – wie das UMAG Finanzinvestoren hilft, BB 2006 S. 1345 ff.

Ebenroth, Carsten Thomas/Boujong, Karlheinz/Joost, Detlev: Handelsgesetzbuch, München 2001.

Edenfeld, Stefan/Neufang, Sebastian: Die Haftung der Arbeitnehmervertreter im Aufsichtsrat, AG 1999 S. 49 ff.

Ehrhardt, Olaf/Nowak, Eric: Die Durchsetzung von Corporate-Governance-Regeln, AG 2002 S. 336 ff.

Eisenhardt, Ulrich: Gesellschaftsrecht, 12. Auflage, München 2005.

Emmerich, Volker/Habersack, Mathias: Aktien- und GmbH-Konzernrecht, 4. Auflage, München 2005.

Ders./Sonnenschein, Jürgen/Habersack, Mathias: Konzernrecht, 8. Auflage, München 2005.

Ettinger, Jochen/Grützediek, Elke: Haftungsrisiken im Zusammenhang mit der Abgabe der Corporate Governance Entsprechenserklärung gemäß § 161 AktG, AG 2003 S. 353 ff.

Feddersen, Dieter/Hommelhoff, Peter/Schneider, Uwe H. (Hrsg.): Corporate Governance Optimierung der Unternehmensführung und der Unternehmenskontrolle im deutschen und amerikanischen Aktienrecht, Köln 1996.

Forster, Karl-Heinz: MG, Schneider, Balsam und die Folgen – was können Aufsichtsräte und Abschlussprüfer gemeinsam tun?, AG 1995 S. 1 ff.

Fleck, Hans-Joachim: Zur Beweislast für pflichtwidriges Organhandeln, GmbHR 1997 S. 237 ff.

Fleischer, Holger: Die „Business Judgement Rule“ im Spiegel von Rechtsvergleichung und Rechtsökonomie FS Herbert Wiedemann zum 70. Geburtstag S. 827 ff., München 2002.

Ders.: Vorstandsverantwortlichkeit und Fehlverhalten von Unternehmensangehörigen – Von Einzelüberwachung zur Errichtung einer Compliance-Organisation, AG 2003 S. 291 ff.

Ders.: Die „Business Judgement Rule“: Vom Richterrecht zur Kodifizierung, ZIP 2004 S. 685 ff.

Ders.: Haftungsfreistellung, Prozesskostenersatz und Versicherung für Vorstandsmitglieder – eine rechtsvergleichende Bestandsaufnahme zur Enthaftung des Managements, WM 2005 S. 909 ff.

Ders.: Das Gesetz zur Unternehmensintegrität und Modernisierung des Anfechtungsrechts, NJW 2005 S. 3525 ff.

Ders.: Der deutsche „Bilanzeid“ nach § 264 Abs. 2 Satz 3 HGB, ZIP 2007 S. 97 ff.

Flume, Werner: Allgemeiner Teil des Bürgerlichen Rechts, Erster Band, Zweiter Teil: Die juristische Person, Berlin Heidelberg New York Tokio 1983.

Förster, Christian: Europäische Corporate Governance – Tatsächliche Konvergenz der neuen Kodizes?, ZIP 2006 S. 162 ff.

Fuhrmann, Lambertus: „Gelatine" und die Holzmüller-Doktrin: Ende einer juristischen Irrfahrt?, zugleich Anmerkung zum Urteil des BGH vom 26.4.2004 – II ZR 155/02, AG 2004 S. 339 ff.

Gelhausen, Hans Friederich: Reform der externen Rechnungslegung und ihrer Prüfung durch den Wirtschaftsprüfer, AG 1997 Sonderheft zur Aktienrechtsreform 1997 (August 1997) S. 73 ff.

Ders./Hönsch, Henning: Deutscher Corporate Governance Kodex und Abschlussprüfung, AG 2002 S. 529 ff.

Ders./Hönsch, Henning: Folgen der Änderung des Deutschen Corporate Governance Kodex für die Entsprechenserklärung, AG 2003 S. 367 ff.

Goette, Wulf: Zur Verteilung der Darlegungs- und Beweislast der objektiven Pflichtwidrigkeit bei der Organhaftung, ZGR 1995 S. 648 ff.

Götz, Heinrich: Die Überwachung der Aktiengesellschaft im Lichte jüngerer Unternehmenskrisen, AG 1995 S. 337 ff.

Ders.: Die vorzeitige Wiederwahl von Vorständen – Kritisches zur Wiederbestellung vor Beginn des Jahreszeitraumes des § 84 Abs. 1 Satz 3 AktG, AG 2002 S. 305 ff.

Ders.: Rechte und Pflichten des Aufsichtsrats nach dem Transparenz- und Publizitätsgesetz, NZG 2002 S. 599 ff.

Großfeld, Bernhard: Aktiengesellschaft, Unternehmenskonzentration und Kleinaktionär, Tübingen 1968.

Großkommentar zum Aktiengesetz: herausgegeben von Hopt, Klaus J./Wiedemann, Herbert, 11. Lieferung §§ 92-94 AktG, 14. Lieferung §§ 118-120 AktG, 4. Auflage, Berlin New York 1999.

Grumann, Marc-Olaf/Gillmann, Michael: Abberufung und Kündigung von Vorstandsmitgliedern einer Aktiengesellschaft, DB 2003 S. 770 ff.

Grunewald, Barbara: Gesellschaftsrecht, 6. Auflage, Tübingen 2005.

Dies.: Die Gesellschafterklage in der Personengesellschaft und der GmbH, Tübingen 1990.

Gruson, Michael/Kubicek, Matthias: Der Sarbanes-Oxley Act, Corporate Governance und das deutsche Aktienrecht, AG 2003 S. 337 ff., S. 393 ff.

Habersack, Mathias: Zweck und Gegenstand der Sonderprüfung nach § 142 AktG, FS Herbert Wiedemann zum 70. Geburtstag S. 889 ff., München 2002.

Ders.: Mitwirkungsrechte der Aktionäre nach Macrotron und Gelatine, AG 2005 S. 137 ff.

Habetha, Joachim W.: Deliktsrechtliche Geschäftsführerhaftung und gesellschaftsfinanzierte Haftpflichtversicherung, DZWir 1995 S. 272 ff.

Hadding, Walther: Zur Einzelklagebefugnis des Gesellschafters einer Personengesellschaft, JZ 1975 S. 159 ff.

Hassold, Gerhard: Actio pro socio, JuS 1980 S. 32 ff.

Heinrich, Erbo/Theusinger, Ingo: Anfechtung wegen Informationsmängeln und Freigabeverfahren nach dem UMAG – ein ungeklärtes Verhältnis, BB 2006 S. 449 ff.

Heller, Arne: Unternehmensführung und Unternehmenskontrolle unter besonderer Berücksichtigung der Gesamtverantwortung des Vorstands, Heidelberg 1998.

Henn, Günter: Handbuch des Aktienrechts, 7. Auflage, Heidelberg 2002.

Henssler, Martin: Das Anstellungsverhältnis der Organmitglieder, RdA 1992 S. 289 ff.

Ders.: M & A Beratung und Unabhängigkeit des Wirtschaftsprüfers, ZHR 2007 S. 10 ff.

Henze, Hartwig: Prüfungs- und Kontrollaufgaben des Aufsichtsrates in der Aktiengesellschaft, NJW 1998 S. 3309 ff.

Ders.: Leitungsverantwortung des Vorstands – Überwachungspflicht des Aufsichtsrats, BB 2000 S. 209 ff.

Ders.: Neuere Rechtsprechung zu Rechtsstellung und Aufgaben des Aufsichtsrats, BB 2005 S. 165 ff.

Hilber, Marc/Hartung, Jürgen: Auswirkungen des Sarbanes-Oxley Act auf deutsche WP-Gesellschaften: Konflikte mit der Verschwiegenheitspflicht der Wirtschaftsprüfer und dem Datenschutzrecht, BB 2003 S. 1054 ff.

Hölters, Wolfgang: Zur Durchsetzung von Schadensersatzansprüchen durch eine Aktionärsminderheit, FS Herbert Wiedemann zum 70. Geburtstag S. 975 ff., München 2002.

Hoffmann, Dietrich: Der Aufsichtsrat, 4. Auflage, München 2002.

Hoffmann-Becking, Michael: Zum einvernehmlichen Ausscheiden von Vorstandsmitgliedern, FS für Walter Stimpel zum 68. Geburtstag S. 598 ff., Berlin New York 1985.

Hommelhoff, Peter: 100 Bände BGHZ: Aktienrecht, ZHR 151 (1987) S. 493 ff.

Ders.: Zur Anteils- und Beteiligungsüberwachung im Aufsichtsrat, FS für Walter Stimpel zum 68. Geburtstag S. 603 ff. Berlin New York 1985.

Ders./Mattheus, Daniela: Corporate Governance nach dem KonTraG, AG 1998 S. 249 ff.

Ders.: Die neue Position des Abschlussprüfers im Kraftfeld der aktienrechtlichen Organisationsverfassung BB 1998 S. 2567 ff.; S. 2625 ff.

Hopt, Klaus: Aktionärskreis und Vorstandsneutralität, ZGR 1993 S. 534 ff.

Ders.: Die Haftung von Vorstand und Aufsichtsrat - Zugleich ein Beitrag zur corporate governance-Debatte -, Festschrift für Ernst Joachim Mestmäcker zum 70. Geburtstag, S. 909 ff., Baden-Baden 1996.

Horn, Norbert: Aktien- und konzernrechtlicher Vermögensschutz der Aktiengesellschaft und Gang an die Börse, ZIP 1987 S. 1225 ff.

Ders.: Die Haftung des Vorstandes der AG nach § 93 AktG und die Pflichten des Aufsichtsrats, ZIP 1997 S. 1129 ff.

Ders.: Zur Haftung der AG und ihrer Organmitglieder für unrichtige oder unterlassene Ad-hoc-Mitteilungen, FS für Peter Ulmer zum 70. Geburtstag, S. 817 ff.

Ders.: Die Europa-AG im Kontext des deutschen und europäischen Gesellschaftsrechts, DB 2005 S. 147 ff.

Hübner, Ulrich: Managerhaftung, München 1992.

Hüffer, Uwe: Aktiengesetz, 7. Auflage, München 2006.

Ihrig, Hans-Christoph/Wagner, Jens: Die Reform geht weiter: Das Transparenz- und Publizitätsgesetz kommt, BB 2002 S. 789 ff.

Ders.: Reformbedarf beim Haftungstatbestand des § 93 AktG, WM 2004 S. 2098 ff.

Jahn, Joachim: UMAG: Das Aus für „räuberische Aktionäre“ oder neues Erpressungspotential, BB 2005 S. 5 ff.

Jarass, Hans/Pieroth, Bodo: Grundgesetz für die Bundesrepublik Deutschland, 8. Auflage, München 2006.

Kästner, Karin: Aktienrechtliche Probleme der D & O Versicherung, AG 2000 S. 113 ff.

Kallmeyer, Harald: Kommentar zum Umwandlungsgesetz, 3. Auflage, Köln 2005.

Kirchner, Christian: Grundstruktur eines neuen institutionellen Designs für die Arbeitnehmermitbestimmung auf der Unternehmensebene, AG 2004 S. 197 ff.

Knigge, Dagmar: Änderungen des Aktienrechts durch das Transparenz- und Publizitätsgesetz, WM 2002 S. 1729 ff.

Knobbe-Keuk, Brigitte: Das Klagerecht des Gesellschafters einer Kapitalgesellschaft wegen gesetz- und satzungswidriger Maßnahmen der Geschäftsführung, FS für Kurt Ballerstedt zum 70. Geburtstag S. 239 ff., Berlin 1975.

Kölner Kommentar: Kölner Kommentar zum Aktiengesetz, Band 2 §§ 76-117 AktG, 2. Auflage, Köln Berlin Bonn München 1996.

Kötz, Hein/Wagner, Gerhard: Deliktsrecht, 10. Auflage, Neuwied Kriftel 2005.

Ders.: Ziele des Haftungsrechts, FS für Ernst Steindorff zum 70. Geburtstag S. 643 ff., New York Berlin 1990.

Koller, Ingo/Roth, Wulf-Henning/Morck, Winfried: Handelsgesetzbuch – Kommentar, 4. Auflage, München 2003.

Kort, Michael: Actio pro socio auch bei Klagen gegen Nicht-Gesellschafter, DStR 2001 S. 2162 ff.

Krieger, Gerd: Personalentscheidungen, Köln Berlin Bonn München 1981.

Ders.: Aktionärsklage zur Kontrolle des Vorstands- und Aufsichtsratshandelns, ZHR 163 (1999) S. 343 ff.

Ders.: Interne Voraussetzungen für die Abgabe der Entsprechenserklärung nach § 161 AktG, FS Peter Ulmer zum 70. Geburtstag S. 365 ff., Berlin 2003.

Kropff, Bruno: Aktiengesetz Textausgabe des Aktiengesetzes vom 6. 9. 1965 mit Begründung des Regierungsentwurfs und Bericht des Rechtsauschusses des Deutschen Bundestags, Düsseldorf 1965.

Ders.: Der konzernrechtliche Ersatzanspruch – ein zahnloser Tiger?, FS Gerold Bezzenberger zum 70. Geburtstag S. 233 ff., Berlin, New York 2000.

Kübler, Friedrich: Gesellschaftsrecht, 6. Auflage, Heidelberg 2006.

Lanfermann, Georg/Maul, Silja: SEC-Ausführungsregelungen zum Sarbanes-Oxley Act, DB 2003 S. 349 ff.

Ders./Maul, Silja: Registrierung von deutschen Abschlussprüfern bei der neuen US-Berufsaufsicht PCAOB, DB 2003 S. 1237 ff.

Langenbucher, Katja: Vorstandshandeln und Kontrolle – Zu einigen Neuerungen durch das UMAG, DStR 2005 S. 2083 ff.

Larenz, Karl: Lehrbuch des Schuldrechts, Erster Band: Allgemeiner Teil, 14. Auflage, München 1987.

Lenz, Hansrudi: Beschränkung von Beratungstätigkeiten durch Abschlussprüfer: Mangelhafter Umgehungsschutz im Entwurf des BilReG, BB 2004 S. 707 ff.

Lutter, Marcus/Hommelhoff, Peter: GmbH-Gesetz, 16. Auflage, Köln 2004.

Lutter, Marcus/Krieger, Gerd: Rechte und Pflichten des Aufsichtsrats, 4. Auflage, Köln 2002.

Ders.: Information und Vertraulichkeit im Aufsichtsrat, 2. Auflage, Köln Berlin Bonn München 1984.

Ders.: Unternehmensplanung und Aufsichtsrat, AG 1991 S. 249 ff.

Ders.: Der Aufsichtsrat: Konstruktionsfehler, Inkompetenz seiner Mitglieder oder normales Risiko?, AG 1994 S. 176 f.

Ders.: Defizite für eine effiziente Aufsichtsratstätigkeit und gesetzliche Möglichkeiten der Verbesserung, ZHR 159 (1995) S. 287 ff.

Ders.: Treupflichten und ihre Anwendungsprobleme, ZHR 162 (1998) S. 164 ff.

Ders.: Die Erklärung zum Corporate Governance Kodex gemäß § 161 AktG, ZHR 166 (2002) S. 523 ff.

Marsch-Barner, Reinhard: Referat zu den Verhandlungen des 63. Deutschen Juristentages: Empfiehlt sich eine Neuregelung des aktienrechtlichen Anfechtungs- und Organhaftungsrechts, insbesondere der Klagemöglichkeiten von Aktionären?, S. O 55 ff., München 2000.

Martens, Klaus-Peter: Mitbestimmungsrechtliche Bausteine in der Rechtsprechung des Bundesgerichtshofs, ZGR 1983 S. 237 ff.

Maser, Peter/Bäumker, Michael: Steigende Anforderungen an die Berichtspflicht des Aufsichtsrats?, AG 2005 S. 906 ff.

Mattheus, Daniela: Die gewandelte Rolle des Wirtschaftsprüfers als Partner des Aufsichtsrats nach dem KonTraG ZGR 1999 S. 682 ff.

Matthießen, Volker: Stimmrecht und Interessenkollision im Aufsichtsrat, Köln Berlin Bonn München 1989.

Maul, Silja: EU-Kommission nimmt Empfehlungen zu Corporate Governance an, DB 2004 S. 2407 ff.

Maunz, Theodor/Dürig, Günter: Grundgesetz, Kommentar, Band II: Art. 12-20, Loseblattkommentar, Stand: 43. Ergänzungslieferung, München 2004.

Meilicke, Wienand/Heidel, Thomas: UMAG: „Modernisierung" des Aktienrechts durch Beschränkung des Eigentumsschutzes der Aktionäre, DB 2004 S. 1479 ff.

Merkt, Hanno/Göthel, Stephan R.: US-amerikanisches Gesellschaftsrecht, 2. Auflage, Heidelberg 2006.

Ders.: Zum Verhältnis von Kapitalmarktrecht und Gesellschaftsrecht in der Diskussion um die Corporate Governance, AG 2003 S. 126 ff.

Mertens, Hans-Joachim: Zur Berichtspflicht des Vorstands gegenüber dem Aufsichtsrat, AG 1980 S. 67 ff.

Mestmäcker, Ernst-Joachim: Verwaltung, Konzerngewalt und Rechte der Aktionäre, Karlsruhe 1958.

Münchener Handbuch des Gesellschaftsrechts: Band 3: Gesellschaft mit beschränkter Haftung, herausgegeben von Hans-Joachim Priester und Dieter Mayer, 2. Auflage, München 2003.

Band 4: Aktiengesellschaft, herausgegeben von Michael Hoffmann-Becking, 2. Auflage, München 1999.

Münchener Kommentar zum AktG: Band 3, §§ 76-117 AktG MitbestG, § 76 BetrVG 1952, 2. Auflage, München 2004.

Band 4 §§ 118-147 AktG, 2. Auflage, München 2004.

Band 5/1 §§148-151, 161-178 AktG, §§ 238-264 c, 342, 342 a HGB, 2. Auflage, München 2003.

Band 8 §§ 278-328 AktG, 2.Auflage, München 2000.

Münchener Kommentar zum BGB: Band 5: Schuldrecht, Besonderer Teil III §§ 705-853, 4. Auflage, München 2004.

Münchener Kommentar zum HGB: Band 4: Drittes Buch. Handelsbücher, §§ 238-342 a HGB, München 2001.

Mutschler, Ulrich/Mersmann, Ruth: Verfahrensmäßige Anforderungen an ordnungsgemäße Vorstandsentscheidungen im M & A Bereich, DB 2003 S. 79 ff.

Nowak, Eric/Rott, Roland/Mahr, Till G.: Wer den Kodex nicht einhält, den bestraft der Kapitalmarkt?, ZGR 2005 S. 252 ff.

Nirk, Rudolf/Reuter, Hans-Peter/Bächle, Hans-Ulrich: Handbuch der Aktiengesellschaft, Gesellschaftsrecht Steuerrecht Arbeitsrecht, Band I Gesellschaftsrecht, 3. Auflage, Köln 1994.

Ders.: Zur Justiziabilität unternehmerischer Entscheidungen des Aufsichtsrats, FS für Karlheinz Boujong zum 65. Geburtstag S. 393 ff., München 1996.

Oltmanns, Martin: Geschäftsleiterhaftung und unternehmerisches Ermessen, Frankfurt/M. 2001.

Oser, Peter/Orth, Christian/Wader, Dominic: Die Umsetzung des Deutschen Corporate Governance Kodex in der Praxis, DB 2003 S. 1337 ff.

Paefgen, Thomas Christian: Eine Morphologie des US- amerikanischen Rechts der Aktiengesellschaft, AG 1992 S. 133 ff.

Paefgen, Walter G.: Dogmatische Grundlagen, Anwendungsbereich und Formulierung einer Business Judgement Rule im künftigen UMAG, AG 2004 S. 245 ff.

Palandt, Otto: Bürgerliches Gesetzbuch, 65. Auflage, München 2006.

Paschos, Nikolaos/Neumann, Kay-Uwe: Die Neuregelungen des UMAG im Bereich der Durchsetzung von Haftungsansprüchen der Aktiengesellschaft gegen Organmitglieder, DB 2005 S. 1779 ff.

Ders./Johannsen-Roth, Tim: Freigabeverfahren und Bestandsschutz bei aktien- und umwandlungsrechtlichen Strukturmaßnahmen – Kritische Bestandsaufnahme aus Anlass der Einführung eines allgemeinen aktienrechtlichen Freigabeverfahrens (§ 246 a AktG), NZG 2006 S. 327 ff.

Peemöller, Volker H./Oehler, Ralph: Referentenentwurf eines Bilanzrechtsreformgesetzes: Neue Regelung zur Unabhängigkeit des Abschlussprüfers, BB 2004 S. 539 ff.

Peltzer, Martin: Haftungsgeneigte Personalentscheidungen des Aufsichtsrats, FS Johannes Semler zum 70. Geburtstag, S. 261 ff., Berlin New York 1993.

Ders.: Corporate Governance Codices als zusätzliche Pflichtenbestimmung für den Aufsichtsrat, NZG 2002 S. 10 ff.

Ders.: Handlungsbedarf in Sachen Corporate Governance, NZG 2002 S. 593 ff.

Raiser, Thomas: Kommentar zum Mitbestimmungsgesetz, 4. Auflage, Berlin New York 2002.

Reichert, Jochem/Schlitt, Michael: Konkurrenzverbot für Aufsichtsratsmitglieder, AG 1995 S. 241 ff.

Ders.: Mitwirkungsrechte und Rechtsschutz der Aktionäre nach Macrotron und Gelatine, AG 2005 S. 150 ff.

Rellermeyer, Klaus: Aufsichtsratsausschüsse, Köln 1986.

Ruhnke, Klaus: Prüfung der Einhaltung des Deutschen Corporate Governance Kodex durch den Abschlussprüfer, AG 2003 S. 371 ff.

Säcker, Franz Jürgen: Die Anpassung der Satzung der Aktiengesellschaft an das Mitbestimmungsgesetz, DB 1977 S. 1791 ff.

Ders.: Rechtliche Anforderungen an die Qualifikation und Unabhängigkeit von Aufsichtsratsmitgliedern, AG 2004 S. 180 ff.

Schäfer, Daniel: Die Wahrheit über die Heuschrecken – Wie Finanzinvestoren die Deutschland AG umbauen, Frankfurt am Main 2006.

Scheffler, Eberhard: Der Aufsichtsrat – nützlich oder überflüssig, ZGR 1993 S. 63 ff.

Schiessl, Maximilian: Deutsche Corporate Governance post Enron, AG 2002 S. 593 ff.

Schlitt, Christian: Die strafrechtliche Relevanz des Corporate Governance Kodexes, DB 2007 S. 326 ff.

Schmidt, Karsten: Gesellschaftsrecht, 4. Auflage, Köln Berlin Bonn München 2002.

Ders.: Referat zu den Verhandlungen des 63. Deutschen Juristentages: Empfiehlt sich eine Neuregelung des aktienrechtlichen Anfechtungs- und Organhaftungsrechts, insbesondere der Klagemöglichkeiten von Aktionären? S. O 11 ff., München 2000.

Ders.: Verfolgungspflichten, Verfolgungsrechte und Aktionärsklagen: Ist die Quadratur des Zirkels nähergerückt? Gedanken zur Reform der §§ 147-149 AktG vor dem Hintergrund der Juristentagsdiskussion des Jahres 2000, NZG 2005 S. 796 ff.

Schmidt, Stefan: Neue Anforderungen an die Unabhängigkeit des Abschlussprüfers: SEC-Verordnung im Vergleich mit den Empfehlungen der EU-Kommission und den Plänen der Bundesregierung, BB 2003 S. 779 ff.

Schneider, Uwe H.: Haftungsmilderung für Vorstandsmitglieder und Geschäftsführer bei fehlerhafter Unternehmensleitung?, Festschrift für Karl Werner zum 65. Geburtstag, S. 795 ff., Berlin New York 1984.

Ders./Ihlas, Horst: Die Vermögensschaden-Haftpflichtversicherung des Geschäftsführers einer GmbH, DB 1994 S. 1123 ff.

Schreyögg, Georg: Der Aufsichtsrat als Steuerungsinstrument des Vorstands – die Verwaltung der Aktiengesellschaft im Lichte der neueren Managementlehre, AG 1983 S. 278 ff.

Schulz-Gardyan, Olaf: Die sogenannte Aktionärsklage, Berlin 1991.

Schwalbach, Joachim: Effizienz des Aufsichtsrats, AG 2004 S. 186 ff.

Schwarz, Christian/Holland, Björn: Enron, WorldCom ... und die Corporate Governance-Diskussion, ZIP 2002 S. 1661 ff.

Seibert, Ulrich: Kontrolle und Transparenz im Unternehmensbereich (KonTraG) – Der Referenten-Entwurf zur Aktienrechtsnovelle – WM 1997 S. 1 ff.

Ders.: Im Blickpunkt: Der Deutsche Corporate Governance Kodex ist da, BB 2002 S. 581 ff.

Ders.: Das „TransPuG", NZG 2002 S. 608 ff.

Ders.: Das 10-Punkte-Programm „Unternehmensintegrität und Anlegerschutz", BB 2003 S. 693 ff.

Ders./Schütz, Carsten: Der Referentenentwurf eines Gesetzes zur Unternehmensintegrität und Modernisierung des Anfechtungsrechts – UMAG, ZIP 2004 S. 252 ff.

Seibt, Christoph H.: Deutscher Corporate Governance Kodex und Entsprechungserklärung (§ 161 AktG-E), AG 2002 S. 249 ff.

Ders.: Deutscher Corporate Governance Kodex: Antworten auf Zweifelsfragen in der Praxis, AG 2003 S. 465 ff.

Semler, Johannes: Leitung und Überwachung der Aktiengesellschaft, 2. Auflage, Köln Berlin Bonn München 1996.

Ders.: Ausschüsse des Aufsichtsrats, AG 1988 S. 60 ff.

Ders.: Zur aktienrechtlichen Haftung der Organmitglieder einer Aktiengesellschaft, AG 2005 S. 321 ff.

Spindler, Gerald: Haftung und Aktionärsklage nach dem neuen UMAG, NZG 2005 S. 865 ff.

Steinbeck, Claudia: Überwachungspflicht und Einwirkungsmöglichkeiten des Aufsichtsrats in der Aktiengesellschaft, Berlin 1992.

Sünner, Eckart: Aktionärsklage zur Kontrolle des Vorstands- und Aufsichtsratshandelns, ZHR 163 (1999) S. 364 ff.

Ders.: Effizienz von Unternehmensorganen als Grundsatz der Corporate Governance, AG 2000 S. 492 ff.

Theisen, René/Raßhofer, Martin: Wie gut ist „Gute Corporate Governance"? – Ein aktueller Praxistest, DB 2007 S. 1317 ff.

Thomas, Heinz/Putzo, Hans: Zivilprozessordnung, 27. Auflage, München 2005.

Thümmel, Roderich C.: Persönliche Haftung von Managern und Aufsichtsräten, 3. Auflage, Stuttgart München Hannover Berlin Weimar Dresden 2003.

Ders.: Zu den Pflichten des Aufsichtrats bei der Verfolgung von Haftungsansprüchen gegenüber der AG, DB 1997 S. 1117 ff.

Ders.: Aufgaben und Haftungsrisiken des Managements in der Krise des Unternehmens, BB 2002 S. 1105 ff.

Ders.: Aufsichtsratshaftung vor neuen Herausforderungen – Überwachungsfehler, unternehmerische Fehlentscheidungen, Organisationsmängel und andere Risikofelder, AG 2004 S. 83 ff.

Timm, Wolfram: Hauptversammlungskompetenzen und Aktionärsrechte in der Konzernspitze, AG 1980 S. 172 ff.

Ulmer, Peter/Habersack, Mathias/Henssler, Martin: Mitbestimmungsrecht, 2. Auflage, München 2006.

Ders.: Die Aktionärsklage als Instrument zur Kontrolle des Vorstands- und Aufsichtsratshandelns ZHR 163 (1999) S. 290 ff.

Ders.: Der Deutsche Corporate Governance Kodex – ein neues Regulierungsinstrument für börsennotierte Aktiengesellschaften, ZHR 166 (2002) S. 150 ff.

Ders.: Paritätische Arbeitnehmermitbestimmung im Aufsichtsrat von Großunternehmen – noch zeitgemäß?, ZHR 166 (2002) S. 271 ff.

Veltins, Michael A.: Verschärfte Unabhängigkeitsanforderungen an Abschlussprüfer, DB 2004 S. 445 ff.

Vetter, Eberhard: Aktienrechtliche Probleme der D & O Versicherung, AG 2000 S. 453 ff.

Ders.: Die Berichterstattung des Aufsichtsrats an die Hauptversammlung als Bestandteil seiner Überwachungsaufgabe, ZIP 2006 S. 257 ff.

von Gerkan, Hartwin: Die Gesellschafterklage, ZGR 1988 S. 441 ff.

von Staudinger, Julius: Kommentar zum Bürgerlichen Gesetzbuch mit Einführungsgesetz und Nebengesetzen, Zweites Buch Recht der Schuldverhältnisse, §§ 397-432, 13. Bearbeitung, Berlin 1999.

Zweites Buch Recht der Schuldverhältnisse, §§ 705-740, 13. Bearbeitung, Berlin 2003.

Zweites Buch Recht der Schuldverhältnisse, §§ 823-825, 13. Bearbeitung, Berlin 1999.

von Werder, Axel: Überwachungseffizienz und Unternehmensmitbestimmung, AG 2004 S. 166 ff.

Ders./Talaulicar, Till: Kodex Report *2006:* Die Akzeptanz der Empfehlungen und Anregungen des Deutschen Corporate Governance Kodex, DB 2006 S. 849 ff.

Ders./Wieczorek, Bernd J.: Anforderungen an Aufsichtsratsmitglieder und ihre Nominierung, DB 2007 S. 297 ff.

von Zimmermann, Georg: „Whistleblowing" – Anforderungen des Sarbanes-Oxley-Acts, WM 2007 S. 1060 ff.

Weiss, Susanne/Buchner, Markus: Wird das UMAG die Haftung und Inanspruchnahme der Unternehmensleiter verändern?, WM 2005 S. 162 ff.

Wellkamp, Ludger: Die Gesellschafterklage im Spannungsfeld von Unternehmensführung und Mitgliedsrechten, DZWir 1994 S. 221 ff.

Wenger, Ekkehard: Stellungnahme zur Aktienrechtsreform 1997 von Prof. Dr. Ekkehard Wenger, AG 1997 Sonderheft zur Aktienrechtsreform 1997 (August 1997), S. 57 ff.

Westermann, Harm Peter: Freistellungserklärungen für Organmitglieder im Gesellschaftsrecht, FS für Karl Beusch zum 68. Geburtstag S. 871 ff., Berlin New York 1993.

Wiedemann, Herbert: Gesellschaftsrecht, Band I: Grundlagen, München 1980.

Ders.: Organverantwortung und Gesellschafterklagen in der Aktiengesellschaft, Opladen 1989.

Ders.: Organverantwortung in der Aktiengesellschaft – Doppel- und Mehrfachorgane, ZIP 1997 S. 1565 ff.

Wilsing, Hans-Ulrich: Der Regierungsentwurf des Gesetzes zur Unternehmensintegrität und Modernisierung des Anfechtungsrechts, DB 2005 S. 35 ff.

Ders./Neumann, Kay-Uwe: Die Neuregelung der aktienrechtlichen Sonderprüfungen nach dem Inkrafttreten des UMAG, DB 2006 S. 31 ff.

Windbichler, Christine: Arbeitnehmerinteressen im Unternehmen und gegenüber dem Unternehmen – Eine Zwischenbilanz, AG 2004 S. 190 ff.

Winter, Martin: Verdeckte Gewinnausschüttung im GmbH-Recht, ZHR 148 (1984) S. 579 ff.

Zieglmeier, Christian: Die Systematik der Haftung von Aufsichtsratsmitgliedern gegenüber der Gesellschaft, ZGR 2007 S. 144 ff.

Zimmermann, Klaus: Vereinbarungen über den Erlass von Ersatzansprüchen gegen Vorstandsmitglieder von Aktiengesellschaften, FS Konrad Duden zum 70. Geburtstag, S. 773 ff., München 1977.

Zöllner, Wolfgang: Die sogenannte Gesellschafterklagen im Kapitalgesellschaftsrecht, ZGR 1988 S. 392 ff.

Ders.: Aktienrechtsreform in Permanenz – Was wird aus den Rechten des Aktionärs?, AG 1994 S. 336 ff.

Ders.: Zur Problematik der aktienrechtlichen Anfechtungsklage, AG 2000 S. 145 ff.

II. Amerikanische Literatur

Allen, William T./Jacobs, Jack B./Strine, Jr., Leo E.: Function Over Form: A Reassessment of Standards of Review in Delaware Corporation Law, 26 Del. J. Corp. Law. S. 859 ff.

Ders.: Symposium on the Next Century of Corporate Law, 25 Del. J. Corp. Law S. 76 ff.

American Law Institute: Principles of Corporate Governance – Analysis and Recommendations, Washington, D.C. 1994.

Bebchuk, Lucian Arye/Coates IV, John C./Subramanian, Guhan: The Powerful Antitakeover Force of Staggered Boards: Further Findings and a Reply to Symposium Participants 55 Stan. L. Rev. S. 885 ff.

Block, Dennis J./Barton, Nancy E./Radin, Stephen A.: The Business Judgement Rule, Fiduciary Duties of Corporate Directors New York, NY 2002.

Branson, Douglas M.: Corporate Governance, Charlottesville, VA 1993.

Brown, H. Lowell: The Corporate Director's Compliance Oversight Responsibility in the Post Caremark Era, 26 Del. J. Corp. Law S. 1 ff.

Calabresi, Guido: The Costs of Accidents; A Legal and Economic Analysis, New Haven, CT 1970.

Choper, Jesse H./Coffee, Jr., John C./Gilson, Ronald J.: Cases and Materials on Corporations, 5. Auflage, St. Paul, MN 2000.

Clark, Robert: Corporate Law, St. Paul, MN 1986.

Coffee, Jr., John C.: Understanding the Plaintiff's Attorney: The Implications of Economic Theory for Private Enforcement of Law through Class and Derivative Actions, 86 Columbia Law Rev. S. 669 ff.

Ders.: An Introduction to the Sarbanes-Oxley Act, Jennings/Marsh, Jr./Coffee, Jr.,/Seligman Federal Securities Laws, Sarbanes-Oxley Act Special Supplement S. 1 ff.

Ders.: What caused Enron? A Capsule Social and Economic History of the 1990s, 89 Cornell Law Rev. S. 269 ff.

Cooter, Robert/Ulen, Thomas: Law and Economics, 3. Auflage, Menlo Park, CA 2000.

Cox, James D./Hillmann, Robert W./Langevoort, Donald C.: Securities Regulation, Cases and Materials, 3. Auflage, Aspen, CO 2001.

Ders.: The Social Meaning of Shareholder Suits, 65 Brooklyn L. Rev. S. 3 ff.

Ders.: Searching for the corporation's voice in derivative suit litigation: a critique of Zapata and the American Law Institute Project, 1982 Duke L.J. S. 959 ff.

Dooley, Michael P.: Two Models of Corporate Governance, 47 Bus. Law. S. 461 ff.

Easterbrook, Frank H./Fischel, Daniel: The Economic Structure of Corporate Law, Cambridge, MA 1991.

Eisenberg, Melvin A.: The Divergence of Standards of Conduct and Standards of Review in Corporate Law, 62 Fordham L. Rev. S. 437 ff.

Elson, Charles M.: Enron and the Necessity of the objective proximate monitor, 89 Cornell Law Rev. S. 496 ff.

Fischel, Daniel R.: The Business Judgement Rule and the Trans Union Case, 40 Bus. Law. S. 1437 ff.

Ders./Bradley, Michael: The Role of Liability Rules and the Derivative Suit in Corporate Law: A Theoretical and Empirical Analysis, 71 Cornell L. Rev. S. 261 ff.

Gordon, Jeffrey N.: What Enron means for the Management and Control of the Modern Business Corporation: Some Initial Reflections, 69 U. of Chi. Law Rev. S. 1233 ff.

Greene, Edward F./Falk, Bernard B.: The Audit Committee – A Measured Contribution to Corporate Governance: A realistic Appraisal of its Objectives and its Functions, 34 Bus. Law. S. 1229 ff.

Griffith, Sean J.: The Good Faith Thaumatrope: Substantive Standards and Rhetorical Devices in Corporate Law, 2004 University of Connecticut Working Papers S. 1 ff.

Hamilton, Robert W./Macey, Jonathan R.: Corporations including Partnerships and Limited Liability Companies, 8. Auflage, St. Paul, MN 2003.

Ders.: The Law of Corporations in a Nutshell, 5. Auflage, St. Paul, MN 2000.

Ders.: Reliance and Liability Standards for Outside Directors, 24 Wake Forest L. Rev. S. 5 ff.

Hansmann, Henry/Kraakman, Reinier: The End of History for Corporate Law, 89 Georget. Law J. S. 439 ff.

Herzel, Leo/Katz, Leo: Smith v. Van Gorkom: The Business of Judging Business Judgement, 41 Bus. Law. S. 1187 ff.

Hill, Jennifer G.: Deconstructing Sunbeam – Contemporary Issues in Corporate Governance, 67 U. of Cin. Law Rev. S. 1099 ff.

Ide, R.. William: Post-Enron Corporate Governance Opportunities: Creating a Culture of Greater Board Collaboration and Oversight, 54 Mercer L. Rev. S. 829 ff.

Jennings, Richard W./Buxbaum, Richard M.: Corporations, Cases and Materials, 5. Auflage, St. Paul, MN 1979.

Ders./Marsh Jr., Harold: Securities Regulation, Cases and Materials, 8. Auflage, New York, NY 1998.

Jensen, Michael C.: The Modern Industrial Revolution, Exit, and the Failure of Internal Control Systems, 48 J. Fin. S. 831 ff.

Johnson, Lyman: Misunderstanding Director Duties: The Strange Case of Virginia, 56 Wash & Lee L. Rev. S. 1127 ff.

Johnson, Keith L.: Enron and its Aftermath: Rebuilding Corporate Boards and Refocusing Shareholders for the Post- Enron Era, 76 St. John's L. Rev. S. 787 ff.

Keatinge, Robert R.: The Future Structure and Regulation of Law Practice: Multidimensional Practice in a World of Invincible Ignorance: MDP, MJP, and Ancillary Business after Enron, 44 Ariz. L. Rev. S. 717 ff.

Klein, April: Firm Performance and Board Committee Structure, 41 J. Law & Econ. S. 275 ff.

Knepper, William H./Bailey, Dan A.: Liability of Corporate Officers, 7. Auflage, Newark, NJ 2002.

Lipton, Martin/Lorsch, Jay W.: A Modest Proposal for Improved Corporate Governance, 48 Bus. Law. S. 59 ff.

Macey, Jonathan R.: Macey On Corporation Laws: Model Business Corporation Act, Delaware's General Corporation Law, ALI's Principles Of Corporate Governance, New York NY 1998.

Ders.: Efficient Capital Markets, Corporate Disclosure, and Enron, 89 Cornell Law Rev. S. 394 ff.

Manning, Bayless: The Business Judgement Rule and the Director's Duty of Attention: Time for Reality, 39 Bus. Law S. 1477 ff.

Matheson, John H./Olson, Brent A.: Publicly Traded Corporations: Governance, Operation and Regulation, St. Paul, MN 1993.

Miller, Geoffrey P.: Catastrophic Financial Failures: Enron and More, 89 Cornell Law Rev. S. 423 ff.

Olson, John F./Hatch III., Josiah O.: Director and Officer Liability: Indemnification and Insurance, St. Paul, MN 2003.

Ders. (Hrsg.): ABA Section of Business Law, Committee on Corporate Laws: Corporate Director's Guidebook, 3. Auflage, St. Paul, MN 2001.

Palmiter, Alan R.: Reshaping the Corporate Fiduciary Model: A Director's Duty of Independence, 67 Tex. L. Rev. S. 1351 ff.

Posner, Richard A.: Economic Analysis of Law, 6. Auflage, New York, NY 2003.

Romano, Roberta: The Shareholder Suit: Litigation without Foundation, 7 Journal of Law, Economics, & Organization S. 55 ff.

Sale, Hillary A.: Delaware's Good Faith, 89 Cornell Law Rev. S. 456 ff.

Smith, D. Gordon: A Proposal to Eliminate Director Standards from the Model Business Corporation Act, 67 U. Cin. L. Rev. (1999) S. 1201 ff.

Ders.: Corporate Governance and Managerial Incompetence: Lessons from KMART, 74 N.C.L. Rev. S. 1037 ff.

Soderquist, Larry D./Gabaldon, Theresa A.: Securities Regulation, 5. Auflage, St. Paul, MN 2003.

Solomon, Lewis D./ Bauman, Jeffrey D./Weiss, Elliot J.: Corporations – Law and Policy, St. Paul, MN 1992.

Varallo, Gregory V./Dreisbach, Daniel A.: Fundamentals of Corporate Governance: A Guide for Directors and Corporate Officers, Chicago, IL 1996.

Veasey, E. Norman: The Defining Tension in Corporate Governance in America, 52 Bus. Law S. 393 ff.

Ders.: State-Federal Tension in Corporate Governance and the Professional Responsibilities of Advisors, 28 J. Corp. L. S. 441 ff.

Weiss, Elliot J./Beckermann, John S.: Let the Money do the Monitoring: How Institutional Investors can reduce Agency Costs in Securities Class Actions, 104 Yale L.J. S. 2053 ff.

Worden, Mark A.: Securities Regulation: Protecting Auditor Independence from Non-Audit Services – An Evolving Standard, 55 Okla. L. Rev. S. 513 ff.

Yermack, David: Higher Market Valuation of Companies with a Small Board of Directors, 40 J. Fin. Econ. S. 185 ff.

MIX
Papier | Fördert
gute Waldnutzung
FSC® C083411

Kolibri 360 GmbH
Ferdinand-Jühlke-Straße 7
99095 Erfurt, Deutschland
produktsicherheit@kolibri360.de

Druck:
CPI Druckdienstleistungen GmbH
im Auftrag der
Kolibri 360 GmbH
Ferdinand-Jühlke-Str. 7
99095 Erfurt